北京市哲学社会科学规划办公室
北京市社会科学界联合会　资助出版
北京市教育委员会

北京文化发展报告2017

北京文化发展研究基地　编著

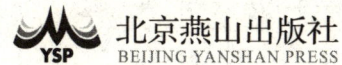

图书在版编目（CIP）数据

北京文化发展报告2017/北京文化发展研究基地编著. —北京：北京燕山出版社，2018.5
　　ISBN 978-7-5402-5084-3

　　Ⅰ.①北… Ⅱ.①北… Ⅲ.①文化发展—研究报告—北京—2017 Ⅳ.①G127.1

中国版本图书馆CIP数据核字（2018）第064868号

北京文化发展报告2017

著　　者	北京文化发展研究基地
责任编辑	贾　勇　王　迪
封面设计	琥珀视觉
责任校对	石　英
出版发行	北京燕山出版社
社　　址	北京市西城区陶然亭路53号
电　　话	010-65240430
邮　　编	100054
印　　刷	北京凯达印务有限公司
开　　本	710mm×1000mm 1/16
字　　数	360千字
印　　张	24
版　　次	2018年5月第1版
印　　次	2018年5月第1次印刷
定　　价	68.00元

版权所有　　翻印必究
如发现印装质量问题，请与印厂联系。

编委会

顾　问：许嘉璐　龙新民　宋贵伦　张　淼
　　　　崔新建　陈　丽
主　编：沈湘平　常书红
副主编：石　峰　杨　志　程光泉

目 录

总报告 ……………………………………………………………………001
 聚焦国家文化中心定位 探求北京文化发展策略 ……………003

理论篇 ……………………………………………………………………013
 一、关于建设国家文化中心的几点见解 ……………………………015
 二、全球化视野中的全国文化中心建设 ……………………………021
 三、国家文化中心建设与增强文化自信 ……………………………031
 四、北京文化的自我认同问题 ………………………………………048
 五、首都文化的内涵与特征 …………………………………………053
 六、"红墙意识"的历史文化渊源及其演进 ………………………068
 七、三元空间辩证法视角中的城市问题研究——以列斐伏尔与哈维
   为例 ……………………………………………………………080
 八、文明批判与文化建设 ……………………………………………097
 九、城市文化泛娱乐发展——以电影为例 …………………………107

历史篇 ……………………………………………………………………117
 一、中国文化中心的演变及其历史启示 ……………………………119
 二、从"城"到"都"——北京发展的历史轨迹与文化演变 ……130
 三、大都文化与元代中华文化的多元性发展 ………………………144
 四、明清北京文化的发展及其对中华文明的影响 …………………158
 五、近代历史变革与北京的文化作用 ………………………………172

借鉴篇 ·· 189

一、人类文化发展及世界文化中心演进的基本规律 ·················· 191

二、世界城市发展的历史轨迹与文化演变 ·························· 197

三、国外建设国家文化中心的经验与启示——以巴黎、伦敦、东京
　　为例 ·· 218

四、国内重要城市对北京建设国家文化中心的启示——以近年公布的
　　国内城市文化竞争力指数为中心 ······································ 247

五、发挥全国文化中心功能　推动京津冀文化协同发展 ············ 262

对策篇 ·· 271

一、加强"价值观"培养　推动北京"国家文化中心建设" ······ 273

二、守望历史街区　保护历史文化遗产 ·························· 285

三、发挥首善之区优势　传承发展中华优秀传统文化 ············ 292

四、推进供给侧改革　满足人民美好生活需要 ···················· 306

五、立足"首善"地位　发挥北京文化辐射功能 ·················· 315

六、释放创新创造活力　促进北京文化创新性发展 ················ 328

七、实施"艺术北京"战略　进一步发挥首都基层群众文化作用 ···· 340

八、文化"三都"与国家文化中心建设 ·························· 352

九、北京作为国家文化中心的社会接受度调查报告 ················ 364

总 报 告

总报告

聚焦国家文化中心定位　探求北京文化发展策略

坚持和强化北京作为全国文化中心的核心功能，是中央着眼世界和全国作出的重要战略定位。2014年2月份和2017年2月份，习近平同志两次视察北京，都特别强调了这一点。2016年北京市又专门制定了"十三五时期加强全国文化中心建设规划"，这是北京市首次就加强全国文化中心建设做出一个重点的专项规划，从官方的顶层设计上明确了文化中心建设的指导思想、总体目标、基本原则、发展格局、主要任务和保障措施。2017年8月，北京市成立推进全国文化中心建设领导小组，强调：建设全国文化中心，要集中做好首都文化这篇大文章，重点抓好"一核一城三带两区"，即以培育和弘扬社会主义核心价值观为引领，以历史文化名城保护为根基，以大运河文化带、长城文化带、西山永定河文化带为抓手，推动公共文化服务体系示范区和文化创意产业引领区建设，把北京建设成为弘扬中华文明与引领时代潮流的文化名城、中国特色社会主义先进文化之都。放眼整个中国乃至当今的世界，巴黎、纽约、伦敦、香港、上海、深圳等各大城市文化发展可谓是各领风骚，相互激荡。回看北京自身，新时代首都文化建设这篇大文章刚刚起笔，京津冀协同发展正在大力推进，文化认同问题更加凸显，雄安新区的崛起更是给国家文化中心建设带来新的思想契机。在这样的背景下，如何更好地发挥北京文化发展凝聚荟萃、辐射带动、引领创新、展示交流和服务保障的功能，推动北京朝着成为世界文化名城、世界文脉标志的目标迈进，成为本年度北京文化研究的焦点问题。

《北京文化发展报告2017》旨在聚焦全国文化中心建设的重点热点问题，汇聚名家理论新见，呈现最新调研数据，报告学界关于这一问题的最新成果。

一、关于"全国文化中心"的定位

从2011年十七届六中全会首次提出要"发挥全国文化中心的示范引领作用",到2016年北京加强全国文化中心建设规划的出台,"全国文化中心"或"国家文化中心"逐渐成为北京城市定位的重要内容。如何看待这一定位?学界认为,不仅要立足北京,更要放眼全国乃至世界来理解全国文化中心的内涵与定位,但就一些问题又产生了观点交锋。

1. 概念之辨:"国家文化中心"抑或"全国文化中心"?厘清概念是建设国家文化中心的前提。而对"国家文化中心"的概念,视角不同则所见亦异。

有专家认为,二者的差异在于站位不同:"国家文化中心"侧重于强调其作为国家中央政权的一个组成部分,"全国文化中心"则有区域比较的含义,但从北京"全国文化中心"定位形成的过程来看,主要还是强调它作为首都在意识形态及道德方面的引领作用,实际上与"国家文化中心"含义一致。有的专家则指出,二者的差异还体现在参照物不同:在全球化背景下,"国家文化中心"更侧重于与他国比较,"全国文化中心"则更侧重于与国内地方比较。也有学者主张,"全国文化中心"与"国家文化中心"不应混为一谈,"全国文化中心"不应由首都地位决定,而应取决于城市文化本身的竞争力。

2. 是非之判:积极建设国家文化中心还是慎议国家文化中心?学界普遍认为,目前中国经济已位居世界第二,其文化地位与经济地位不相匹配,加强中国文化建设迫在眉睫。但对于是否应大张旗鼓进行"国家文化中心建设"则意见不尽一致。

大多数学者对此持积极态度,认为国家文化中心的定位是国家发展与国家安全的战略性、基础性工作,建设富有世界文化价值认同与价值共鸣的国家文化中心,是当下超大城市北京的需要,更是国家发展战略的需要,也是世界文明建设的需要。建设国家文化中心凸显了习近平总书记作为中国领导人的文化自信,确定北京、天津和雄安三足鼎立的战略布局,开启了"文化铸鼎"的伟大时代。历史上中国的政权驻地由相对封闭的关中经半封闭半开放的洛阳到平原上的开封再到更为宽阔地带的南京、北京也经历了一条由谨慎到豪放的政权文化之路。也有学者认为这种提法尚可斟酌。这是因为,在交通通讯技术推动交往形式和聚落形式发生巨大变革,多核大都会与大城市群、远程城市化、全球融合和全民创新次第出现的语境下,"全国文化中心"这一一定程度上反映了农业和工业时代集权体制思路的提法,与信息时代多元化和去中心化的特点有所偏离,已不合时宜。因此要慎议"国家文化中心",而应坚定地推动多中心创新。

3. 地缘之争:中心还是边缘? 关于"全国文化中心"应该在哪里和实际在哪里这一问题,出现京沪之争、南(京)北(京)之争、深圳与北京之争以及城乡之争。

不赞同将北京作为全国文化中心者,有的从理论上加以考量,认为讨论国家文化中心城市应该主要考虑文化的增量中心、创新中心,而岭南不仅是保留中国传统文化最好的地方,而且是中国最现代化和最具有创新性的地方。深圳作为一个几乎没有央企、大学也很少的城市,却产生了华为、中兴、腾讯、华大、比亚迪等一系列优秀的企业,向来被视为文化沙漠的岭南地区实际上发挥了文化创新的龙头作用。同时提出,从中西历史看,帝国都城往往是文化的收割机,而边缘城邦才是播种机,是文化创新的生长点。因此在强调国家文化中心建设时,需要让收割机让出点空间,给播种机更大的空间,让它们也灿烂起来。还有学者以数据说话,就"北京作为国家文化中心的社会接受度"问题,通过大量调查得出以下结论:在北京市民中,关于"四个定位"的认同度依次是:认为北京首先是国际交往中心的最多,达到41.95%,认为是政治中心的其次,达到34.99%,而认为是文化中心的仅占12.72%。还有论者提出"文化离散"的概念,指出历史上中华民族散居各地的民族成员有着很强的向心力,共同参与了民族的文化塑造,中华文化应该力求在"中心"与"边缘"间寻求共识。

二、关于我国文化中心历史演变的经验与启示

中国文化中心经历了漫长曲折的演变过程,其间既积累了丰厚的历史经验,又孕育了新的时代契机。

1. 中国文化中心演变是一个走向人本、开放和自信的过程。学者们认为,我国文化中心演变经历了三个阶段:从尧舜禅让制到夏商周重视天子的道德建设阶段;从秦开始以皇权为依据的封建帝制阶段;从辛亥革命开始回归民权的以人为本时期。从开国大典开始,我们的文化中心建设进一步明确了人民当家作主的主题。中华民族的政治、文化重心,从崇山峻岭之间到广野袤原之上,走过了由防御到拓展、由封闭到开放、由疑惑到自信的过程,这既是政治变迁

过程，也是文化升级过程。

2. 中国文化始终在中心辐射与多点融合中发展。学者们指出，历代列国往往以都城作为中心区域创造出代表一个时代和一个国家最高水平的文化，可称为"古都文化"。这些古都文化不仅在当时是支撑古代王朝与政权存在的一些内在精神支柱，还是导致全国文化繁华兴盛气象之重要因素，对古都所在地区当今的社会生活也产生着深远的影响。从文化中心的传承途径来看，统治者在迁移都城的时候，往往将旧都文化迁至新都，如明成祖朱棣在建造北京城的过程中，就大量移植了"南京的江南元素"，促成了两地文化的融合与传承。另外，在人类发展的历史长河中，始终都存在着"文化中心"与"文化边缘"这样一种张力结构，从而导致文化中心的出现以及文化中心的转移成为人类史的必然现象。从人类发展的历史来看，文化发展从来都是不均衡、不充分的，世界各地同时达到相同文化水准的情况出现从未见诸历史。任何一种文明或者任何一种文化，往往都是首先起源于某一个局部领域，在这一区域达到顶峰，再逐渐向其他区域扩散。文化中心从来都不是稳定不变的，而是始终处在一种逐渐变迁的动态进程之中。文化中心的变迁是一种非常复杂的社会现象，这样一种变迁之所以发生，往往不只是来自于文化内部，而更多是环境、经济及政治等因素共同作用的结果。反之，文化中心的变迁也会对于这一文化的政治、经济和环境发生重大影响。中国文化的"中心"与"边缘"始终处在一种不断生长变化的动态之中，文化内部的各个区域之间始终在不断参照，互相交流。

3. 北京全国文化中心建设其来有自，正处于新的时代起点。有学者从历史地理学的角度展开分析，认为北京因为其自然地理区位形成了交通地理区位，历经数千年，才成为政治文化和经济贸易中心，逐渐发展成为全国首都，并且在晚清民国以后，经历了西方文明的冲击，慢慢地近代化和现代化，巩固了自身的文化中心地位。在北京经历从城到都的漫长历史演变过程中，见证了中华民族南北方的数度大交融，其文化是五千年来诸多民族交汇而成的国家意识之体现。比如在元大都时期，多方人口的集聚，街市格局的开放，四通八达驿道的贯通，丝绸之路的便捷，海运的拓展，使得游牧文化与农耕文化以及多民族、多地域文化空前交融，并在建筑、史学、文学、艺术、宗教、商业等领域都留下了多元文化发展的印记。明清时期，京师文化进一步发展成熟，各层面文化陶冶一炉。近代以来，在前所未有的大变革时代，北京文化被赋予了新的角色，也衍生出新的时代内涵。一系列重大政治事件的发生都以北京为舞台，因此这里守旧势力与西洋文明之间的冲突异常激烈。北京作为众多历史事件发生的舞台，一方面，在这些事件的影响下或多或少地改变着自身的发展轨迹；另一方面，也或隐或现地制约着这些事件的开展方式。北京从未遗失过自己的文化传统，而是在新与旧的碰撞之中，在传统与现代的交流之下，发展出独具特色的文化体系。当前，北京"一核一城三带"发轫，京津冀协同发展铿锵有声，雄安新区横空而出，全国文化中心建设具备了前所未有的视野、格局和条件。

4. 国家文化中心建设体现了中华文化自信，文化自信又对国家文化中心建设提出了总体要求和具体战略。学者认为，在当代中国，文化自信主要来源于对中华优秀传统文化和红色革命文化的传承与创造，对中国特色社会主义道路、理论体系、制度的坚持与发展，对国外文化的科学判断以及对外来优秀文化的接纳与融合，对社会主义先进文化的现状及未来发展趋势的认同与确信。要建设国家文化中心，必须准确理解文化自信的内涵及其来源，全面把握文化自信对国家文化中心建设提出的总体要求，进而逐步探索以国家文化中心建设增强文化自信的具体举措，包括培育社会主义核心价值观、发展文化事业和文化产业、强化首都国际交往中心的功能等。

三、关于世界城市文化发展的经验与启示

人类从诞生之日起，就开始了文化创造的历程，不同的民族在繁衍发展的历程中创造了不同的文化形态，特别是在城市空间中，塑造了一个个的文化高峰，为后来者提供了宝贵的经验和启示。

1. 城市与文化发展相互形塑，文化在城市发展中作用日益重要。学者们指出，人类由于交往和生产的需要，聚集成"市"，进而围而造"城"，城市的诞生为文化的生产、传播、使用提供了空前便利的条件，城市成为了文化发展繁荣的摇篮。每一个作为文化中心的城市，如伦敦、巴黎、纽约等都有一项根本使命，即建构一种集体信仰和成功的公民文化，其在城市发展中的作用日益强化。古往今来，各个不同历史时代、不同国家与地区形成的世界文化中心都经历了由古典文化多元并置的古代时期世界文化中心，到宗教文化交往中的中古时期世界文化中心，从平衡、失衡到重建的近现代世界文化中心，到全球深度互动语境中的当代世界文化中心的历史嬗变与流变发展。北京集中体现了中国古代文明与现代文化的发展水平，蕴藏着巨大的文化资源和文化发展能力，是中国的文化精品创作、文化创意培育中心、文化人才集聚教育中心、文化要素配置中心、文化信息传播中心与文化交流展示中心。同时，北京又是国际文

交往中心，担负着汲取世界先进文化与传播发展本土文化等任务与功能。由此，应充分发挥表率引领作用、辐射带动作用、提升驱动作用、桥梁纽带作用与荟萃集聚作用，既要主动应对全球化所带来的冲击，又要凭借历史文化传统推动促进发展首都文化建设。目前，建设世界文化中心是北京适应世界格局发展变化和参与全球文化资源配置的战略选择、必然要求与客观需要。

2. 城市文化发展多元驱动，包容、创新成为最根本的动力。专家们认为，世界各国文化中心城市发展的动力主要有政策驱动、体制驱动、市场驱动、创新驱动、边缘驱动等；文化母体的完善与科学系统文化的融合包容发展能力则是一个国家文化文明持续繁荣的根本动力。从苹果、谷歌为代表的"文化航母舰队群"在美国经济、文化发展中的重要作用，我们不难发现文创产业对于国家文化中心建设的支撑作用。

3. 后工业社会来临，都市文化出现向"后物质主义"转型的趋势。学者们高度认同西方学者的判断，即：欧美、日本已经进入所谓后工业社会，经济形态以服务性经济为主，第三产业增加值占GDP的比重超过70%。后工业社会的到来给大众文化和社会价值观带来深刻变革，人们认识到幸福并非只能在持续增长的经济中找到，"后物质主义"正取代"物质主义"。也就是说，人们在衡量生活时，不再把经济成就奉为圭臬，而是更加看重自我表达、自我实现以及心灵归属等精神因素。

4. 文化中心与世界名城有分有合，城市精神塑造更为基础和重要。针对通常人们认为美国华盛顿不是国家文化中心的观点，有学者指出，尽管在美国，还有一些大城市如纽约，也可以称之为是某些文化领域的中心，但还不能够与华盛顿作为国家文化中心相提并论。还有学者指出，海外有纽约精神、巴黎精神、东京精神、伦敦精神之说，但其中纽约并不是文化中心，却也是世界名城。北京作为国家文化中心的建设应该优先注重自身城市精神的塑造和城市价值观建设。

四、关于国家文化中心建设的重点与路径

进行国家文化中心建设，既要找准理论探讨的参照系，又要积极探索具有前瞻性的建设路径。

1. 构建中国特色都市马克思主义理论，为国家文化中心建设乃至中国城市发展提供深厚的理论基础。一批中青年学者认为，目前中国城市建设缺乏直接

的马克思主义基础理论指导，而西方都市马克思主义理论值得借鉴。我们应该立足中国国情，构建中国特色的都市马克思主义理论，从对人的生存状态、城市结构、空间正义等角度，对当代城市发展问题进行观照。他们认为，马克思主义研究中所存在着对城市问题的迟钝与失语现象由来已久，一方面缘于城市问题意识不自觉，另一方面则衍生于研究方法论的短板。马克思主义要介入城市问题的讨论，其主要任务首先并不是对现实的批判，而是对目前主流的城市问题研究的实证主义方法论之批判反思，以彰显马克思主义辩证法的当代生命力。在这方面，西方都市马克思主义代表人物哈列斐伏尔与哈维分别从马克思政治经济学批判方法中发现了各自的三元空间辩证法，二者对于当代马克思主义研究都市社会问题都提供了重要的启示。主张面对国家文化中心建设的命题，不妨从空间化角度思考中国的发展道路、发展经验与问题，然后集中研究中国城市与工业化、农业现代化的关系，着力反思全球化背景下以及国家与区域发展战略指导下的中国特色城市建设中的诸多问题。他们强调，北京城市文化研究必须注意研究都市社会的问题，注意研究现代性和后现代性的交织问题。

2. 以更加自觉的全局意识、战略意识，做好国家文化中心的顶层设计。有学者指出，目前北京市的对国家文化中心建设，一方面与中央要求有一定温差，重自身而轻全国；另一方面与世界接轨还不够，偏对内而弱对外。也有学者强调，要加强北京文化中心的总体规划，创新文化理念，制定符合国家文化中心定位的一系列具有法定约束力的规划；要推动文化生产丰富文化生活，大力发展文化创意产业，促进产业融合和业态发展，扩大引导文化消费；营造创新开放多元的文化环境，塑造城市文化空间的合理性、科学性、可持续性，培育城市的创新文化；要塑造和提升城市的文化形象，传承和发展传统文化，活化我们的历史文化资源，特别要提升文化交流的水平；要创新文化治理，深化文化体制改革，健全文化法治。还有学者指出，国家文化中心建设一方面要有区域尺度，不是一个中心点的问题，包含一个区域协同问题；另一方面要采用大历史尺度，立足"千年大计"，慢慢来，切忌急功近利。同时，文化的供给与需求之间存在的错位现象已成为城市文化发展中最突出的问题之一，要通过供给结构的调整引导并推动需求结构的升级，为实现城市文化建设可持续发展提供新动力和有效路径。

3. 重视增进文化认同工作，尊重和突出人民群众的文化主体地位。国家文化中心建设的一个重要使命就在于形成国家的文化向心力和文化凝聚力。有学者指出，在人们日益增长的美好生活需要同不平衡不充分的发展之间矛盾成为社会主要矛盾的新时代，首都及其文化建设更加不能忘记"城市让生活更美好"的初心。也有论者指出，要在领会中央和北京市相关政策文件的基础上，提炼出北京文化的最大公约数理念，然后通过"讲好北京故事"——故事的主人公应该是生活工作在北京的每一个人，使民众形成对北京文化的共同想象，从而真正提高民众对北京文化的认同。所谓"首善"，应该是为人民服务的首善，是平等性的和谐，而不是故宫式的等级和谐，要以政治善这个首善为核心，来拓展北京的文化建设。同时，要深刻检讨并探讨如何凝聚海内外文化共识，塑造一个全球华人心中的"华夏之都"形象，最大限度地实现现代中国的首都、世界现代化大都市与中华儿女乃至全球华人"精神故乡"这三种角色的融汇合一。需要注意的是，北京近年出现很多造型奇特的西方风格建筑甚至成为北京的地标性建筑，使北京丧失了自己的文化风格和文化传统，切断了北京文化的根脉。截至目前，我们的国家文化时空建设，包括文化地理建设、文化空间建设、文化语言建设和文化信息建设等仍在遵循西方的逻辑体系，这大大影响了中华文化自信和中华文化走出去。在全球化的背景下，一个文化大国，必须有自己的文化风格和文化逻辑。从本质上讲，文化就是人存在的样态，谁传达了时代的诉求，谁就是文化的主体，人们总要寻求自己合情合理的存在生活方式，因此文化将不断有新的主题、新的境界。对于传统文化，应加强其继承性发展和创造性转化，留住文化记忆的"乡愁"。

4. 注重文脉传承，强化北京文化轴线的"主心骨"作用。学者们认为，历史文化遗产是城市的灵魂和记忆，保护好这些遗产是城市现代化的必要内容，是城市可持续发展的保证，是城市的文脉所系。北京要做到中心城区少拆、不拆，并且亟需进行立法保护和建立人文历史信息数据库。要进一步强化北京城南北中轴线作为城市主心骨的作用，补建一些具有国家文化内涵的建筑与机构，加重作为全国性文化设施的建筑所包含的中国传统文化元素，在雄安新区规划建设中也要加强国家文化中心建设的内涵。同时，也要重视从定都阁到通州大运河的文脉贯通和整体设计。

5. 以创新牵引文化中心建设。一座城市的活力就在于建基于保护传统之上的持续创新。为此，学者们指出，创新驱动发展战略已成为全球性知识经济发展的共识。创新文化作为时代精神重要组成部分，不仅体现着时代精神的内涵，而且在某种程度上引领时代精神的发展方向。如今，文化创意产业已经成为全球创意经济的重要组成部分，也是国内产业调整升级换代的推进器和催化剂。建设文化中心应以人为中心，创意为灵魂、市场为导向，按照智能时代的实效性、差异性、关联性、持续性规律，顺应文化消费和城市文化发展的需求和变化，繁荣创意者经济，真正使城市的传统文化变为文化传统。当然，提升北京创新创造活力要分阶段实施，各阶段重点不同。创造阶段重体制创新、人员素质提升和产业空间布局完善等；传播阶段重创新思维的培养和传播的精准性；发展与利用阶段则重在综合性文化空间的跃升和"北京名片"的打造。

6. 建设智慧城市和开放城市。北京建设全国文化中心，必须着眼未来，探索新城市发展模式。有学者认为，全国文化中心建设要面向未来，具体来说，一要着力于远程城市化，充分利用信息化、智能化等现代手段来更新城市的经济发展方式，改变人们的生活方式；二要构建现代化的新型首都圈和以首都为核心的世界级的城市群，充分发挥其辐射带动和传播民族形象的作用，在文化精神培育方面要注意保持开放包容、兼收并蓄的开放生态，融汇中西方思维，把北京建设成一个具有中华独特魅力的文化本土和心灵家园。在传统与现代、乡土与城市之间达成一个共识，形成一个典型，真正成为我们既是传统中国又是现代中国一个肉身象征。城市的活力在于创新，创新的前提在于开放，北京应该以开放的胸襟，为人类文明做出更大的贡献。目前，首都北京的对外文化传播资源非常丰富，但作为世界第二经济大国，我国在国际上的文化影响力与经济地位和全球战略无法匹配，存在内强外弱的局面。必须大力提升首都在扩大中华文化影响力方面的作用，着力打造具有影响力、公信力、感召力的对外传播旗舰媒体；借助"一带一路"背景构建对外传播体系，打造具有国际水平的智库，增强话语权；重新定位文化内容产品的文化内涵，实施品牌化战略，将动漫产业、影视产业重点打造成为对外传播中的文化增长点等。这使北京成为真正的全国文化中心乃至世界文化的辐射源。

理 论 篇

一、关于建设国家文化中心的几点见解

朱士光

【摘 要】作为一国都城,除是国家政治中心外,也必是国家之文化中心,古今中外概莫能外。北京作为新中国首都,近70年来在建设成为共和国文化中心方面成绩斐然,但也有不足。北京建设国家文化中心应从四方面着手:一是进一步强化北京城之南北中轴线作为城市"主心骨"的作用;二是补建一些具有国家文化内涵的建筑与机构;三是进一步增加作为全国性文化设施之建筑物所包含的中国传统文化元素;四是在雄安新区规划建设中也要加强国家文化中心建设内涵,以与北京主城区相互呼应,相得益彰。

【关键词】北京;建设;国家文化中心

一、国家首都必为国家之文化中心

作为一个国家的都城,当然是一个国家的政治中心;尽管未必是一个国家的经济中心,但却必然是这个国家的文化中心。纵观我国古今之都城,环视当今举世各国的首都均普遍赋有这两项重大功能。

关于我国之古都,笔者曾多次在论及我国古都文化时阐述道:

> 历史上历代王朝往往都是以自己的都城作为中心区域创造出代表一个时代或一个国家的最高水平的文化。这些文化不仅在当时是支撑各该王朝与政权得以存在的内在精神支柱,还是构成国都乃至全国繁

华兴盛气象的重要因素；同时古都文化还对古都所在地区当今的社会生活产生深远的影响。

在对古都文化作了上述概括论述后，又具体引申道：

——古都文化是历史上一个王朝或一个时代文化之缩影；
——古都文化是历史上以至当今特定区域文化的核心；
——古都文化内涵丰富，规格甚高；
——古都文化空间辐射力、时间穿透力强劲。①

北京，作为我国众多古都中的一座重要古都，无疑其古都文化就具有上述特质。

关于国外首都之文化秉性，现即以美国首都华盛顿为例试述之。

华盛顿城是在美国于建国后的1791年由国会授权美国首任总统华盛顿经实地考察后选定城址，又由法籍年轻的工程师朗方精心设计后建成。城内不仅在东西向中轴线及其两旁建有国会大厦与总统府（白宫）、最高法院，充分体现出所具有的国家政治中心的职能；同时还在这条中轴线偏西处之绿茵广场南、北两侧集中建有国立博物馆、现代艺术展览馆、航天空间博物馆与美国历史博物馆、自然史博物馆、美术陈列馆以及国会图书馆、国家档案馆等文化设施与机构，充分体现出华盛顿同时又是美国国家文化中心的特点。②尽管在美国还有一些大城市，如纽约，除是美国最大的金融、商业、贸易中心外，还拥有数量众多的公、私立学校与博物馆、图书馆、美术馆，以及科研、艺术、电视、广播机构③，也可称之为是某些文化领域的中心；但均不能与华盛顿作为国家文化中心相提并论。

---

① 朱士光：《古都文化与现代城市文明》，《江汉论坛》2004年第8期，第91页。
② 侯仁之：《从北京到华盛顿——城市设计主题思想试探》，原刊于《城市问题》1987年第3期；后略加删节，收入《北京大学院士文库：侯仁之文集》，北京大学出版社1998年版。
③ 世界地理编辑委员会：《中国大百科全书·世界地理》，《纽约》条，中国大百般科全书出版社1990年版，第499-501页。

二、北京作为共和国首都，也是国家文化中心

1949年9月下旬，在新生的中华人民共和国即将正式建立前，中国人民政治协商会议第一届全体会议于9月21日—30日，在1948年北平和平解放之后即被中共中央改称的北京隆重举行，会议决定共和国定都北京。① 自那以来，北京作为共和国首都，如何将之由元明清等封建王朝都城改造成人民共和国首都，政府有关部门做了大量工作，取得了明显成效。已故著名历史地理学家侯仁之院士对之不仅付出了大量的心血，也进行了深入的研究与论述。如在《试论北京城市规划建设的两个基本原则》讲话②中，强调在北京的规划建设中，为能反映出中华民族的历史文化、革命传统和社会主义国家首都的独特风貌，必须首先明确以下两个原则：

第一，一定要站在创造社会主义新文化的高度上，来看北京城的规划和建设，特别是旧城的改造。不然，就丢掉了大方向。

第二，一定要在北京城的规划和建设中——特别是在旧城的改造中，坚持突出社会主义新时代的主题思想。不然，就要陷于支离破碎，面目全非。

之后侯仁之院士在他另一文《试论北京城市规划建设中的三个里程碑》③中，在阐明了第一个里程碑是历史上北京城的中心建筑紫禁城的建成，代表了封建王朝统治时期北京城市建设的核心，体现了皇权时代"帝王至上"的思想后；在阐述第二个里程碑时即着重强调新中国建立后对天安门广场的改造，它不仅赋予具有悠久传统的全城中轴线以崭新的意义，显示出在城市建设上"古为今用，推陈出新"的时代特征，在文化传统上有着承先启后的特殊含义；而且还充分体现了北京作为共和国首都在规划与建设上赋予的"人民至上"的主题思想④。应该说，天安门广场改造的成功以及在天安门广场附近与北京南北中轴线两侧陆续兴建的人民大会堂、国家博物馆、中山公园、劳动人民文化

---

① 转引自笔者主编《中国八大古都》之《北京》篇（人民出版社2007年版；该篇由王岗研究员执笔撰写）。

② 为侯仁之院士1985年3月在北京科技发展战略讨论会上的讲话，后收入《侯仁之文集·北京城的生命印记》，生活·读书·新知三联书店2009年版。

③ 原载中国城市规划学会《城市规划》双月刊1994年第6期（总105期），1994年11月；后收入《北京大学院士文库·侯仁之文集》。

④ 侯仁之：《从北京到华盛顿——城市设计主题思想试探》。

宫、故宫博物院、国家大剧院等建筑设施与机构，使北京城作为全国政治中心与文化中心的城市特点更为彰显了出来。接着作者在阐述北京城市规划建设中第三个里程碑时，指明是1990年为了迎接第11届亚运会及尔后之2008年国际奥运会，打通了南北中轴线的北延长线，穿过未曾开设的正北门，在北辰路东侧兴建的亚运会主会场，即后来的国家奥林匹克体育中心，西侧兴建了中华民族园，开始展现出北京走向国际化大都市与世界历史文化名城之新气象。

总之，北京自1949年9月下旬全国政协第一届会议上被确定为中华人民共和国首都之后，近70年间，在其作为新中国政治中心的同时，随着对旧城的成功改造及一批全国性文化设施与建筑的建成，北京作为全国文化中心之地位和功能也不断得到强化及充实。但也正如侯仁之院士30年前在所著《从北京到华盛顿——城市设计主题思想试探》一文最后一段指出的：

> 写到这里，又不禁想到上文已经讲过，建国十周年时扩建天安门广场，同时兴建了人民大会堂和中国历史和革命史博物馆，使得天安门广场在体现全国政治中心的同时，也兼有文化中心的象征。但是在设计的当时，北京作为全国的政治中心之外，也是全国的文化中心这一特点，还没有得到充分的认识和说明，现在考虑到今后精神文明建设的重大意义和建设北京作为全国文化中心的要求，在全城的规划设计上，应该进一步结合城市平面布局的历史特点来加以考虑。

时隔30年，现在我们重温侯仁之院士上述论述，仍然深感具有重大的现实作用，启示并鼓舞我们继续在北京城市文化建设上作出努力，不断推进北京作为全国文化中心发挥出更大的作用。

三、关于北京建设国家文化中心的建议

前文已提及，30年前侯仁之院士曾针对当时北京城市规划建设中，对北京作为全国政治中心之外也是全国的文化中心这一特点尚缺乏充分的认识；因而提出要针对这一不足，考虑到精神文明建设的重大意义和建设北京作为全国文化中心的必要性，应在全城的规划设计上，进一步结合城市平面布局的历史特点来加以考虑和完善解决。上述见解虽然迄今仍有重大的现实意义，然而也应看到，自1987年迄今已历时30年，时至21世纪，国内外形势又有了不少新的

重大发展；特别是当前举国上下正大力推行习近平主席倡导的"一带一路"国策的形势下，北京如何加强作为国家文化中心的功能，乃至建成为世界上东方文化之典范，实已成为我国当前政治、经济、文化建设中一项战略性任务；同时也提出了一系列理论与实践问题。在此谨遵循侯仁之院士关于北京城在作为全国政治中心的同时还要加强文化中心建设的理论思想，试作一些探讨，并提出几点建议。

1. 进一步强化北京城之南北中轴线作为城市"主心骨"的作用。

关于北京城之南北中轴线，侯仁之院士在他的论著中一再强调，它不仅集中体现了我国古代都城设计主题思想，历史文化渊源悠久绵长，而且还是全城平面设计的依据。同时还指出，这种全城平面布局上所造成的匀称明朗的稳定感的特点引起了西方建筑学家与城市规划学家从美学层面的无限赞叹。此外，侯仁之院士还对北京城之南北中轴线为何以面向正南为主导方向这一特点从我国自然地理特点上对之进行了精准的解释，指出古人善于适应自然与利用自然的智慧。而历代封建统治者宣扬的"面南而王"，只不过是其派生出来的一个政治理念。由此侯仁之院士强调这条南北中轴线正是北京作为中华古都与历史文化名城保存下来的最大的一个特殊风貌。从中可见他是力主保持并优化这条南北中轴线的，如他就很赞赏在北京改造旧城与拓建新城时，南北中轴线向北、南两个方向作了必要的延伸以及将天安门前之东西长安街分别向东、西两个方向延长，形成一条横贯新北京全城的东西轴线。①

基于此，可在北京都城规划建设中的平面布局上作相应的调整布设：如适当延长南北纵向与东西横向中轴线，在中轴线两侧适当地段兴建可涵盖包容全国文化内涵的建筑设施等。

2. 补建一些具有国家文化内涵的建筑与机构。

尽管北京数十年来已先后兴建了一批具有国家文化功用的建筑与机构，但随着经济、社会的发展也需适时再补建一些。经初步考虑提出以下三个可先期兴建项目，即：

其一，在即将圆满收官的国家清史工程完成之后，兴建一座国史馆，以全面收集保存史料，助修新的国史；

其二，为配合与推动全国哲学社会科学工作者贯彻落实习近平主席提出的

---

① 以上所论均依据侯仁之《从北京到华盛顿——城市设计主题思想试探》一文之相关内容。

关于加快构建中国特色哲学社会科学的重大任务，兴建一座全国哲学社会科学馆，以充分收藏保管哲学社会科学各门分支学科相关论著，甚至包括一些代表性学者的文稿、信扎、日记、笔记等，为各学科深入与开拓性发展以及培养后继学人发挥其重大作用；

其三，为推进当今国家正大力施行的"一带一路"重大国策，兴建一座国际性的一带一路博物馆，收藏展示一带一路沿线国家国情民风、历史文物。

当然需要补充兴建的决不止上述三项。对这些值得兴建的国家级乃至国际级的文化设施，可通过充分研讨、论证与必要的行政审批程序后，逐项立项、开工，并克期落成；以发挥它们在增强北京作为国家文化中心，并在国际文化发展中发挥引领作用的功效。

3. 进一步增加作为全国性文化设施之建筑物所包含的中国传统文化元素。

当前，在我国城市化发展浪潮中所建大量楼宇，不仅样式单调，而且缺乏中国传统建筑文化元素。这一现象已引起我国建筑学界有识之士的广泛注意，纷纷对我国各地传统建筑之思想观点、营造理念与物象特征进行解析，并力求在今后的建筑实践中加以传承创新。这一任务对在北京兴建具有国家文化功能的大型主体建筑当然更显重要，尤当认真做到。建设出既充分具有我国传统建筑中所蕴含的文化元素，又具有新的时代风韵的建筑，以加强北京作为国家文化中心之建筑文化氛围，形成直观冲击作用与强烈的感应效果。

4. 在雄安新区规划建设中也要加强国家文化中心建设内涵，以与北京主城区相互呼应，相得益彰。

今年4月1日中共中央、国务院关于设立河北雄安新区的决定一经公布，雄安新区的规划建设就备受国内外各界关注。雄安新区作为北京功能疏解的集中承载地与首都功能拓展区，在打造创新驱动的发展引领区、开放发展先行区与新高地、绿色生态宜居新城区、协调发展示范区[①]的过程中，还当在整体城市文化风韵上注入浓郁的中华传统文化色彩，使之也具有国家文化中心的特质，以与北京城区持有同样的风格强化北京作为国家文化中心的作用。

（作者为中国古都学会原会长、陕西师范大学教授）

---

① 杨开忠：《把握规划建设雄安新区的历史方位》，《时事报告》，2017年第5期，2017年5月8日出版。

二、全球化视野中的全国文化中心建设

程光泉

【摘　要】北京作为全国文化中心已经历了漫长发展过程。全球化进程的加速,促使全国文化中心必须具有国家文化中心和世界文化中心的性质。要注重全国文化建设中的文化自觉,保持文化特色,树立文化自信,以文化的创新与引领,推动人类命运共同体建设。

【关键词】全球化、国家文化中心、首都文化、人类命运共同体。

辽代以后,北京逐渐发展成为全国文化中心,期间虽有起伏,基本的文化脉络没有中断。今天,北京作为全国文化中心的建设再次被党和国家重视。2017年9月13日,中共中央、国务院关于对《北京城市总体规划(2016-2035年)》的批复中,明确指出:"北京是中华人民共和国的首都。是全国政治中心、文化中心、国际交往中心、科技创新中心。""要在《总体规划》的指导下明确首都发展要义,坚持首善标准,着力优化提升首都功能,有序疏解非首都功能,做到服务保障能力与城市战略定位相适应,人口资源环境与城市战略定位相协调,城市布局与城市战略定位相一致,建设伟大社会主义祖国的首都、迈向中华民族伟大复兴的大国首都、国际一流的和谐宜居之都。"

北京城市建设的"四个中心"的新定位与新要求,既是对几十年来全国文化中心建设经验的系统总结,也是全球化进程加快的趋势之下国家文化中心建设的重新审视。加强全国文化中心的建设,不仅是北京市的事情,也是关系到全国文化建设的大局。充实和加强全国文化中心的功能,充分发挥对全国文化建设的主导、示范和推动作用,加强中华民族内聚力,发挥中华文化展示示范作用和文化国际交流引领作用，彰显中华文化的魅力和国际影响力，为世界文化的发展和人类命运共同体的构建，提供中国文化样本和卓越智慧。

一、从全球化视野看，全国文化中心建设就是国家文化中心建设，也是世界重要文化中心建设，建设全国文化中心是增强民族文化自信的需要

北京建城3000多年，建都1000多年，从春秋战国到唐代，北京是华北地区区域文化中心。辽南京、金中都之后，北京便逐渐成为了全国的文化中心。新中国成立之后，党中央国务院对北京作为首都的政治中心地位给予了明确规定。早在1954年，就确定了北京作为我国文化中心的地位。①1983年7月，中共中央、国务院《关于对北京城市建设总体规划方案的批复》中明确指出，北京是伟大社会主义祖国首都，是全国的政治中心和文化中心，北京的发展都必须服从和充分体现这种性质的要求。要为中共中央国务院领导全国工作和开展国际交往，为外地来京和全市人民的工作和生活，创造良好的条件。这一要求逐步发展为北京要着力做好的"四个服务"。

物换星移，进入全球化的进代，首都的文化建设有更加宏大的时代背景。从全球化的视野来看，这不仅是全国文化中心建设，而且是国家文化中心建设，并成为世界文化发展中的一极，力争成为世界文化中心之一。作为全国文化中心，在一个国家之内也许不只一个。但从全球化的视角看，全国文化中心则对外代表国家，具有丰富发达的文化资源与文化体系，具有世界性的文化知名度和文化魅力，是全国乃至国际范围内文化软实力、文化竞争力的典范，是一个国家文化的代表。北京作为文化名城所具有的悠久文化传统、丰富文化遗产和深厚文化底蕴以及发达的文化创意产业、文化传播体系、公共文化和城市文明、城市精神文化形象等，是北京成为全国文化中心的重要支撑。北京要做好首都文化这篇大文章，首都文化作为国家文化形象的代表，是国家优秀文化的荟萃，是国家文化品质和文化层次的体现，是国家文化精神与文化形象、文化特色与文化底蕴的彰显，具有面向全国的文化典范性和面向世界的文化代表性。

---

① 参见陶一凡、张妙弟主编《北京（上）》，当代中国出版社2011年版，第305页。

对于一个国家而言，国家文化中心有且只有一个，它代表了一个民族的文化形象，也体现了一个民族的文化自信。正如人大代表卫爱民所说的，"中国要想影响世界，没有精神和思想是不行的，必须体现出自己的精神、文化，光有GDP不会赢得世界的尊重。中国要自立于世界，中国文化传统、民族精神必须传承下来。在北京经济发展中，文化发展不能忽视。要发挥好北京良好的文化资源配置和人才创新优势。要创造和谐社会，不仅要有经济发展，也要为人民创造精神愉悦，满足百姓文化权益。"①全国文化中心的建设，要立足北京，面向全国，影响世界。只有中国的，才是世界的。在全球化的时代，只有世界的才是中国的。要以引领思想潮流和文化时尚为己任，建设思想高地和价值观高地，自觉地为人类解决现实问题提供中国智慧。一如古代的雅典、罗马、汉唐时的长安、15世纪的佛罗伦萨、17世纪的伦敦、18世纪的巴黎、20世纪的纽约等历史上的文化中心，不仅是人类璀璨文明的荟萃之地，也是人类思想的创生之地。北京作为国家文化中心，应该有能力有信心创造出中国风格、中国气派的思想与文化成果，服务于人类的发展，这样才能无愧于国家文化中心的历史地位，也才能成为重要的世界文化之都。

二、从全球化的视野看，国家的政治中心并不必然是全国文化中心，它必须具有先进性和包容性的文化特质

传统的中国社会只是凭着首都的政治中心地，也就会成为全国文化中心。长安如此，北京也是如此。因为在传统的封建社会和中央集权时代，政治和文化是密不可分的，文化完全依附于政治，政治中心也就是文化中心。然而进入近代以后特别是人民群众的民主意识萌发之后，文化开始逐渐觉醒，开始挣脱政治的束缚，寻求自身的价值。近代前期的文化中心，不是哪个大国的首都，也不是教权的中心罗马，而是资本主义萌芽最早的意大利城市佛罗伦萨。中华民国时期的文化中心也不是南京，而是最资本主义化的新型城市上海，正是在那里中华文化经历了前所未有的洗礼与创新。

由此可见，一国首都一定是该国的政治中心，但不一定是该国的文化中心。从佛罗伦萨和上海的例子来看，它们之所以成为文化中心，除了历史发展给它们提供了这样的机会之外，关键还在于它们具有最本质的两个特质。一是

---

① 鲁来顺：《北京：文化中心之船乘风远航》《中国人大》2011年12月25日。

先进性。主要表现为经济上代表了先进的生产方式，政治上代表了开明的治理制度，思想上代表了进步的价值观念。在此基础上形成的文化，必然代表了未来的前进方向，必然具有旺盛的生命力和创造力，必然是不断推陈出新、不断改造提升的先进文化。英国文化具有强烈的保守色彩，伦敦也是英国绅士风度和骑士精神的故乡。但现代伦敦最突出地表现为文化创意，从而使这座稳健从容的城市充满了活力，焕发了青春。而巴黎则于文脉绵延不绝、经久不衰之中，不断地注入时代的活力基因，启蒙运动的思想火焰使这座城市成为世界的头脑和新思想的集散地，并因一批又一批的艺术家聚集到这里，使它成为世界文化的时尚之都。

二是包容性。主要表现为对不同的阶层吸纳包容，对不同的文化兼收并蓄，对不同流派求同存异，对不同观念涵容忍让。在这样的基础上所形成的文化中心必然体现了文化发展的基本方向，代表了更为广泛的文化需求，必然具有强大的凝聚力和影响力，必然还是面向全国、面向世界的文化中心。二战之后，纽约之所以是美国的文化中心和重要的文化之都，不仅因为美国取代英国成为世界最大的经济强国，更凭借它具有海纳百川的特质，来自世界各地的文化包括语言、艺术、风俗和宗教等等，共同打造了纽约文化形态的多样性。它不仅有意保留这种多样性的文化，而且在此基础上持续地吸取新的外来文化。来自不同地方的移民群体都可以找到展示自己文化特征的舞台，从而使这座城市具有了强烈的文化吸引力和竞争力。

历史上各个不同的文化中心，都具有各自的特质，比如高度的文化自觉、宽松的文化环境、规范的文化法治、成熟的文化市场、鲜明的文化标志、广泛的文化参与等，这些特质都是由先进性和包容性这两个基本特质派生出来的，并不断丰富发展了这两个特质。失去了这两个基本特质，既便是具有首都之利，也未必能成为文化中心。

三、从全球化的视野看，全国文化中心建设要保护自身的文化特色，在同质化的趋势中彰显自身特点，提升自己的文化辨识度和文化影响力

全球化是一个趋同化的过程，但也是一个异质性的过程。文化的话语权来自于文化实力，更来自于文化特色。文化中心既是城市文化的现实展开，更是文化历史传承。世界著名的文化中心和古城都在保护城市文化特色，世界各地的人们都在努力维护城市的自身特色。在古希腊为了保持雅典古城特色，国家实施了严格的高度控制，市区内不允许新建高层建筑以避免历史风貌受到伤害。在西班牙，政府早在1859年就对巴塞罗那的城市特色保护和城市发展进行研究，提出新的城市建设要完全避开历史城区的思路和措施。一个半世纪之后，人们看到巴塞罗那历史城市的文化特色依然美观而协调，是欧洲最具风格的特色城市之一。在意大利，经过长期的努力，罗马整座城市呈现出以古代遗址为基本特征的"古罗马"、以历史街区为主要特征的"老罗马"和以现代建筑为鲜明特征的"新罗马"，形成三种风格并存的独特城市文化景观。在耶路撒冷，虽历经兵燹，战火频仍，不同的民族势力和宗教势力不断分割争夺这座古城，但一旦战争停止，他们就采取各种措施保护历史遗迹。3000年中，这座古城37次被占领，18次重建，历史遗迹层累叠加，古城的轮廓和街巷完整地保存下来，成为人类文化史上的一个奇迹。

保护城市特色并不是一成不变，同样可以活化、利用乃至创新城市特色。巴黎保留有中世纪时期、文艺复兴时期、古典主义时期、工业革命时期以及20世纪以来各个阶段的文化遗产与城市肌理。文化遗产和城市特色由于得到良好的保护和合理利用，使城市保持着旺盛的生命力。为了充分展示城市的悠久历史和灿烂文化，巴黎在新世纪推出"大巴黎计划"，旨在通过大规模的扩建将现有的博物馆城市打造成为世界文化之都。根据规划，大巴黎文化版图将以塞纳河为轴向四面扩张。在中心区，有法国国家图书馆、卢浮宫、奥赛博物馆、布朗利博物馆、大皇宫、建筑遗产城和一个坐落在东京宫的崭新的现代艺术机构。在西部，有路易威登创意基金会和正在规划中的赛甘岛。在东部，围绕着法国国家视听学院，努阿兹勒格朗市的歌布兰学院以及玛尔纳拉瓦雷市和克雷泰伊市的多个大学城，形成一个影像和多媒体中心。在南部，将形成推广现代艺术的前沿阵地。大巴黎计划一旦实施，法国人引以为傲艺术之都的文化版图将日渐丰盈，再次成为对全球有重大吸附力的文化与艺术之都。

中国文化五千年，源远流长，延绵不绝。作为千年古都的北京，文物古迹遍地皆是，人文景观丰富多彩，世界文化遗产数量多于伦敦、巴黎、东京和纽约，这是具有深厚文化内涵、文化特色和文化魅力的结构要素，也使其在全球文化竞争中具有独特的竞争优势。北京丰厚独特的历史文化资源，兼容并蓄沉稳大气的文化磁性，是北京全国文化中心建设取之不尽的文化源泉。然而，在全球化经济大潮之中，北京多集中于传统领域的文化优势也正面临着严峻的挑战。越来越多千篇一律的高楼大厦、宽阔道路，取代了传统的建筑风貌、街巷格局；伴随着原住民向原郊区分散搬迁，旧有社会结构群体，北京传统文化和特有生活方式的传承与传递不可避免地出现了断裂。旧城改造中的大拆大建，使得传统与现代、开发与保护的矛盾日益凸显。而随着大城市病的日益严重，以及人们急于解决这些问题的现实焦虑，使得北京的文化保护、传承与活化，成为一个公共话题和时代难题。北京作为一个悠久的历史文化名城，其独特的文化传统与人文特色不应被经济发展的现实浪潮所淹没。挖掘、保护和弘扬自己的特色优势，需要深入开掘首都文化内涵，系统整合文化资源，深度萃取文化精神，充分利用文化资本。在具有世界影响力的文化中心建设中，北京作为世界著名的历史文化古都，必须加强特色文化建设和特色文化城市建设，彰显北京作为世界重要文化中心的文化形象、文化价值和文化魅力。

与北京相比，纽约的现代服务业基础，伦敦的创意经济活力，东京的科技生活品质，巴黎的文化艺术魅力，都构成了这些文化中心的独有特点。在新的城市总体规划中，北京放弃了与国际大城市之间的经济竞争，转而向首都功能的强化和四个中心建设的方向发展，这本身就是指导思想上的重大转变。但如何形成自身的文化特点，从而使自己的文化品牌更加特色鲜明，仍需要认真研究。中共中央、国务院对北京城市总体规划的批复中指出，要"抓实抓好文化中心建设，做好首都文化这篇大文章，精心保护好历史文化金名片，构建现代公共文化服务体系，推进首都精神文明建设，提升文化软实力和国际影响力。"北京城的文化保护也不仅表现在对重要历史建筑的保护，还要注意对整座城市的空间特征、街道肌理、局部环境以及城市精神等方面的保护。要注意挖掘城市文化内涵。文化是城市的灵魂，是城市最具影响力的名片。首都的发展要在继承传统特色的基础上创新，在学习传统的前提下创造，借鉴学习人类文明的优秀成果，创造出具有大国首都特色、首都风格、首都气派和国际影响的文化产品，不断增强首都文化的吸引力和影响力。

四、从全球化的视野看，全国文化中心建设还面临着全球性与本土性之间的冲突。对于北京而言，这不仅是一种外在竞争，更是一种内在纠结

全球化的角度来看北京，北京的建设应该具有在全球的政治影响力、经济控制力、科技辐射力、文化感染力、社会吸引力、人才带动力等等。全球化的北京，是时空压缩的结果；是古今中西关系调整的现实模板。北京城市空间的巨大变化，也深刻影响着城市的自我定位与文化心态。正如大卫·哈维所指出的，空间障碍的消除会激发民族主义和地方主义的情绪。老北京的消失与全球化场域的建立，激发了建筑师和知识分子的本土文化自觉，并产生了一些与之对抗的空间实践。上世纪90年代的大屋顶工程可以看作是城市建设者对具体物理空间的有意识生产，美术馆后街22号的拆迁上书是居民和文化界面对现代化城市进程展开的空间保卫战，而故宫星巴克抗议事件则可以解读为知识分子对抽象的文化空间的再阐释与定义。

全球化与本地化之间天然就存在着对立性，包括北京在内成千上万的城市面临着身份认同的危机，北京和其他许多世界城市一样，在高度全球化现代化的同时，也在一定程度上迷失了自己。1993年10月6日，国务院批复要将北京市建设成为世界一流水平的历史文化名城和现代化国际城市。2005年国务院通过《北京市城市总体规划（2004—2020年）》，将城市发展目标明确为"国家首都、世界城市、文化名城和宜居城市"。至此，世界城市被确认为北京的城市定位之一。伴随着与世界主要城市之间的经济比拼和GDP竞争，导致城市规模的无序扩张和人口规模的急剧扩大。20世纪90年代至今，北京的都市空间发生了翻天覆地的变化，这座有着紫禁城和四合院的都城矗立起一座座后现代的地标性建筑，在全球化浪潮的效果之下逐渐呈现出一派国际化大都市的面貌。

北京存在问题不仅仅是与世界接轨的问题，也是自己正在加速地成为世界的主体部分。资本的逻辑在生猛地主导着城市的发展和城市文化的变迁。北京已经呈现出一幅世界图景，展示了全球化的整体幻象，浓缩地呈现了"时间战胜空间"的新型时空关系。大卫·哈维多次指出，自动化与机械化、汽车和高速公路带来生产与消费的周转时间的加速，电视电话等传播通讯手段使信息移动加速，而由此使得空间被消除了，城市之间、国家之间的界限被打破。世界已经变得越来越小，的确成为了麦克卢汉所说的"地球村"。"地理作为一种景观，它是具有某种特殊空间构型的人工环境的'第二自然'，这种"第二自然"是在资本的控制下生产出来的，因此直接体现了政治权利。"①

在全球资本化以及相生相随的现的商品化浪潮中，北京生产出了许多全球化的空间，如大批的西式住宅、后现代的标志性建筑等等。与此同时北京的旧

---

① [美] 大卫·哈维：《希望的空间》译序，胡大平译，南京大学出版社2006年版，第8-9页。

有空间形式却在消失,城市的独特身份日益模糊。如何在全球性和本土性之间达成一种平衡,建立自己的城市身份认同,是北京当下面临的重大问题,也是北京城市定位和目标调整之后应该着力解决的问题。

五、从全球化的视野看,全国文化中心建设不能一座城市独立发展、单兵独进,要以一城为中心带动其他城市和地区协调发展,形成具有共同文化认同的城市群与文化圈

发达国家文化中心城市和大城市群的出现是一个自然发育的过程。纽约、伦敦、巴黎、东京等世界城市都建立在其强大的综合实力基础之上,有着深厚而宽阔的社会背景。这些文化中心往往并不是以独立城市的形式存在,而是以一城为中心,形成城市文化群或文化圈。

我国城乡差别东西差别巨大,全国性的发展不平衡和庞大的贫困群体并存的问题并没有得到根本解决。我们的一些大城市更像沙漠中的绿洲、荒漠中的繁华孤岛。北京又不同于长三角中的上海和珠三角中的广州,其周边的环渤海、晋冀蒙还是欠发达地区。国家下力气在近年完成脱贫攻坚任务,在这种情况下,若北京单兵突进、超前发展,势必会加剧地区发展不平衡所带来的矛盾冲突,增加社会不安定因素。

面对更加公开、公平、开放、自由的国际化要求,北京的社会环境因素尚未准备充分。要成为具有重要地位的世界文化中心之一,不仅要求北京在经济上实现全球化,而且在政治文化等方面也要与世界接轨。比如户籍开放、人口在国内乃至国际间的自由迁移和流动,新闻信息舆论的自由公开透明,个人自由空间和文化多元化的高度需求,服务与社会保障体系的完善,社会治理的法治化等等,都对我们现有的城市文化发展构成了巨大的压力,必须正视和妥善解决这些问题。否则,北京在维护安定团结和社会秩序方面的压力将非常巨大,处理不好将严重损害北京的声誉和国际形象。

历史上北京的建设,离不开全国财力物力人力的支援,今天依然需要这种支援。全国文化中心的建设,仍要举全国之力进一步强化北京作为首善之区的先进典型功能。过度的集中往往意味着更加剧烈的分化,北京如一个巨大的漩涡吸引附着周边乃至全国的势能向其集中;与此同时,也吸附来数量庞大的贫困人口和随之而来的相对落后的生产方式。北京与其他城市、北京与周边地区、北京城市内部的贫富差距有扩大的可能,教育、医疗、治安、社会福利等

一系列巨大的压力接踵而至。加上北京原本已经饱和的水资源、能源、土地供应、质量环境等方面的需求，城市的客观承载力和环境保护能力面临严峻挑战。由于历史原因所承载的社会道义和作为全国文化中心所承担的政治义务也会相应加重。

因此，北京在京津冀协同发展的过程中要发挥龙头的作用，凭借其中国首善之区的政治地位，深厚的文化历史底蕴，雄厚的科技人才资源，强大的文化集散能力，起到引领和主心骨的作用。北京城市周边客观存在的"环京津贫困带"，决定了北京无法独立发展。北京的文化建设切不可孤军奋战，更不能只从本城市发展的需要出发急躁冒进，仓促行事。要充分利用地缘文化相同或相近的优势，促进京津冀及环渤海周边区域的文化认同，发挥全国文化中心建设的优势，引领主导京津冀一体化，积极参与雄安新区建设，走区域经济协调可持续和文化发展一体化之路。

六、从全球化的视野看，全国文化中心建设既要树立文化的整体自信，也要树立每个个体的文化自觉。全国文化中心建设应该得到市民的广泛理解、同情、支持和参与，共建共享

伴随经济全球化而来的是文化多元化，几乎所有国家都面临其文化的冲突与危机。要保持文化自信，首先要保持文化独立性。这种独立性表现为：第一，承认文化的多样性。文化的多样性既是历史的产物，又是必须慎重对待的事实。文化的多样性事实上就是文化的合法性，这种意义上的文化自身存在的独立性，实际上就是文化独立存在的合法性。第二，承认文化的差异性。承认文化的多样性隐含着承认文化的差异性。承认文化的差异性，就是肯定不同的文化在内容等方面所存在的差异，就是某一国家及其成员对于他者不同文化的尊重。这种尊重既有利于对于自身文化的特殊性的肯定，也有利于他国文化的独立存在。第三，承认文化的平等性。这就是承认各国文化都是世界文化的独立存在者，承认中国文化享有与其他文化同等的地位，都应该享有同样的存在权利。

建立全国文化中心中确立的中国文化自信，是建立在承认文化的多样性、差异性和平等性基础上的文化自信。具有这样的文化自信，才会承认中国文化是人类多样性文化中的一种，中国人才会有鲜明而坚定的文化立场，才会在自身文化的对外开放中，不与他国文化"趋同"或者被"西化"。这是保持中国文化独立性的基本文化自觉。这一"文化自觉是一个艰巨的过程。只有在认识自己的文化,理解所接触到的多种文化的基础上,才有条件在这个正在形成中的多元文化的世界里,确定自己的位置,然后经过自主的适应,与其他文化一起,取长补短,共同建立一个有共同认可的基本秩序和一套多种文化都能和平共处、各抒所长、联手发展的共处守则。"[①]只有在多样性、差异性和平等性的人类文化环境中,坚持和坚定中国文化自信,才能真正保持文化的独立性;在尊重他国文化前提下拓展中国文化的存在发展空间,才能将中国建成文化强国。文化中心建设正是文化强国建设的先锋与主力军。

文化中心的建设主体是市民,本质是共享,这就需要每个个体的文化自觉。只有市民参与的文化才是真正具有生命力的文化。20世纪70年代以来,世界各国尤其是国际大都市十分重视城市公民文化建设,以此增强城市向心力和凝聚力。多数的博物馆、图书馆免费向公众开放。如巴黎,文化不再是被围墙和收费窗口重重包围的堡垒。2009年开始,全日制的欧盟国家学生可免费参观巴黎大部分文化场所,包括卢浮宫、蓬皮杜中心、凡尔赛宫等。巴黎市政图书馆面向所有人开放,居民只要免费办一张借书卡就可以外借5本图书,而这些服务都是免费的。公共文化资源的全球共享正成为总体趋势。随着互联网技术的突飞猛进,教育资源、图书资源、博物馆资源以及各类城市文化设施具有免费共享的趋势,这也是城市开放度和竞争力的体现。如何开放我们的城市公共文化资源,在服务本国人民的同时服务全人类,推动文化的共同繁荣与共同进步,这也是构建人类命运共同体的重要内涵。

建设全国文化中心要增强市民对于城市精神、城市价值的认同感,增强群众保护传统文化的自觉意识,以主人翁的责任感主动参与城市文化建设。要保护北京的传统特色文化活动,扶持民间艺术活动,活跃民间文化生活,继承和发展具有首都文化特色的优秀传统文化和具有地方特色的民俗风情,吸引市民广泛参与文化活动,形成文明和谐的文化环境,增强他们的对城市的亲近感,使文化建设成为他们生活的一部分,使城市文化成为自身精神生活的重要组成部分。

(作者为北京师范大学北京文化发展研究院副教授)

---

① 费孝通:《费孝通论文化与文化自觉》,群言出版社2007年版,第190页。

三、国家文化中心建设与增强文化自信

朱小娟

【摘　要】 自从北京被确立为我国的国家文化中心，北京市就开展了如火如荼的国家文化中心建设，学界也随之掀起了一股关于国家文化中心建设的研究热潮，但学者们关于国家文化中心建设和增强文化自信之间的关系研究仍然相对匮乏。在当代中国，文化自信特指中华民族、中国共产党以及全体中国人民对中国特色社会主义文化的自信。它主要来源于对中华优秀传统文化和红色革命文化的传承与创造，对中国特色社会主义道路、理论体系、制度的坚持与发展，对国外文化的科学判断以及对外来优秀文化的接纳与融合，对社会主义先进文化的现状及未来发展趋势的认同与确信。从国家文化中心建设的角度探讨如何增强文化自信，就是要准确理解文化自信的内涵及其来源，全面把握文化自信对国家文化中心建设提出的总体要求，进而逐步探索以国家文化中心建设增强文化自信的具体举措。这些举措包括培育社会主义核心价值观、发展文化事业和文化产业、强化首都国际交往中心的功能等方面。

【关键词】 北京；国家文化中心；文化自信；文化建设

自从 2011 年 10 月，中国共产党第十七届中央委员会第六次全体会议审议通过的《中共中央关于深化文化体制改革、推动社会主义文化大发展大繁荣若干重大问题的决定》（以下简称《决定》），首次正式提出要发挥首都全国文化中心示范作用，各界就掀起了一股关于国家文化中心建设的研究热潮。从研究内容来看，包括国家文化中心的内涵与定位研究、北京作为国家文化中心的优势与特殊性研究、国家文化中心建设的继承比较研究以及推进国家文化中心建设的具体措施等方面。在新的历史条件下，习近平总书记进一步强调了"文化自信"的重要意义，将之提到中国特色社会主义理论和实践的核心位置上。他指出："坚定中国特色社会主义道路自信、理论自信、制度自信，说到底是要坚定文化自信，文化自信是更基本、更深沉、更持久的力量。"[1]从国家文化中心建设的角度谈文化自信的增强，就是要准确理解文化自信的内涵及其来源，全面把握文化自信对国家文化中心建设提出的总体要求，进而逐步探索以国家文化中心建设增强文化自信的具体举措。

一、文化自信的内涵及其来源

学界关于文化自信的研究，由来已久。不过直到2011年，党的十七届六中全会审议通过的《决定》明确提出，要"培养高度的文化自觉和文化自信，提高全民族文明素质，增强国家文化软实力，弘扬中华文化，努力建设社会主义文化强国"[2]，文化自信及其相关问题才受到广泛关注、系统研究。而党的十八大以来，习近平总书记关于坚定文化自信的一系列论述又强化了学界对这一问题的研究广度、深度和力度。通常来说，文化自信以文化自觉为前提，以文化自强为追求，它是文化主体，包括一个国家、民族、政党以及社会大众，基于对自身文化历史有清醒认知、对国外文化有科学判断、对自身文化价值有充分肯定以及对自身文化的生命力有坚定信念所呈现出来的一种积极稳定的情绪情感体验和良好精神状态。具体到当代中国，文化自信则特指中华民族、中国共产党以及全体中国人民对中国特色社会主义文化的自信，集中表现为对中华优秀传统文化的自豪，对革命文化的礼敬，对社会主义先进文化的确信。

文化自信不是凭空产生的，而是在文化建设中逐步形成的，需要经历一个自觉提高的过程。只有充分发挥人的主观能动性致力于文化建设，才能促使文化自信的"出场"成为时代发展的必然。从历史、现实与未来的三个维度考量，可将文化自信的来源概括为如下几个方面：

第一，对中华优秀传统文化和红色革命文化的传承与创造。当今世界，没

---

[1] 习近平：《在哲学社会科学工作座谈会上的讲话》，《人民日报》2016年5月19日，第2版。
[2] 《中共中央关于深化文化体制改革、推动社会主义文化大发展大繁荣若干重大问题的决定》，《人民日报》2011年10月26日，第1版。

有哪一个国家、哪一个民族像我们一样拥有5000多年的文明发展史，而且，中华文明作为四大古文明中唯一一个没有发生断裂的文明形态，有着极其顽强的生命力和大有可为的潜力。正是这种生命力和潜力才使得中华传统文化历经数千年的发展，依然在中国乃至世界上起着举足轻重的作用。其中所蕴含的讲仁爱、重民本、守诚信、崇正义、尚和合、求大同等思想观念作为一种历史的积淀和社会意识的潜流，也已然跨越时空，成为我们习焉不察的价值观。当历史走到革命战争时期，中国共产党又带领广大人民群众在进行革命斗争和社会主义道路探索中形成了红船精神、井冈山精神、苏区精神、长征精神、延安精神、西柏坡精神、红岩精神等，这些精神不仅彰显了我们党和人民的崇高道德追求、优秀的政治品格、精良的工作作风，还成为中华民族历久弥新的珍贵精神财富，成为我们日后涉险滩、闯难关的思想资源和精神支撑。不仅如此，中华儿女还主动结合新的时代条件对传统文化加以创造性转化与创新性发展。正如习近平同志总结道："历史和现实都证明，中华民族有着强大的文化创造力。每到重大历史关头，文化都能感国运之变化、立时代之潮头、发时代之先声，为亿万人民、为伟大祖国鼓与呼。"①正是由于中华传统文化具有深厚的文化底蕴，加之历代中华儿女不断对优秀传统文化和红色革命文化进行传承与创造，才奠定了当代中国人文化自信的基础。

第二，对中国特色社会主义道路、理论体系、制度的坚持与发展。5000多年的文化传统、深厚的文化底蕴和丰富的文化资源固然是文化自信的源泉，但终究不是文化自信的现实根基。对比其他国家，例如美国，我们会发现，它虽没有悠久的历史和文化，但美国人同样有着比较坚定的文化自信。究其根源，是因为美国的政治、经济、军事等实力长期以来均处于世界的主导地位，其社会文明程度和人民的生活水平都比较高。所以，影响文化自信的重要因素还在于一国的整体发展状况。从这种角度来看，我们的文化自信还来源于当代中国发展所取得的巨大成就，而这种成就是党和人民历尽千辛万苦，长期奋斗、创造和积累出来的实践结果，得益于我们对中国特色社会主义道路、理论体系、制度的探索、确立与坚持。近些年来，由于一直毫不动摇地坚持中国特色社会主义，我们的发展势头日益迅猛，一跃成为世界第二大经济体；我国的科技水平显著提高，科技事业取得了辉煌成就，长征火箭"三代同堂"齐登场、国产

---

① 习近平：《在文艺工作座谈会上的讲话》，《人民日报》2015年10月15日，第2版。

大飞机C919首飞圆满成功、国产航母顺利下水；我国的政治发展获得实质性进步，党的十八大以来，中央始终保持反腐败的高压态势，坚持"老虎""苍蝇"一起打……这些都进一步增强了中国人的自信，"从国家领导集体到普通个人，对内对外都呈现出一种越来越有底气的自信。这种前所未有的沉着自信，源于人民主体性作用的发挥，源于我们对中国特色社会主义道路、理论体系、制度的坚持与发展；这个自信，也就是我们对中国特色社会主义的道路自信、理论自信、制度自信，说到底是文化自信。"①

第三，对国外文化的科学判断以及对外来优秀文化的接纳与融合。文化自信是在文化建设过程中不断获得的一种良好精神状态，而我们对本民族文化的建设离不开对国外文化的科学判断以及对外来优秀文化的接纳与融合。倘若不了解其他国家的整体发展状况，没有与其他国家进行横向对比，不懂得学习与借鉴一切外来的优秀文化成果，以发展本民族文化，那么，我们的文化自信很可能会沦为盲目的自信、不牢固的自信，甚至会演变成一种文化自负。因此，真正的文化自信还来源于对世界上其他国家、民族文化的客观把握，只有对本国、本民族之外的文化发展状况具有较为全面、理性的认识，才能在对比中更加明确我们自身的优势以及未来努力的方向，进而有针对性地增强中国人的底气。当然，对国外文化的优势与不足保持综合辩证的态度还不能直接培育我们的文化自信，这种文化自信的培育还与借鉴、吸纳一切外来优秀文化成果进而推动本民族文化建设具有密切关系。也就是说，我们的文化自信除了在包容多元并存的国外文化中得以体现和增强，还有赖于对外来优秀文化的接纳与融合，亦即站在有利于自身文化发展的角度对世界优秀文化进行有选择性的学习、借鉴与吸收，力争在与各国人民创造的文化交流中，消除民族文化狭隘的心理，在不断汲取各种文明养分中发展中华文化。

第四，对社会主义先进文化的现状及未来发展趋势的认同与确信。文化自信建立在一定的文化自觉基础上，而文化自觉一般是指一个国家、民族、政党和民众对自身所属文化的发展历史、内涵与价值、优势与劣势以及该文化在世界民族文化中所处的位置等问题都有较为清醒的认识，进而主动承担起发展本民族文化的主体责任。可以说，唯有在高度文化自觉基础上形成的文化自信才能是真正意义上的文化自信。反观我们的社会主义先进文化，它是一种面向现

---

① 朱小娟、安丽梅：《论人民主体性在文化自信中的彰显》，《学校党建与思想教育》2016年第7期。

代化、面向世界、面向未来的，民族的、科学的、大众的社会主义文化，是中国共产党带领广大人民群众在实现马克思主义与中国实际相结合的过程中，经历社会主义革命、建设与改革等阶段逐渐形成的，反映了人民的愿望和诉求，亦能满足人民日益增长的精神文化需要。正是这样一种文化构成了中国特色社会主义文化的重要组成部分，同时也得到了国人的充分认同与支持，从而以凝聚共识、提升内聚力的方式进一步增强了中国人的文化自信。当前的文化建设正朝着社会主义先进文化方向发展，我们对它的未来充满信心。因为，我们找到了一条正确的文化发展道路，我们确信，沿着这条道路继续前行，一定会不断推动我们的文化建设，进而创造出前所未有的辉煌文化，也一定会比历史上任何时期都更接近中华民族伟大复兴的目标，进而以十足的底气向世界展示我们的文化自信。所以，当代中国人的文化自信不仅来源于我们对社会主义先进文化的选择与认同，还源于对社会主义先进文化的发展趋势充满认可与确信。

二、文化自信对国家文化中心建设提出的总体要求

党的十八大以来，习近平总书记曾在多个场合反复提到文化自信，既表达了他的文化理念，又明确了国家文化中心建设的发展方向。例如，2014年2月24日，习近平在主持十八届中央政治局第十三次集体学习时提出，要"增强文化自信和价值观自信"①。同年10月，习近平在文艺工作座谈会上的讲话中又明确指出："增强文化自觉和文化自信，是坚定道路自信、理论自信、制度自信的题中应有之义"，"各级党委要从建设社会主义文化强国的高度，增强文化自觉和文化自信。"②他还告诫全党："坚定中国特色社会主义道路自信、理论自信、制度自信、文化自信，不断夺取中国特色社会主义新胜利，是当代中国共产党人最核心的使命。"③习近平总书记有关文化自信的一系列论述系统而科学地回答了新的历史条件下为什么要重视文化自信以及如何坚定文化自信等重大问题，体现了我们党高度的文化自觉，不仅从宏观上指明了我们建设社会主

---

① 习近平：《习近平谈治国理政》，外文出版社2014年版，第164页。
② 习近平：《在文艺工作座谈会上的讲话》，《人民日报》2015年10月15日，第2版。
③ 习近平：《在学习〈胡锦涛文选〉报告会上的讲话》，《人民日报》2016年9月30日，第2版。

义文化强国的方向,同时还对"建设什么样的首都,怎样建设首都"这一问题具有重要的指导意义,进一步明确了国家文化中心建设的总体要求,即坚定文化自信,并以强化文化自信来源为着力点增强文化自信。

(一)高度重视文化自信之于国家文化中心建设的重要意义

随着文化自信正式成为中国特色社会主义的"第四个自信",其本身所具有的重要性便愈益凸显出来。"作为一个国家、一个民族对自我文化的确信,文化自信既是一种文化传承创新的精神基石,也是一种文化从容应对不同文化间交流交融交锋的价值底气,是一种文化维护自身安全、张扬自身特性的第一道思想屏障。因此文化自信在当代中国的日趋增强,正为社会主义文化强国的建设创造着不可或缺的心理准备和思想条件。"[1]所以,对于国家文化中心建设这项工程来说,坚定文化自信首先要求我们高度重视文化自信之于国家文化中心建设的重要意义。

具体来说,文化自信对于国家文化中心建设的重要意义可以概括为以下三个方面:第一,国家文化中心自身的建设需要文化自信。新中国成立后,北京作为首都和全国文化中心,一直发挥其无可比拟的文化和人力资源优势,自觉承担起建设中国特色社会主义先进文化的历史使命,不仅使首都文化焕发出巨大生机与活力,使文化繁荣发展成为首都科学发展的鲜明特色和突出亮点,还极大地推动了整个中国文化事业的繁荣。但国家文化中心建设没有"完成时",还需要文化自信这种强大的精神动力作为支撑以克服前进中的困难与挑战。"正是由于文化自信提升了人们的思想认知、明确了走向未来的前进方向、勘定了开拓进取的正确道路,并赋予我们丰饶的智慧与强大的定力,使我们在前进的道路上更富于激情和勇气,更具有毅力和韧性,更能在攻坚克难与顽强拼搏中创造奇迹、撷获硕果"[2],所以才能够成为持续推动国家文化中心建设的根据与根本。第二,发挥首都全国文化中心的示范引领作用需要文化自信。北京作为首都,同时兼具全国政治中心、文化中心、国际交往中心、科技创新中心的核心功能,自然对我国其他地区的文化发展具有强大的影响力和示范作用。但若想使这些功能得到最大限度的发挥,进而使北京真正成为主导全国文化发展方向、引领国家文化发展进程的区域,还须培育和坚定文化自信。

---

[1] 沈壮海:《文化软实力及其价值之轴》,中华书局2013年版,第121页。
[2] 艾斐:《文化自信何以为"更基础、更广泛、更深厚的自信"》,《红旗文稿》,2017年1期。

只有以十足的底气和良好的精神面貌投身国家文化中心建设，才能对其他省市地区的文化建设给予更多的指导和帮助，也才更有可能以正确的文化心态包容多元文化价值理念的存在，允许其他地区文化的差异性发展。第三，正确对待其他国家文化中心建设的经验需要文化自信。北京在建设国家文化中心的过程中需要对各国人民创造的优秀文明成果、文化中心城市建设的有益经验进行学习与借鉴，但学习与借鉴应当建立在高度的文化自觉和文化自信基础上。只有以文化自信作为心理支撑，我们才能更好地以客观理性的态度审视自我，以积极主动的姿态学习他者，以坚韧不拔的勇气应对挑战，既不固步自封，亦不盲目崇拜，而能够在选择与比较中始终保持对本民族文化的高度认可与信赖。

（二）积极传承与弘扬优秀的中华传统文化和北京历史文化

习近平总书记在谈论文化自信时，经常结合中华民族的历史以及中华传统文化来谈。2016年11月30日，他在中国文联十大、中国作协九大开幕式上的讲话中指出："坚定文化自信，离不开对中华民族历史的认知和运用。历史是一面镜子，从历史中，我们能够更好看清世界、参透生活、认识自己；历史也是一位智者，同历史对话，我们能够更好认识过去、把握当下、面向未来。"① 作为一个有着5000多年文明历史的国家，我们应当如何对待中华传统文化，这是很多人关心的问题，也是开展国家文化中心建设不可回避的重要问题。如前所述，文化自信首先来源于对中华优秀传统文化的传承与创造，由此决定了，对于国家文化中心建设而言，文化自信还要求以正确科学的态度对待中华传统文化与北京历史文化。

首先是以科学的态度对待中华传统文化。中华传统文化是精华与糟粕的结合体，其中，优秀传统文化是中华民族的"根"和"魂"，如果丢掉了，就等于割断了我们的精神命脉。因此，面对中华传统文化，我们应坚持古为今用、推陈出新，有鉴别地加以对待，有扬弃地予以继承。一方面，传承和弘扬传统文化的思想精华，以讲故事的形式将中华传统文化的独特创造、价值理念、鲜明特色呈现出来，深入挖掘中华优秀传统文化中蕴含的讲仁爱、重民本等价值观念的时代价值；另一方面，对传统文化进行创造性转化与创新性发展，即按照时代特点和要求，赋予传统文化新的时代内涵和表达形式，以激活其生命力，并适时对中华优秀传统文化的内涵加以补充、拓展和完善，以增强其感召

---

① 习近平：《在中国文联十大、中国作协九大开幕式上的讲话》，《人民日报》2016年12月1日，第2版。

力。其次是以科学的态度对待北京历史文化。北京作为一个历史悠久的文化古都，同样拥有深厚的文化底蕴，积淀着丰富的文化资源，这是北京作为国家文化中心的突出优势，也是实现中华民族伟大复兴的重要文化支撑。因此，文化自信的提出也要求深入挖掘北京历史文化资源，彰显历史文化特色。例如，以灵活多样的形式让收藏在故宫里的文物、陈列在博物馆里的遗产、书写在古籍里的文字都"活"起来；又如，以保护长城、颐和园、天坛和四合院、胡同街区以及京剧等不同类别的文化遗产为着力点，提升首都文化软实力；再如，以什刹海周边酒吧文化研究为载体深入挖掘老北京文化遗产的价值。

（三）毫不动摇地坚持中国特色社会主义文化发展的道路

国家文化中心建设是有方向可循的，而源于对中国特色社会主义道路、理论体系、制度的坚持与发展的文化自信，给国家文化中心建设指出的前进方向是社会主义先进文化，指出的发展道路是中国特色社会主义文化。诚如前文提及，在当代中国，文化自信特指对中国特色社会主义文化的自信。而"在5000多年文明发展中孕育的中华优秀传统文化，在党和人民伟大斗争中孕育的革命文化和社会主义先进文化，积淀着中华民族最深层的精神追求，代表着中华民族独特的精神标识"①，构成了中国特色社会主义文化的全部内容。因此可以说，文化自信是对"中国特色"的最好诠释，坚定文化自信的实质就是坚定中国特色社会主义的理想信念。

文化自信形成于文化建设的过程之中，以建设社会主义文化强国、增强国家文化软实力为追求，这与国家文化中心建设的目标趋于一致。而"建设社会主义文化强国，增强国家文化软实力，必须坚持社会主义先进文化前进方向，坚持中国特色社会主义文化发展道路，培育和践行社会主义核心价值观，巩固马克思主义在意识形态领域的指导地位，巩固全党全国各族人民团结奋斗的共同思想基础。"②所以，国家文化中心建设须毫不动摇地坚持中国特色社会主义文化的发展道路。具体包括：其一，保证国家文化中心建设的方向是社会主义的。中国特色社会主义是社会主义而不是其他什么主义，科学社会主义的原则不能丢，丢了就不是社会主义。以首都北京作为国家文化中心开展建设，首先

---

① 习近平：《在庆祝中国共产党成立95周年大会上的讲话》，《人民日报》2016年7月2日，第2版。
② 《中共中央关于全面深化改革若干重大问题的决定》，《人民日报》2013年11月16日第1版。

要明确的是,必须在社会主义的范围内进行建设,而不能跑偏。其二,充分尊重人民的主体地位并激发人民主体性作用的发挥。国家文化中心的建设离不开人民特别是首都人民的主动参与和具体实践。为此,在开展国家文化中心建设的过程中,一方面要坚持以人民为中心的价值导向,根据人民的文化诉求来建设文化,保证文化建设成果由人民共享;另一方面要依靠人民,发挥人民群众的能动性、创造力,以人民作为文化建设成果的评判者。其三,要抓好理想信念建设。没有坚定的共同理想信念作支撑,一旦我们在国家文化中心建设中遇到艰难险阻,就会很容易产生悲观失望等消极情绪。因此,要在开展国家文化中心建设的过程中,"持续深入开展建设中国特色社会主义宣传教育,高扬主旋律,唱响正气歌,不断增强道路自信、理论自信、制度自信和文化自信。"[①]

(四)主动吸纳国外关于文化中心城市建设的一切有益经验

文明因交流而多彩,文明因互鉴而丰富。一个国家、一个民族、一个政党乃至全体人民,若要增强文化自信,就应当切忌墨守成规、裹足不前,而须"睁眼看世界"。这一点要求我们在开展国家文化中心建设时,必须积极主动地学习和借鉴其他国家,尤其是西方发达资本主义国家关于文化中心城市建设的一切有益经验。

通观学界目前的研究成果可以发现,学者们立足国际比较视野进行的文化中心城市建设研究,一般有两条路径。第一条研究路径是以某个具体的世界名城为例,总结其建设经验,为北京国家文化中心建设提供借鉴意义。例如,有人针对享誉全球的世界文化中心城市——巴黎,探索其成功的秘密。观点认为,巴黎之所以能走向世界文化中心,主要得益于以下几点原因:一是霸权和综合实力使得法国的文化艺术走向世界;二是工业革命使得法国的经济力量迅速国际化;三是法语在法国文化及思想的传播中起了巨大的作用;四是总部设在巴黎的国际组织是传播法国文化艺术的重要平台,进一步提升巴黎在世界文化中的地位;五是巴黎擅长融贯中西、博采众长,为其保持世界文化中心地位提供了源动力;六是政府的刻意扶植和推动;七是法国一大批彪炳史册的伟大

---

① 中共中央宣传部:《习近平总书记系列重要讲话读本(2016年版)》,学习出版社/人民出版社2016年版,第188页。

人物的推动。① 第二条研究路径是从整体上总结若干个发达国家文化中心城市建设的共同经验，进一步探讨对北京文化中心建设的启示。例如，有学者认为，北京虽然已经是中国的国家文化中心，但与发达国家文化中心城市相比，还只是发展中国家的文化中心。纽约、伦敦、巴黎、东京等文化中心城市，在推进文化建设中积累了很多有益的经验：高度的文化自觉、宽松的文化环境、严肃的文化法制、成熟的文化市场、主打的文化品牌和市民的文化共享等等。北京在坚持中国特色社会主义文化发展道路的前提下，如果能够更为自觉地加强国际文化的交流，吸收人类社会的文明成果，应该能够发展得更好一些。② 不管是哪一条研究路径，都在告诫我们，要从本国本民族实际出发，择善而从，在不断吸纳其他国家文化中心城市建设经验的过程中更好地推动我们的国家文化中心建设。

三、以国家文化中心建设增强文化自信的具体举措

在明确了文化自信对国家文化中心建设提出的总体要求之后，我们还得考虑如何具体践行这些要求，如何才能通过国家文化中心建设进一步巩固和增强文化自信。文化自信与文化建设是一对相互共生、相互促进、相互制约的关系，文化自信既在文化建设过程中形成，又作为一种精神动力持续推动文化建设。国家文化中心建设作为广义文化建设的重要组成部分，从根本上来说就是价值观和生活方式的建设，目的在于"把首都建设成为在国内发挥示范带动作用、在国际上具有重大影响力的著名文化中心城市，成为全国文化精品创作中心、文化创意培育中心、文化人才集聚教育中心、文化要素配置中心、文化信息传播中心、文化交流展示中心。"③ 就国家文化中心建设的内容与增强文化自信的相关度来看，我们主要从培育社会主义核心价值观、发展文化事业和文化产业、强化首都国际交往中心的功能三个方面来论述如何增强文化自信。

---

① 贾烈英：《走向世界文化中心城市之路——来自巴黎的启示》，北京精神：构建精神家园 提升文化软实力——第五届北京中青年社科理论人才"百人工程"学者论坛，2011年12月25日。
② 唐莹莹，赵宗：《发达国家文化中心城市建设的经验及对北京的启示》，《北京联合大学学报（人文社会科学版）》，2014年第2期。
③ 《中共北京市委关于发挥文化中心作用 加快建设中国特色社会主义先进文化之都的意见》，《北京日报》2011年12月26日，第1版。

（一）通过培育社会主义核心价值观来增强文化自信

文化概念的核心是价值观，文化自信的本质是价值观自信，由此决定了，增强文化自信离不开对社会主义核心价值观的培育，这也是国家文化中心建设的题中应有之义。因为，"中央把北京定位为中国'文化中心'，其最核心的含义是希望北京在价值观和生活方式方面在全国起到引领作用。北京应该成为最能够体现文化先进性和核心价值观的城市。"①所以，以国家文化中心建设增强文化自信，最不能偏废的举措就是培育和弘扬社会主义核心价值观，主要表现为：将社会主义核心价值观的培育融入国家文化中心建设全过程；将社会主义核心价值观的培育同舆论引导结合起来。

一方面，将社会主义核心价值观的培育融入国家文化中心建设全过程。国家文化中心建设是一项巨大的工程，不仅涉及对诸如天安门、人民大会堂、故宫等具有国家文化象征符号的硬件设施的保护和完善，还涉及对国家级的重大文化庆典、公共性的全民节日活动的举办，更包括培育首都文化的活力、创造力和影响力，培育北京在价值观、生活方式等方面对全国乃至整个世界的吸引力、辐射力和渗透力。在国家文化中心建设过程中，通过社会主义核心价值观的培育来增强文化自信，就是要让国家文化中心建设的每一个环节都体现社会主义核心价值观的精神和要求。亦即把社会主义核心价值观培育融入文化名城建设中，通过打造举世闻名的拥有国家文化象征符号的建筑物来增强文化自信；把社会主义核心价值观培育融入群众性精神文明创建活动中，通过引导人们讲道德、尊道德、守道德，追求高尚的道德理想，来增强文化自信；把社会主义核心价值观培育同文化事业的发展和文化产业的繁荣结合起来，通过创造出更多代表国家形象、首都形象的优秀成果，以满足人民的精神文化需求、壮大文化产业的整体实力、扩大文化建设成果的惠及范围，进而增强人们的文化自信。总而言之，只有将社会主义核心价值观的培育融入到国家文化中心建设的全过程，以社会主义核心价值观凝魂聚气以促进国家文化中心建设，才能更好地增强文化自信。

另一方面，将社会主义核心价值观的培育同舆论引导结合起来。任何一个社会都存在多种多样的价值观念和价值取向，在当今社会，这种多样性往往表现得更加明显。正因为如此，我们才迫切需要确立一种与经济基础和政治制度

---

① 陶东风：《人文北京的内涵与北京的国家文化中心建设》，《北京人大》，2011年第9期。

相适应并能形成广泛共识的核心价值观，用以凝心聚力，更好地建设社会主义文化强国。所以，在开展国家文化中心建设的过程中，通过社会主义核心价值观的培育来增强文化自信，还要加强舆论引导，引导人们坚持价值取向多样性和价值导向一元性的统一，让人们在感受主流价值观包容性的同时更加认同社会主义核心价值观。另外，随着我国综合实力的显著提升，国内许多城市也纷纷提出了文化中心建设的目标，例如，上海全球文化中心建设、厦门动漫文化中心建设、广州新岭南文化中心建设等。这当然是好事，说明我们国家的发展势头日益向好，我们对外展示良好风貌的窗口不断增多。但与此同时，我们不能忽视另一个事实，即北京作为"国家文化中心"的合理性有可能会被淡化，甚至有人误以为，上海、深圳等城市比北京更有资格成为中国的文化中心。面对这些质疑和困惑，我们需要营造舆论引导，引导人们正确认识北京作为中国文化中心的特殊性及其区位和资源优势，增强人民特别是首都人民的全国文化中心自觉和自信。

（二）通过发展北京公共文化事业和创意文化产业来增强文化自信

公共文化事业和创意文化产业协调发展、共同繁荣，是增强人民文化自信最有力的现实基础。这要求我们在开展国家文化中心建设时，应着力发展北京的公共文化事业和创意文化产业，努力让人民在国家文化中心建设过程中拥有更多的获得感，让建设成果尽可能地惠及全国人民。为此，首先要做的是优化公共文化服务。所谓公共文化服务，主要是指"由政府主导、社会力量参与，以满足公民基本文化需求为主要目的而提供的公共文化设施、文化产品、文化活动以及其他相关服务。"①由此可见，优化公共文化服务不仅仅是政府的事情，还是社会组织、机构和个人的事情。政府方面，需要加强顶层设计，统筹兼顾，既能从宏观上把好关，完善文化管理体制，建立健全现代文化市场体系，"对那些已被实践证明、深受群众欢迎的利民举措，如文化惠民工程，公共博物馆、纪念馆、文化馆、图书馆、美术馆免费开放"②，又要鼓励和支持社会力量捐赠和兴办公益性文化事业，引导文化非营利机构提供公共文化产品和服务，进一步加大公共文化服务体系建设的力度，往深里做、往实里做。就个人方面而言，除了爱护公共文化设施、遵守《中华人民共和国公共文化服务

---

① 《中华人民共和国公共文化服务保障法》，《人民日报》2017年2月3日，第14版。
② 刘云山：《为了谁 依靠谁 我是谁——关于贯彻党的群众路线的几点思考》，《求是》，2011年第16期。

保障法》，还应当积极投入到公共文化服务建设当中，自主、有序地开展文明健康的群众性文化体育活动，争取从实际行动中获得满足感、自信心。

其次，繁荣文化创意产业，不断壮大文化产业的整体实力。文化产业已经成为国民经济支柱性产业。作为文化产业重要组成部分的文化创意产业则已逐渐成为推动我国经济发展的重要力量和新的增长点。有学者将北京市文化创意产业归纳为九大类，即文化艺术，新闻出版，广播、电视、电影，软件、网络及计算机服务，广告会展，艺术品交易，设计服务，旅游、休闲娱乐，其他辅助服务。[1]诚然，在政府政策的支持下，北京市早在2010年就集聚了30个市级文化创意产业区，覆盖全市16个区县，集聚文化创意企业上万家，中关村甚至一度被称为"中国的硅谷"。尽管已有北大、清华等名校和联想、方正等名企，但是中关村还不能够与美国的硅谷相提并论。若要在北京首先实现"美国硅谷式"发展，不仅要吸纳全国乃至全球范围内的一流人才，更要依托文化创意产业的繁荣发展，不断壮大文化产业的整体实力。为此，一是搞活市场，真正使市场在资源配置中起决定性作用；二是放宽政策，广泛开展大众创业、万众创新，厚植社会创业创新的沃土，激发亿万群众的创造力，让所有怀揣梦想、有胆识、有魄力的人都有上升通道，让更多的人在从事挑战性工作和创新性事业中获得成就感，更好地实现精神追求和人生价值；三是落实创新，发挥首都全国科技创新中心的功能，使创新落实到新的增长点上，把创新成果变成实实在在的产业活动。

最后，推广文化建设成果，扩大文化建设成果的惠及范围。文化自信固然是在文化建设过程中直接形成和增强的，但并不是每一个人都有机会直接参与到文化建设当中，也不是每一个参与文化建设的人都能有获得感。对于国家文化中心建设来说，情况更是如此。这不仅需要我们加大宣传力度，引导人们正确认识国家文化中心建设与每一个首都人民的生活息息相关，更要扩大文化建设成果的惠及范围。其实，不管是公共文化事业的发展，还是创意文化产业的繁荣，归根结底都是为了实现文化建设成果由人民共享。共享是中国特色社会主义的本质要求，共享发展理念是以人为本思想的延伸和具体化，其内涵主要有四个方面：全民共享、全面共享、共建共享、渐进共享。由共享发展理念的内涵出发，我们认为，以扩大国家文化中心建设成果的惠及范围来增强文化自

---

[1]《打造先进文化之都 培育创新文化：2011北京文化论坛文集》，首都师范大学出版社2012年版，第218页。

信,需要:让北京市民、外来务工人员等所有对北京发展有贡献、有作用的全体成员切实享受到文化建设成果;让北京人民包括其他省市地区的人民共享国家文化中心建设的每一部分成果,而不仅仅是公共文化设施或文化活动等某一类单独的建设成果;鼓励和动员人民参与文化创造,在共建中实现共享;承认差别共享的存在,努力实现从低级到高级、从不均衡到均衡的共享发展。

(三)通过不断强化首都国际交往中心的功能来增强文化自信

2014年2月,习近平总书记在北京考察时指出,要明确城市战略定位,坚持和强化首都全国政治中心、文化中心、国际交往中心、科技创新中心的核心功能。"四个中心"建设无疑是一体的,彼此不可割裂。就"国际交往中心"这一功能而言,它包括对外文化交流与沟通,是展示国内政治、科技创新等优势的最佳平台,承担着讲好中国故事、传播好中国声音的重要使命,对于增强文化自信亦有着不可小觑的意义。因此,通过国家文化中心建设来增强文化自信,必须重视与其他"三个中心"建设的密切联合,尤其要注重不断强化首都国际交往中心的功能定位。

首先,在强化首都国际交往中心的功能时讲好中国故事。近年来,随着我国经济社会的高度发展和国际地位的逐步提高,国际社会对我们的兴趣和关注度也越来越高。理性客观的评判者有之,赞扬吹捧者有之,质疑误解者亦有之。在这种错综复杂的形势下,需要一个窗口、一个平台,集中向世界展示一个真实、立体、全面的中国。而北京作为首都,同时作为全国"四个中心",有资格也有能力做好这项工作。通过强化首都国际交往中心的功能来增强文化自信,重要的是讲好中国故事。概言之,一是以不卑不亢、从容淡定的姿态出场。习近平总书记强调:"我们有本事做好中国的事情,还没有本事讲好中国的故事?我们应该有这个信心!"[1]中国历经改革开放之后近40年的蓬勃发展,早已在国际舞台上占有一席之地,中国人也无需再妄自菲薄。当我们以从容自信的姿态对外交流与沟通时,吸引来的同样会是他人的尊重和信任,而他人表现出来的良好态度也会进一步增强我们的自信。二是宣传阐释中国特色。既要表示我们对每个国家和民族的历史传统、文化积淀、基本国情、发展道路的尊重,又要讲清楚中国特色社会主义的"特色"表现、历史渊源和广泛的现实基础,特别要讲好中国共产党的故事,讲好全面从严治党、惩治腐败的故事。三

---

[1] 中共中央宣传部:《习近平总书记系列重要讲话读本(2016年版)》,学习出版社/人民出版社2016年版,第209页。

是加强对当代中国价值观念的提炼和阐释,把中国梦与当代中国价值观念紧密结合起来,使之贯穿于国际交流和传播的各个方面。

其次,在强化首都国际交往中心的功能时展示中华文化独特魅力。5000多年没有断流的文化是中华民族的突出优势,是我们在世界文化激荡中站稳脚跟的根基,亦是我们最深厚的文化软实力。我们在开展国家文化中心建设时,以强化首都国际交往中心的功能定位来增强文化自信,需要综合运用大众传播、群体传播、人际传播等多种方式,宣传中华文化仁爱尚德、谦恭自省、敏而好学和止于至善的价值追求,展示中华文化的独特魅力,展现中华审美风范,从中华文化宝库中萃取精华、汲取能量,增强文化自信。2015年7月,几名新加坡"90后"大学生参加了2015"看中国外国青年影像计划",他们来到中国西北,用镜头记录现代中国,通过秦腔、兰州拉面、羊皮筏子等元素了解和传递中华文化。①这启发我们,不仅要丰富文化传播方式,还要尽可能地挖掘和拓展中华文化的呈现载体,不仅要在国际交往中,积极推动中华文化"走出去",还要创造机会让各国人民创造的多彩文化"走进来",在"走出去"和"走进来"的过程中展示我们的文明大国形象、东方大国形象、负责任大国形象以及社会主义大国形象。当然,对待中华传统文化,我们一方面要坚守根本,另一方面又要与时俱进,激活其内在的强大生命力,力争与其他各国、各民族的优秀文化一道,为人类提供正确精神指引。

最后,在强化首都国际交往中心的功能时致力于提高国际话语权。国际交往中既有交流与合作,又不可避免地存在交锋与竞争,后者其实涉及话语权的问题。谁在交锋与竞争中赢得了话语权,谁就更有可能会增强国人的自信,包括文化自信。如果说,讲好中国故事、展示中华文化的独特魅力是从正面传播中国声音的表现,那么,在强化首都国际交往中心的功能时致力于提高国际话语权就是从"亮剑"的角度解决"挨骂"的问题,进而以"正名"的方式增强文化自信。李长春同志曾指出:"目前,我国文化在国际上的影响力和竞争力,与我国的国际地位不相适应,与我国五千多年文明积淀的丰厚文化资源不相适应。"②这种西强我弱的国际文化格局也进而削弱了中国国际文化话语权。

---

① 习近平:《深化合作伙伴关系 共建亚洲美好家园》,《人民日报》2015年11月8日,第2版。

② 李长春:《文化强国之路——文化体制改革的探索与实践(上)》,人民出版社2013年版,第112页。

这要求我们尽快将自身的文化优势转化为话语优势,"着力推进国际传播能力建设,创新对外宣传方式,精心构建对外话语体系,创新对外话语表达,打造融通中外的新概念新范畴新表述,把我们想讲的和国外受众想听的结合起来。"①只有多用外国民众听得到、听得懂、听得进的途径和方式传播中华文化,只有努力扭转我国文化在国际中"失语""无语"的状态,只有在与其他国家和民族的文化进行对话交锋中逐步掌握话语权,我们才能更有底气,更有自信,也才能更好地将这种自信用于文化建设当中,进一步推动国家文化中心建设,从而实现文化建设与增强文化自信之间的良性循环,不断迈向社会主义文化强国的目标。

参考文献：

[1] 习近平：《在哲学社会科学工作座谈会上的讲话》,《人民日报》,2012年5月19日。

[2]《中共中央关于深化文化体制改革、推动社会主义文化大发展大繁荣若干重大问题的决定》,《人民日报》,2011年10月26日第1版。

[3] 习近平：《在文艺工作座谈会上的讲话》,《人民日报》,2015年10月15日第2版。

[4] 朱小娟、安丽梅：《论人民主体性在文化自信中的彰显》,《学校党建与思想教育》,2016年第7期。

[5] 习近平：《习近平谈治国理政》,外文出版社2014年版。

[6] 习近平：《在学习〈胡锦涛文选〉报告会上的讲话》,《人民日报》,2016年9月30日第2版。

[7] 沈壮海：《文化软实力及其价值之轴》,中华书局2013年版。

[8] 艾斐：《文化自信何以为"更基础、更广泛、更深厚的自信"》,《红旗文稿》,2017年第1期。

[9] 习近平：《在中国文联十大、中国作协九大开幕式上的讲话》,《人民日报》,2016年12月1日第2版。

[10] 习近平：《在庆祝中国共产党成立95周年大会上的讲话》,《人民日报》,2016年7月2日第2版。

---

① 中共中央宣传部：《习近平总书记系列重要讲话读本（2016年版）》,学习出版社/人民出版社2016年版,第210页。

[11]《中共中央关于全面深化改革若干重大问题的决定》,《人民日报》,2013年11月16日第1期。

[12]中共中央宣传部:《习近平总书记系列重要讲话读本(2016年版)》,学习出版社/人民出版社2016版。

[13]贾烈英:《走向世界文化中心城市之路——来自巴黎的启示》,《北京精神:构建精神家园 提升文化软实力——第五届北京中青年社科理论人才"百人工程"学者论坛》,2011年12月25日。

[14]唐莹莹、赵宗:《发达国家文化中心城市建设的经验及对北京的启示》,《北京联合大学学报(人文社会科学版)》,2014年第2期。

[15]《中共北京市委关于发挥文化中心作用 加快建设中国特色社会主义先进文化之都的意见》,《北京日报》,2011年12月26日第1版。

[16]陶东风:《人文北京的内涵与北京的国家文化中心建设》,《北京人大》,2011年第9期。

[17]《中华人民共和国公共文化服务保障法》,《人民日报》,2017年2月3日第14版。

[18]刘云山:《为了谁 依靠谁 我是谁——关于贯彻党的群众路线的几点思考》,《求是》,2011年第16期。

[19]《打造先进文化之都 培育创新文化:2011北京文化论坛文集》,首都师范大学出版社2012年版。

[20]习近平:《深化合作伙伴关系 共建亚洲美好家园》,《人民日报》,2015年11月8日第2版。

[21]李长春:《文化强国之路——文化体制改革的探索与实践》,人民出版社2013年版。

四、北京文化的自我认同问题

董立河

【摘　要】 关于北京文化的自我认同，需要在领会中央和北京市相关政策文件的基础上，提炼出"北京文化"的最大公约数理念，然后研究如何通过"讲好北京故事"，使民众形成对北京文化的共同想象，如何通过实现社会主义核心价值观的落地，真正提高民众对北京文化的认同。另外，还可以在国际比较的视野下审视北京文化认同问题，挖掘更多有价值的经验和做法。

【关键词】 京津冀协同发展；全国文化中心；北京文化；自我认同

党的十八大后，以习近平同志为核心的党中央以有序疏解北京非首都功能为基本出发点，加强顶层设计，提出京津冀协同发展战略。2015年4月30日，中央政治局会议审议通过《京津冀协同发展规划纲要》，强调推动京津冀协同发展是一个重大国家战略，核心是有序疏解北京非首都功能。未来三省市定位分别为：北京市"全国政治中心、文化中心、国际交往中心、科技创新中心"，天津市"全国先进制造研发基地、北方国际航运核心区、金融创新运营示范区、改革开放先行区"，河北省"全国现代商贸物流重要基地、产业转型升级试验区、新型城镇化与城乡统筹示范区、京津冀生态环境支撑区"。2016年5月27日，习近平召开中共中央政治局会议，研究部署规划建设北京城市副中心和进一步推动京津冀协同发展有关工作。为了贯彻落实"四个中心"中的"文化中心"定位理念，2016年6月北京市出台了《"十三五"时期加强全国文化中心建设规划》，积极推进首都全国文化中心建设，为北京建设国际一流的和谐之都提供了强有力的政策支撑。2017年4月1日，中共中央、国务院印发通知，决定设立河北雄安新区。这是继深圳经济特区和上海浦东新区之后又一具有全国意义的新区，是千年大计、国家大事。规划建设雄安新区，是以习近平同志为核心的党中央深入推进京津冀协同发展作出的一项重大决策部署，对于集中疏解北京非首都功能，探索人口经济密集地区优化开发新模式，调整优化京津冀城市布局和空间结构，培育创新驱动发展新引擎，具有重大现实意义和深远历史意义。

在这些政策背景下，如何根据习近平总书记的相关指示精神，以及北京市《"十三五"时期加强全国文化中心建设规划》，准确把握"国家文化中心"和"北京文化"的定位和内涵，在此基础上讲好北京自己的文化故事，培植北京文化自我认同的根基，是一项具有重要理论和实践意义的紧迫课题。

一

关于北京文化的自我认同问题，我们首先从"认同"这个概念谈起。认同问题可以从个体和共同体两个层面上加以考察。从个体层面上说，认同指的是相信自己是什么样的人或信任什么样的人，以及希望自己成为什么样的人；从共同体层面上说，认同指的是个体对不同社会组织和不同文化传统的归属感。个体自我认同和社会文化认同是紧密相关、不可分割的。自我认同往往是把自己认作属于某个群体或某种文化氛围的人。一句话，认同问题就是你认为自己是什么样的人以及你归属于哪个群体的问题。

关于文化，我们可以从两个层面来理解。一是器物、制度和活动等可见可感的物质层面，一是观念、思想和心理等比较抽象的精神层面。后者实际上是更为根本和内在的方面。从某种意义上说，前者是后者外化的结果。文化认同亦即认同文化，是人们期望或庆幸自己生活在什么样的文化形态中，并且在这种文化形态中有如鱼得水的感觉。文化的核心和灵魂是价值观。文化认同归根结底是价值观认同，对某种文化形态的归属感实质上是对这种文化所体现的价值观的归属感。而价值观认同亦即认同价值观，就是主动选择信奉某种价值理念，并对于这种价值观具有某种舒适感甚至自豪感。

因此，所谓北京文化的自我认同问题，指的是人们期望或庆幸自己生存在北京文化形态中，也就是一种对北京文化的归属感或在家感，实质上是对其中所蕴含的价值观的赞同和归属。在京津冀协同发展的政策背景下，我们有必要对北京文化的自我认同问题进行重新审视。

北京不是一般的城市，它是我们国家的首都。京津冀协同发展的初衷是为了疏解北京的非首都功能，解决北京的"大城市病"问题。习近平总书记对北京的战略定位是，"坚持和强化首都全国政治中心、文化中心、国际交往中心、科技创新中心的核心功能，努力把北京建设成为国际一流的和谐宜居之都。"因此，我们应该从全国甚至全球的视角来思考北京的文化认同问题。毋庸讳言，北京文化不仅在京津冀协同发展中，而且在整个国家的文化建设中，都处于核心地位。在世界城市文化相互竞争，国内城市文化不断发展，特别是雄安新区即将崛起的新形势下，北京文化建设还肩负着发扬中华优秀传统文化，吸取世界文明成果，树立中国形象，讲好中国故事，引领中国甚至全球城市文化发展的重任。作为国家文化中心，首都北京在促进国家文化自信方面具有不可推卸的责任，也具备得天独厚的优势条件。北京文化建设要敢于有大视野、大眼光、大战略和大担当。

二

关于北京文化的自我认同，首先需要面对的问题是，在充分考量中央"顶层设计"和北京市相关理念政策的前提下，如何对"北京文化"及其所体现的价值观进行重新阐释。这需要学习和领会十八大以来习近平总书记的相关讲话精神，比如，有关"文化自信"的讲话，有关"社会主义核心价值观"的讲话，特别是有关北京战略定位、京津冀协同发展的指示精神；学习和思考北京市基于中央精神所制定的一系列相关政策和规定，特别是2016年6月出台的《"十三五"时期加强全国文化中心建设规划》。

北京市"十三五"时期全国文化中心建设的总体目标是："围绕更好发挥首都全国文化中心的凝聚荟萃、辐射带动、创新引领、展示交流和服务保障功能，到2020年，把北京建设成为社会主义物质文明与精神文明协调发展，传统文化和现代文明交相辉映，历史文脉与时尚创意相得益彰，具有高度包容性和亲和力，充满人文关怀、人文风采和文化魅力的中国特色社会主义先进文化之都，推动北京朝着世界文化名城、世界文脉标志的宏伟目标迈进。""着眼建设世界级文化中心城市，立足构建现代化的新型首都圈和以首都为核心的世界级城市群，建设由近及远、圈层结合的文化中心新型发展格局。"这是北京市对未来五年北京文化发展愿景和格局的一种总体描绘，它符合中央对北京的战略定位理念，也体现了北京文化建设的国际视野和民族担当。根据这一蓝图，

"北京文化"的构筑，应该依托北京各区的京味特色，追寻京津冀三地的燕赵文化基因，汇聚各地优秀的文化资源，传承中华优秀传统文化，吸纳现代文明成果，使之成为具有包容性和人文性的文化形态，真正发挥其凝聚荟萃、辐射带动、创新引领、展示交流和服务保障的功能。

简单说来，"北京文化"应该是对"北京味"、"燕赵派"、"中国风"和"国际范"的某种熔铸或结合。对"北京文化"理念的这种定位是北京文化自我认同的前提和向导。然后要考虑使之落地生根也就是让人们认同的问题。可以注重以下三个方面。

其一，北京文化的自我认同需要讲好北京故事。根据哲学和心理学理论，自我认同是经过回溯性梳理和前瞻性期待而获得的自我。通俗些说，要弄明白"我是谁"，就要了解"我曾经怎么样"，然后据此预期"我将会怎么样"。人类是一种讲故事的动物，它也在这个过程中确立对自我的认同。讲故事或叙事对于任何一种自我认同都是至关重要的。同样，北京文化的自我认同也要通过叙述北京文化的历史演变和未来走向而获得。北京要善于在新的文化理念框架下，对这片古老而年轻的土地上曾发生过的、正发生的和将要发生的事，进行系统的整理和反思，讲述北京自己的故事，使民众形成共同的文化记忆和共同体想象。作为国家的首都，作为历史悠久的文化名城，北京汇聚了全国一流的人才，拥有得天独厚的优势资源。北京完全有条件讲述出一个美丽动人的文化故事。这个故事的主人公应该是生活和工作在这里的每一个人，常住的暂住的，国内的国外的。他们出示的都将是同一张"金名片"——北京文化。

其二，北京文化的自我认同需要唱响社会主义核心价值观。文化认同的核心是价值观认同。根据《"十三五"时期加强全国文化中心建设规划》，在未来五年中，持久深入推广普及核心价值观。在全社会持续叫响"三个倡导"24个字，使其家喻户晓、深入人心，引导人们牢牢把握富强、民主、文明、和谐的国家层面价值目标，深刻理解自由、平等、公正、法治的社会层面价值取向，自觉遵守爱国、敬业、诚信、友善的公民层面价值准则。强化核心价值观的实践养成。深入开展理想信念教育，凝聚全市人民精神力量，筑牢全市人民信仰支柱。推动核心价值观贯穿融入首都经济社会发展全过程。北京将自觉使社会主义核心价值观教育成为北京公民教育的鲜明主线，最终使北京成为"建设培育践行社会主义核心价值观的首善之区"。可以说，北京文化的自我认同也就是对社会主义核心价值观的认同问题。

其三，在国际比较视野中审视北京文化的认同问题。构建现代化的新型首都圈和以首都为核心的世界级城市群，建设由近及远、圈层结合的文化中心，并使之在确立自我认同的基础上，充分发挥其辐射带动和传播民族形象的作用。这在北京发展史上还没有可供回溯借鉴的经验。因此，有必要研究伦敦、巴黎和东京等城市在这方面的一些做法，为北京塑造自我文化认同提供借鉴。

当然，上述理论探讨还需要一些个案调查和实证研究加以支撑。可以通过设计调查问卷，就"全国文化中心"和"北京文化"的定位和内涵等问题，广泛了解北京市不同群体的观点和看法，然后进行提炼和概括。通过大量实证的社会调查，摸清人们对新定位的"北京文化"的认知和态度，进而采取切实措施推进其认同。

参考文献：

［1］中共中央办公厅、国务院办公厅印发《国家"十三五"时期文化发展改革规划纲要》。

［2］北京市政府印发《"十三五"时期加强全国文化中心建设规划》。

［3］北京文化发展研究院编著：《北京文化发展报告（2016）》，北京出版集团公司2017年版。

［4］韩震：《论全球化进程中的多重文化认同》，《求是学刊》2005年第5期。

（作者为北京师范大学历史学院教授）

五、首都文化的内涵与特征

程光泉

【摘 要】首都文化是以悠久的北京地域文化为基础,会通含融各地域、各民族文化,吸收借鉴外来文化,所形成的各种精神观念及外在呈现形态的集合。首都文化具有鲜明的历史性、地域性、融合性、首善性、创新性和先进性,既是中华文化的重要组成部分,也是中华文化的集大成者。说到底,首都文化本质上是泱泱大国文化和社会主义先进文化。首都文化主要包括源远厚重的古都文化、融会亲和的京味文化、先锋引领的红色文化和开放蓬勃的创新文化四个方面。其中,古都文化是首都文化的根脉和底色,京味文化是首都文化的活态与表征,红色文化是首都文化的核心和灵魂,创新文化是首都文化的动力与动能。四个方面相辅相成、有机统一,共同塑造着北京的首都风范、古都风韵和时代风貌,构成了首都独特的精神标识。

【关键词】首都文化;古都文化;红色文化;京味文化;创新文化

北京是中华民族远古祖先的故乡,也是人类的发祥地之一。在被称为北京湾的这块古老的土地上,人类繁衍生息了六、七十万年。这里由一个小小的部落定居点,一步步演变成为封国方城、军事边城、国家都城和世界都市。建城三千年,建都一千年,特别是作为中华人民共和国首都近七十年,北京已成为世人瞩目的历史文化名城和活力四射的国际化大都市。

在这片土地上,北京人民创造了灿烂的历史文化,北京历史文化是人们对北京特定自然环境整体把握的积淀,也是农耕文化与游牧文化相互冲突、不断融合的结晶,更是生产方式变革过程中各种社会力量交互作用、持续变迁的结果。北京历史文化既是地域文化的杰出代表，也是中华文明源远流长的伟大见证。

一、源远厚重的古都文化

古都文化泛指历史上作为都城的城市所创造出的代表一个时代或一个国家的最高水平的文化。这些文化不仅在当时是支撑王朝与政权得以存在的内在精神支柱，是国都乃至全国繁华兴盛的重要因素，也对古都所在地区当今的社会生活产生深远的影响。北京是我国四大古都之一，早在周代就是诸侯国燕国的都城，后来成为辽、金、元、明、清五朝帝都。北京古都文化主要指北京在辽、金、元、明、清时期作为全国的中心区域及对外交往与交流中枢所创造的，代表中华文化特质和当时文化发展最高水平、并积淀传承至今的文化结构、文化要素和精神气质。

北京古都文化源远流长，以五朝帝都为载体形成的帝都文化是其主体。举凡物质文化方面的城池宫殿、坛庙园林、衙署寺观、河渠道路乃至衣着发式、饮食、舟车等，精神文化方面的思想观念、典章制度、语言文字、文学艺术、民风习俗等，琳琅满目，无不具有帝都气象，致广大而尽精微。丰富的历史文化遗产是老北京的历史记忆所在，也是今天北京的一张"金名片"。其中，"一城三带"，即老城区和大运河文化带、长城文化带、西山永定河文化带，是承载古都文化的重点，集中体现着北京的古都风韵。

一是中正庄严。作为五朝帝都，北京文化具有强烈的国家、民族的正统意识。在建筑格局上，北京依据"天人合一，法天而治，象天设都"的传统都城规划理念，遵循辨正方位、讲求对称、突出中心的原则，"图皇基于亿载，度宏规而大起。"（班固：《两都赋》）集中体现了"普天之下，唯我独尊"的主题思想，显示出等级鲜明、井然有序的礼制。明、清故宫更是代表着帝王的权威，成为我国古代一处既具实用性，又有极强象征意义的礼制建筑群。北京古城以一条子午线即中轴线纵贯南北，皇宫位于全城的中心。中轴线以永定门为起点，经正阳门、天安门、午门、端门、乾清宫、万春亭、鼓楼，直至钟楼，"一根长达八公里，全世界最长，也最伟大的南北中轴线穿过了全城。北京独有的壮美秩序就由这条中轴的建立而产生。前后起伏左右对称的体形或空间的分配都是以这中轴为依据的。"（梁思成：《北京都市计划的无比杰作》）俯瞰整座城市，"城墙"成为北京城市布局中一个框架性的元素，从皇宫到皇城，从皇城到都城，从内城到外城，形成了逐次展开、互相呼应、界线分明、整饬有序的城市格局。城的四周又筑有天、地、日、月四坛，宫城俨然成为宇宙的中心。即使是皇家流连休闲的苑囿，如宫城的御花园、皇城的太液池、内城的坛庙园林，近郊的三山五园也都布局有致，呼应相连。古都北京正是这样以宫城为中心，以贯穿南北的中轴线为基准，把庞大复杂的城市要素组织成一个整体，"威天下，朝四夷"，方正不偏，庄重威严。北京2008年申奥成功后，中轴线再次向北延长4公里，直达奥林匹克公园绿色丛林中的仰山，体现天人合一的和谐境界。新中国之后形成的以"神州第一街"长安街为中心的东西轴线与南北中轴线相互映衬，形成了北京特有的城市结构中枢系统，也铸就了首都文化中正庄严的物质形态。欧洲城市建筑学家丹麦人S.F.Rasmussen如此感叹："北京——历史悠久的中国都城，可曾有过一个完整的城市规划的先例比它更庄严，更辉煌的吗？""整个北京城，乃是世界的奇观之一，它的平面布局匀称而明朗，是一个卓越的纪念物，一个伟大文明的顶峰。"（S.F.Rasmussen：《城市与建筑》）

二是雍容博大。作为帝都文化的集中体现，北京古都文化具有从容大气、雍容华贵的气质，她是城市文化、都城文化中的"贵族"。其无与伦比的恢弘壮丽、金碧辉煌的皇家建筑，是这种气质、气派最直观的体现。人们常说，北京最大的特点是大。从古都文化的角度看，这不仅是规模意义上的，而是《老子》所谓"大方无隅，大器晚成，大音希声，大象无形"，是一种"有容乃大"。在悠久的历史中，古都北京以高远博大的胸怀承载、吸引、融汇、萃取、发展各方文化，形成兼容并蓄、多元一体、包罗万象的自身文化。无论在文化的规模、结构、种类、高度、精度上，其他城市都不可比拟。辽、金、元、明、清五代，北京作为帝都所在，长城内外，珠江黑水，四域八方，各种精萃咸集京师。元代黄仲文《大都赋》云："华区锦市，聚万国之珍异；歌棚舞榭，选九州之秋芬。招提拟乎宸居，廛肆主于宦门。酤户何泰哉，扁斗大之金字；富民何奢哉，服龙盘之绣纹。奴隶杂处而无辨，王侯并驱而不分。庖千首以终朝，酿万石而一旬。复有降蛇搏虎之技，扰象藏马之戏，驱鬼役神之术，谈天论地之艺，皆能以蛊人之心而荡人之魂。是故猛虎烈山车之轰也，怒风搏潮市之声也，长云偃道马之尘也，殷雷动地鼓之鸣也，繁庶之极，莫得而名也。若乃城阙之外，则文明为舳舻之津，丽正为衣冠之海，顺则为南商之薮，平则为西贾之派。天生地产，鬼宝神爱，人造物化，山奇海怪，不求而自至，不集而自萃。"这些雍容华丽的文字，反映的只是北京古都文化气象之万一。时至今日,在"一城三带"的格局中,古都文化呈现为收藏在博物馆里的文物,陈列在广阔大地上的遗产,书写在浩瀚古籍里的文字,体现于广大市民的言行……无论是器物上的庄重华贵,还是精神上的典雅大气,都彰显出首都文化的博大内涵与非凡气宇。

三是崇文厚德。作为古代全国政治中心,建都、定都北京的历代帝王都尊崇儒家思想,强调以文教化。中央政府在这里设置国子监等大量文化机构,组织殿试等系列文化活动,京师与全国各地以及其他国家、地区之间都有着多样的文化联系与交流,北京成为人才渊薮和文化津梁,形成崇尚人文的传统和"郁郁乎文哉"的气象。辽、金入主北京,均吸收和继承汉族先进文化,元、清驻北京而雄霸天下,更是自觉学习汉文化,特别是元代这样一个以种族之复杂、族群歧视之强烈、文化差异之巨大而著称的王朝,居于优越地位的蒙古、色目子弟也纷纷"弃弓马而就诗书",以仲尼之徒自居,以儒家伦理作为行为规范。正是因为历朝历代对人文的高度崇尚,人文传世经典在北京迭出不绝,例如元曲、明清小说把古代文学推向巅峰,《永乐大典》、《四库全书》囊括古代所有典籍,等等,使得北京成为封建时代全国文化之集大成者。3000年来北京独特的历史积淀和自觉追求,也孕育了北京古都文化厚德的重要品格。"地势坤,君子以厚德载物。"北京这座古都以厚德容载万众、万象、万事、万物,即便是山川草木、道路桥梁、宫阙楼台,无不是"丽正之所包罗","崇仁之所联络"、"和义之所纲维"、"安贞健德之所囊括"(李洧孙:《大都赋》)。这座古都里的人们"敦厚以崇礼",做人德为上,做事德为先。德泽育人、容载万物,最终凝结为北京古都文化的重要基因,首善之区也就成为千百年来人们对首都北京独一无二的历史定位与期许。"忠厚传家久,诗书继世长"是老北京最常见的对联,很形象地反映了北京崇文厚德的古都文化。

四是协和宁远。北京位于东北平原、蒙古高原、华北平原三个不同自然地理单元的交汇部,处在农耕文明和游牧文明的交汇处和东北、西北、西南几条古代大道的交汇点,所谓"北倚山险,南压区夏,若坐堂皇,而俯视庭宇也。"(顾祖禹:《读史方舆纪要》)"自古建都之地,上得天时,下得地势,中得人心,未有过于此者也。"(吴长元:《宸垣识略》)北京的统治者一方面承续华夏民族的王朝正统,另一方面秉持"克明俊德,以亲九族。九族既睦,平章百姓,百姓昭明,协和万邦,黎民于变时雍"(《尚书·尧典》)的古训,形成一种包容、和睦的文化形态。北京作为五朝帝都,有四个朝代是少数民族建立的王朝,但无论是汉族作为统治者还是少数民族作为统治者,都很注意处理民族关系。汉民族在生产生活中大量吸收少数民族文化，少数民族统治者也非常重视学习、吸收汉文化，共同营造和奠定了民族和谐相处的基础。北京历朝历代总体上以开放、讲信修睦的态度对待世界交往，致力于构建和平、合作的天下秩序。辽王朝即与大食等诸国建立了密切的联系，牛街清真寺就是伊斯兰教及其建筑艺术传入后与辽朝建筑融合的范例。13世纪以来，高丽、日本、安南、缅甸、暹罗、印度、锡兰诸国与大都联系紧密，大批中亚乃至欧洲人来到北京。16、17世纪，北京更成为中西文化交流的前沿。晚清至民国时期，随着北京的外国人及留学欧美、日本的新兴知识分子迅速增多，西方的服饰、饮食文化及思想观念与北京文化发生深入而深刻的交融。汉文化与少数民族文化的交融，中西文化的交汇，传统文化与现代文化的会通，为北京协和天下、长治久安的文化特色注入了更为丰富的内涵。

中正庄严、雍容博大、崇文厚德、协和宁远的古都文化，赋予了首都文化独一无二的传承传统文化、吸纳新文化的魄力及统揽全局的能力，从而不仅为京味文化的发展提供了丰厚的土壤，更为后来北京率先接受和传播马克思主义，开辟红色文化奠定了思想方法的基础，为北京了解世界风云变换和世界发展趋势，引领创新潮流孕育了先机。

二、融会亲和的京味文化

在长期的历史发展中，特别是晚清、民国之际，北京逐渐形成了一种独具地方韵味的市井文化，即京味文化。京味文化以天子脚下、皇城根中、胡同中、四合院里的平民文化为主体，上承宫廷文化和缙绅文化的营养；以北京地区的汉族文化为主体，融合满、蒙、藏等其他兄弟民族文化的精粹。新中国成立以后，北京建立了许多大院，形成了相对独立的亚文化即大院文化。大院文化与胡同文化紧密交融、互相影响，给京味文化增添了新的时代元素。京味文化是首都寻常百姓的文化，体现在老百姓的全部生活之中，是首都文化中最鲜活、最接地气的部分。

作为市井文化，京味文化集"京腔、京韵、京味"的风情于一身。胡同、四合院、大院、茶馆、城墙、牌楼、戏院、陶然亭、大栅栏、琉璃厂、后海等是市井生活的场所和地标。岁时节令、婚丧嫁娶、婴儿"洗三"与"满月"、老人寿辰及遛鸟、放鸽、养花、种草、扎风筝、抖空竹是老百姓的生活习俗与情趣。北京烤鸭、风味小吃、干鲜果品以独特工艺保证了正宗的"北京味道"。京味文学、京味戏曲、京味影视、民间工艺等独树一帜，以北京人艺为代表的京派话剧更是成为话剧艺术的国家流派。以充满北京地域气息的北京话为载体的京剧、京派相声，在国内外产生深远影响，成为京味文化的重要象征符号。

京味文化融会多元、植根百姓，具有极强的亲和力。林语堂先生这样赞许北京："它是一个理想的城市，每个人都有呼吸之地，农村幽静与城市舒适媲美。那里的街道排列恰当，清晨在花园中拔白菜的时候，抬头可以看到西山的雄姿——然而距离一家大百货商店，只有一箭之地。"（《动人的北平》）京味的亲和魅力，使来自天南地北的人们很容易将这里视为自己的精神故乡，产生浓重的归属与依恋。

一是诚信重礼。京味文化深受儒家伦理的影响，养成了一种讲究诚信、注重礼仪的古朴民风。北京至今犹存一批始建于明清或民国的老字号，涉及零售、餐饮、医药、食品、烟酒、丝绸等行业，书店、照相、美发、洗染、浴池等服务领域，档次可高可低，与百姓的衣食住行密不可分。这些老字号具有浓郁的儒商精神，诸如践行"同修仁德、济世养身"的同仁堂，坚持"全而无缺、聚而不散、仁德至上"的全聚德等，充分体现了京味文化重诚信的一面。如果说注重诚信是儒家伦理的内在表现的话，那么注重礼仪则是儒家伦理的外在流露。北京人向以凡事讲究礼数、"有礼有面"著称，"彬彬有礼"四个字早已融入北京文化的每一个"细胞"里，流露在北京人的举手投足间。比如张口就是"您"——把"你"放在"心"上，在街上跟老熟人见面握手时要摘下帽子；远道的客人来家里串门，送客必须要送到胡同口；与人交际要有来有往，送礼要有送有还等等。这些礼仪不论贤愚、不分贵贱，都是那么周到热情。老舍先生曾经不无自豪地说，北京城中"连走卒小贩全另有风度"。

二是通达自在。京味文化继承和弘扬了元代以来的市民文化精神，追求个性自由、闲适安乐。特别是在清代，北京城居住着大量旗人，见过风云变幻的大世面，又不必过度为衣食而忙碌，于是逐渐养成了一种追求闲适、讲究情趣的生活样态，嗜好下棋饮茶、提笼架鸟，而不愿过度营求，对待外界荣辱也能心平气和。这样一种生活样态逐渐影响到其他社会人群，从而形成京味文化的基调。北京人居于京城当然尊重社会地位，却又视富贵如浮云，并不刻意追求闻达，更瞧不起蝇营狗苟。无论生活水平是高是低，人生顺遂还是坎坷，京味文化所体现的是一种安适闲散、知足常乐的人生态度。基于这种通达，北京人普遍展现出一种直面现实的幽默感，善于自我调侃。北京人的善"侃"，更多时候不是为了交流信息，而是一种与外界积极保持联系、缓释生活压力、倾诉内心不平的方式。北京人真诚率性、大方豪爽、乐于助人，无论辈分、职业，喜欢称"爷"，虽有些许玩世不恭，却并非傲慢，而是骨子里透出的一份自信与自在。此种对生活处境的顺应与对生活情趣的追求所反映出来的精神境界，是首都不可复制的人文景象。

三是雅俗共赏。在北京，传统上作为俗文化的平民文化与宫廷文化、缙绅文化等不同的文化层级间能和平共处，又相互影响，京味文化就是在雅俗文化之间互鉴互易、相生相济基础上形成的，从而既具备北京地方韵味，又具有一定程度的宫廷气象与宏儒风范；既具有多元的品味，又具有较高的追求。京味作家赵大年用"俚而不俗，戏而不谑"来形容京味文化，至为准确。北京人视野开阔，总体文化素质较高，文化活动得到各阶层的认同和参与。例如，北京梨园界的不少人有较高的文化艺术修养，他们极力推敲曲调和唱词，揣摩动作造型，加上一些文化人积极参与，促进了京剧表演精益求精，日臻化境，受到社会不同阶层的喜爱。就连老北京的市声也让人着迷，作家张恨水甚至断言："我也走过不少的南北码头，所听到的小贩吆唤声，没有任何一地能赛过北平的。北平小贩的吆唤声，复杂而谐和，无论其是昼是夜，是寒是暑，都能给予听者一种深刻的印象。"（《说市声》）清末民初的政治变革，结束了两千多年的王朝统治，宫廷文化大量流出，部分精华内容渗透于民间，融入了京味文化之中。随着"五四"新文化运动的兴起，民俗民情受到进步文人的重视，使京味文化得以登堂入室。这样一种由上至下和由下至上的双向运动，使得京味文化具有了大俗大雅、以雅统俗、以俗存雅、雅俗共赏的特点。

四是和乐交融。京味文化是不同地域、民族、阶层文化会通、交融的结果。这样一种交融是你中有我、我中有你，充满世俗情趣的愉悦互动。比如，在戏曲方面，国粹京剧前身是清初流行于江南地区的徽班，徽班进京演出同来自湖北的汉调艺人合作，相互影响，又接受了昆曲、秦腔的部分剧目、曲调和表演方法，并吸收了一些民间曲调，逐渐融合、演变，才发展成为饮誉世界的煌煌国粹。此外，满族与汉族文化的交融还形成了曲子词、相声、小品等以说唱为主、幽默喜乐的曲艺。在饮食方面，各类菜系逐渐汇入北京，酝酿发展，最后形成了今日北京蔚为壮观的饮食文化，诸多美食脍炙人口，国内外耳熟能详。作家梁实秋在散文名著《雅舍谈吃》中写了大量京城美食，诸如全聚德、便宜坊的烤鸭；正阳楼、烤肉宛、烤肉季的烤羊肉；厚德福的铁锅蛋、瓦块鱼、核桃腰；玉华台的水晶虾、汤包、甜汤核桃酪；致美斋的锅烧鸡、煎馄饨、爆双脆、爆肚；东兴楼的芙蓉鸡片、乌鱼线、虾籽烧冬笋、糟蒸鸭肝；忠信堂的油爆虾、盐焗虾，等等。其中提及的许多美食并非起源于北京，而是从其他各省传来，逐渐发展成熟。在文学方面，京味文化吸收了少数民族的文化精髓，逐渐发展出了以《新儿女英雄传》《骆驼祥子》等荟萃汉族、满族、蒙古族等各族文化精髓的京味文学。建国后，大批机关干部、军队官兵、知识分子和普通民众从全国各地汇聚北京，以大院文化的方式为京味文化融入了多元一体、昂扬向上的新时代的革命元素，推动京味文学继续向前发展，发展出了新京味文学，以邓友梅、王朔等作家为代表的新京味文学风靡一时，并很快衍生出以何冀平、冯小刚、姜文等为代表的京味戏剧和京味影视，至今影响不衰。不同文化的和乐交融，共同熔铸了开放、包容、大气、生机勃勃的京腔、京韵与京味。

重礼诚信、自在通达、雅俗共赏、和乐交融的京味文化以源远厚重的故都文化为基础，又丰富和活化了古都文化，也以最接地气的方式涵养着红色文化。古都文化和红色文化共同锻造了京味文化独有的精气神。京味文化还为创新文化提供了丰富的资源、有益的启迪，使首都的创新打上了深刻的京味烙印。

三、先锋引领的红色文化

"燕赵自古多感慨悲歌之士。""壮士一去不复返"的荆轲，"人生自古谁无死，留取丹心照汗青"的文天祥，"粉身碎骨浑不怕，要留清白在人间"的于谦，"我自横刀向天笑，去留肝胆两昆仑"的谭嗣同，一代又一代的仁人志士，以感天地、泣鬼神的壮举，氤氲出首都文化以天下为己任，敢于担当，不怕牺牲的精神品质。近代以降，这里是新文化运动的发祥地，是五四运动的爆发地；这里是马克思主义火种最早的引入地，是中国共产党的最初孕育地；这里是一二·九运动的主战场，也打响了中华民族全面抗战的第一枪；这里是中华人民共和国成立的宣告地，是党和国家的重大决策之地，党中央在这里领导中国人民开辟了前无古人的事业。这里是中国改革开放的启动地，中国人民在困难中创出一条新路，使国家日益富强，探索出了中国特色社会主义的独特道路，向世界证明了社会主义的顽强生命力，也因此改变了整个世界的格局。五四运动以来，北京在革命中新生，在建设中发展，在改革中巨变。北京的建设、改革和发展，见证了新中国从站起来、富起来到强起来，中华民族走向伟大复兴的奋斗历程，是一部翻天覆地、感天动地的壮丽史诗。

北京有着光荣的革命传统、红色的文化基因，是一座英雄之城、革命之城、红色之城。首都的红色文化是在革命、建设、改革时期，中国共产党领导人民，从中国国情出发，在继承和弘扬中国传统文化的基础上共同创造的，极具中国特色、首都风范的先进文化。首都的红色文化凝练、彰显了中国人民的革命精神和品格，并在当代实践中形成了爱国、创新、包容、厚德的北京精神。在首都北京，红色遗存遍布于山川之中，革命事迹传颂于大地之上。红色文化蕴含着丰富的革命精神和厚重的历史文化内涵。

一是忠诚正义。北京红色文化的首要特点是敏锐坚定的政治意识，始终不渝地对党忠诚。近代以来长期的斗争实践，使得北京的仁人志士们逐渐认识到，没有一个坚强政党领导，中国革命无法取得成功。李大钊、陈独秀在五四新文化运动时期最早介绍马克思主义，为中国共产党的成立进行了思想上、理论上的准备。1920年10月李大钊领导成立北京共产党小组，是国内最早的共产主义小组之一。1921年北京共产党小组代表参加了党的一大，为党的创建发挥了重要作用。在反对军阀、抗日战争、解放战争等一系列斗争实践中，人们认识到没有共产党就没有新中国。1943年，19岁的曹火星在房山霞云岭乡堂上村谱写出反映人民心声和时代真理的最强音——《没有共产党就没有新中国》。在革命、建设和改革实践中，北京都始终坚定地拥护党的领导，维护党中央权威，具有极强的政治意识、大局意识、核心意识和看齐意识，始终在思想上、行动上与党中央保持高度一致。同时，北京人民矢志追求和坚持民族大义、人间正义，威武不屈，富贵不淫。在卢沟桥，在古北口，与敌人血战到底。在执政府门前，在长辛店车站，敢于直面军阀的屠刀。李大钊面对绞索面不改色，完美诠释了中国共产党人的坚定信仰和钢铁意志："不能因为反动派今天绞死了我，就绞死了伟大的共产主义，共产主义在中国必然得到光辉的胜利。"建国以来，老一代无产阶级革命家表现出来的忘我无私、坚强乐观的革命情操成为教育后人的宝贵资源；四五运动，北京人民大义凛然，不惧四人帮的淫威。在日常生活中，面对不平，北京人也往往选择挺身而出，见义勇为。

二是爱国为民。爱国是北京红色文化最鲜明的特质，也是北京精神的核心和灵魂。北京象征着中国，自觉地与中华民族同呼吸同命运，北京人具有最强烈的"天下兴亡，匹夫有责"的观念，对祖国怀有最浓烈、最深厚的热爱之情。近代以来几乎所有的爱国运动都从这里发起，然后席卷全国。以拒俄运动为发端，无论是革命时代的五四运动、一二·九运动、"七七"事变，还是开国大典和新中国成立后的迎接香港和澳门回归、抗洪抗震救灾、申奥行动与奥运会成功举办，都是北京人爱国的生动写照。北京是一座人民的城市，不仅因为许多公园、广场、建筑、街道、机关冠之以人民，更因为这座城市是人民建设并真正由人民管理的城市。新中国成立之后，北京由皇家主宰、官僚把持的城市真正变成了人民的城市，人民成为这座城市的真正主人。毛泽东主席就是在北京的开国大典上，喊出了"人民万岁"。1953年提出的首都建设总方针指出，"为生产服务，为中央服务，归根到底是为劳动人民服务"。城市建设的核心理念从君权主体论转向了人民主体论。长期以来，北京始终坚持人民至上，切实尊重人民主体地位和首创精神。党的十八大以来，北京自觉贯彻以人民为中心的新发展理念，坚持发展为了人民、发展依靠人民、发展成果由人民共享，把人民放在心中的最高位置，以人民幸福作为城市建设的最终目标。

三是担当牺牲。经过28年的浴血奋战，北京成为中华人民共和国的首都；又经过近70年的建设，北京已经由1949年的200万人的民生凋敝的城市发展跃升为3000万人的生机勃勃的国际大都市。在此过程中，北京人民形成了不懈奋斗、不怕牺牲的意志品质和顾大局、敢担当、守纪律、重奉献的精神风貌。1921年，北京最早建立了产业工人党小组。1922年，长辛店工人罢工的胜利将京汉铁路大罢工推向了新高潮。在被日军占领的期间，北京人民进行了一系列艰苦卓绝的斗争，平西根据地抗日和焦庄户地道战名垂青史。1949年石景山发电厂的工人组织起来，成功地保护了电厂，保证了北平的供电，为北平和平解放作出了重大贡献。建国之后首钢、燕化等一批现代工业建设起来，成为首都现代工业脊梁。九十年代以来，为了首都环境优美，这些企业有的外迁，有的解体。产业工人响应国家号召，或离开北京，或下岗再就业，为首都发展的转型默默牺牲，无怨无悔。改革开放时期，首都人民在全国率先提出和践行"团结起来，振兴中华"、"从我做起，从现在做起"等深远影响历史的时代格言。从石传祥、张秉贵到李素丽、宋鱼水，一代代北京人传承着爱岗敬业、踏实奉献的精神风范。首都人民视服务中央、服务全国为理所当然，并以此来严格要求自己，规范自己，展现自己。首都人民有着强烈的主人翁责任感，善于从国家的角度考虑问题，先觉先行先倡，对有损民族、国家利益形象的言行敢于发声，对国家的大政策乐于了解、敢于发表见解。在对外交往中，北京人具有强烈的国家意识，让每一个来到北京的外国朋友都能在北京见证中国和中国人民的热情包容，向世界人民展现出开放、自信、友好的中国形象。

四是首善力行。"京师为首善之区，四方之所观仰"（《史记》）。首都文化的长期浸染形成了北京自觉而强烈的首都意识。北京始终发挥着思想引领高地、价值观高地和道德高地的作用。100年前，十月革命一声炮响给中国送来马克思主义，这个开天辟地的大事就发生在北京。新中国成立后，党的思想理论、方针政策无不自北京发布。真理标准大讨论的思想解放和改革开放的号角也是在北京吹响。从邓小平理论、"三个代表"重要思想、科学发展观，到习近平治国理政新理念新思想新战略，作为中国共产党人集体智慧结晶的马克思主义中国化的理论成果都诞生于北京，进而指导、辐射全国，影响世界。同时，作为共和国的首善之区，北京在培育和践行社会主义核心价值观，构筑中国精神、中国价值、中国力量，夯实人们共同奋斗的思想道德基础方面始终走在前列，发挥着表率和引领作用。北京在实际工作中坚持实事求是，脚踏实地，身体力行，高标准严要求。用彭真同志的话说，就是"用可能达到的最高标准要求我们的工作"。改革开放以来，北京无论是经济发展、科技进步，还是城市建设、社会管理，都呈现出欣欣向荣的蓬蓬生机。首都文化呈现出来的积极进取、勇于开拓的精神，成为城市发展的活力之源，也为全国树立了典范，成为实现民族复兴中国梦的标志性内涵之一。

忠诚正义、爱国为民、担当牺牲、首善力行的红色文化，是继承弘扬包括北京古都文化在内的中华民族优秀传统文化、吸纳人类先进文化的产物。红色文化为京味文化增添新元素、新特质，为创新文化提供主旋律、正能量，始终以先进文化统摄和引领整个首都文化发展。

四、开放蓬勃的创新文化

创新是民族进步的灵魂，是国家兴旺发达的不竭动力，是时代精神的核心。北京发展的历史事实上就是一部创新史。从先秦燕昭王筑黄金台招揽人才，到21世纪中关村科技园剧变腾飞；从编撰《授时历》的郭守敬，到"近代工程之父"詹天佑；从明代徐光启的《几何原本》、《农政全书》，到当代华罗庚先生的解析数论、矩阵几何；从自然与人文交相辉映的历史景观，到科技与文化融为一体的奥运盛会……创新已经融入首都文化的血脉，成为北京的文化基因，化成内在的精神追求。

创新文化是指在一定社会历史条件下，在创新及创新管理活动中所形成的文化，主要包括有关创新的价值观、制度规范、物质文化环境等。根植于首都文化包容天下、领袖天下的传统，以创新理念引领发展，以创新制度支撑发展，以创新环境保障发展，以创新成果促进发展，北京已经形成了比较完善的创新生态系统，使一切创新激发、喷涌的创新文化已成为首都文化的重要内容和突出特征。首都蓬勃兴起的创新文化是北京人民大胆探索、勇于创造、自强不息、锐意进取的精神体现，表现为敢于开拓、宽容失败的创新氛围，各得其所、人人出彩的创新机会，要素齐全、人才密集的创新优势，科技与人文深度结合的创新特色。立足国内和当下，放眼世界和未来，以科技创新为带动，以文化引领为先导，以民族复兴为己任，创新文化必将不断为首都文化开出更新的境界。

一是传承超越。作为千年古都，北京在发展中始终吐故纳新，荟萃精华，涵养出了海纳百川、包容天下的精神，既注重文化传承，又勇于超越。作为首都，北京是全国瞩目的焦点，是国家稳固的定海神针，保持基本文化精神的延续与稳定是首都的重要使命。但北京并不固步自封，而是与时俱进，敢于自我革命，"苟日新，又日新"（《尚书》）。建国之初，基于全国生产力落后、技术薄弱的现实，北京明确提出"建设成为我国强大的工业基地和技术科学中心"的目标。1959年，总结市区工厂过多、布局不合理以及供水紧张、环境污染等教训，北京正式决定"今后除十分特殊的情况以外，在规划范围内一般不再摆工厂"，实现了城市发展思想上的一个重要转折。上世纪80年代，北京一再强调"工业建设的规模要严加控制"，"今后北京不要再发展重工业。"到90年代初，随着改革开放的进一步扩大和我国国际地位的提高，北京确定城市性质是"全国政治中心和文化中心，是世界著名的古都和现代国际城市"。2005年，北京市城市总体规划调整了城市发展规模，加强了卫星城的建设力度，开始实施京津冀之间区域合作，对历史名城保护进一步深化细化，对生态环境保护要求更加科学系统，对城市公共交通设施的建设提出了更高要求。近年来，针对首都发展中的"大城市病"，毅然决定疏解非首都功能，通州城市副中心、京津冀一体化和雄安新区等重大决策应运而生，在世界级城市群建设的宏伟战略中，既突出首都的核心功能，又促进京津冀的协同发展和对全国的辐射带动作用，满足人民对幸福生活的追求，提出建设国际一流的和谐宜居之都。在产业的发展上，北京也经历了从重点发展重工业，到发展轻工业电子工业，再到以发展高科技和文化创意产业为重点的演变历程。在首都发展进程中，虽经历不少波折，但一次次脱胎换骨，都体现了对城市历史文化的继承和发展，实事求是，准确定位，不断调整，逐步完善，形成了在稳定发展中实现自我超越的文化特质。

二是涵容出彩。失败是成功之母，创新必然有挫折甚至失败。有"试错"、能"容错"，形成敢为人先、敢冒风险、敢争一流的创新精神，大众创业、万众创新才真正可能。包容是北京精神的重要内涵，也是首都文化的重要特征。在首都的创新创业中，人们既为成功者喝彩，也为失败者加油，形成了全社会"鼓励创新，宽容失败"的环境氛围。京东商城首席执行官刘强东曾开餐馆失败；小米的雷军曾经创立三色公司而破产。在挫折面前不低头，在失败中重新站立的精神力量，鼓励他们重新创业，终于迎来事业的成功。北京既凝聚了众多来自世界的顶尖人才、社会精英，也吸引来大批"北漂"。比如程维，一个来自江西铅山县80后，卖过保险，做过足疗，最终创立滴滴出行公司，占据了互联网业最前沿。这座城市为许多这样的青年提供了机会，"北漂"成为在北京寻找机会顽强打拼的年轻人的代名词。北京生活成本高、压力大，可谓居大不易，但是四面八方的人愿意来到北京，一个极其重要的原因是北京拥有其他地方无法比拟的干事创业的机遇，这正是首都文化重要的软实力。随着中国的迅速崛起，世界格局正在发生前所未有的深刻变化，正如有学者指出的，全球化正在转向中国模式，世界历史正在进入中国时刻。不仅中国以空前的方式深度走向世界，世界也以空前的方式深度走进中国，北京作为中国的首都迎来了前所未有的世界机遇。把世界的机遇变为中国的机遇，也让中国的机遇成为世界的机遇。这些机遇不仅属于这座城市，而且属于生活在这座城市的每一个人。在这里，人人拥有出彩的机会。

三是居高致远。北京是国家理念、制度、科技、文化创新发展的重要策源地，富集了其他城市难以企及的国家级创新资源和平台。北京是我国教育、科技、人才乃至企业、市场渠道最为密集的地区。全国半数以上的两院院士在这里工作和生活。北京拥有央企总部数量位居全国第一，是拥有世界500强企业总部最多的城市。单就中关村园区来说，就拥有90多所高等院校和400余家科研院所，120余家国家重点实验室和90余家国家工程技术中心，300余家跨国公司设立研发中心。承担的国家重大科研项目占了全国的40%，国家"863项目"占全国的四分之一、"973项目"占全国的三分之一。中关村已经成为我国自主创新的一面旗帜，正向具有全球创新影响力的中心迈进。中关村是首都创新的一个缩影，北京正发挥创新要素高端富集的得天独厚优势，在全国率先形成创新驱动的发展格局，实现产业结构优化升级和经济发展方式转变，肩负推动全球新一轮科技革命与产业变革的历史使命。与此同时，北京还引领全国乃至世界流行文化、大众文化发展的方向，北京电影节、北京音乐节、北京戏剧节、北京国际青年戏剧节、北京国际旅游节和北京国际图书博览会、北京国际设计周、北京国际时装周、北京国际文化创意产业博览会等大型文化活动应接不暇,北京正成为国际文化活动中心、文化创意之都和时尚设计之都。首都正以清新、健康的大众文化和异彩纷呈的文化精品,引领积极向上的时代潮流。

四是化物弘人。北京深入贯彻创新、协调、绿色、开放、共享五大发展理念和"人文北京、科技北京、绿色北京"的发展战略。人文北京是首都发展的首要战略,人民共享是发展的价值皈依。建设"人文北京",就是以人文立市,把"以人为本"贯彻到城市建设管理的各方面,使北京成为具有人文关怀品质、社会保障体系完善的健全城市;就是精神文明要上新台阶,成为有高度文明素养的优雅城市;就是文化教育要高度繁荣,凸显文化中心特点;就是要社会更加祥和安定,成为和谐社会的首善之区。因而,首都的创新不在于简单的GDP指向,而是强调科技以人为本、创新以人为本,以满足人民日益增长的物质文化特别是精神文化需要为出发点。北京强化科技与人文的深度融合,努力实现文化与科技的双轮驱动。在创新方法上,一方面注重挖掘传统文化资源,用传统文化精神融入到现代科技成果之中。水晶石数字科技有限公司利用三维图像技术首次全面复原了北京老城、唐长安、苏州古城及秦始皇陵等历史遗迹,制作了立体互动的《故宫》《清明上河图》《新丝绸之路》《中国建筑奇观》等现代电子产品,对现有文化资源进行高科技包装,从而使之活化,走进人们的生活。另一方面注重网络虚拟技术、人工智能技术的创新,一大批网络动漫、游戏,走出国门,在世界产生广泛影响。以798艺术区和宋庄为代表的多样化的文化创意产业,已经显示出文化与科技创新融合的勃勃生机,文化创意产业对首都经济发展的贡献率已经达到14.7%。正是以人文为导向,首都创新最大限度地为人们创造了便捷、绿色、舒适的生活条件,惠及所有城市居民,首都因此而变得更加和谐宜居,人们的生活更因此变得日益幸福,对全国乃至世界越来越发挥着引领示范作用。

传承超越、涵容出彩、居高致远、化物弘人的创新文化是首都文化中最体现时代精神、面向世界和未来的维度,为古都文化实现创造性转化、京味文化顺应全球化发展提供强大支持。创新文化是红色文化的题中之义和重要基因,创新文化助力红色文化,保证首都文化可以更好地引领全国、辐射世界。

全国文化中心一直是首都的重要功能。进入新的发展时期,北京作为全国文化中心,对外展示国家文明形象,对内增强文化自信,对全国文化建设起着引领示范作用。**中正庄严、雍容博大、崇文厚德、协和宁远的古都文化,忠诚**

正义、爱国为民、担当奉献、首善力行的红色文化，诚信重礼、通达自在、雅俗共赏、和乐交融的京味文化，传承超越、涵容出彩、居高致远、化物弘人的创新文化，构成了首都文化的主要内容。首都文化是北京的城市之魂和软实力所在。北京坚持中国特色社会主义文化发展道路，以坚定的文化自信和文化自觉推进全国文化中心建设，必须集中做好首都文化这篇大文章，更好地发挥首都全国文化中心的凝聚荟萃、辐射带动、创新引领、展示交流和服务保障功能，努力把北京建设成为社会主义物质文明与精神文明协调发展，传统文化和现代文明交相辉映，历史文脉与时尚创意相得益彰，具有高度包容性和亲和力，充满人文关怀、人文风采和文化魅力的，弘扬中华文明与引领时代潮流的文化名城、中国特色社会主义先进文化之都，在建设国际一流的和谐宜居之都进程中，在中华民族伟大复兴进程中作出独特贡献。

（作者为北京师范大学北京文化发展研究院交流部主任、副教授）

六、"红墙意识"的历史文化渊源及其演进

杨生平　李宏伟　周雪梅

【摘　要】"红墙意识"作为一个名词出现是上个世纪末，但其历史文化渊源却很悠久。作为元明清三朝古都最高权力所在地，"红墙意识"明显受到皇权文化和皇城根文化影响。经过近代革命民主文化的改造特别是中国共产党红色文化的洗礼，红墙周边民众文化传统与社会心理发生了根本性的变化并得到明显升华；今天的"红墙意识"在赋予它以新的时代意义与价值内涵的同时，自身也增强了厚重的历史感。

【关键词】红墙意识；历史渊源；文化基因；升华

简单地说，所谓红墙意识，就是红墙周边民众对进驻于中南海内中央最高权力机构所代表的政权先进性的自觉认识以及由此表现出的对党和人民的忠诚、担当等价值情感和社会责任。因中南海周边的围墙是红色的，更因中南海内进驻的政权是红色政权，因而人们便以"红墙"指称它。就像任何历史意识都是在历史中形成与发展的一样，"红墙意识"的形成也不是新中国成立之初中央政府进驻中南海时形成的，而是经过长期社会实践和丰富社会活动积累渐渐形成的。1999年适逢建国50周年大庆和其他大事件，工作任务非常重，面对高强度的工作任务和巨大的心理压力，为了凝聚人心、出色完成上级交办的工作任务，紧邻中南海的北京西城区西长安街街道首先提出了"红墙意识"。后来，它逐渐上升为北京西城全区的工作理念。由于从历史上看中南海周边的红墙与故宫的红墙原属一体，中南海代表的权力与紫禁城代表的权力都是最高权力，尽管两者有本质区别，但不排除它们之间有相通和相融之处；作为长期

生活在这带的居民自然会对它们做出比较，并从心理与文化上寻求共通性。因此，从历史文化渊源与民众心理视角，挖掘"红墙意识"的历史内涵有着重要意义。需要强调的是，"红墙意识"不仅有悠久的历史文化渊源，而且这种历史文化传统还有一个不断发展并获得进步性改造和升华的过程。

一、皇城文化及其积极因素的影响

北京素有"六朝古都"的美誉，尤其是明朝迁都北京以后，重建后的北京城分为四重，由内而外分别是宫城（紫禁城）、皇城、内城和外城（如下图所示）。

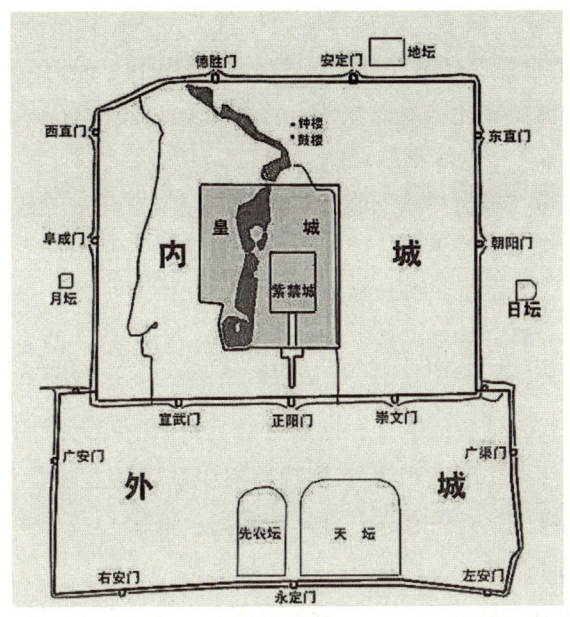

皇城即是以皇宫为核心保护紫禁城的外围城墙。现存的皇城主要是明清以来的皇城，东西长约2500米，南北宽约2790米，北城墙相当于现在的平安大街一线，东城墙基本是从皇城根遗址公园（宽街西口）至贵宾楼饭店对面（原御河北桥北口），南城墙为长安街一线，西城墙沿西黄城根北街和南街，到灵境胡同，后折向东至府右街。元大都建成后，今西城区成为都市的中心部分，位于中轴线西侧。明清时，位于京城内部的西半部。依托着皇城而形成的皇城文化，与皇城的建筑风格、官员权力、休闲娱乐、饮食起居等密切相关。一定意义上说，有着深厚历史文化积淀的西城是最能体现皇城文化内涵及特征的地区，其"红墙意识"也深受皇城文化的深刻影响。当然，皇城文化良莠不齐，并不是所有的皇城文化都是"红墙意识"的来源、要素。同时，皇城文化作为一种整体性的文化氛围，对民众意识、社会心理的影响是一种间接的浸润过程。皇城文化中的政治核心意识、权力中心意识和胸怀天下的情怀成为皇城文化中影响"红墙意识"最深厚的历史渊源。

1. 皇城文化中"政治核心"意识的影响。"古帝王发号施令，敷之则为政治，载之则为典谟，固莫不四方仰之，万世传之也。"①明、清北京城的总体规划与布局直接体现敬天法祖、帝王至尊的政治核心内涵，反映着君臣有别、长幼有序的封建等级观念。例如，位于内城中心的景山加上万春亭高度为59米，紫禁城宫殿建筑高度为20—30米，周围民居高度为6—8米，形成了错落起伏的立体轮廓线，"政治核心"的寓意一目了然。今天，西城区宣传、弘扬"红墙意识"，本质上也是对于政治核心地位的一种捍卫与拥护。红墙是形式，政治是本质。虽然皇城文化、皇帝权力与今天的民主政治有本质不同②，但用好权力、惠泽民生却会产生深刻的影响。

2. 皇城文化中"权力中心"意识的影响。皇城文化中的权力中心意识体现于城市的总体规划与布局之中。明清时期北京城的平面布局中轴突出，左右对称，整齐划一，状若棋盘。紫禁城被多重城垣包围保护着，坐落在全城的中轴线上，且背靠城市中心的至高点，成为天下的权力中心，凸显出皇城文化以皇权为中心的中心意识。今天宣扬的"红墙意识"，某种程度上就是对权力中心意识的强化。红墙极具象征意义，城墙一般为封闭的圆形，而圆形中圆心最为重要。引申开来，"红墙意识"中看似是围绕城墙的意识，但实质是围绕核心、围绕中心的意识。有中心在，才不失位置；有中心在，才有了依靠；有中心在，才能凝聚向心力。

3. 皇城文化中"胸怀天下"情怀的影响。"溥天之下，莫非王土；率土之滨，莫非王臣。"天下，是皇帝的天下，皇帝对天下具有所有权；同时，天下对皇帝也提出制约与要求，必须要胸怀天下、恩惠民众。身在皇帝周围的人，耳濡目染间也形成了一种"胸怀天下"的情怀与担当。他们愿意站在首都看全国，处在京城看地方。这一点，与中国传统士大夫的价值追求有异曲同工之妙，即"修身齐家治国平天下"、"达则兼济天下，穷则独善其身"。"胸怀天

---

① （清）额尔泰、张廷玉等编纂：《国朝宫史》卷一、训谕一。
② 后文会对此有详细论述。

下"指引下的西城民众政治敏感度极高,数百年来,地处政治中心,目睹潮来潮去,城头变幻,已经把自己的命运与国家的命运息息相连了。所以,对于政治的热情是"红墙意识"萌生的基因之一,围绕着中南海、天安门、人民大会堂等国家权力中枢机构,西城人民的政治热情是发自心底的、是不约而同的。他们不大关注柴米油盐的眼前利益,淡于谈论家长里短的日常生计,而是热衷于谈论国家大事、谋划发展蓝图。以每年的全国"两会"最为典型,总理的政府报告一做,真可谓是代表在人民大会堂内审议,西城民众就在人民大会堂周围审议,大到国家战略,小到民生疾苦,都成为他们街头巷尾的热议话题。

二、北京皇城根文化的浸染

皇城周围地带被约定俗成地称为皇城根。居住在皇城根一带的居民,历经时代变迁和文化积淀,在心理、习俗、观念等方面逐渐拥有了群体性特点,形成了所谓的皇城根文化。在明代,皇城内因只设置宫苑和衙署,平民禁绝往来。门禁森严、人员出入盘查严谨,对出入的时间也有严格限定,非寻常百姓所能涉足。到明晚期,这一状况就有所改观。据《万历野获编》记载,每月初四、十四、二十四日,因宫中贱役用车运粪秽之物出城丢弃,所以皇城门开启,在紫禁城东侧,过光禄寺入内门,自御马监至西海子一带形成内市,进行物品交易。清朝初年实行满汉分治,汉人住外城,八旗兵丁家眷等进驻内城和皇城守卫。随着江山稳固、满汉矛盾缓和、商品经济发展、民族融合与交流频繁等,满汉内外分治也被进一步打破,皇城也因此变得更为开放。至康熙时,紫禁城外已"尽给居人,所存宫殿苑囿,更不及明之三四。凡在昔时严肃禁密之地,担夫贩客皆得徘徊瞻眺于其下"[①]。雍正年间,皇城内有米铺和各类店铺、作坊,有走街串巷的商贩,皇城门禁已经放开。皇城的开放打破了皇城的封闭与神秘,使得更多臣民、百姓得以进入皇城,乃至亲近宫城(紫禁城)。能够直接在天子脚下、皇城周边工作生活,随着时间的流逝与沉淀,逐渐形成了皇城根文化。皇城文化与皇城根文化的最大区别在于文化主体的差异性,皇城文化的主体是皇帝、皇亲国戚,而皇城根文化的主体是臣民、老百姓。如果说皇城文化是一种贵族化的官员文化,那么皇城根文化则是一种具有特殊地缘优势的平民化的世俗文化。

---

① 钦定四库全书·金鳌退食笔记卷上。

1. 皇城根文化中政治忠诚观的影响。一定时期的政治忠诚观是一定社会存在的反映，它在本质上是一种社会文化现象。由于特殊的地理位置，皇城根文化中蕴含的政治忠诚观无疑呈现出深厚的传统底蕴。尤其是清朝时期，住在皇城根周围人以八旗子弟为主。八旗子弟称得上是世袭贵族，由国家供养着，八旗子弟对皇帝自然是感恩戴德、忠贞不二，具有强烈的政治忠诚观念。只是到了后来，在安适氛围中生活、成长起来的八旗子弟，逐渐变得游手好闲、玩物丧志、日渐消沉，责任意识和实干能力虽有所减弱，但他们的政治忠诚却不曾减退半分。与此同时，皇城根下也住着一些汉人，这些汉人主要是侍奉宫内的仆人。按照规定，汉人不得住在内城，于是皇帝便赐予他们满姓以方便他们住在皇城根周围，能够及时伺候皇帝及皇宫内其他人员的吃喝拉撒。这些人以被赐予满姓、能在皇宫周围服侍为荣耀，这些荣誉感和获得感使得他们对于本职工作更是忠心耿耿，慢慢地也滋生出很强的政治忠诚观念，把效忠皇帝看成是自己生命的最大的价值和最大的追求。这种以忠于帝王，捍卫并巩固皇权为意图的价值观，成为了明清时期皇城根文化中政治忠诚观的核心，也是当时统治者思想和教育、管理的核心。可以说，皇城根文化孕育的政治忠诚观孕育了皇城根周边居民的自豪感和忠诚度，这对今天的"红墙意识"的培育具有一定的积极影响和启迪作用。

2. 皇城根文化中崇礼重道思想的影响。皇城根下的居民多是"董道而行"的向善之民，其思想观念中深深地烙着"正统""儒范"的印迹。皇城根下居民的行为不会偏离规矩、规范，不会产生"天高皇帝远，本官说了算"的"失控"，皇统与道统合一，皇权与政权一体。帝王礼制的气势恢弘、宫廷禁苑的深邃莫测、衙署庠序的正统儒雅……在耳濡目染中，皇城根下的居民有一种沉稳之气，能自觉与官统道统保持一致、自觉向中心看齐。尤其是受到中国传统儒家学说的影响，西城内的贵胄朝官、市井百姓多风气渊雅，爱名节而羞势力，并形成了"西贵"化的特色。天子脚下，大世面见过，自然不经意地流露出一种大气。因为见过大世面，他们会更加内敛沉稳，不会随市井的大惊小怪而骚动；因为见过大世面，他们会更加取舍自如，尤其是在物质追求上不再那么功利，而是更多追求精神上的格调和雅致；因为见过大世面，他们会更加宠辱不惊。沉稳、谦和、洒脱、尊敬、奉献等皇城根文化中的重要元素成为今天"红墙意识"的深厚底蕴。

3. 皇城根文化中优越感和自豪感的影响。皇族的逸闻趣事，重大事件中台前幕后的花絮，都是皇城根人津津乐道的内容，也是他们引以为豪的资本。时至今日，皇城根周围的居民，因为皇城根的传统地理位置，使他们仍对历史有一种特殊的眷恋。皇城根周边的老北京人有强烈的自尊，并比任何人都在意自己的"身份"，从而通过历史追溯进行自我身份建构①。正所谓近水楼台先得月，天子脚下的耳濡目染给皇城根周边的民众挣足了"面子"，赋予了他们强烈的优越感和自豪感。斗转星移，这种优越和自豪感慢慢沉淀在黄城根下的民众的心理和行为中，愈发热爱脚下的土地，自然而然以拥护中央、爱戴领袖为己任。

三、近代民主革命文化的改造

如果说皇城文化与皇城根文化对西城民众的影响是一种濡染、浸润的话，那么，近代民主革命文化则是一种脱骨换胎的改造，是一种从心理、从思想上的大转变。如果说皇城文化、皇城根文化中，西城民众的政治忠诚是得益于地缘优势没有自我意识的从众心理表现的话，那么，在近代民主革命文化的改造中，国人的主体性、自我意识开始觉醒，原来的自发状态的政治忠诚逐渐转变为一种自觉自为状态。

1. 在政治诉求上，开始由以前的依附于政治转变为主动追求政治，享有政治。其实在明末清初，帝王的政治专断、横征暴敛，已经导致了民怨沸腾，国家由盛转衰，社会处于天崩地裂的大变革时期。这个时期的进步思想家们开始认识到集权专制是社会一切弊病的根源，对忠君的封建教条提出了尖锐而深刻的批判，认为臣子的职责在"为天下，非为君也；为万民，非为一姓也"，这在当时具有极大的冲击力和进步性。鸦片战争的失败，一方面打破了生活在皇城根下民众的优越梦，另一方面，也催生了他们摆脱危机、**寻求变革的追求**。北京西城作为清朝的政治腹地所在，走在了追求先进、争取民主的最前沿。魏源的《海国图志》主张"师夷长技以制夷"，冯桂芬的《校邠庐抗议》主张"以中国之伦常名教为原本，辅以诸国富强之术"。随后，谋求"自强"与"求富"的洋务运动成为拯救中国命运的共识，一大批早有洋务思想的仁人志士，走上了举办"洋务"的救亡之路。从19世纪60年代到90年代，洋务派共创办24所新式学堂，向西方派遣200多位留学生，培养了一批不同于传统的近代科技知识分子，对中国的教育近代化起了极大的推动作用，为中国社会迈向近代

---

① 魏霞：《皇城根的三个世界》，中国社会科学出版社2016年版，第56页。

化准备了最初始的文化条件。

2. **在政治实践上，积极采取实际步骤来推动变革**。1895年4月22日，康有为写成一万八千字的《上今上皇帝书》，十八省举人响应。"万言书"不仅反映了全国人民强烈的爱国救亡要求，同时也提出了维新变法的政治纲领，冲破了清朝专制统治下不准士人、百姓干预国家大事的沉闷气氛。维新思想从此唤醒和激励了越来越多的中国人投入到救亡图存的洪流中，拉开维新变法的序幕。在维新运动中，中国资产阶级维新派公开、明确地宣扬废君权，兴民权，倡民主，提出以资本主义取代封建主义的政治主张，在采取实际步骤来实现这一变革的同时，对封建主义思想文化进行了前所未有的尖锐批判，大大地提高了民众的民主意识和参政意识。孙中山领导的中国近代民主革命对处在迷茫中的西城民众起到惊醒作用，他提出的"三民主义"和"替众人服务"彻底打碎了封建专制思想体系，改造了盲从的、片面的忠君思想和民众的政治意识和社会心理，赋予了皇城文化和皇城根文化中"政治忠诚"崭新的内涵，包含了为革命理想奋斗牺牲的时代内涵。从此，争取独立自由，摆脱落后局面，勇于改革创新，这些思想的种子开始在西城民众心中生根、发芽。

总之，在近代中国民主革命的大潮中，追求先进、变革创新、反对强权、谋求民主的精神文化成为西城人民自觉的追求，孕育了"红墙意识"中拥护先进政权、谋求创新发展的精神品格。改革创新、争创一流的"红墙意识"正是近代民主精神文化的继承和发展。

四、中国共产党红色文化的洗礼

近代民主革命唤醒了国民的主体意识、自救意识，但洋务运动、戊戌变法、辛亥革命的失败教训，又给国人的自救之路蒙上了重重迷雾。"十月革命一声炮响，给我们送来了马克思列宁主义。"秉承着共产党人的红色基因，坚持以马克思主义为指导，中国共产党一经成立，犹如黎明前的一道曙光，为黑暗中摸索的民众开启了新民主主义革命的光明之道，指明了革命的胜利方向，引领了时代的发展潮流。

1. "五四"精神的鼓舞。1919年5月4日爆发了著名的五四运动，今西城区界内的北京高等师范学校、北京法政专门学校、北京高等工业专门学校、北京医学专门学校、铁路管理学校、中国大学、国民大学等高校的学生，手执校旗走上街头，并产生了载入史册的"高师八勇士"。在五四运动的高潮中，陈独秀起草《北京市民宣言》，提出取消对日密约、罢免卖国官吏、取消步军统领衙门和京畿卫戍司令部两个机关、保障市民集会、言论自由等"最低要求"，并主张要对北京政府"以根本之改造"。6月11日，陈独秀亲到宣南商业区散发《北京市民宣言》，《北京市民宣言》为五四运动向纵深发展指明方向，影响深远。五四运动是第一次由广大知识青年发起、知识分子与工人阶级广泛结合、彻底地反帝反封建的伟大爱国运动，表现了中华民族的觉醒；五四运动是一次伟大的新文化运动，极大地促进了思想解放，猛烈地冲击和荡涤着封建旧礼教、旧道德、旧思想、旧文化，为新思想、新文化的广泛传播开辟了道路；五四运动是对社会主义的历史选择，开辟了新民主主义革命的新时期，并使社会主义思想成为五四运动后新文化运动的主流，从而对中国后来的历史走向和命运起到了关键作用。五四运动所表现出来的爱国主义精神、勇于担当的精神、甘于奉献的精神、理性和科学精神，激励着西城民众以新的精神气度审视中国，以新的视野观察世界，他们更加深入实践，深入基层，深入群众，不避艰险，不辞劳苦，争做对国家有用之人。

2. 早期革命党人的引领。毛泽东、李大钊、周恩来等一些早期的革命党人，都在西城留下革命的身影，对西城民众的思想和行为产生了引领作用。1919年9月，毛泽东在湖南发动驱逐张敬尧的政治运动。12月18日，毛泽东率领驱张代表团到达北京，组成旅京湖南各界联合会及旅京湘人驱张各界委员会。28日，1000余名湖南同乡在烂缦胡同湖南会馆召开驱张大会。会上散发了揭露张敬尧罪行的专刊，与会代表签名表达"驱张"决心，大会通过了关于驱张斗争的决议；西城的西单皮库胡同、闹市口回回营2号、石驸马大街后宅35号、宣武门内铜幌子胡同甲3号、邱祖胡同、府右街后坑朝阳里4号这6处住所都曾是李大钊生活工作的地方。此时的李大钊积极发动支持新文化运动和五四运动，发展壮大中共北方党组织、领导北方工农运动、促成第一次国共合作，直至为追求理想英勇献身，谱写了生命华彩乐章。1927年4月，在反动军阀的白色恐怖中，李大钊在西城西交民巷英勇就义，牺牲时年仅38岁。他临刑前留下的一张照片，至今让共产党人为之震撼：虽然挂着又黑又粗的铁链，宽阔的额头是那么的干净，浓黑的双眉是那么的神态若定，标准的国字脸是那么平和。1920年8月16日，周恩来领导的天津"觉悟社"与李大钊领导的北京"少年中国学会"以及"青年工读互助团"、"曙光社"、"人道社"五个团体的代表，在陶然亭慈悲庵北配殿召开了联席会议，史称"陶然亭五团体会议"。周恩来在会议上的主张以及会议发出"团结联合，共同行动，挽救中国危亡"的呐喊，不仅体现出"觉悟社"约集会议的初衷，而且反映出五团体"改造旧中国"的励志与决心。会议讨论并通过的《改造联合宣言》提出了"到民间去做社会实况之调查，平民教育之普及，农工组织之运动，妇女独立之促进"等工作，鼓舞了青年参加社会实践，增强了他们反帝反军阀斗争的勇气与决心。1925年10月，在李大钊、赵世炎等同志的领导下，中共北方区委党校在北京西城区蒋养房胡同秘密开办起来，对外名称是"北京职业补习学校"，培训北方的干部。罗亦农担任教务主任，但实际上行使校长职能。学员吃住在学校，为保证人身安全，不得自由进出学校。学习方式有听课、自学和分小组讨论三种。学员在学习过程中可以随时提出疑问。由于北京政治形势和环境的恶化，中共北方区委原定继续办班的计划被迫取消。北方区委党校虽然只办了一期学员培训班，但却推动了北方地区党组织和革命活动的发展。更为重要的是，这些中国共产党创始人不仅在北京西城从事革命活动，将包括西城民众在内的北京人民引向新民主主义革命的光明之路，还影响着无数全国先进青年，通过他们将革命火种传遍中国大江南北。正如新华网记者所描绘的那样，位于西城区的新文化街、绒线胡同，这条总长约3公里的街巷，较之北边紧邻的长安街，只能算得上是"寻常巷陌"。但即便在每一条街巷都有故事的北京城，这条东西连通的街巷，串起的历史风云，仍然是那么的不寻常，它储藏着民族复兴的"密码"！①

3. 先进学生运动的推动。 在先进思想与先进人物鼓舞和带动下，北平学生一开始就走在新民主主义革命运动的前列。1947年，由于国民党当局发动内战，国民党统治区的经济不断恶化，物价飞涨，反饥饿、求生存成为广大群众的迫切要求。5月5日，中国共产党发动了全国性的反饥饿、反内战运动。5月中旬，清华大学、北京大学等校与南京、上海等地学生的斗争相呼应，相继成立了反饥饿、反内战委员会，决定自19日起罢课三天，并提出立即停止内战、彻底挽救经济危机、保障人权、保障自由、提高教育经费等6项要求。18日，北大、清华、北洋大学北平部等校学生组织宣传队走上西单街头，开展反饥饿、反内战宣传，受到军警镇压，数人受伤，造成"西单血案"。1947年5月20日，上海、南京、苏州16个专科以上学校5000多名学生齐聚南京，举行挽救教育危机联合大游行，要求提高教育经费，反对内战。游行遭到国民党军警

---

① 参阅新华网记者："北京，一条街巷储存的民族复兴'密码'"，http://news.xinhuanet.com/politics/2017-10/13/c_1121796699.htm

的残酷镇压，100多人受伤，20多人被捕。同日，天津、唐山、武汉、广州等地爱国学生也遭到国民党军警的殴打和逮捕，造成了"五二〇血案"。20日下午，北平师范学院、辅仁大学、北洋大学北平部和北平第一女子中学等校大中学生约7000多人在北大沙滩广场集合出发，高举"华北学生北平区反饥饿、反内战大游行"的横幅，经灯市口、王府井、西长安街，到中南海北平行辕请愿，向行辕主任李宗仁提出停止征兵、征实、征购，提高教育经费，挽救教育危机，提高工人工资，废除苛捐杂税，立即停止内战，实行民主政治9项要求。游行队伍回到北大沙滩广场举行了群众大会，通过将北大沙滩广场命名为"民主广场"、筹备成立华北学生联合会、将6月2日定为"全国反内战日"、举行全国规模的"四罢"（罢课、罢工、罢教、罢市）等项决议。随后，全国60多个大中城市学生先后响应，形成了全国性的群众运动。"五二〇运动"标志着反对国民党统治的第二条战线正式形成。

4. 新民主主义革命运动的投身。尽管中共领导的新民主主义革命的主战场不在西城，但西城民众以自身的方式投身于这场轰轰烈烈的革命运动之中。1949年2月4日，在解放军入城仪式举行后的第二天，中共北平地下党在今天的新华社民国国会议场旧址举行会师大会。北平地下党当时已经发展到了3376名党员，党的外围组织已经发展到了5000多名盟员。会师大会之前，地下党党员之间不允许发生横向联系。许多共产党员即使在同在一个单位，也不知道彼此的真实身份。大会师期间，先在会场外按照单位整队集合，这时许多人才发现原来彼此同是地下党党员。这次会师大会标志着中国共产党在北平由地下党向执政党的历史性转变，同时也是对北平地下党全体成员的"大阅兵"，肯定了中共华北局城工部的卓越工作。与此同时，新民主主义革命的革命纲领、人民军队的战斗作风、共产党人的高风亮节、社会主义的胜利曙光……这些都对西城民众产生了巨大影响。随着革命进程的推进，西城民众对共产党愈发信任、对人民军队愈发爱戴、对新政权愈发渴望，所有这些在人民解放军进驻北平入城式中得到集中反映。比如，1949年2月3日，人民解放军举行盛大的进驻北平入城式。尽管这一天的天气十分寒冷，但是阻挡不了人民的热情。一大早，北平的工人、学生和市民就一群群涌向前门广场。当天上午10时，入城仪式开始。解放军部队从永定门进入，沿着永定门大街和前门大街，浩浩荡荡、威武庄严地前进。部队过前门后进入东交民巷，经过崇文门内大街、东单、东四等，由广安门出城。在前门大街上，装甲车队被欢迎的群众围起来。学生们爬上装甲车贴标语，标语贴完了，就用笔在炮上写。最后，战士们的身上也被写上了标语——"庆祝北平解放"、"欢迎解放军"、"解放全中国"!

可以说,在新民主主义革命中,中国人民的革命热情和革命勇气得到前所未有的开发与拓展,人们为了实现自己的权利与梦想,展现了巨大的斗争精神和崇高的革命勇气。党领导的红色革命运动孕育了红色文化,孕育了密切联系群众的优良作风。在党的红色革命实践中,革命者代表人民群众的基本利益,人民群众支持革命者的英勇斗争。马克思主义唯物史观中"人民群众是历史的创造者"的理论得以传播,重视群众,为最广大的人民群众服务,成为新的时代精神与文化理念。这与"红墙意识"的群众性特质不谋而合,"红墙意识"的主体是人民群众,"红墙意识"是人民群众主人翁意识的直接体现;党的红色文化孕育了"红墙意识"中新的政治忠诚的时代内涵:坚守共产主义的理想信念、牺牲奉献的价值目标和团结互助的集体情怀,引领西城民众思想文化的进一步成长和发展。民众愿意跟党走、愿意接受党的领导,正是因为中国共产党代表了广大民众的利益,让广大民众看到了胜利的曙光。

总之,回顾近代西城的发展历史,在长达一个多世纪的岁月变迁中,不断涌现的先进思想、不断壮大的民主队伍、不断积淀的古都文化和红色文化,都潜移默化地影响着这里的人们。尽管革命、建设、改革的时代主题在变化,但是"红墙意识"扎根于民众,没有因权力交接、领导更替而改变。只要权力中心在,他们就高度自觉地捍卫权力、拥护中心、维持稳定。干部可能是新来的,但百姓却是长年扎根在这片土地上的,他们用自己的行动自觉呵护着这片中心宝地。所有这些,正是"红墙意识"最可宝贵的生长沃土,进而生生不息,代代相传。中国共产党的红色文化中崇尚人民力量、整体精神,坚持为人民服务、甘于奉献等这些新理念和新作风展示出与传统西城文化截然不同的一面。旧社会,压迫之下的劳苦民众受尽奴役,只能是被动的、被迫的听命于皇权的号令,"敢怒不敢言"之下难以对社会发展、民主进步贡献力量。新社会,人民群众是历史的创造者,是国家的主人,每个人都积极主动地为自己、为社会、为国家献计献策、贡献力量、谋划未来。当然,"红墙意识"的深化发展与深入宣传也离不开对古都文化的扬弃,正是在与历史对接、碰撞和交流中"红墙意识"才得以向纵深发展,形成鲜明的时代价值观与历史厚重感的统一。

参考文献：

[1] 北京市西城区委党史办公室：《峥嵘岁月：北京西城老同志的回忆》，中央文献出版社2001年版。

[2] 中共北京市西城区委老干部局、中共北京市西城区党委史办：《往事珍影：北京西城老同志回忆》，中共党史出版社2006年版。

[3] 中共北京市西城区委党史资料征集办公室：《中国共产党北京西城区历史大事记1918——2004》，北京出版社2008年版。

[4] 中共北京市委党史研究室、中共北京市宣武区委党史资料征集办公室：《西城改革开放30年》，中央文献出版社2008年版。

[5] 中共北京市委党史研究室：《西城建设史》，北京出版社2008年版。

[6] 刘洋：《北京西城历史文化概要》，北京燕山出版社2010年版。

[7] 魏霞：《皇城根的三个世界》，中国社会科学出版社2016年版。

[8] 王都伟：《北京西城史话》，北京联合出版公司2017年版。

（作者杨生平为首都师范大学哲学系教授；李宏伟为首都师范大学马克思主义学院副教授；周雪梅为北京财贸职业学院副教授。）

七、三元空间辩证法视角中的城市问题研究
——以列斐伏尔与哈维为例

刘怀玉

【摘　要】 马克思主义研究中所存在的对城市问题的迟钝与失语现象由来已久，一方面缘于城市问题意识不自觉，另一方面则衍生于研究方法论的短板。马克思主义要介入城市问题的讨论，其主要任务首先并不是对现实的批判，而是对目前主流的城市问题研究的实证主义方法论之批判反思，以彰现马克思主义辩证法的当代生命力。在这方面，西方都市马克思主义代表人物H·列斐伏尔与D·哈维分别从马克思政治经济学批判方法中发现了各自的三元空间辩证法，二者对于当代马克思主义研究都市社会问题都提供了重要的启示。

【关键词】 城市问题；空间辩证法；列斐伏尔；哈维

一、问题的提出：马克思主义为何对城市问题研究有些迟钝或失语？

本文首先要讨论的问题并不是马克思主义**为何**与**如何**关心城市问题，而是中国语境下的马克思主义为何对城市问题的关注**如此的迟钝**？这里恐怕有两个原因。一个是传统马克思主义对**城市问题的意识**既不自觉更不集中，另外一个就是研究**方法论的短板**。从1984年正式开始，中国城市化改革已经进行三十多年了，但是中国马克思主义学术界对此问题的反应是迟钝的，立场是失语的。失语的一种表现就在于主流的研究基本上是照搬西方主流城市社会研究学科的

范式，另一种表现就是马克思主义研究城市基本上是按照工业化理论的径路来进行的，即把城市作为工业化发展的一个模式或者是更高级发展的一种表现，但是没有把城市作为一个人类普遍进步的单独历史阶段和历史形态来看待。这让我们想到可以戏仿马克思的《关于费尔巴哈提纲》第一条[①]的措辞：

> "从前的马克思主义者（甚至包括马克思恩格斯在内）的主要缺点是，只是把都市/城市作为工业资本主义社会高度发展的产物，而没有从人的生存总体性的或者未来可能的视野来理解城市文化；也就是说只是把都市社会作为工业社会的问题之一来理解与解决，而没有将其作为一个全新的总问题结构来反观以往的社会与现代世界的各种问题（包括全球化）。结果，城市文化研究居然被文化决定论的唯心主义抽象地发展了。"

应当说，目前马克思主义研究城市问题最成熟的经典理论模式是资本的积累与循环理论。这就是以大卫·哈维为代表的马克思主义都市地理学理论，它把城市化看成资本积累和扩张以及剩余价值转移或实现的一种形式，即一种**地理景观**。这是很多用马克思主义观点从事城市问题研究的学者都比较擅长的，但困难在于，怎么把这种理论方法与中国的城市化发展实际相结合？按照正统马克思主义的观点，下面的问题是无法回避的：中国的城市化发展问题是不是跟全球资本主义空间扩张有关系（哈维就很不客气地批判说，中国改革开放与大规模城市化发展是西方新自由主义即全球化发展的一个意外结果或溢出的"红利"！[②]），是不是跟私有制有关系，是不是跟特权有关系？对于这些"敏感"问题怎么介入与讨论，很多人都感到力不从心，或者有一种"口将言而嗫嚅，足将行而趑趄"那样的"如芒在背、如鲠在喉"的为难感觉。但笔者觉得问题的麻烦与其说由于某种原因理论**不敢**结合现实，倒不是说由于方法论短板或者缺少方法论中介，而**不能**或**无法**与现实相结合。这就是中国马克思主义研究城市问题比较滞后或迟钝的第二个原因。

---

① 参见《马克思恩格斯文集》第1卷，人民出版社2009年版，第499页。
② 参见［美］大卫·哈维《新自由主义简史》，王钦译，上海译文出版社2016年版，第125页等处。

二、空间的生产：对列斐伏尔的三元空间辩证法的运用及其启示

我们该从何处入手来发现与运用马克思主义真正擅长的方法呢？马克思主义通常习惯于从生产关系、生产过程、分配关系、消费关系、阶级关系等这样一些角度来理解城市问题。原则上肯定是正确的，但有没有更好的或者更直接具体的结合部与切入点呢？我想，不是贸然介入现实问题批判，而是从**对主流的城市研究学科的方法论反思**入手，也许是一个更恰当的视角吧！对此，福柯早已经言明，哲学家们的问题首先并不在于以何种方式改变现实，而在于如何改变有关现实知识生产的话语结构与学科制度、研究方法。知识分子要批判的不是现实，而是学科。① 这才是"批判"之真正意义所在。

我们从一个关键问题就是城市的规划设计出发，从这里出发马克思主义就可以找到自己研究问题的方法论抓手。城市的规划设计这个问题可能在马克思主义专业看来，是一个非常具体的技术问题，但是按照一种真正的马克思主义观点来讲，这就是一个**占统治地位**的经济基础和上层建筑的知识思想表现②。也就是说，城市设计是在执行一种占支配地位的经济基础和上层建筑的城市空间生产与布局意志的某种实践形式。一个城市发展的前途命运，在某种意义上也就是由城市的规划设计这个过程与主体最直接决定的，但它背后的东西是深不可测的。比如土地所有权，这是最基本的东西，然后就是土地的分配、购买、流通、生产、消费、使用。再往下讲，就是一块块土地具体的购买和具体的使用方式，这些问题的最终"表现"形式恰恰就是城市的规划设计。在一般人的心目中，城市就是规划设计人的事，就是建筑研究院、规划设计院或者政府主管部门能够决定的事情，这种非反思的、非批判的日常生活直观意识或"自然现象"的集体无意识存在，恰恰就是占统治地位的经济基础的一种政治文化或意识形态的表现。对此，列斐伏尔讽刺说："至于说建筑师的眼睛，并不比给予建筑师用来进行建造的地皮或者他画第一张草稿的白纸更加清白。他的'主观'空间装载着所有太过客观的意义"③。

---

① [法] 福柯：《福柯文集》，杜小真编选，上海远东出版社2003年版，第477页。
② 参见李万军《当代设计批判》，人民出版社2010年版。
③ Henri Lefebvre, *The Production of Space*, Translated by Donald Nicholson-Smith, Blackwell Ltd, 1991, pp.361.

是不是说城市除了是一种建筑师的作品之外就没有别的视角可以观察与透视了呢？当然不是。除了这样一种城市空间视野以外，实际上至少还有两种空间视野可以描述与还原。一种空间就是日常生活中的用于步行的、享受的、使用的消费的城市景观，是一般人所接触到的那个空间。这个空间是一种日常生活的实践的空间或者空间的一种实践生活形态。在很大程度上，日常生活空间实践的主体或人们，往往属于被统治的或者说被主宰的社会的即底层社会的民众，他们所能够参与的空间主要是这种空间，也就是街道。"街道是什么？它是人们相遇的场所，没有街道人们就不能在其他指定的场所（咖啡厅、剧院以及各式各样的场所）相聚。这些特殊的地方使街道充满活力并为这种活力服务，否则它们将不复存在。街道就像一个自发的剧院，我成为了表演和观众，有时候也是演员。这里充满了运动和交融，没有这些就没有都市生活，而只有分散和凝固不动的隔离"①。

而对设计人员来讲，他会站在一种鸟瞰的角度，或者是从所乘坐的一辆疾驶而过的汽车的位置或角度，来考虑城市美观不美观、街道宽不宽？"在这种语境中的空间是按照**抽象主体**的感知来定义的，例如摩托车手，他们拥有共同的常识，即阅读高速公路交通符号的能力，以及唯一的器官——眼睛——用于在其视线范围内的活动。因此空间仅仅以它的简化形式出现。**立体**让位于**平面**，全面的风景臣服于'规划'中设置的沿路恍然而过的视觉信号"②。规划设计师还会考虑这块地皮，这条线路，这片开发的楼盘等等使用与销售的最大化效益，但他们很少考虑到步行者、上班的人，他们每天步行与交通方便不方便、开车拥堵不拥堵、上班远不远？这些问题就是日常生活的实践化了的一种空间表现，这种空间是被统治的、或者卑微的、平常老百姓的"在世结构"与"被抛的"在世状态。这种日常生活步行者的具体的身体节奏空间和规划设计院的设计的那种高大上的抽象化、符号化、立体化、透明化的城市几何学空间之间是有很大的区别的，甚至存在着一种明显的阶层、阶级的利益的分野。把二者结合起来，这个设想非常好。对于一个比较人性化的，或者是有责任心的、善治的社会、善治的政府来说，它们是能够采取的一个解决普通民众的衣

---

① Henri Lefebvre, *The urban revolution*; translated by Robert Bononno; foreword by Neil Smith, Minneapolis: University of Minnesota Press, 2003, p.18.
② Henri Lefebvre, *The Production of Space*, Translated by Donald Nicholson-Smith, Blackwell Ltd, 1991, pp.313.

食住行的空间实践方便之问题的方案。但是在很多城市、很多情况下不是这样的。这两种空间之间是有冲突的。有些社区，交通非常拥堵，因为其人口密度特别大，单位面积内出卖房子所导致的市场价值是比较大的，但是它不考虑老百姓生活的方便，它考虑能卖出好价钱就可以。借用当代法国著名社会理论家布尔迪厄的话来讲，建筑设计空间与日常生活空间之间往往存在着明显的利益与情趣的"区隔"①。这里我不妨再戏仿马克思《关于费尔巴哈的提纲》第三条②的字眼说上两句：

"关于生产或交换流通、分配、消费等环节与过程起决定作用的传统马克思主义忘记了，以及所有那些把现代社会现实研究高度专业化、碎片化的实证科学也忘记了，都市社会现实并不是由外部环境决定的，也不是由专业技术知识设计出来的。这种技术与政治精英主义总是把都市社会分为两部分，管理者总是凌驾于社会之上。而实际上，城市的改变与人的活动的自我改变的一致，只能被合理地理解为都市化人类的新文明实践。

但在这个问题的研究上，我觉得做的比较经典的还是上个世纪七八十年代法国情境主义国际后期著名代表人物米歇尔·德·塞托。他的《日常生活的实践》第七章"行走于城市"有一个非常著名的隐喻，就是站在那座在许多年之后已经被恐怖袭击的飞机冲撞而倒塌的纽约世贸中心双子塔的111层上，来看纽约曼哈顿行人。上层人和街道的人之间的从空间角度上的差别，这个案例非常经典，即：站在纽约摩天大楼上的那些办公室里的人，和密密麻麻走在大街上的那样一些人，开车与走在大街上的人在空间视觉上和城市理解上是有明显差别的。"上升到世贸大厦的顶楼，等于挣脱城市的控制……他所处高度的提升将他变成了观察者，将他放到远处。将施加巫法使人'着魔'的世界变成了呈现在观察者面前与眼皮底下的奇观。它使得观察者可以饱览这幕奇观，成为太阳之眼，上帝之眼。这是一种想要像X光一样透视一切的神秘冲动所带来

---

① 参见［法］皮埃尔·布尔迪厄《区分：判断力的社会批判》上下卷，刘晖译，商务印书馆2015年版。
② 参见《马克思恩格斯文集》第1卷，人民出版社2009年版，第500页。

的激昂。"①。而那些城市平凡生活的实践者则生活在被各种机构压迫着的街头。"这种生活的基本形式在于，他们是步行者，他们的身体依循着城市'文章'的粗细笔画而行走，他们写下了这篇文章，自己却不能阅读……"②德·塞托如是说！

由德·塞托这段极富想象力的空间视角隐喻与想象的描述，启发我们想到，除了这两种空间之外，应该还有第三种空间。这种空间它所采取的是一种想象的、文学的、游戏的、文化的、符号的这样一些形式，它更多是一种表征性的或者符号化的空间，一种意义升华了的可能的无限的想象空间。这种空间它既体现出了一个社会、一个制度的一种凝聚力或者记忆力（如纪念碑性建筑空间），但是有时候会体现很多人生活中所实现不了的一种文学艺术化的或者心理学化的解放的一种梦想。比如说我们看的电影，我们看的电视娱乐频道，我们闭目随身听的音乐，我们所迷恋于其中不能自制的体育比赛、电子网络游戏、网上直播，甚至包括我们去用极限速度去玩命的飙车运动……这些流动不居的，或者冲破现有的社区、体制的种种空间局限的富有想象力的、富有重新创造性的空间……它们更多的是一种文化性质的城市或者是文化性质的空间诉求。

实际上，任何一个社会都有其内在冲突与分裂的一面，但也有其相互协调与功能互补的一面。居住实践空间、设计管控空间与文化想象空间之间既有冲突也有互补的关系。有时对于一个城市来说，交通与居住的拥堵它暂时是没办法解决的，因为这个地方寸土如金，但是它可以在街头巷尾建设一些文化设施、休闲场所，用这种办法来解决人们在狭隘的居住空间与拥堵的公共交通空间、交往空间所造成的苦恼与冲突，是可行的且是必要的。通过电影院、酒吧、公园、游戏场所等空间形式，来提高人们相聚的机会、打破隔阂与冷漠孤独等病态现象，让人们从封闭的狭小的住宅走向街区社群中间，能够在社会空间直接面对面的接触，这也是构建公民社会与现代文明社会的一个空间的物质基础，或者说一个物质载体。这就是说城市必须有一个交往上的、文化交流上的物质空间的载体（比如说可供人步行的街道），有实在东西作为依托（上世纪六十年代北美最著名的城市社会学家雅格布斯早已经有言：一个大城市之生

---

① [法]米歇尔·德·塞托：《日常生活实践1，实践的艺术》，方琳琳、黄春柳译，南京大学出版社2009年版，第168页。
② 同上书，第169页。

命表现不是让汽车飞奔的大街，而是让人们缓步于其中的生活街道①）。另外一种城市空间载体则是带有诗意的，隐喻或者带有想象性的，就像文学文本性质的，特别是对于年轻人来讲，如游戏、音乐这些载体，它们也是医治我们城市拥堵的抑郁症或者单调乏味等心理不适症的良药。它们会起到某种缓解交通或转移矛盾的作用。比如有些小孩与成年人喜欢玩游戏，游戏不完全是一个坏的东西，它有一种满足青春解放的冲动和探险反叛之类的心理功能的需要。用弗洛伊德《梦的解析》一书观点来说，梦是被压抑的现实矛盾与欲望的一种凝缩、伪装性升华或转换性的实现。而马克思说得更明白，这是人们借以意识到现实社会经济结构与阶级关系冲突并力求把它克服的那些意识形态形式。我这里所说的第三种空间就是对城市社会现实生活空间中各种矛盾冲突压抑的一种升华与解放，是对各种在现实得不到实现的欲望与想象的一种特殊转移方式或实现方式。

以上所说的城市社会三种空间形式或空间视野及其辩证关系的观点，是笔者对自己近年所主译的西方马克思主义城市批判理论之父亨利·列斐伏尔《空间的生产》一书核心观点②的理解性运用。我把这本书里讲的三元空间辩证法（trilectic of space）变成自己的一个体会说出来。此三元空间之第一元就是空间实践，第二元就是空间表象，第三元就是再现性的或者说表征性空间。

在空间的三分法问题上阐述得最有名的也最复杂的难解的，当然是列斐伏尔的三元论空间辩证法。但按照哈维的说法，列斐伏尔的三元论空间辩证法并非其独创，而是变相抄袭或者改造卡西尔的思想而来的③。在卡西尔的《人论》一书中他指出了三种空间形式，这就是有机的物质的空间、感知的空间以及象征的空间。

列斐伏尔关于空间三分法有好多种说法。最有名的有这几种，一种是改造黑格尔的普遍性、特殊性与个别性三种判断形式的辩证法而提出的三元空间辩证法，这就是与普遍性相对应的精神空间，与个别性相对应的自然的空间，与

---

① 参见［美］简·雅格布斯《美国大城市的生与死》，金衡山译，译林出版社2005年版。
② Cf. Henri Lefebvre, *The Production of Space*, Translated by Donald Nicholson-Smith, Blackwell Ltd, 1991, pp.33, pp.38.
③ 参见［美］大卫·哈维《新自由主义化的空间：迈向不均地理发展理论》，王志弘译，台湾群学出版有限公司2008年版，第124页。

特殊性相对应的社会的辩证法，这里的核心是社会空间的辩证法①。

列斐伏尔另外一个说法依据黑格尔的正反合三段论叙述模式，也依据马克思的关于社会结构的再生产性辩证法即生产方式-经济结构-上层建筑三元组合的再现性结构而提出的最为著名的三元辩证法，这就是空间的实践或物理空间，空间的表象或精神空间以及再现性空间即社会的空间②。

列斐伏尔的第三种三分法空间概念是现象学的或者身体化的，这就是知觉的空间或感性实践意义上的空间，构想的空间或空间的表象以及生命体验式的空间或再现性空间。

当然，列斐伏尔的空间三分法还有其他戏法，主要是语言学意义上的三分法，即作为空间实践的隐喻式空间，作为空间的表象的换喻式空间以及作为再现性空间的修辞性空间③。列斐伏尔还说过三元空间辩证法分别是马克思的物质生产空间论、黑格尔的精神生产的空间表象论以及尼采的文化批判式的表征性空间论④。

德语学者施米德所写的《城市、空间与社会：列斐伏尔与空间生产理论》一书对列斐伏尔的复杂的三元空间辩证法作了较好的梳理：首先通过将列斐伏尔所区别的三要素识别为这样三个领域，一是自然与物质性的物理领域，以一种实践与感觉的方式描绘出来的；逻辑的与形式化的抽象物的精神领域，通过数学与哲学的方式来规定；以及社会领域，这是一个规划设计与展望的领域，一个象征物的与乌托邦的领域，一个想象的与欲望的领域。它们交融于空间生产过程中，其中物质生产或者空间的实践生产出空间的可知觉的方面；而知识的生产出空间表象即构想或虚构的空间。第三，意义的生产则是与表征性空间

---

① Cf. Henri Lefebvre, *The Production of Space*, Translated by Donald Nicholson-Smith, Blackwell Ltd, 1991, pp.15-16, pp.226-227.

② Cf. Henri Lefebvre, *The Production of Space*, Translated by Donald Nicholson-Smith, Blackwell Ltd, 1991, pp.33, pp.38, pp.11.

③ Cf. Henri Lefebvre, *The Production of Space*, Translated by Donald Nicholson-Smith, Blackwell Ltd, 1991, pp.39-40.

④ Cf. Henri Lefebvre, *The Production of Space*, Translated by Donald Nicholson-Smith, Blackwell Ltd, 1991, pp.24, pp.134-140.Cf.Christian Schmid, "Henri Lefebvre's Thero of the Production of Space, Towards a three-dimensional dialectic", in *Space, Difference, Everyday Life: Reading Henri Lefebvre*, Edited by Kanishka Goonewardena, Stefan Kipfer, Richard Milgrom, Christian Schmid Routledge, New York and London, 2008, pp.27-45.

紧密相联并生产出某种体验性的、或者活生生的直观的空间。从广义上说，社会空间包括了知觉性、虚构性与体验性的空间；而在狭义上则是与那些被批判性理解的精神空间与自然物质空间相对立的空间①。

按照列斐伏尔的三元空间辩证法观点来看，一个城市首先一定是一个物理的空间的地方所在，但是这种空间它不是单一的，它是多重的、并存的、交叉的、共在的、互动的。我们无法用单一空间来想象城市，我们必须有很多种的、即复数的空间，来想象、来理解一个城市，这就是一个差异性的空间，或者说辩证法意义上的空间，而不是抽象的同质化的知性空间。我们没有办法一览无余地从某一个方面把一个城市就想象成一个空间，这是绝对不可能的，也是极其专制的或武断的表现，那样的话就是福柯所说"全景式的透明的监狱"。这是非常可怕的想象，也是不可能的前景。

确实，我们只能从一个又一个单独角度来理解/认识/设计空间，但是你可以从这个空间切换到另外一种空间，以至于无穷。这就是哲学上所说的本体论或存在论意义上那样一种冲决一切障碍限止的"解放感"或者"超越感"。这种理论研究的诉求就是近来有不少学者所强调的建立一种城市马克思主义研究模式。这种模式不是用某种马克思主义观点来研究城市理论与现实问题，而是用城市总问题来统领与改造马克思主义。如果"城市马克思主义"这个说法成立的话，那它就必须要"戏仿"并同时"突破"传统马克思主义的过于僵硬的几个组成部分，而重新铸成自己的问题结构。此一新问题结构简单来说就是城市的政治经济学的批判研究、城市的政治哲学研究和城市的文化研究三个重要的组成部分。当然，目前笔者比较感兴趣的还是城市的文化研究方面，这个说法可能是一个可行的做法，而且是有探索意义的一个做法。城市文化研究，也就是把原来城市社会学的研究和英语国家的那个复数的 Cultural Studies 或者 Studies of Cultures②这两个学科的边界打乱变成一种跨学科多角度的现实研究。在西方语境中文化研究本来就是属于激进左派的，与马克思主义具有天然

---

① Cf. Christian Schmid, *Stadt, Raum und Gesellschaft: Henri Lefebvre und die Theorie der Produktion des Raumes*, Franz Steiner Verlag 2005, pp.205, 208, 209-210. 此书译文得到了我指导硕士范雪麒同学的帮助，特别致谢。

② Cf. Benjamin Fraser, *Toward an Urban Cultural Studies, Henri Lefebvre and thd Humanities*, palgrave macmillan, 2015; Lewis Mumford, *The Culture of Cities*, New York, Harcourt, Brace Jovanovich, 1938; Sharon Zukin, *The Cultures of Cities*, Malden: Oxford, 1995.

的盟友关系。但在中国,文化研究虽然已经展开多年,但前面的路还很艰难,因为这涉及到很多专业具体的知识与方法。任何一个专业包括马克思主义在内,都不可能对城市这本"大书"做出一个透彻的说明,它一定是复合的、是多位的、交叉的与视野转换的研究过程。总之,我们还可以摹仿马克思批判费尔巴哈的方式[①]说:"经典马克思主义把都市视为工业资本主义总体生产剩余价值过程的一种具体的实现与部门经济的再生产形式,即地理学、人口学、文化人类学等等表现;而都市马克思主义则认为当代世界作为统一的彻底的城市化世界,就其总体性而言,是一个文化符号资本所支配的内部空间分化与矛盾着的权力生产过程"。

三、回到马克思:大卫·哈维的三元空间辩证法及其启示

行文至此,似乎该停笔了。但本文还想提出第二个问题。第一个问题的答案是我们需要一种三元空间辩证法来理解城市问题,这是马克思主义立场观点方法的优势特色或者区别于其他学科的应有之义。但问题就来了,在经典马克思主义那里是否真的存在着这样一种"三元空间辩证法"的文本依据呢?答案是肯定的。大卫·哈维这位当代《资本论》最好的解释者曾经在多部著作中向我们提供了这种"出自"马克思著作原文中的三元空间辩证法原型,即来源于《资本论》第一卷第一章马克思所说的三种形式价值理论:这就是使用价值、交换价值与价值概念的三位一体[②]。

最早把空间一分为三,并非大卫·哈维,但是他彻底说清楚了空间有三种,即牛顿与伽利略意义上的绝对空间,爱因斯坦与高斯意义上的相对空间以及莱布尼兹意义的关系性空间。但他受益最多的是莱布尼兹意义上的关系性空间。可以说在他心目中最早提出第三种空间概念的是莱布尼兹。

早在哈维的成名作《社会正义与城市》(1973)以及《地理学中的解释》(1969)等早期著作中,他就提出了后来作为基本观点方法一直坚持的空间三

---

① 参见《马克思恩格斯文集》第1卷,人民出版社2009年版,第502页,第528-530页等处。
② 参见[美]大卫·哈维《跟大卫·哈维读〈资本论〉》(第一卷),刘英译,上海译文出版社2014年版,第41页;并参见[美]大卫·哈维《新自由主义化的空间:迈向不均地理发展理论》,王志弘译,台湾群学出版有限公司2008年版,第138页。

分法或者三种空间理论①。这就是绝对空间、相对空间与关系性空间。他在《地理学中的解释》一书中初次界定了自己的三种空间概念，所谓绝对空间就是一种物自体，是独立于物质之外的存在，它拥有一种结构，可用来替现象分类归位或赋予个性。所谓相对空间应该理解为物体之间的关系，其存在只是因为物体存在且彼此相关，第三种相关性空间是相对性空间的一种变种，来自于莱布尼兹，这种空间包含在物体之中，亦就是说一个物体只有在它自身之中包含着且呈现了与其他物体的关系时，这个物体才存在。后来在更加著名的《资本的界限》一书中哈维则把资本主义的危机趋势既直线性地又同时性地理解为"普遍性"（利润率下降）危机、时间性（金融危机）危机与空间性（不平衡的地理发展与地缘政治）危机三大块或三个同时存在的过程。但该书最深刻而具体的结论则是把马克思的商品使用价值、交换价值与价值内在矛盾运动辩证法一步步地推演到一种地理空间辩证法的高度上。这就是他把马克思的三种价值理论与他的三种空间概念结合起来、对应起来加以系统阐述：与绝对时空相关的是创造商品使用价值的具体劳动，与相对时空相联系的是进行交换价值的商品流通过程，而价值是一种非物质的、关系性的时空中的社会关系。"这三种时空间框架——绝对的、相对的与关系性的时空——必须在相互之间保持辩证的张力，而使用价值、交换价值与价值在马克思主义理论中也恰好是以相同的方式辩证地交织在一起的。"他甚至借助于中国改革开放为例证加以说明：如果没有中国这个绝对空间或地方中的工厂里具体劳动生产过程，那么资本主义全球化这个关系性空间中就不会有价值。但中国具体劳动只有通过相对空间中的交换过程的中介，才会在世界市场中实现其抽象的价值②。

而在《新自由主义化的空间：迈向不均地理发展理论》中哈维是这样理解的：一是作为**绝对时空**意义上的使用价值。每件属于使用价值的事物均位于绝对空间与时间的范畴内：一个个工人、一台台机器、一件件商品、一座座工厂、一条条道路、一间间房屋以及一个个实际的劳动过程、能源的消耗，皆可以在牛顿的绝对空间与时间的架构里加以个别化的描述与理解。二是作为**相对时空**意义上的交换价值。每件属于交换价值的事物，都位于相对时空中。因为

---

① 参见［美］大卫·哈维《新自由主义化的空间：迈向不均地理发展理论》，王志弘译，台湾群学出版有限公司2008年版，第115页。
② ［英］大卫·哈维《资本的限度》，张寅译，中信出版集团2017年版，第20-21页。

交换导致了商品、货币、资本、劳动力与人员跨越时间与空间的移动。资本的循环与积累均发生于相对时空之中。这里不再有固定的边界与时刻或东西存在，而是一个连续的移动与互动的场域。三是作为**关系性空间**意义上的价值本身。价值是个关系性的概念。因此，它的指涉的对象是个关系性的时空。价值是"非物质的"但又是"客观的"，这就是历史唯物主义所说的"（关系）物"本身。没有任何物质原子会进入到商品价值的客观性之中，因此价值并不会贴个说明标签，然后威仪四方或君临天下，而是将其关系性"卑微地"、狡猾地掩蔽在商品拜物教里。这正是马克思所揭示的让我们惊叹的主客体、人与物、自然与社会关系相互易位与颠倒的眩晕现象："人与人之间建立的是物质性的关系（我们是通过我们生产与交易的东西来相互关联的），而社会关系则是在物与物之间构造的（我们为自己生产与交易的东西设定了货币价格）"①。我们能够接触它的唯一途径，就是通过那个人与人之间建立的物质关系。简而言之，价值是个社会关系。这种价值的关系性定义，如果以某种直接的与本质论的方式来加以衡量，就会变得毫无意义。

行文至此，可能会有人要问，哈维的三种价值形式与三种时空理论与我们今天讨论的城市问题，与列斐伏尔所谓的三元空间辩证法有何相干或者说有什么对应关系呢？对此，哈维在《新自由主义化的空间：迈向不均地理发展理论》一书②中作了进一步解释：

绝对空间通常被视为一个预先存在且不会移动的空间。就几何学而论，它是欧几里得几何学意义上的空间；就社会而言，是私有财产及其他有固定边界的疆域称号（比如国家、行政单位以及城市规划与都市网格式的空间）。相对空间观念与非欧几何学有关，在地理与社会语境中，这种相对性空间不再是私有财产意义上的那种有边界性的空间，而是多重性意义的空间，例如把城市区域区分为按成本、时间、运输模式等多种角度来衡量与把握的相对功能区位。而在关系性空间中除了关系与过程的界定之外，没有空间或时间本身这样的东西存在。过程并非发生于空间之中，而是界定了自身的空间框架。空间的概念镶嵌于或内在于过程。外部的影响内化于特殊的过程或穿越时间的事物里，就像我的心灵吸收到各种各样的外部信息与刺激，产生了奇特的思考模式，包括

---

① ［英］大卫·哈维《资本的限度》，张寅译，中信出版集团2017年版，第20页。
② 参见［美］大卫·哈维《新自由主义化的空间：迈向不均地理发展理论》，王志弘译，台湾群学出版有限公司2008年版，第115—120页，第130页等处。

诸如政治与集体记忆、梦与幻想,以及心理状态,比如"广场恐惧症,眩晕与幽闭恐惧症"。

为此,哈维给我们列了一个三乘以三的矩阵表格[①]:

	物质空间(经验的空间)	空间的再现(概念化的空间)	再现的空间(生活的空间)
绝对的空间	墙、桥、门、楼梯、楼板、天花板、街道、建设物、城市、山岭、大陆、水域、领域标志、实质边界与阻碍、门禁社区。	行政地图、欧式几何学,地景描述,禁闭、开放空间,区位、定价与位置性的隐喻,指挥与控制相对容易,笛卡尔与牛顿。	围绕着壁炉的满足感觉,封闭所致的安全感觉或监禁感觉,拥有,指挥与支配空间的权力感觉,对于临界以外的他者的恐怖。
相对的空间	能量、水、空气、商品、人员、信息、领域标志、加速与距离磨擦的缩减。	主题与地形图,非欧式几何与拓扑学,透视画,情景知识,运动,移动能力,移置,加速,时空驱动,时空压缩与延展的隐喻,指挥与控制的困难需要更复杂的技艺,爱因斯坦与黎曼。	上课迟到的焦虑,进入未知之境的惊骇,交通堵塞的挫折,时空压缩,速度,运动的紧张或欢快。
关系的空间	电磁能量流动与场域,社会关系,地租与经济潜势表面,污染集中区,能源潜能,随风飘送的声音,气味与感觉。	超现实主义,存在主义,心理地势学,网际空间,力量与权力内化的隐喻,指挥与控制极度困难,莱布尼兹与怀特海,德勒兹,本雅明。	视域,幻想,欲望,挫败,记忆,梦想,幻象,心理状态,例如广场恐惧症,眩晕与幽闭恐惧症。

---

① 参见[美]大卫·哈维《新自由主义化的空间:迈向不均地理发展理论》,王志弘译,台湾群学出版有限公司2008年版,第130页。

另外一个表格更值得我们神往。马克思政治经济学化版本。[①]

	物质空间（经验的空间）	空间的再现（概念化的空间）	再现的空间（生活的空间）
绝对空间	有用的商品，具体劳动过程，纸币与硬币，地方货币，私有财产，国家边疆，固定资本，工厂，营造环境，消费空间，警戒线，占领空间如静坐，猛攻巴士底狱。	使用价值与具体劳动，劳动过程的剥削，（马克思）VS.工作是创造性的游戏。傅立叶语，私有制与阶级排斥，不均地理发展的拼贴。	异化VS.创造性的满足，孤立的个人VS.社会团结，忠于地方，阶级，认同等，相对剥夺，不公不义，缺乏尊严，愤怒VS.满足。
相对空间时间	市场交换，贸易，商品，能量，劳动力，货币，信用或资本的循环与流动，运动与迁移，贬值与降级，资讯流动与来自外界的扰动。	交通价值（运动中的价值）积累的框架，商品链。飘移与流离的模型，时空移补的理论，经由时间消灭空间，资本穿越营造环境的循环，世界市场的形成，网络，地缘政治关系与革命策略。	货币与拜物教，永远无法满足的欲望，时空压缩的焦虑，欢快，不确定性，不安全，行动与运动的强度VS.静止（一切固定的都烟消云散了）。
关系空间时间	抽象劳动过程，虚拟资本，抵抗运动，政治运动的突发性展现与表现性爆发，如反战，学运，西雅图，革命的精神扰乱。	货币价值价值之为社会必要劳动时间，相对于世界市场的凝结人类劳动，运动中的价值法则，以及货币的社会力量，全球化，革命性的希望与恐惧，变革策略。	价值资本主义霸权，没有其他出路，无产阶级意识。国际团结，普遍人权，乌托邦梦想，诸众，对他者的移情作用，另一个世界是可能的。

---

① 参见［美］大卫·哈维《新自由主义化的空间：迈向不均地理发展理论》，王志弘译，台湾群学出版有限公司2008年版，第138页。

哈维给我们举了一些例子①加以说明：

> 何谓绝对空间，我在一个房间里演讲，我的话语所能达到的范围，受限止于这些特殊墙壁内的绝对空间，也受限于这场演讲的绝对时间，要听到我的演讲，人就必须在这段绝对的时间里，位于这个绝对空间中，没办法进来的人，就被排斥在外。迟到的人也听不到我的讲话。在这段时间里，这里的人均可以被指认为个体，其依据是绝对空间。像是座位，但我也位居于相对于听众的相对空间里。我在这里，他们在那里，我尝试着跨越绝对空间来交流，使用的媒介如空气，会以有所判别的方式折射我的话语。我轻声细语，我的话语清晰度会随着空间而模糊，后排根本听不到。如果有录像连接到亚伯丁，那里就能够听到我讲话。但是后排却听不到。我在演讲时也有一个关系性空间，听众里的个体将各种各样从他们的生活轨迹中采集到的观念与经验，带到了这场演讲的绝对空间与时间里，而这一切都同时出现在这个房间里，他无法不继续思考早餐的争论，他无法从脑海里抹除昨天晚上新闻中死亡与破坏的可怕景象。我说话的方式令某个人回忆起某个遥远过去的创伤事件。而且我的话语还引起另一个人在1970年代曾经参加的政治集会的记忆。我的话语表达了对于当前世界所发生的事情的一定愤怒，我发觉自己在谈话时，想着我们在这间房屋里所做的每件事情，都既愚蠢又琐碎。

不难看出，哈维的三元空间辩证法与列斐伏尔的版本只具有家族相似性，且是对马克思关于商品使用价值、交换价值与价值概念方法论的过度的、然而是创造性的理解与扩展。但对于我们来说，重要的并不在于谁的或哪种观点、视野"最好"或是定论，而是要从中看到他们方法论上的互文性及其相互启示②。哈维承认，他在《后现代状况》、《正义、自然与差异地理学》以及《迈向不均地理发展理论》中，"把绝对的、相对的和关系性的时空概念同列斐伏尔所区分的物质性的社会实践（经验中的空间）、空间的表象（构想出来的空

---

① 参见［美］大卫·哈维《新自由主义化的空间：迈向不均地理发展理论》，王志弘译，台湾群学出版有限公司2008年版，第121-122页。
② 同上书，第130页。

间）和表象的空间（活的空间）进行了对照。"①据此，我们大致上可以这样假设与推定，哈维的绝对时空（即马克思的"使用价值"）意义上的城市可与列斐伏尔的日常栖居空间实践意义上的城市相对应，哈维的相对时空（即马克思所说的"交换价值"）意义上的城市可与列斐伏尔的那种在当代社会中占统治地位的空间表象（设计规划）意义上的城市相对应，而哈维的最为神秘费解的关系性时空（马克思所说的"价值"自在之物本身）意义上的城市则可与列斐伏尔同样诗情画意、亦真亦幻的表征性空间意义上的城市交相辉映或者相得益彰了。

可能还会有人要问，这种三元空间辩证法是不是就两种版本，是不是还有更多的版本？答案当然是肯定的。至少我们还可以从列斐伏尔的粉丝洛杉矶后现代地理学理论领袖爱德华·苏贾（第三空间）、美国左派文论泰斗詹明信（认知图绘）以及哈维的学生尼尔·史密斯（尺度的生产理论）那里寻找到更多启示。当然，这只能是另外篇幅更长的论著的任务了。

参考文献：

[1]《马克思恩格斯文集》第1卷，人民出版社2009年版。

[2] [法] 皮埃尔·布尔迪厄：《区分：判断力的社会批判》上下卷，刘晖译，商务印书馆2015年版。

[3] [法] 米歇尔·德·塞托：《日常生活实践1，实践的艺术》，方琳琳、黄春柳译，南京大学出版社2009年版。

[4] [美] 大卫·哈维：《新自由主义化的空间：迈向不均地理发展理论》，王志弘译，台湾群学出版有限公司2008年版。

[5] [美] 大卫·哈维：《跟大卫·哈维读〈资本论〉》（第一卷），刘英译，上海译文出版社2014年版。

[6] [美] 大卫·哈维：《新自由主义简史》，王钦译，上海译文出版社2016年版。

[7] [英] 大卫·哈维：《资本的限度》，张寅译，中信出版集团2017年版。

[8] [美] 简·雅格布斯：《美国大城市的生与死》，金衡山译，译林出版社2005年版。

---

① [英] 大卫·哈维《资本的限度》，张寅译，中信出版集团2017年版，第21-22页。

［9］［法］福柯:《福柯文集》，杜小真编选，上海远东出版社2003年版。

［10］李万军:《当代设计批判》，人民出版社2010年版。

［11］Benjamin Fraser, *Toward an Urban Cultural Studies, Henri Lefebvre and thd Humanities*, palgrave macmillan, 2015.

［12］*Space, Difference, Everyday Life: Reading Henri Lefebvre*, Edited by Kanishka Goonewardena, Stefan Kipfer, Richard Milgrom, Christian Schmid Routledge, New York and London, 2008.

［13］Henri Lefebvre, *The Production of Space*, Translated by Donald Nicholson-Smith, Blackwell Ltd, 1991.

［14］Henri Lefebvre, *The urban revolution*; translated by Robert Bononno; foreword by Neil Smith, Minneapolis: University of Minnesota Press, 2003.

［15］Lewis Mumford, *The Culture of Cities*, New York, Harcourt, Brace Jovanovich, 1938; Sharon Zukin, *The Cultures of Cities*, Malden: Oxford, 1995.

［16］Christian Schmid, *Stadt, Raum und Gesellschaft: Henri Lefebvre und die Theorie der Produktion des Raumes*, Franz Steiner Verlag 2005.

（作者为南京大学哲学系教授）

八、文明批判与文化建设

薛晋锡

【摘 要】 文化建设的现实任务要求我们对其理论境遇进行澄清，文化与文明是两个不同层次的概念。文化说明的是人类精神的内在价值，它表达着人们对自身存在意义的自觉；文明指涉的是文化精神的外在表现，从辞源上看，文明又是一个彻底的现代性概念。人类文化生命的展开是一个充满矛盾的历史进程，文化时常被运用于针对文明进程的批判。现代西方文明的悖论性质与其理性主义文化传统的历史性展开之间存在着深刻的关联，技术理性与实证主义的弥漫使人们感性的幸福、灵魂的激情受到了压抑，现代性文明不再能为文化发展提供健康的精神环境。在现代性境遇下进行文化建设，以下几个方面的努力值得我们注意：在文化精神的培育方面，保持开放包容的文化心态；在文化传统的涵养方面，加强传统文化的创造性转化；在文化景观的设计方面，力争让文化载体提供丰富的能指意义群；在文化产品的提供方面，借助公共性批判来提升文化产品的公共性品格。

【关键词】 现代性；理性主义；灵魂；文化自觉；能指

按照国家发展规划的要求，中国将会在本世纪中叶全面实现现代化，社会生活的现代化必然伴随着人的活动方式的一系列变迁。文化表达着人们对自身存在意义的自觉，《国家"十三五"时期文化发展改革规划纲要》指出，"文化是民族的血脉，是人民的精神家园，是国家强盛的重要支撑"，并且强调，"繁荣发展社会主义先进文化，是党和国家的战略方针"。文化建设的现实任务要求我们对其理论境遇进行澄清，经济结构调整与产业换代升级的现状表明，我们仍然处于现代性为主的工业化阶段。在现代性语境下开展文化建设，关键在于找准理论探讨的参照系。为此，我们尝试从文化与文明的词义辨析入手，经由对现代性文明的批判来回应文化建设的时代主题，期望能为当前文化精神的塑造提供理论借鉴。

一、文化与文明的词义辨析

首先，从辞源学上来分析，文化表达的是人们对自身存在意义的自觉，文明主要说明的是组织有序的生活状态，后者是一个彻底的现代性概念。虽然两者的基本词义相互影响，但是，文化时常被运用于针对文明进程的批判。

一般而言，人们是在与自然相对的意义上来说明文化，是在与野蛮相分的意义上来探讨文明。英国著名文化批评家威廉斯指出，"Culture（文化）在所有早期的用法里，是一个表示'过程'（process）的名词，意指对某物的照料，基本上是对某种农作物或动物的照料"①。自18世纪末期开始，人们对文化一词的用法开始摆脱自然物的限制，它被隐喻为对人为事物的"照料"，逐渐被用来说明"心灵的陶冶"、"理解力的培养"等人类活动。中华传统中更是有"观乎天文，以察时变；观乎人文，以化成天下"②，这样的说法。整体而言，文以载道、以文化人，进而开显存在的意义，这构成了文化一词的本义。

在英语世界中，"Civilization（文明）通常被用来描述有组织性的社会生活状态"③。文明一词潜藏着西方启蒙运动的精神，它所传达的是人们对于世俗进步的信仰，此外，文明还"凸显了现代性的相关意涵"，与野蛮的混乱相对，它表达的是"一种确立的优雅、秩序状态"④，在威廉斯看来，最晚从19世纪初期起，文明一词就已经具备了现代性的基本特征，它至少包括了优雅的行为举止、系统性的知识、稳定的社会秩序三个方面的含义。

与此同时，正是因为文明一词包含着文雅教化的意蕴，所以文明与文化的基本词义长久以来一直晦暗不明、不易厘清。然而，从历史上看，文化时常被运用于针对文明进程的批判，这种批判最早在西方浪漫主义对现代性进程的反

---

① ［英］威廉斯：《关键词——文化与社会的词汇》，三联书店2016年版，第148页。
② 杨天才、张善文译注：《周易》，中华书局2011年版，第207页。
③ ［英］威廉斯：《关键词——文化与社会的词汇》，三联书店2016年版，第92页。
④ 同上书，第93页。

动中展现出来。

启蒙时代的主流思想家将文化等同于文明开化的现代性历程，进而，他们用一种普世主义的历史观来表达对理性进步的信仰。在他们看来，18世纪的欧洲文明达到了人类文化的高峰，全球其他区域在现代化进程中必然要遭受欧洲的宰制。与此相反，德国浪漫主义的先驱赫尔德林认为，"'优势的欧洲文化'这个念头其实是对于大自然尊严的一种极大的侮辱"[①]，他主张多元的文化概念，"人类文化不仅仅是欧洲文化，它通过不同的时间和地点向每一个人展示自身"[②]。在整个浪漫主义运动中，文化的多样性被广泛运用于揭示人性在新兴工业文明时代所遭受的压抑，文化成为了对启蒙理性的抽象性特征进行批判的有力武器。

其次，从哲学人类学上来考察，文化体现的是人类精神的内在价值，文明指涉的是文化精神的外在表现。

对于文化与文明的辞源辨析有助于我们澄清两者的具体所指，但是，要将两者作为人类的具体行为机制来进行感性的描述，还必须借鉴哲学人类学的视角。作为20世纪人道主义哲学流派的一支，哲学人类学把形而上学的思辨与经验科学的描述相互结合，对人的存在方式中的文化规定性进行过清晰的界定。

哲学人类学立论的基点是：人处于自然进化的未成型阶段，在物竞天择、适者生存的外部压力下，其他物种均进化出高度专门化的器官来适应环境，这也就形成了动物的各项本能；而"人，力不若牛，走不若马"，自然器官未曾达到专门化的水平，人只有发展其后天的行为方式才能幸存于自然界，文化就是人用于弥补本能缺陷的"第二自然"。"文化是人类的'第二天性'。每一个人都必须首先进入这个文化，必须学习并吸收文化"[③]。

哲学人类学的创始人舍勒在《人在宇宙中的位置》一文中指出，"按照原始关系，较高级的存在形式是较弱的，而较低的存在形式是较强的。换言之，原本孱弱的精神和原本强大的、即与一切精神的观念和价值相比盲目的欲求，通过正在演变着的使隐藏在万物的表象后面的压抑［Drangsale］变成精神和观

---

① 转引自［英］威廉斯《关键词——文化与社会的词汇》，三联书店2016年版，第151页。
② 转引自［英］伯恩斯、皮卡德《历史哲学：从启蒙到后现代》，北京师范大学出版社2008年版，第89页。
③ ［德］蓝德曼：《哲学人类学》，工人出版社1988年版，第223页。

念而相互渗透，同时使精神变得生机勃勃，并赋予它以力量"①。人自从凭借精神来"升华"自身的本能欲望，才开始摆脱自然界对自身的限制，进而，成为了自由自觉的存在者。作为一种精神性的存在者，人一方面将自身的实践成果系统化、理论化，使其获得了观念上的清晰度与纯洁性；另一方面，凭借劳动实践的对象化过程，人们将自然界中的异己之物转化成了为我之物。这两方面的成就体现为社会文明所达到的现实程度。

总而言之，人只有生活在文化中，才能真正生存于自然界之中，文化说明的是人类精神的内在价值，文明则体现着人类精神生活的现实成就，文明是文化精神的外在表现。

最后，从生存论上来剖析，人类文化生命的展开是一个充满矛盾的历史进程，其间伴随着文化与文明之间的冲突。

经由对自身内在精神价值的自觉，人开始突破自然界的限制并获得了自由。但是，就人对自身存在意义发现的能力和现实程度而言，他仍处在"必然王国"的限制之下，文化生命中的这一矛盾根源于人类生存的历史性特征。正如文德尔班所言，"人性之屹立于崇高而广阔的理性世界中不在于合乎心理规律的形式的必然性，而在于从历史的生活共同体到意识形态所显露出的有价值的内容。作为拥有理性的人不是自然给予的，而是历史决定的"②。人只能在回望已有文化形态的基础上来进行文化生命的再创造，进而，根据变化了的生存环境来重塑自身存在的价值与意义感。

人类文化生命的这一历史性特征造成了文化与文明之间的冲突。当某一种文化的精神价值已经在既有文明成就中展现殆尽，新的生存环境开始呼唤对于存在意义的重新发掘时，文化与文明之间的脱节和对立就会展露无疑。以至于历史哲学家斯宾格勒不无感慨地指出，"每一文化，皆有其自身的文明"，而每一种文明都是其文化的逻辑结果和必然命运，"文明是一种发展了的人性所能达到的最外在和最人为的状态。它们是一种结论，是继生成之物而来的已成之物，是生命完结后的死亡，是扩张之后的僵化……它们是一种终结，不可挽回，但因内在必然性而一再被达成"③。

---

① ［德］舍勒：《舍勒选集》（下册），三联书店1999年版，第1356页。
② ［德］文德尔班：《哲学史教程》（下卷），商务印书馆1993年版，第928页。
③ ［德］斯宾格勒：《西方的没落》（第一卷），三联书店2006年版，第30页。

二、对于现代文明的文化批判

根据威廉斯的分析，文明是一个纯粹现代性的概念，文明一词的意蕴中包含着"得失参半"的两种性质，它表达的是西方社会在现代化进程中产生的一系列悖论性的结果。马克思对西方文明的现代进程做出了如下评价："人类是自然的主宰，但人又是人的奴隶，是他自己的卑贱的奴隶。甚至科学的纯粹之光似乎也只能在愚昧无知的黑暗的背景前面生辉。我们的一切发明和进步的成果，似乎仅仅赋予精神的生命以物质的力量，而抽掉了人的生存，使之贬低成一种物质的力量"①。

现代文明是资本全球化主导下的工业文明，我们尝试从以下三个方面回到它的文化根基处来展开批判性的分析：

第一，现代文明的悖论性质与其理性主义文化传统的历史性展开之间存在着深刻的关联。

随着资产阶级在17世纪的崛起，理性逐渐成为这一阶级的战斗口号，人们虽然没有对理性做出过公认的、单一的定义，但是对它的理解却体现出鲜明的时代特征：理性意味着人们对客观必然性认识程度的提高以及自身行动的自由，理性包含着人们对不合理现实的批判性改造。首先，理性确立了人的权威，人们完全可以利用自身的力量来开展对自然与社会的改造，使自身朝着理想状态不断前进。其次，理性包含着对世界普遍规律的把握，人们凭借"概念化的知识"来洞察蕴含在个体中的共同规律，依靠知识所赋予的力量就可以判定存在着的一切事物。再次，"理性的概念包含着按照理性行动的自由"②，理性主体可以通过实践中的批判活动来实现自身的自由，进而获取现实生活中的幸福。

然而，随着近代科学技术的进步以及它在改造自然方面成就的凸显，经验实证的方法逐渐被视为理性活动的典型，人们开始在机械化的自然模式之上来探讨社会生活的规律。"人们认为他们彼此间的关系产生于被物理规律的必然性所决定的客观规律，并且，他们认为，他们的自由在于使自己的存在适应必

---

① 转引自［德］施密特《马克思的自然概念》，商务印书馆1998年版，第1页。
② ［美］马尔库塞：《理性与革命》，上海人民出版社2007年版，第220页。

然性"①。实证主义在近代的复兴与人们对理性的片面化理解密切相关，随着文化精神中批判性、否定性特征的失落，现代文明已经不能再为个体的人生幸福与精神自由提供希望。

第二，从本质上讲，实证主义是一种对经验现实采取肯定性的思维方式，它并不关注人们内在精神价值的培养，反而是助长精神压抑的有效手段。

正如胡塞尔所看到的那样，"实证科学正是在原则上排斥了一个在我们的不幸的时代中，人面对命运攸关的根本变革所必须立即作出回答的问题：探问整个人生有无意义"②。从科学与生活、文化的关系来看，它应该是一种严肃而健康的生活方式，本应为人的生存提供丰富的价值基础。然而，在以量化分析与概念推演为显著特征的实证科学中，客观自然与人类社会只不过被视为有待去开发与整合的纯粹质料，整全的理性在此被片面化为了技术理性，生活的原则被抽象化为了对技术性规则的肯定和遵从。

与此同时，技术理性在工业时代的成功不仅创造了丰富的物质文明，而且为现代生活带来了效率与便捷。人们虽然时时感受到现代社会"一体化"进程所造成的压抑感，但是，也确实享受着它所带来的舒舒服服的不自由状态，进而，在思想和行动方面都表现出了马尔库塞所说的"单向度"化趋势。概而言之，在实证科学与技术理性的主导之下，人们对生活意义的重新发现将不再可能，现代文明已经不再能为文化进步提供健康的精神环境。

第三，实证思维并没有为个体灵魂的成长提供空间，灵魂的激情在资本时代反而遭受着压抑。

与西方理性主义同时崛起的就是人们对于灵魂的关注。灵魂这一概念在文艺复兴时代的文学作品中首次得到明确的表述，它产生的"要求宣告了一个新社会，与这个新社会相伴随的是由解放了的人用理性控制的世界。这些解放人的标志，在于具有个人自由和具有个人的内在价值。因此，'内在生活'或灵魂的丰富性，便与新发现的外在生活的丰富性联系在一起"③。灵魂与肉体的情欲、感性的快乐密切相关，然而，理性主义传统并没有为灵魂的概念留下位置。

---

① ［美］马尔库塞：《理性与革命》，上海人民出版社2007年版，第221页。
② ［德］胡塞尔：《欧洲科学危机和超验现象学》，上海译文出版社1988年版，第6页。
③ ［美］马尔库塞：《审美之维》，广西师范大学出版社2001年版，第18页。

自笛卡尔以来，灵魂一直建立在作为"我思"的思维主体之上。依据笛卡尔的原初设想，自我受制于两个领域的划分：一方面，作为思维主体的纯粹自我，它与外在的物质世界明确区分；另一方面，笛卡尔又试图把自我理解为灵魂，理解为"情欲"的主体，这包含了爱与恨、忧与喜、感激与羞愧等唯物主义因素。因此，在笛卡尔看来，自我一方面是精神主体，是纯粹的思维；另一方面，自我又是肉体性的东西，是情欲的主体。但是，笛卡尔将灵魂的激情归结为血液的流动及其在大脑中引起的变化，他只是专注于对灵魂的活动原则进行先验性地揭示，并不太关心现实生活中人们的欲求状况。可以说，"在理性主义的原初构想中，体系中没有后来实际上被看作构成灵魂的东西（即个体的情感、欲望、欲求以及本能）存在的地方"[①]。

在理性主义后来的发展中，康德明确否认了经验心理学的科学地位，在他看来，"经验心理学以后可能成为科学吗？没有。我们对于灵魂的知识，整个地看，太有限了"[②]。黑格尔也只是将感性对于外物的欲望态度视为个体通达自我意识阶段的一个必要过渡，关于灵魂活动的经验心理学在此被转换为了意识活动的"精神现象学"。

理性主义传统对灵魂的遗弃指示出资本时代的一个基本事实，那就是，灵魂无法在社会劳动的现实过程中被实证地分析并加以控制。只有将具体劳动还原为抽象劳动，将感性主体抽象化为劳动力，资本的再生产才能被有效地组织起来，在此，物质生产的现实过程仅由理性的一个部分，即技术理性来主导。也正是在这一过程中，人们之间丰富的感性交往被各种实证性法则所规训，肉体的情欲、灵魂的激情在现代文明中遭受着压制。

三、文化建设的现实路径

如果将人们之间性别与出身的差异排除在外，并且不计他们在经济地位上的区别的话，个体必定会以文化作为其人生意义的重要归属。著名社会学家费孝通先生将文化自觉的历程概括为十六个字，即"各美其美，美人之美，美美与共，天下大同"[③]。我们应该对自身文化所具有的现代意义进行批判性地省

---
① [美]马尔库塞：《审美之维》，广西师范大学出版社2001年版，第16页。
② 转引自[美]马尔库塞《审美之维》，广西师范大学出版社2001年版，第16页。
③ 费孝通：《费孝通论文化与文化自觉》，群言出版社2005年版，第233页。

察，把握其来龙去脉，提炼其精神实质，努力让文化为现实生活提供具有时代前瞻性的精神价值。为此，以下几个方面的努力也许值得我们注意：

第一，文化精神的培育方面，注意保持开放包容、兼收并蓄的文化心态。

文化精神的自觉与人们对自身存在意义的发现息息相关，只有开放包容的外在氛围才能为文化的彼此借鉴提供必要保障。正如木心所说："文化像风，风没有边界，也不需要中心，一有中心就变成旋风了"。多元互动、兼收并蓄的文化心态才会带来精神价值的健康成长。然而，在文化发展的现实进程中，却始终存在着一元对多元、保守对开放的压抑。

现代人主要运用概念思维的抽象推理去把握世界，"而原始人的集体表象则不像我们的概念那样是真正智力过程的结果。它们的组成部分包括了情感的和运动的因素"①。根据法国学者布留尔的分析，原始思维主要服从于"互渗律"，原始人并不排斥思维中的矛盾律，相反，他们运用神化了的形象思维在各种互不相干的物象之间建立起了稳定的互生互变关系，在原始族群中存在着许多世代相承的"集体表象"。在族群内部的文化发展中，后人总在不知不觉间因循着前人的精神信仰与行为方式；另一方面，族群又会主动去限制其成员的文化形象空间。这就使得个体在原始状态下不可能意识到自身的独立存在，更不可能对文化传统持自觉的批判态度。"集体表象"这种原始思维方式意味着个体意识对集体意识和文化传统的绝对服从。

原始思维中的"集体表象"是用神话（化）方式建立起了诸多物象之间的同一性，其中还存在着丰富的感性认知和情感想象。到了以概念推演为主要特征的现代思维中，感性世界的具体差异进一步被抽象思维所整合，物象的杂多被演绎为了观念中的统一性，其中，观念上的"一既是原理和本质，也是原则和本源。从论证和发生意义上讲，多源于一；由于这个本源，多表现为一种整饬有序的多样性"②。

由此可见，在文化发展的历程中，始终伴随着一元对多元、保守对开放的压抑。只有对其保持自觉的批判态度，才能为文化精神的培育提供健康的社会心态。

第二，文化传统的涵养方面，加强传统文化的创造性转化，留住文化记忆的"乡愁"。

一般认为，在传统中国的乡土社会中，人们是按照"老吾老以及人之老，

---

① ［法］布留尔《原始思维》，商务印书馆2009年版，第82页。
② ［德］哈贝马斯：《后形而上学思想》，译林出版社2012年版，第29页。

幼吾幼以及人之幼"①的"差序格局"来建构现实生活中的人伦秩序，以心性之学为核心的儒家学说构成了传统文化的基础。通过将自然情感升华为社会情感，生命中的气质之性也就被教化为了义理之性，儒家以此为基础来建立人文信仰并规范社会秩序。在孟子看来，"口之于味也，目之于色也，耳之于声也，鼻之于臭也，四肢之于安佚也，性也，有命焉，君子不谓性也。仁之于父子也，义之于君臣也，礼之于宾主也，知之于贤者也，圣人之于天道也，命也，有性焉，君子不谓命也"②。自然欲望的满足没有尽头，而且在现实际遇中可能无法完全实现，相反，人应该去主动追求仁、义、礼、智等具有社会文化色彩的精神价值，在此过程中，甚至不能轻易向命运低头。

传统乡土社会是一个由熟人关系组成的超稳定结构，社会成员的内在信仰与外在秩序、个人利益与社会关切之间存在着直接统一性，这为儒家文化的成长提供了社会基础。现代生活是一个充满流动与竞争的动态过程，不仅出现了私人生活领域与社会公共空间的区别，而且，个体之间基于社会地位、职业身份、精神信仰甚至兴趣爱好所形成的分化也越来越深入。在分化与变迁成为主流的历史境遇之下，对个体之间权利义务关系进行明确约定的法律与制度的重要性明显上升。哈贝马斯提出，现代社会出现了体制与生活世界的二元分立。体制是由代表技术理性原则的资本和权力对生活进行整合所形成的结果，它体现为各种社会组织和管理制度。生活世界是人们在平等交往的基础上所形成的意义世界，它表达着人们对于文化价值的自觉追求。

文化生命的展开是一个历史性的过程，"一切已死的先辈们的传统，像梦魇一样纠缠着活人的头脑"③。然而，面对社会生活中的分化与变迁，只有自觉进行传统文化的创造性转化，才能真正留住文化记忆的"乡愁"。

第三，文化景观的设计方面，淡化文化载体的具体所指，力争提供丰富的能指意义群。

根据马尔库塞的分析，资本时代的文化表现出鲜明的"肯定性"特征，这不仅表现为思维领域由技术理性所带来的实证主义的弥漫，而且这种对现实的肯定态度就渗透在它的文化性格之中。这个文化的世界"在根本上不同于日常为生存而斗争的实然世界，然而又可以在不改变任何实际情形的条件下，由每

---

① 杨伯峻：《孟子译注》，中华书局2005年版，第16页。
② 同上书，第333页。
③ 《马克思恩格斯选集》，人民出版社1995年版，第585页。

个个体的'内心'着手而得以实现"①。文化与人们对精神价值的自觉息息相关，正是因为精神的内在价值与外在的社会现实保持了一定的距离，人们甚至可以在恶劣的现实境遇面前极力维护起灵魂的崇高与纯洁。从资本时代的现实境遇来看，灵魂的激情遭受到技术理性与实证规则所带来的压抑，人们逐渐习惯于从精神的幻象中来寻求自我安慰，进而，开始用想象中的幸福来对冲现实生活的苦难。

文化景观承担着为人们提供审美想象空间的社会作用，景观设计与布局以一定的文化载体为中心来展开。如果文化载体仅仅为人们指示出单一的意义，那么，个体在其中获得的情感认同必定是非常有限的。景观设计应该力求将文化载体塑造成一种象征的存在，进而，让其为个体展现丰富的能指意义群，使个体在欣赏中能够主动获得情感的升华与精神的自由。

第四，文化产品的提供方面，借助文化生活中的公共性批判，提升文化产品的公共性品格。

无论对于民族文化传统来说，还是对于个体精神生活而言，文化生命的展开都是一个社会历史的过程。刘勰在《文心雕龙》中指出，"时运交移，质文代变"，"歌谣文理，与世推移"。在历史哲学家兰克看来，每一个历史时代虽然具有其独特的意义，但是它所展现出的不过是同一人类精神的不同侧面，"它的价值并不依赖于它所产生的结局，而是依赖于它的存在本身，依赖于它内在的自我"②。也正是基于对人类精神生活的积极信仰，黑格尔才首次将社会历史的现实过程展示为了理性进步的逻辑进程。在此，人们可以用灵魂的崇高、精神的伟大、理性的进步等积极的价值来评判和塑造我们的文化生命。

但是另一方面，"理论是灰色的，生命之树常青"，在社会生活的现实进程中，始终存在着主流价值观与社会心理的对接、民族大传统与文化小传统的互动，普遍性愿望与特殊性诉求的生成等辩证议题。这提醒我们在文化产品的提供方面，应该主动发挥公共性批判的作用，通过提升文化产品的公共性品格来达成文化生活中的最大公约数，以此来接续我们的文化生命，使文化真正起到对时代进行有效引领的积极作用。

（作者为天津师范大学马克思主义学院讲师）

---

① ［美］马尔库塞：《审美之维》，广西师范大学出版社2001年版，第7页。
② 转引自［美］马尔库塞《审美之维》，广西师范大学出版社2001年版，第23页。

九、城市文化泛娱乐发展
——以电影为例

杨致顺

【摘 要】 电影与城市存在着密不可分的关系,彼此依靠,互为镜像。在"泛娱乐"一词迅速席卷互联网的大背景下,电影要作为城市文化发展的媒介,将传统文化变为文化传统。北京的泛娱乐产业具有先天的文化发展基因优势,其未来发展要充分利用电影作为媒介,以现代性为纽带,推动城市文化的泛娱乐产业发展。

【关键词】 泛娱乐;电影;北京;城市文化

一、概念

"泛娱乐"一词于2014年年初被收录进文化部的产业报告之中,从此,"泛娱乐"便迅速成为席卷互联网发展中的一大浪潮,其中尤以IP(Intellectual Property,知识产权)井喷现象表现得最为突出。无论是电影IP、游戏IP,还是歌曲、自制剧、工具书等IP,竞相涌现、各放异彩,这令当下的内容产业显得异常发达。

所谓泛娱乐,是指基于移动互联网的大背景,通过技术手段,实现多领域的跨界连接。而IP则是实现这一过程的核心元素,一本书、一部电影、一首歌、一段视频都可以成为一个IP,而通过这个IP,打通众多领域之间的壁垒,实现连接一切则是泛娱乐的终极目标。

为什么要实现跨界联合呢？其原始动因是大数据这种隐性资产通过各领域之间的跨界，实现数字价值的变现。①

"泛娱乐"是充满想象力的创意性产业，在浓厚的"想象就是生产力"的"创意者经济"氛围中，应用博物学视野，观察、判断、分类、梳理城市文化发展的脉络。泛娱乐化实践带来了 OSMU② 的大爆发，给广大的中国文创作者带来发展契机，提供了一个很好的产业生态载体。随着泛娱乐的进一步深化发展，这一产业生态将进一步影响城市文化发展和执政管理体系，并可实现"输血"变"造血"的业态。

二、城市与电影

电影表现了城市，城市也成就了电影。在这个城市与电影密不可分的年代，借用城市文化发展电影中的城市，泛娱乐手段是城市文化传播的有效手段之一。同时也将城市提炼出一个独有的文化符号圣地。

城市是工业革命的产物，是人类社会走向现代文明的标志。城市化与工业化、现代化结伴而行，为人类社会带来了迥异于农业社会的生活方式和生存体验。从某种意义看，城市更多是一个空间的概念，而乡村更多具备时间层面的意义。在乡村，视野是开阔的，是不被遮挡的，人们生活在能够一览无余的环境中。人际空间与实质空间密切相关，俨然是一个整体。人与人之间的关系清晰明了、彼此熟知。在时间中积聚而成的传统、风俗成为生活的核心。人们之间的认同感高。

城市因工业生产、贸易发展而形成，联结人们的纽带不再是乡土社会的地缘、亲缘，更多是生产、消费链条上的相互依靠，城市中细致的分工体现在空间的分割与占有。高楼大厦是城市特有的景观，也是分隔城市空间的栅栏。它们遮挡住了人们的视线，使得城市有了迷宫的特征，也带来了人与人之间关系的改变。相对乡村而言，城市中人们的生活空间也许更靠近了，但在社会空间上却与他人距离甚远。过去那个完整的世界已不再有连贯性和整体感。当社会与实质的世界不再有同一界限时，便产生了一种新的虚拟或幽灵性存在，此即

---

① 韩布伟：《泛娱乐战略：开启互联网+时代》，北方妇女儿童出版社2016年版，前言页。

② OSMU，英文 One Source Multi-Use 的缩写，意思是一个来源，多个用途。

陌生人的特征之一。于是，陌生人的暧昧代表了现代人的暧昧本质，时间和空间都不再安定和稳固。以波特莱尔的话来说，现代性的经验即是"暂时的、闪逝的、偶然的"，这便是现代性导致时空分裂后所产生的效应。现代都市便是陌生人所体验的世界，这个世界充满了陌生人，形成一股强大的疏远感。电影的虚拟存在便是在这样的世界里立足。

在一个国家现代化进程中，城市化是最为关键的一个阶段。城市化所带来的人们生活空间的变化与拓展及引发的人们思想观念的诸多变化，都是一个社会成长的记忆。也许纷繁诡异、也许泥沙俱下，城市化带来的不止是现代化美好的前景，更多的是成长过程的阵痛、迷惘甚至绝望。

电影是城市工业发展的产物。城市是电影生长的土壤，同时也是电影观察、注视的对象。城市与电影，一个层次丰富、色彩斑斓的空间；一个捕捉光影、具有穿透力的视听媒介，彼此依靠，互为镜像。

电影作为一种文化载体介质形式，它引领都市时尚、传递主流意识形态认可的价值观念、凝聚人们的身份认同。更为重要的是，作为一种大众传播媒介，电影见证、记录了城市的成长。城市独有的多变、斑斓的空间恰好也符合电影作为时空艺术的本质需求。电影对城市的记录与想象又促成人们对生活于其间的城市的重新认识。在某种意义上，城市是经电影塑造而成的环境。因此可以说，作为艺术、工业、媒介的电影是都市文化重要的组成部分并在某种程度上影响着都市文化的风貌与进程，也是人们认识、理解居住的城市以及形塑历史、文化和身份认同的众多语言之一。

基于以上对电影与城市及其关系的基本认识，探讨电影与城市研究的两个方面。电影与城市在空间维度上汇聚，关于二者的研究注定也首先聚焦于此。这里首先谈的空间是城市物质空间，包括建筑及建筑分割而成的空间，如高楼大厦、车站、街道、角落等，也包括地铁、博物馆、游乐场、夜总会等具有流动性质的公共场所。这两类空间所指虽然宽泛，但在影片中都决不仅仅是背景而已。它们成为参与叙事的力量，渲染一种情绪，或营造一种氛围。这是因为它们不仅构成了城市，同时也成为城市记忆的最重要的载体。

三、泛娱乐的范例

"电影是文化产品全球化传播的一部分，同时也是通过视觉和故事叙事表现全球化的"。①

一部电影是否能改变一个国家，新西兰的成功案例给出了肯定的回答。电影用它的特有魔力改变了新西兰。

位于南太平洋的新西兰只有400万人口，在2005年之前，民众只知道那里盛产可爱的绵羊和美味的奇异果，但自从《魔戒》（The Lord of the Rings）全球大卖后，政府积极发展电影产业，并以此为卖点，推广旅游业。新西兰的原始天然美景成为电影取景的好地方，其先进的后期制作，也吸引全球电影从业者，以数年时间打造了一个电影强国。于是，我们便知道，新西兰还是个旅游胜地。

电影中美丽的自然风光，神秘的奇幻旅程，吸引了无数人的目光，为此来到新西兰旅游的游客人数大增。一项调查显示，到新西兰旅游的人差不多10%都是专程为了看《魔戒：护戒使者》（The Lord of the Rings: The Fellowship of the Ring）拍摄地而来的。政府为庆祝《魔戒》的首映，还一度把首都惠灵顿改名为"中土"，游客仿佛真的置身于"中土世界"。

2004年美国奥斯卡颁奖礼上，《魔戒：国王归来》（The Lord of the Rings: The Return of the King）成为最大赢家，囊括了11个奖项。新西兰借此机会，大展拳脚发展旅游业，大发"魔戒财"。开放了影片中出现的美丽城镇，制造魔戒相关的宣传品，街道上随处可见电影中的角色造型。打造魔戒旅游路线，带领游客进入"魔戒"的奇幻世界。给游客一种"这简直就是在电影中"的感觉。

新西兰被称作"活的地形教室"，火山、冰河、森林、海滩、峭壁、沙漠、沼泽四处可见，也是因为电影，让新西兰的观光业首先达到高峰，运用电影《魔戒》向全世界营销新西兰，将自身定位成"魔戒之国"，打造一个电影的"中土世界"。虽然位处偏远的南半球，可是2008年，前往观光的游客就高达239万人次，超过新西兰人口的一半。

而自从《魔戒》之后，吸引了拍摄《末代武士》、《纳尼亚传奇》、《金刚》等影片的全球各大电影公司，纷纷前往拍片、制片，使新西兰电影工业的产值从1999年的3亿新西兰元（约1.7亿美元）一路成长到2005年的5.96亿新西兰元。

---

① ［美］芭芭拉·门奈尔：（Barbara Mennel）《城市和电影》，江苏凤凰教育出版社2016年版，第198页。

2017年5月，新西兰经济发展部部长西蒙·布里奇斯与艺术、文化和遗产部部长玛吉·巴里在一份联合声明中表示，新西兰政府将拨款3.039亿新西兰元（约合2.08亿美元）用于新西兰影视片制作和国际合作。根据计划，新西兰政府将在今后四年投资2.22亿新西兰元，用于推动海外制片方来新西兰制作影视作品，同时还将拨款6390万新西兰元用于国内影视制作。

据《北京商报》报道：2014年至今，电影产业为新西兰创造了2.47万个岗位，带动1.4万人次就业，每年给新西兰带来33亿新西兰元收入。

迪士尼皮克斯动画电影《汽车总动员2》（Cars 2）虽然没有了第一部的创意与深度，走的却是国际化的大格局，主角"闪电麦昆"（Lightning McQueen）要在5个国家参加拉力赛，开始借汽车赛事串联日本东京、意大利罗马等5个城市。不仅给5个国家的城市做了宣传，也将国际品牌整合到影片中，真正从娃娃开始建立城市美誉度和品牌汽车的影响力。

从《蓝色生死恋》、《浪漫满屋》，到《大长今》、《我的女孩》，韩剧吸引了众多的观看者。据调查统计，电视剧《百万朵玫瑰》里面一集中出现现代轿车11次，LG家电9次，韩国饮食6次，韩国民族服装10次。韩国在拍摄这些电视剧时称："只要中国的电视台同意播就行，哪怕我们出钱！"

紧跟着韩剧的步伐，韩国音乐也迈向了国际市场。为了占据中国更广泛的市场，韩国打包出口歌手，即歌手以组合形式出现。最先为人们知道是HOT、NRG的元老级组合，成功地打开了中国市场，成为宣传"韩流"音乐的功勋。此后，韩国歌手大举进军国际市场，并取得了很好的成绩。

在韩剧和韩国音乐的国际宣传中，韩国综艺扮演了不可缺少的角色。2005年的名牌综艺《X-man》和《情书》，成功地将韩国综艺带入全世界人们的视线。如今为了满足更多观众的口味需求，推出了《我们结婚了》、《三天两夜》、《Running Man》等新式综艺。大量网民通过网络观看韩国综艺节目，甚至出现多个专门翻译这些热门综艺节目的论坛。通过综艺节目，更多的人直观地感受到了韩国的国家魅力和风土人情。

在对外的过程中，"韩流"很好地向世界宣传了韩国，吸引更多的人来到韩国，了解韩国，更大大增加了韩国的娱乐文化收入，也带动了旅游、制造、服装、化妆品等行业的发展。美丽的男女主人公的约会地点，成为人们想去的旅游地；画面里的漂亮服饰，吸引了爱美女性的视线；打造完美容颜的化妆品，成为众多年轻人的选择。

反之，韩剧和韩国音乐知名度的扩大，也提升了韩国综艺的关注度。

韩国政府利用"韩流"更广泛地进军国际市场。"韩流"的威力如此之猛，正悄悄渗透到更多的国家。完成了从"开发期"到"开花期"的转换过程。

2012年年末中国拍摄的电影《泰囧》上映后为泰国旅游增量30%。泰国总理为此接见了导演徐峥。

2013年中国拍摄的电影《北京遇上西雅图》上映后，马上就激活了西雅图衰落的旅游业，慕名来西雅图的中国游客狂增30%。西雅图市市长赠送了一把金钥匙给薛晓路导演作为感谢。骆家辉卸任驻中国大使时也赠送了一把金钥匙给薛晓路导演。

2016年国产电影《北京遇上西雅图之不二情书》又继续上映……

众所周知，这部影片90%是在加拿大的温哥华拍摄的，却把美国的西雅图市炒红了。为此，加拿大政府强烈要求，薛晓路导演必须在西雅图拍个片子，把温哥华市也炒红了（在温哥华市为城市推广享有拍摄电影退款50%的政策）。

据说薛晓路导演已经成了城市旅游推广大使的最佳人选，美国其他城市也纷纷发来贺电，希望以后拍电影也把他们城市的名称带上，比如"旧金山遇上贵阳"、"上海遇上纽约"、"昆明遇上洛杉矶"……

2017年4月28日，反腐剧《人民的名义》大结局，根据央视-索福瑞（CSM）公布的数据，单集收视率破80%，创下近10年来国产电视剧的收视最高记录。

电视剧的火爆也带动了图书的热销，在电视剧热播之时，很多实体书店和网店都出现了断货的现象。作者兼编剧周梅森接受记者采访时说，书每天卖出10万册。《人民的名义》纸质图书先后印刷7次，以10天突破100万册的速度，累计发行达138.3万册。电子书点击破5亿，有声书的收听量也突破了2000万。

《人民的名义》95%以上的场景都是在南京拍摄的。随着该剧走红，南京这座城市也成了"网红"旅游地。驴妈妈、携程等多家旅游企业的网络大数据显示，4月，南京游意外爆红。而这正与热播电视剧《人民的名义》带来的"蝴蝶效应"有关。眼尖儿的网友发现：剧中"汉东省人民检察院"其实是"东南大学四牌楼校区的大礼堂"，"国家某部委"其实是"南京航空航天大学"，"沙书记"和"达康书记"骑车逛的"林城开发区"实际上是青奥滨江公园……此外，大报恩寺、双子塔、金奥大厦、新街口等南京地标也在剧中频繁露脸。

一部普通的中国电影，拉动了泰国、美国城市的旅游产业。这就是最好的城市文化泛娱乐化案例。

如果每个城市的文化发展都能够用电影来推广，用电影的特殊传播渠道以及高于文字记忆三万倍的影像，则可以将区域文化发展转换为"城市文化智慧发展"。而这种城市文化智慧发展则是在城市GDP不发生变化的状况下得到提升，并可拉动城市周边实体经济的发展。

四、北京与中国的泛娱乐产业

2017年5月7日，中共中央办公厅、国务院办公厅印发的《国家"十三五"时期文化发展改革规划纲要》强调了坚持创新发展、坚持协调发展、坚持绿色发展、坚持开放发展、坚持共享发展。

创新、协调、绿色、开放、共享五个坚持是《国家"十三五"时期文化发展改革规划纲要》的灵魂，也是"国家文化五行"的运行规律。

任何城市文化发展应在政策指导下，以人为中心，创意为魂、市场为导向，按照智能时代的实效性、差异性、关联性、持续性规律，才能顺应文化消费和城市文化发展的需求和变化，繁荣创意者经济。

2011年北京向世界提出了"爱国、创新、包容、厚德"的北京精神。

城市精神是一座城市的灵魂，是一种文明素养，是一种生活信念，是一个城市文化建设与守护者都认同的精神价值与共同追求。

北京的文化基因里先天的三个序列：历史悠久、多元融合、世界名城。在文化传承的脉络上，有两条清晰的轨迹：一是相应的文化含量，二是相应的投入能力。

"文化含量"其实不成为实质性问题，因为历史文化、地域文化以及现实文化生活的需要，都可以成为文化地标的文化依据。

那么在未来，北京这座特殊的区域文化和国家文化典范，有哪些**可为之策**？

2017年4月26日北京市政府常务会议审议通过《关于培育扩大服务消费优化升级商品消费的实施意见》，宣布北京将从23个方面、用48条具体措施推动消费市场完善和升级。

电影作为综合性、个性化媒介载体，小到可以满足民众日常娱乐，大到可以改变国家政策。一部优秀的电影，能改变一个人的心智，改变一个人的观念，甚至还能改变民众的生活方式。

以后到了周末，市民不用再宅在家，市区、郊区都有服务周到的特色度假小镇供民众消磨时光。北京将培育更丰富的消费市场，让老人得到更好的护理，年轻人能参与更多的体育活动，游客也可有更美好的体验。

传统的消费观念只有花钱买回来一个物件，才叫消费。但在未来，"服务消费"将成北京消费市场的主导力量。

城市的细胞是家庭，国家统计局的数据显示，2016年我国国内生产总值（GDP）744,127亿元，年末中国总人口138,271万人，按此计算，2016年我国人均GDP达到了53,817元。

合家欢题材电影被好莱坞当成产品占据了80%的市场份额，欧洲将合家欢题材当成艺术包揽了80%的艺术奖项。

北京有近三千家影视公司，城市电影题材研究的还不够。而北京文化发展研究院作为研究机构已开始接受专业人士的提案。

2017年2月7日，艺恩网发布的业内首份《金融与泛娱乐产业融合白皮书》指出：近年来，在金融资本和互联网的助推下，泛娱乐产业迎来黄金发展期，影视剧作、动漫、游戏等多业态的创新融合成为行业热点，吸引了大批金融资本进入泛娱乐产业。

数据显示，至2016年年底，泛娱乐产业整体规模突破5000亿元，泛娱乐内容的消费用户已达10亿人次。泛娱乐产业市场规模增长迅速，各业态互动频繁，用户越来越愿意为优质的内容付费。巨大的市场空间吸引各路资本纷纷布局，既有金融企业加入泛娱乐赛道，也有BAT等互联网企业尝试全产业链布局。特别是金融业与泛娱乐领域的融合中不乏各类新颖且颇见成效的手段。2016年，各类文化产业基金全年募资额较2015年增长27%，大量文娱游戏类基金涌现，影视众筹平台超50家。另有新兴业务——如完片担保和票房结算——推出，将进一步促进中国影视制片管理工业化。

城市文化泛娱乐应顺应智能时代的功效、规律、方法和兴趣点。中国的数字内容产业已经实现了持续十多年的快速发展，"泛娱乐"等中国特色的数字内容产业生态初步形成。与国外不同，中国做泛娱乐最大的优势，就是一切基于互联网。过去30多年是中国制造，未来30多年会走向中国创造。①

国家统计局数据显示：2016年上半年，文化及相关产业企业营收达到3.6

---

① 马化腾：《泛娱乐全新理论表达 文创产业步入创意者经济时代》，网络：2017年3月28日 http://game.people.com.cn/n1/2017/0328/c210053-29174667.html。

万亿元,其中以"互联网+"为主要形式的文化信息传播服务业态上企业营收达到2,502亿元,同比增长19.7%,是文化及相关产业10个行业中增长最快的。

一个城市就是一个大IP的"源代码"。用OSMU+PGC+OGC+UGC①将城市文化产品的属性模式运营则是城市文化泛娱乐发展的新领域。

中国城市化进程以30年的时间走完了西方200年的路程,成就令世界瞩目。但城市社会问题也会越来越多。这里有传统遗留的问题也有城市化引发所激化的问题。②如何将传统文化变为文化传统则是城市文化发展所应创新和引导的问题。

"联结城市化和电影的纽带是现代性。在全球化进程中城市电影历经的种种变迁,城市从国内电影里的一个符号发展成为国际合作影片中的圣地"。③

2017年3月1日《中华人民共和国公共文化服务保障法》对公共文化服务责任主体、服务目的、服务内容等基本概念做出了明确的法律界定。

"讨论国家中城市的形象,电影的比较可以概括出城市的特征,在社会历史变化的背景下比较和解读电影,同时思考其表现社会现实的电影风格变化。跨学科研究方法有助于搞清电影的变化是否反映社会变化和视觉文化的变化,以及这种变化对于表现国家的'想象社区'起到的作用"。④

"此外,还有一部分着重表现了特殊的城市电影空间,一个学术项目,可以追索电影提出的问题,也可以大胆尝试电影未能触及的方面。可以从一个不同的视角,既适用于电影,也更广泛地适用于表现城市,城市空间以及社会现实的艺术形象,分析电影制造幻象的技巧会毁掉电影带给观众的简单快乐,但这么做也会有回报,那就是城市和电影共生关系中从一开始就具有了智慧所带来的快乐"。⑤

---

① PGC,Professionally-generated Content的简称,意思是专业生产内容,也称PPC,Professionally-produced Content;OGC,Occupationally-generated Content的简称,意思是职业生产内容;UGC,User-generated Content的简称,意思是用户生产内容,也称UCC,User-created Content。

② [美]芭芭拉·门奈尔:(Barbara Mennel)《城市和电影》,江苏凤凰教育出版社2016年版,出版说明页。

③ 同上书,自述页。

④ 同上书,第216页。

⑤ 同上书,217-219页。

五、泛娱乐在中国

"电影与城市之间的关系构成了电影史上最富有意味的话题之一。城市电影不仅记录和反映着城市生活,同时也影响和塑造着以现代城市为标志的新的文化空间和社会关系"。①城市文化发展应寻找电影对于城市的想象、人文建构和表达的视角。

在"泛娱乐"系统布局中,电影以兼容性、扩展性、全球性和大体量的特性强势生长。如笔者在与意大利前威尼斯电影节主席马可·穆勒(Marco Muller)一次会晤中所产生的电影故事创意,"从馅饼讲到了披萨",用故事叙述手法将历史、人文、地理用电影产业思维带动了实体经济的发展,并有效地用北京饮食文化与意大利饮食文化结合,推广了两个城市文化发展。

古人云:不谋万世者无以谋一时,不谋天下者无以谋一域。在2017年5月14日到15日召开的"一带一路"国际合作高峰论坛证明,"一带一路"从倡议到行动,成果丰硕,在国际上赢得广泛赞誉。100多个国家和国际组织积极响应,中国已与"一带一路"65个国家签订政府间文化交流协定……

电影的价值在电影之外,如果将我们的"电影外交官"乘上"文化高铁"借一带一路之势驶向65个国家,则可实现中国"文化星火,燎原全球"的愿景。

(作者为制作人、声尚传媒广告有限公司执行董事)

---

① 陈晓云:《电影城市:中国电影与城市文化》(1990-2007),中国电影出版社2008年版,封面页提示语。

历 史 篇

一、中国文化中心的演变及其历史启示

杨 志

【摘 要】 本文以中国史料为基础，考察中国文化中心发展演变的基本规律，认为在人类发展的历史长河中始终都存在着"文化中心"与"文化边缘"这样一种张力结构，从而导致文化中心的出现以及文化中心的转移成为人类史的必然现象。论文从生态、经济和政治等角度切入，剖析了中国历史上文化中心变迁的影响因素，进而探讨了"中心"与"边缘"的嬗变模式。

【关键词】 文化中心；文化边缘；演变规律；嬗变模式

一、文化中心的变迁

所谓文化，是人类在征服自然、创造社会与改造自我的漫长历史实践中逐渐发展起来的生产方式及上层建筑的关系总和。它是由人类共同创造，同时又对人类产生了巨大反作用，对人类生活及其性格具有重大影响的精神符号系统。因此，有学者把它区分为如下三个层面：（1）生产、生活样式。包括饮食、服饰、舟车、工具、武器和其他一切人工制品，即物质文化。（2）行为方式。包括社会组织、礼仪制度、政治体制、法律形式、伦理道德、风俗习惯等规范文化。（3）智能和精神系统。包括思想、观念、意识、情感、宗教、信仰、科学、技术、知识、文学、艺术等，即精神文化。上述三个层面互相涵盖，又互相影响，共同构成了一个密不可分的有机整体。

从人类发展的历史来看，文化发展从来都是不均衡、不充分的，世界各地同时达到相同文化水准的情况出现从未见诸历史。任何一种文明或者任何一种文化，往往都是首先起源于某一个局部领域，在这一区域达到顶峰，再逐渐向其他区域扩散。也就是说，在人类发展的历史长河中始终都存在着"文化中心"与"文化边缘"这样一种张力结构。一般而言，所谓"文化中心"，往往是某一文化所覆盖的地区中人口最密集、经济最发达、军事最强大的局部区域，往往就是这一文化的政治中心。它经常体现为一个超大规模城市（如中国的长安、洛阳），也可能是一批发达城邦（如古希腊城邦同盟），文化边缘地区则为环绕它们展开的次文化发达地区。

与此同时，人类发展的历程还表明，文化中心从来都不是稳定不变的，而是始终处在一种逐渐变迁的动态进程之中。任何一种文化，随着其内部的发展变化，原有的文化中心在经历过了一段时期的鼎盛期，随着它把自身的文化成果向四周辐射之后，就会因为种种因素而逐渐衰落，失去了文化优势，最后丧失了作为文化中心的位置。这时候，文化中心就会逐渐从一个地域转移到另一个地方，从一座大城市转移到另一座大城市。当然，文化中心的变迁是一种非常复杂的社会现象，这样一种变迁之所以发生，往往不只是来自于文化内部，而更多是环境、经济及政治等因素共同作用的结果。反之，文化中心的变迁也会对于这一文化的政治、经济和环境发生重大影响。一个结果是，原有的文化中心让位于另一个新的文化中心，并在这一新的中心上形成了新的"中心"和"边缘"结构，重演上述这样一种文化中心的迁移现象。

文化中心的出现以及文化中心的转移，都是必然的，人类5000年的文明史里从未出现过哪怕是一个永恒不变的文化中心，不管是对于中国而言，还是对世界而言，都是如此。纵观中国历史，我们的文化中心大致经历了由西向东、由北向南几次较大规模的迁移，几经变迁，最后定于北京。即使在定都北京后的七八百年间，中国文化中心也有多次变更，并不是完全稳定不变的。因此，考察这样一种文化中心的迁移，不但对我们理解中国文化有重大意义，而且对我们理解人类文化的发展，同样也有重大的借鉴意义。正如有学者所指出的："文化的发展是以文化的转移为其途径的，没有文化的转移就没有文化的发展。所以，转移是发展中的转移，发展是转移中的发展，二者不能割裂。一部人类文化发展史，就是文化方向、文化性质、文化类型、文化中心不断发生转移的历史……从人类文化史上可以看到，凡是不断发生生产活动方式转移的地区，其文化就能不断获得发展。"①本篇即尝试以中国史料为基础，考察中国文化中心发展演变的基本规律。

二、文化中心变迁的影响因素

（一）生态

纵观中国历史，导致文化中心变迁的最重要同时也最不易直接感知的因素，是生态因素。在中国历史上，文化中心往往同时也是政治中心和经济中心的"三位一体"。这样导致的结果是——在文化中心的狭小区域里，往往集中了大量密集人口，并且始终持续着快速膨胀的趋势，最后导致文化中心的人口密度远远高于文化边缘的人口密度，加剧了这一地区的资源压力和环境压力，导致了住宅困难、交通拥挤、环境恶化等一系列社会问题。这就是英国人口学家马尔萨斯所提出的"马尔萨斯问题"，其导致的矛盾最后往往以战争或者饥荒等方式凸显，因而其背后问题反倒不为人注意。

最典型的例子是古代著名的文化中心都城长安，也就是今日的西安。它地处黄河流域，在唐代以前，长安一带区域，气候温和，雨量适中，四季分明，非常适合农作物生长，再加上依山傍水，四面沃野，在发展农业方面具有极大优势，因而成为中华文明的重要发源地。正因于此，历史上先后有十几个王朝在长安建都，时间长达千年。但是，随着人口的膨胀以及漫长时间的垦殖，黄河流域的生态环境遭到严重破坏，森林尽毁，水土流失，逐渐变成了今日的黄土高原，原有的生态优势不复存在。几百年乃至上千年的生态破坏，其实是中国文化中心向东南移动的关键原因。有学者在研究唐代生态的变化历程时这样指出："唐代是中国历史上另一个温暖湿润的时期，一般来讲，温暖湿润的气候总是与自然灾害较少关联的，然而在唐代这个最繁荣的时期，随着城市的建设和发展，关中的水旱灾害却大大增加。……森林毁坏使得水土流失变得严重，致使耕地变得贫瘠，沟壑增加，河水中泥沙含量加大，又导致黄河容易决口，淹没良田，造成土地盐碱化和沙化，形成恶性循环，导致生态体系脆弱，一触即溃。在这样的背景下，关中地区的经济日益衰落，使唐朝抵御北方游牧民族的力量大大削弱，最后终于将河山拱手与人，形成五代十国时期北方少数

---

① 韩民青：《文化的转移》，《中国社会科学》，1995年第11期。

民族不断入主中原的局面。"①由此可见生态对于文化中心的巨大影响。

（二）经济

从人类历史上看，所有文化中心都处于经济发达地区，即当时社会生产力以及生产方式最先进的地区，古今中外概莫能外。在农业社会时代，最早兴起的、分布于亚非大陆的四大文化中心如埃及、巴比伦、印度及中国，都是农业经济最发达的区域。随着工业社会的兴起，世界文化中心才逐渐转向欧美，更准确说是转移到地中海，再转移到西欧，最后转移到北美大陆。当前，随着互联网的蓬勃兴起，后工业社会必将重塑一批新的世界文化中心，其未来发展值得我们拭目以待。

中国的文化中心变迁大致经历了一个从黄河流域转移到长江流域的缓慢南移和东移的过程。秦汉以前，中国的经济重心向来在北方，政治中心与军事中心也相应集中于北方。从总体文化水平而言，长江流域远远不及黄河流域，但是，进入魏晋南北朝以后，因为北方不断战乱，少数民族趁机内侵，战乱不断，北方经济由此遭受重创，近百万人被迫移民南下，带走了大量人口，也带走了先进的农耕技术，促进了长江流域的开发。南方的人口和文化由此获得爆发性发展，逐渐形成了一个可跟北方匹敌的长江流域经济地带。到了隋代，隋炀帝开凿大运河，进一步促进了江南经济的发展。隋代末期爆发了大规模农民战争，严重破坏了黄河流域的经济，长江流域不但不受影响，反因大运河之建成而进一步的成长壮大。唐代爆发的安史之乱，再次重创了黄河流域。有学者统计，当时黄河流域10万户以上的府州的人户（主要是今河北、河南、山西、陕西等省）都有大幅度下降，河南府一带竟然下降了91%，大量北方人迁往基本未受波及的长江流域避难。其结果是长江流域的经济逐渐发展，超过黄河流域，使文化中心的南移再也不可逆转。由此可见，经济也是文化中心变迁的重要因素。

（三）政治

中国社会不同于古希腊社会的一个特点，是中央集权的高度发达。古希腊社会属于城邦社会，大大小小的城邦星罗棋布，各自独立，不相统属，它们的文化中心即最富裕的城邦，比如雅典、斯巴达。中国社会则不同，向来以中央集权为政治标准模型，所以经济中心与政治中心、文化中心往往"三位一

---

① 王颜：《论唐代关中地区农业开发与生态环境的关系》，《咸阳师范学院学报》，2014年第5期。

体",政治中心必然发展成为文化中心,因而文化中心往往就是首都,两者基本上是同构关系。据《史记·儒林列传》:"闻三代之道,乡里有教,夏曰校,殷曰序,周曰庠。其劝善也,显之朝廷;其惩恶也,加之刑罚。故教化之行也,建首善自京师始,由内及外。"可见劝善和教化很早既是政治中心的责任,也是文化中心的责任,两者基本上是二合一的。这样导致的一个现象是文化中心会随着朝代的灭亡而变更。比如,商代的文化中心集中于今山东、河南两省的大部及苏、皖北部。西周灭商以后,其都城镐京所在的关中地区便取而代之,成为新的文化中心。现存《尚书》中的《周书》、《诗经》中的《周颂》和《大雅》、《小雅》基本上多产生于这一地区;许多著名的西周青铜器也多出土于此。另一个现象则是中央政府逐渐汲取地方文化资源及人才,成为地方无法匹敌的文化中心。比如西汉初年,因为建立了分封制,文化中心主要集中于吴、梁、淮南等诸侯王国,以东部地区为盛。但是,随着中央集权制的形成,尤其是景帝时吴楚七国叛乱的被削平,诸侯王国势力削弱,而汉武帝即位后一方面大力提倡儒学,另一方面又酷嗜辞赋等文艺作品,招致各地学者、文人,导致四方士人从地方逐渐流向京城长安所在的关中地区。最后,长安发展成为全国文化中心,而原有的地方性文化中心逐渐衰落,再也无法跟中央政府匹敌。①

综上所述,我们可以得到如下结论:文化中心的发展变迁,间接受环境的制约,直接受政治与经济的影响。虽然文化中心的变迁还存在着其他复杂因素,但以上三种因素最重要也最具决定性。

三、"中心"与"边缘"的嬗变模式

如前所述,中国文化的"中心"与"边缘"始终处在一种不断生长变化的动态之中,文化内部的各个区域之间始终在不断参照,互相交流。这样一种动态结构,客观上是有利于中国文化的辐射传播以及发展壮大的。所谓边缘文化,是"相对于核心文化与主干文化而言,指受占居支配地位的价值体系影响相对薄弱,乃至对这一价值体系表现某种疏远或离异倾向的文化区域、文化活动、文化事业、文化人以及相应的文化产品。边缘文化和核心文化、主干文化

---

① 曹道衡:《东汉文化中心的东移及东晋南北朝南北学术文艺的差别》,《文学遗产》,2006年第5期。

为同质文化，而不是异质文化。但是，在特定文化体中，它终究是变异性最强、离心力最为活跃，而排他性较弱、与异质文化交流最为容易的部分。"①两者关系，其实比较复杂，有学者指出："在多种文化共存的对话场景中，中心文化所表现出来的主导性和影响力形成了一种强大的吸引/排斥态势。一方面中心文化极大地影响和吸引着其他文化；另一方面中心文化自然成为一种评估和判断其他文化的模式，正是这种模式的存在自觉或不自觉地造成了中心文化对其他文化的强迫态势，造成了其他文化的边缘化。伴随着这一过程，便形成了边缘社会文化与中心社会文化之间复杂的互动关系。"②

概括起来，"中心"与"边缘"的嬗变主要具有如下三种模式：

（一）战争模式

战争对于经济的残酷破坏，以及逼迫大量农民南迁，向来是中国文化中心变迁的重要原因。如同世界上其他文化一样，在中国历朝历代，战争都是改变这份土地的重要力量。局部性的战争，影响不大，但大规模战争不可避免对一个文化中心的兴衰具有重大影响。在春秋战国时期，诸侯国的战争此起彼伏，各大诸侯国的衰落直接意味着它所扶持的文化中心之衰落。从秦朝末年到楚汉战争时期，黄河流域相继爆发了三次大规模战乱，作为主战场的北方黄河流域，生产破坏，经济萧条，田野荒芜，饿殍遍野，大量残存者涌向暂未受到战乱波及的长江流域，北方人口仅存秦时三分之一。其结果是大批文化中心沦为一片废墟。

如果说上述战乱只是使得朝代更替的话，那在中国历史上绵延两千年之久的农耕民族与游牧民族之间的战争，影响更为剧烈。西周时期，首都镐京是当时的文化中心，而东方的鲁国只是一个地区性的文化中心。但因犬戎入侵，西周覆亡，周平王被迫东迁，西周国势大衰，原本只是次要文化中心的鲁国，一跃成为全国文化中心。南北朝时期以下，北方游牧民族又多次大规模南下，从魏晋时期的"永嘉之乱"到满洲入关，农耕文化屡屡遭受毁灭打击，既导致了许多文化中心的衰亡，又导致了新的文化中心的兴起。比如，西晋末年的"永嘉之乱"后，中原地区元气大伤，社会经济、文化事业遭到毁灭性破坏，作为

---

① 姜义华：《上海：近代中国新文化中心地位的形成及其变迁——兼论边缘文化的积聚及其效应》，《学术月刊》，2001年第11期。
② 陈煦、郭虹：《次生模式：边缘-中心文化互动的理论研究》，《中共四川省委党校学报》，2005年第1期。

文化中心的洛阳和长安先后沦为废墟。但与此同时，僻居一隅的河西地区因战乱较少，反倒保持着浓郁的文化氛围，暂时取代了中原，成为了北中国的文化中心。①

此种因战乱而导致原有文化中心衰落，新的文化中心崛起之现象，即使到了现代仍然没有太大改变。抗日战争时期，因为日本的入侵，原来分布于北京、上海和广州三大文化中心的资源和人才西迁，桂林、重庆、成都等地发展成为新的文化中心，据陈残云回忆："抗战以前，全国的文化重心在上海和北京，其他地区较为薄弱，广东新文化不很发达，在新文学运动中留下的作品不多，大革命时期活跃过一阵子，后来就日渐沉寂下来。抗战爆发以后，特别是上海沦陷，大批文化人涌到广州；广州沦陷后，他们又纷纷转移到香港、韶关或桂林……这期间，我们与南来的作家接触多了，发展新文艺的局面逐渐打开。"②

（二）迁都模式

如前所述，在中国历史上，文化中心实为都城的代名词，文化中心的迁移往往也就是都城的迁移。因此这就出现了中国历史上一个比较独特的文化现象，那就是迁都往往能带动一个地区的文化发展，甚至发展成为文化中心。纵观历史，成为首都也就是文化中心的城市，几乎遍布整个国土：夏朝的阳城、帝丘，商朝的商丘、安阳，周朝的丰京、镐京，战国齐的临淄、楚的寿春、燕的蓟、赵的邯郸、魏的大梁、韩的新郑、秦的雍等地，秦、西汉两朝的咸阳，东汉和三国的洛阳、建康、成都等地，两晋的洛阳、建康等地，隋、唐两朝的长安，五代十国的汴州、洛阳、成都、扬州、南京、太原、江陵、番禺、长沙、福州、建州等地，北宋的开封，南宋的临安，辽的上京，金的大兴，元朝的大都，明朝的南京、北京，清朝的北京，中华民国的南京，直到今天中华人民共和国的首都北京，等等。有些学者因此认为，迁都是中国经济在几千年间保持世界高水平的一个重要动因。③

以北京为例，金代海陵王于贞元元年（1153年）迁都燕京，改燕京为中

---

① 赵以武：《简析十六国时代河西成为北中国文化中心的原因》，《社科纵横》，1991年第5期。
② 袁小伦：《战时文化人流聚与粤港文化中心转移》，《广东社会科学》，2010年第6期。
③ 吴殿廷、袁俊、何龙娟、陈向玲：《迁都——中部崛起的重要途径》，《地域研究与开发》，2006年第6期。

都。正是从此时期开始，因金代的努力经营，北京逐渐发展成为北中国的政治中心与文化中心，成为和长安、洛阳相提并论的三大古都之一。由此可知，金代海陵王的迁都，对于北京的文化中心发展史之重要意义，无论怎么说都不为过。

(三)"双都制"模式

所谓"双都制"，为古代中国建都之悠久传统，最早可上溯到西周时期。西周灭商后，为了巩固周朝在东方的统治，专门营建洛邑，从此周朝有了两座都城，西方的镐京称为西都，东方的洛邑称为东都。[①]据《史记·周本纪》，周武王云："自雒汭延于伊汭，居易毋固，其有夏之居。我南望三涂，北望岳鄙，顾詹有河，粤詹雒、伊，毋远天室"。此后采取双都制的朝代也相当多。比如，东汉以洛阳为都、长安为西京；隋初都长安，隋炀帝时以洛邑为东都；唐以长安为都、洛阳为陪都；北宋以汴梁为都、洛阳为西京；明代则以北京为都，南京为留都。所谓的陪都，一般不设立行政机构，但地位上高于其他城市，具有一定的政治权力，从而能形成仅次于正都的文化中心。此项制度的创建对中国社会影响深远，而在文化上则体现为以和平双赢的方式促进了中国北方文化与南方文化的交融碰撞，共同发展，成为中国文化中心发展演变过程中一个值得浓墨重彩的制度。

以最后一个采纳双都制的明代为例，它以北京为首都，以南京为留都，从而使中国形成了两个密切交流又各自独立的文化中心，丰富了中国文化的多样性，促进了南北文化的交融。有学者认为："首都北京位于北方边防前线，并且是前元朝统治的重点地域，其渗透着浓厚的蒙古及其他北方游牧民族文化，其文化特征粗犷并豪放，在成为明朝政治中心后，文化中透露出浓郁的政治色彩；而留都南京地处江南，气候湿润，偏安一隅，历来是文人雅士聚居的地方，并且南京经济繁荣，特别是明中后期，受政治束缚较少，工商业进步发展，具有资本主义萌芽性质的行业产生，其文化也显示出与北方不同的特点，温婉含蓄，政治色彩也较淡薄。这两种文化相互碰撞、摩擦，又相互影响，构成明朝文化的一部分。"[②]

尤其值得一提的是，此种双都制对文化中心的发展非常正面，不同于战争

[①] 梁晓景：《西周建都洛邑浅论》，《中国古都学会会议论文集》，中国古都学会第四届年会，会议时间：1986年，会议地点：中国浙江杭州。

[②] 朱晓艳：《明代两京制研究》，2011年山东师范大学硕士论文，第59页。

模式的摧毁性效果，也不同于迁都模式的强制性，它既是和平的，又是发展的，整个国家由此也获益良多。因此，明成祖迁都后的南京，其文化中心的地位不但没有被削弱，反而因为跟北京的文化交融而获得了新的发展，到了明后期，以南京为代表的江南地区，商品经济发展迅速，市民文化生机勃勃。有学者指出："晚明时期江南社会……文化上出现了多元发展、相互渗透的趋向。以文人学者为代表的雅文化，不再单纯地表现在思想学术、文化艺术等领域，在日常生活的意趣和趋尚中也有明显体现；以城乡普通居民为代表的俗文化，则在节日风俗、民间信仰、市民文艺等方面显示出鲜明的时代和地域特色。而雅、俗文化之间的渗透与交融，也在许多方面有所反映。高雅之士致力于通俗文艺创作，工商市民在生活上仰慕、向往文人的雅情逸趣，成为十分普遍的现象。"[①]由此可见，双都制对于明代文化中心发展是起了积极作用的。

需要补充的是，近代以后演变出一种新的"中心"与"边缘"的嬗变模式，那就是欧美现代文化入侵导致的"殖民模式"，主要体现在围绕着欧美列强强占的租界为中心而发展起来的现代文化中心逐渐蚕食并取代原先的古代文化中心，促使中国社会逐渐近代化和现代化，典型代表就是作为近代文化中心的上海之崛起。上海在以农耕文明为主要根基的中国传统文化中，原本处于边缘文化地位。开埠以后，上海便能够很自然地接纳蜂拥而来的中外各种边缘文化，并具有足够的文化基础和开放心态来消化和融合这些边缘文化，使上海迅速成为中外多种边缘文化的积聚地。前来上海淘金的传教士、冒险家、商人和其他侨民给上海带来密切关系人们日常生活的油灯、煤气灯、电灯等新的照明工具，自行车、火车、汽车等新的交通工具，邮局、电话等新的通讯手段，咖啡厅、鸡尾酒、西式大餐等新的饮食文化和社交方式，交谊舞、爵士乐、赛马、溜冰、足球、棒球、板球等新的娱乐方式和体育活动，逐渐被上海人接受，并逐渐融合进其文化中，上海文化由此崛起，在民国时期逐渐发展成为中国现代文化的中心。[②]没有欧美列强的入侵和西方文化的传入，没有边缘文化主动的接纳、融合与改造，这样一种"中心"与"边缘"的嬗变是不可能发生的。

---

① 吴崇凤：《晚明江南市井文化管窥》，2013年中南民族大学硕士学位论文，第39页。
② 姜义华：《上海：近代中国新文化中心地位的形成及其变迁——兼论边缘文化的积聚及其效应》，《学术月刊》，2001年第11期。

总之，研究古代文化中心之变迁，探讨其中发展规律，不仅有助于我们理解古代文化中心的发展历程，而且对今天如何建设新时代的文化中心具有一定借鉴意义。其中一个较为重要的启示或许是，我们必须意识到，过度压抑文化边缘，垄断所有文化资源和文化人才，对"边缘"施加过度的"压抑"，影响其发展的活力，从长远来看，不利于整个国家的文化的创新与生长。正如有的学者所说的："文化趋同不是文化征服，不是在强势之下以中心文化去替代边缘文化。趋同主要体现为边缘文化主动向中心靠拢，逐步消去其对立性、独立性和独特性，逐步适应中心文化；而中心文化则通过不断地扩充与调适，接纳边缘文化成分，最终营造出中心和边缘共享的文化。"[1]更良好的方式，或许是致力于摒弃金字塔式的文化结构，尊重各个区域的文化个性，促成它们在平等对话与互动的基础之上彰显自身，甚至促成多个文化中心并立发展的态势。

参考文献：

[1] 王颜：《论唐代关中地区农业开发与生态环境的关系》，《咸阳师范学院学报》2014年第5期。

[2] 吴崇凤：《晚明江南市井文化管窥》，2013年中南民族大学硕士学位论文。

[3] 朱晓艳：《明代两京制研究》，2011年山东师范大学硕士论文。

[4] 袁小伦：《战时文化人流聚与粤港文化中心转移》，《广东社会科学》2010年第6期。

[5] 曹道衡：《东汉文化中心的东移及东晋南北朝南北学术文艺的差别》，《文学遗产》2006年第5期。

[6] 吴殿廷、袁俊、何龙娟、陈向玲：《迁都——中部崛起的重要途径》，《地域研究与开发》2006年第6期。

[7] 陈煦、郭虹：《次生模式：边缘-中心文化互动的理论研究》《中共四川省委党校学报》，2005年第1期。

[8] 姜义华：《上海：近代中国新文化中心地位的形成及其变迁——兼论边缘文化的积聚及其效应》，《学术月刊》2001年第11期。

[9] 韩民青：《文化的转移》，《中国社会科学》1995年第11期。

---

[1] 陈煦、郭虹：《次生模式：边缘—中心文化互动的理论研究》，《中共四川省委党校学报》，2005年第1期。

[10] 赵以武：《简析十六国时代河西成为北中国文化中心的原因》，《社科纵横》1991年第5期。

[11] 梁晓景：《西周建都洛邑浅论》，《中国古都学会会议论文集》，中国古都学会第四届年会，会议时间：1986年，会议地点：中国浙江杭州。

（作者为北京文化发展研究院项目管理部主任、副研究员）

二、从"城"到"都"
——北京发展的历史轨迹与文化演变

李鹏飞

【摘　要】 从"城"到"都"——北京发展的历史轨迹与文化演变，应取纵横两纲，北京地域历史为纵，金史为横，结钮于贞元迁都于斯。本文通过列举史实，旨在阐述历史轨迹中民族交融对统治阶级思想的影响及所导成的文化演变，兼论近代新文化运动思潮和马克思主义对北京文化的重塑，并揭示未来"大北京大文化"首都城市发展的新思维。

【关键词】 北京"城""都"史；金中都；城市文化

一、北京"城""都"得名史略

举纲挈领，叙述北京历史发展之首要即为正名，故重考史实，列于前兹。

商之前和商：蓟，郾。

蓟，方国。蓟草，即大蓟，古代北京地区常见，经过几千年人类农业活动现已退出平原地区，蓟方以草为地名，在今北京城区及以东。匽，方国。《甲骨文合集·4510》："贞，命匽"，"匽"用为人名，商代人名地名互作，即周代的"匽"，繁体作"郾"，经典称"燕"，在今北京地区及西南。蓟和郾在商代之前已经出现，是北京地区最早的两个名称。

周：蓟，郾。

蓟是周代最早的诸侯国之一，《礼记·乐记》记载了孔子和宾牟贾的对话:"武王克殷反商,未及下车而封黄帝之后于蓟……",《史记·周本纪》则说"封帝尧之後于蓟",《水经注》也说"昔周武王封尧後于蓟,今城内西北隅有蓟丘,因丘以名邑也"。郾(燕)位于蓟国西南,是召公奭的封地。东周早期郾国吞并了蓟国,是东周强国之一。

秦:广阳郡。

始皇二十五年设立广阳郡。二世元年(公元前209年),陈胜、吴广反秦,韩广攻占郡治蓟城,自立为燕王,郡遂废。

汉:燕国,燕郡,幽州刺史部,广阳郡,广阳国,广有郡。

高祖五年(公元前202年)封卢绾为燕国,都于蓟。武帝元朔元年(公元前128年)除国为郡。元授五年(公元前126年)复国。元封五年(公元前114年)设幽州刺史部,治于蓟。昭帝元凤元年(公元前80年),燕王刘旦因谋反,燕国被废除,改为广阳郡。宣帝本始元年(公元前73年),封子刘建为广阳王、改广阳郡为广阳国,后来或燕国或燕郡又数易名。王莽时改为广有郡。光武帝复为广阳郡。

三国:燕郡。

三国时期属于魏国幽州所治,黄初年间改广阳郡为燕郡。

晋:燕国,燕郡。

武帝泰始元年(公元265年),封司马机为燕王,立燕国。"八王之乱"后废为燕郡。

十六国:燕郡。

後赵元年(公元319年)设燕郡。晋永和六年(公元351年),辽东鲜卑慕容氏攻入燕郡,此后百年间遂交错属于"慕容氏诸燕"(前燕、西燕、後燕、南燕、北燕)和北魏。

北朝:燕郡。

北魏、东魏、北齐设燕郡,属幽州。

隋:幽州,涿郡,蓟城。

文帝改燕郡为幽州,大业初年(公元605年)炀帝罢州置郡,改幽州为涿郡,治所蓟城。

唐:幽州,范阳郡,燕京。

武德元年(公元618年)属幽州,天宝元年(公元742年)改属范阳郡,乾元元年(公元758年)复属设幽州。乾元二年(公元759年),史思明称帝,定名燕京。广德元年(公元763年)复属幽州,长期割据。

五代：幽州，蓟州。

后晋天福元年（公元936年）即后唐清泰三年，石敬瑭将幽州蓟州在内的"燕云十六州"割与契丹。

辽：南京，幽都，燕京，析津府。

会同元年（公元938年）辽太宗定为南京，属幽都府。开泰元年（公元1012年）又名燕京，属析津府，《辽史·地理志》："以燕分野旅寅为析木之津"故名。《金史·地理志》："开泰元年更为永安析津府"，一说因金代营建宫殿发现古钱"永安一千"，以为祥瑞，故赘加"永安"二字。

金：燕山府，析津县，永安府，中都，大兴府，京师，冀都。

宋宣和四年（公元1122年），金攻陷南京，宋宣和五年（公元1123年）二月，金太祖以"海上之盟"归还了燕山以南的燕京诸州。金天会三年（公元1125年）十二月金太宗第一次伐宋攻下燕山地区，改名燕山府，后复名析津县。《金史·本纪·海陵》"天德三年四月丙午，诏迁都燕京"。《金史·地理志》："海陵贞元元年（公元1153年）定都，以燕乃列国之名，不当为京师号，遂改为中都"，以之为皇城国都，据《金史·地理志》载，此前山东西路"汶上，本名中都，贞元元年更为汶阳"。《金史·本纪·海陵》"三月，乙卯，以迁都诏中外。改元贞元，改燕京为中都，府曰大兴"，属中都路大兴府。《金史·地理志·校勘记》："贞元元年改永安府，二年更今名（大兴府）"，《金史·本纪·世宗》载世宗言"自海陵迁都永安……"，故知永安亦为中都之称。金史中亦常见以"京师"称中都。宋人有称北京为冀都，见《朱子语类》。贞佑二年（公元1214年）宣宗迁都汴京，中都遂废，逾六十一年。贞佑三年（公元1215年）大元攻陷中都。

元：燕京，中都，大都，"汗八里"。

金贞佑三年大元攻陷中都，更名燕京。元世祖至元元年（公元1264年）更名中都，属中都路大兴府，为陪都。至元九年迁大元国都于此，改中都为大都，蒙语"汗八里"，意为"大汗所居"。中都路大兴府改名大都路大兴府。

明：北平府，北京，京师，顺天府。

《明太祖实录》："洪武元年（公元1368年），诏改大都路为北平府。"《明太宗实录》："永乐元年（公元1403年），诏以北平为北京，改北平府为顺天府。"，以北京为京师，原"京师"改为"南京"，即今之南京。

清：北京，京师，直隶省，顺天府。

顺治元年（公元1644年）迁都北京，《清史稿·地理志》："顺治之初，定鼎京师，为直隶省……顺治十三载，巡抚三，曰顺天……"。

民国元年至二十六年：北京，京兆地方，北平。

民国元年（1912年）定都南京，三月袁世凯迁都北京。北洋政府改顺天府为京兆地方。北伐结束后撤都，废京兆地方，改名北平。

抗战：北平，伪北京。

民国二十六年（1937年），日本军队占领北平改名"北京"。民国三十四年（1945年）抗日战争胜利，复称北平。

民国三十四年至1949年：北平。

民国三十四年（1945年）抗战胜利至1949年1月，北平。

1949至今：北京，首都。

1949年1月，和平解放北平，定名北京，定为新中国首都。

2017年4月1日，中共中央、国务院设立雄安新区，疏解北京非首都功能。

二、举史揭示北京地区的人文形成和城市发展

循太行燕山交汇之北京湾，是中国南北地理重要分界，自古为农业文明与游牧民族碰触交流的地域。早在先商时期，先公王亥、王恒就在这里和有易交易牲畜货物，《易经》："大壮卦：丧羊于易。旅卦：丧牛于易"，《山海经·大荒东经》："王亥托於有易、河伯仆牛。有易杀王亥取仆牛"，屈原《天问》："该（亥）秉季德，厥父是臧，胡终弊于有扈（有易），牧夫牛羊"……古文献所称皆为此事，可见夏商时期这里已经是南北贸易的重要区域。

房山琉璃河发现了商周更迭时期城市遗迹和墓葬群，出土有西周带字卜骨，著名的堇鼎（作者注：铭文记载了西周初年郾地贵族向周王室进献之事的重要礼器）就出土在这里，铭文证明这里就是武王封召公奭的燕国都城，琉璃河一带还出土了自夏家店上层文化到周早期的大量陶器、农具，说明农业在商晚期已经是北京地区的主导社会形态，同时出现了最早的城市。蓟国亦为商代旧有方国，都城在广安门西南一带，西周封与黄帝或尧帝之后。东周早期燕国吞并了蓟国，并在此建都，成为先秦时期北京湾最大的城市，这时的燕国还时常受到北方游牧民族的侵袭，《春秋·庄公三十年》记载"齐人伐山戎"，因为北方游牧民族山戎侵袭燕国，齐桓公和鲁庄公商议"尊王攘夷"，助燕攻打山戎，"以其病燕故也"。汉代，北京仍然是王朝北部重镇，2016年，在通州发现了汉代古城遗址，发掘面积就达40000平米，可窥其规模之宏大。汉末三国时

期，随着王权式微，中原对蓟郾地区逐渐失去控制，魏晋北朝时期的燕郡一度被北方游牧民族占领，直到隋唐盛世才重回中原文化主流，晚唐安史之乱开启了北京地区新一轮民族融合，短暂建都显示出北京不仅是南北方之战略咽喉，其政治地位亦可势慑大国，辽代统治者也意识到这一点，将蓟郾重镇建为"南京"，是最重要的陪都。

最终使北京成为大国之都的转折点在金代，而大国之都必先有大国，国都不是孤立的，不能仅一管观都，故必须叙述有金一朝气象而囊括之。金人祖先出于"肃慎"，远古即多与中原交往。《左传·昭公九年》："我自夏以后稷……肃慎、燕、亳，吾北土也"，被认为是夏商周"三代"王朝的兆域。《史记·孔子世家》记载"肃慎之矢"，孔子说："昔武王克商，通道九夷百蛮，使各以其方贿来贡，使无忘职业。于是肃慎贡楛矢石砮，长尺有咫"。"肃慎"后分为"勿吉"七部，其中"粟末靺鞨"唐代受封为渤海国，用唐礼汉字，金人祖先"黑水靺鞨"号"女真"（史中避辽兴宗耶律宗真讳而称为"女直"），附属于契丹。金朝之萌蘖，首发轫于太祖阿骨打，《金史》云："金有天下百十有九年，太祖数年之间算无遗策，兵无留行，底定大业，传之子孙"。收国元年，太祖登皇帝位，定国号"大金"："上曰：……惟金不变不坏，金之色白，完颜部尚白。于是国号大金"（《金史·本纪·太祖》）。使金代与宋代辽代共同成为华夏正统王朝的原因，主要有如下数点原因。

1. 造字。女真直到太祖时还没有文字，为治国计，天辅三年八月，颁布仿照辽契丹文所造女真大字，天眷元年熙宗又颁布女真小字。此时金人已觉悟到和中原文化的巨大差距，惟文以载道，字以正史方可得天下作为。

2. 恤农。金人虽游猎于白山黑水，但随着领域的扩大，迅速意识到农耕较游牧之先进，和对稳定国家的重要意义，天会四年，太宗甫胜宋辽，即颁诏曰："朕为国家，四境虽远而兵革未息，田野虽广而畎亩未辟……是皆出乎民力，苟不务本业而抑游手，欲上下皆足，其可得乎。其令所在长吏，敦劝农功"（《金史·本纪·太宗》）。海陵在天德三年也给侍臣展示"田家稼穑图"，表露殷勤农桑之情。熙宗在大定七年两次"观稼"于中都之郊。

3. 迁都。皇统九年，海陵弑杀熙宗登上皇位，逮至此时，金人气势已至宇内，遂以天下正宗自居，都城自不能偏居一隅，故选择南北钥钮的关键之地燕京为京师，这也是总结了辽代国都偏北不中而导致的败亡之咎。燕京此时已为辽陪都南京，中都在此基础上扩东南西三面，呈方形，导西湖（作者注：今莲花池）下游河道入城，城内置六十二坊，前朝后市，街如棋盘。海陵，《金史》定论其"身由恶终,使天下后世称无道主以海陵为首",弑後被废为"海陵庶人",就是这样一个"无道"之人做出了迁都燕京的历史壮举!在"天德三年三月,诏广燕城,建宫室",做迁都准备,"天德三年四月丙午,诏迁都燕京",两年后国都初成,贞元元年"上至燕京,初备法驾……以迁都诏中外,改元贞元,改燕京为中都",遂成就大国之都!《金史·本纪·海陵》:"天德三年(公元1152年)四月丙午,诏迁都燕京。辛酉,有司图上燕城宫室制度,营建阴阳五姓所宜。海陵曰:国家吉凶,在德不在地。使桀、纣居之,虽卜善地何益。使尧、舜居之,何用卜为",一语足见海陵气势!《金史·仪卫》记载"海陵迁都于燕,用黄麾仗一万八百二十三人,骑三千九百六十九,分八节"。《金史·地理志·中都路[注]》则详细记载了中都皇城轨制:"城门十三,东曰施仁、曰宣曜、曰阳春,南曰景风、曰丰宜、曰端礼,西曰丽泽、曰颢华、曰彰义,北曰会城、曰通玄、曰崇智、曰光泰。浩(张浩)等取真定府谭园材木,营建宫室及凉位十六。应天门十一楹,左右有楼,门内有左、右翔龙门,及日华、月华门,前殿曰大安,左、右腋门,内殿东廊曰敷德门。大安殿之东北为东宫,正北列三门,中曰粹英,为寿康宫,母后所居也,西曰会通门,门北曰承明门,又北曰昭庆门。东曰集禧门,尚书省在其外,其东西门左、右嘉会门也,门有二楼,大安殿后门之后也。其北曰宣明门,则常朝后殿门也。北曰仁政门,傍为朵殿,朵殿上为两高楼,曰东、西上阁门,内有仁政殿,常朝之所也。宫城之前廊,东西各二百余间,分为三节,节为一门。将至宫城,东西转各廊百许间,驰道两傍植柳,廊脊覆碧瓦,宫阙殿门则纯用碧瓦。应天门旧名通天门,大定五年更。七年改福寿殿曰寿安宫。明昌五年复以隆庆宫为东宫,慈训殿为承华殿,承华殿者皇太子所居之东宫也。泰和殿,泰和二年更名庆宁殿。又名崇庆殿。鱼藻池、瑶池殿位,贞元元年建。有神龙殿,又有观会亭。又有安仁殿、隆德殿、临芳殿。皇统元年有元和殿。有常武殿,有广武殿,为击毬、习射之所。京城北离宫有太宁宫,大定十九年建,后更为寿宁,又更名寿安,明昌二年更为万宁宫。琼林苑有横翠殿。宁德宫西园有瑶光台,又有琼华岛,又有瑶光楼。皇统元年有宣和门,正隆三年有宣华门,又有撒合门"。《金史·地理志·大兴府》记载金代盛世北京地区已有"户二十二万五千五百九十二",估算有百万人口。1990年,北京市文物研究所沿宣武区时滨河路两侧,探得金中都宫殿夯土十三处,南北分布逾千米,并做局部发掘,得出应天门、大安门和大安殿等精确位置。如[注]中所称,中都近郊还建有离宫多处,其中最著名者为城东北的万宁宫,在今北海公园处,元代规划的大都城即因循此处为中心兴建，遂成为明清至今北京城之坐标。

4. 改祖陵。海陵迁都后将中都西北六十里大房山定为皇陵归藏之地，贞元三年改迁太祖睿陵，太宗恭陵和熙宗于此。中都时期帝王均葬于此。

5. 兴社稷。有金一代，经熙宗、海陵而入燕京之途，也是其统治思想由原始而昌明之径，尤以世宗时期最为鼎盛，《金史·礼》："世宗即兴，复收向所迁宋故礼器以旋，乃命官参校唐、宋故典沿革，开'详定所'以议礼，设'详校所'以审乐"，世宗谓宰臣说："本国拜天之礼甚重。今汝等言依古制筑坛，亦宜。我国家绌辽、宋主，据天下之正，郊祀之礼岂可不行"，特颁诏："国莫大于祀，祀莫大于天，振古所行，旧章咸在。仰惟太祖之基命，诏我本朝之燕谋，奄有万邦，于今五纪。因时制作，虽增饰于国容，推本奉承，尤未违于郊见。况天休滋至而年穀屡丰，敢不敷绎旷文，昭明大报。取阳升之至日，将亲享于圆坛，嘉与臣工，共图熙事。"金代郊祀有："南郊坛，在丰宜门外，圆坛三成，成十二陛（作者注：自子至亥十二支为方向的十二个阶级通道），各按辰位，壝墙三匝四面各三门⋯⋯坛、壝皆以赤土圬之。北郊方丘，在通玄门外，当阙之亥地。方坛三成，成为子午卯酉四正陛（作者注：子午卯酉四支为方向的四个阶级通道）。方壝三周，四面亦三门"，又有朝日坛曰大明、夕月坛曰夜明，在冬至日合祀天地于圆丘，夏至日祭地于方丘，春风朝日于东郊，秋分夕月于西郊。斋仪用唐代制度，其盥奠圭璧、省牲，笾、豆、簠、簋、登俎陈设，恍如周礼。神主亦繁冗，略有天、地、五方帝、日、月、神州、天皇大帝、北极帝君、九宫贵神、大火星位⋯⋯又设五神、五官、岳镇海神二十九座，昆仑、山林川泽二十一座、丘陵坟衍原隰三十座⋯⋯又设水神玄冥、北岳、北镇、北海、北渎⋯⋯木神勾芒、东岳、长白山⋯⋯火神祝融、南岳、南镇⋯⋯土神后主、中岳、中镇⋯⋯金神蓐收、西岳、西镇⋯⋯，八佾二舞，采茨、肃宁之曲是为伴奏舞乐。《礼记·郊特牲》："万物本乎天，人本乎祖，此所以配上帝也"，始于商代的以先公先王配享天帝的传统也在金代继续，定以太祖配。明昌六年，以章宗无子嗣，又增祀高禖，供青帝、伏羲氏、女娲氏、姜嫄、简狄。

6. 正礼乐。金人在关外时礼乐极度落后，《金史·乐》称："金初得宋，始有金石之乐，然而未尽其美也。及乎大定、明昌之际，日修月葺，粲然大备"。在祭祀朝贺，新帝登基时所奏大曲名"太和"，文武二舞为"仁丰道恰之舞"、"功成治定之舞"，后汇为"四海汇同之舞"，为求乐律精严，明昌五年召集宋朝工匠，铸造符合礼制的乐器。至于"謌呼"，已俨如"雅"、"颂"！如郊祀曲辞"我金之兴,皇天锡羡。惟神之休,爰兹郊见……"、"穆穆君王,有严有翼。珮环锵然,圜坛是陟。嘉德升闻,馨非黍稷……"、"所以承天,无过乎质。天其佑之,惟精惟一……",宗庙殿堂曲辞"惟时升平,礼仪肇兴。鸣銮至止,穆穆造庭……"、"八音克谐,百礼具奉。明德维清,至诚永慕……"、"皇祖开基,周武、殷汤。猗欤圣考,嗣德弥光……",册登大宝曲辞"人道大伦,王化所基。明圣稽古,阴教欲施。临轩发册,备举彝仪。麟趾、关雎,宜播声时"(《金史·乐》)。至此金朝统治者从礼乐上已高度融合于中原传统。

7. 尊儒清政。金人自熙宗始即以中原历代治国之道为正宗,对汉文化和儒家的尊崇在此后达到高峰,其远追周汉典章,近效唐宋制度,实现了女真民族精神和汉族文化的高度融合,也使原始部族之女真一跃而为封建社会之金朝!《金史·礼》:"金人之入汴也,时宋承平日久,典章礼乐粲然备具。金人既悉收其图籍,载其车辂、法驾、仪仗而北,时方事军旅,未遑讲也。既而,即会宁建宗社,庶事草创。皇统间,熙宗巡幸析津,始乘金辂,导仪卫,陈鼓吹,其观听赫然一新,而宗社朝会之礼亦次第举行矣"。熙宗尝与诸臣追摹古圣先贤,议论前代得失:"朕每阅贞观政要,见其君臣议论,大可规法。"翰林学士韩昉对曰:"皆由(唐)太宗温颜访问,房(玄龄)、杜(如晦)辈竭忠尽诚。其书虽简,足以为法。"上曰:"(唐)太宗固一代贤君,(唐)明皇如何?"昉曰:"唐自太宗以来,惟明皇、宪宗可数……苟能慎终如始,则贞观之风不难追矣。"上称善,又曰:"周成王何如主?"昉对曰:"古之贤君。"上曰:"成王虽贤,亦周公辅佐之力……"。天眷三年,更"以孔子四十九代孙璠封衍圣公"(《金史·本纪·熙宗》),皇统元年又拜文宣王(孔子)庙:"为善不可不勉。孔子虽无位,以其道可尊,使万世高仰如此"(《金史·礼》),同祀衮国公(颜回)、邹国公(孟子),圣贤儒教擢升为文化正宗。宣宗时为保护孔元措,还用其于朝,任"太常博士",以"山东寇盗纵横,恐罹其害"(《金史·本纪·宣宗》)。民族交融产生了新的文化形态和治国思想,这个新高度实现在世宗时,也成就世宗为有金一代明君,俾其以仁德之帝嘉誉于史,他甫登大统即求谏说:"朕常慕古之帝王,虚心受谏,卿等有言即言,毋缄默以自便",不止臣工,更兼闻民间舆论:"百姓上书陈时政,其言尤有所补,卿等位居机要,略无献替,可乎。……唐(尧)、虞(舜)之圣,尤务兼览博照,乃能成治",辄举唐尧虞舜倡导廉俭,引辽代骄奢以为戒:"亡辽日屠食羊三百,亦岂能尽用,徒伤生尔。朕虽处至尊,每当食,常思贫民饥馁,尤在己也",他常常戒人而律己:"天子巡狩当举善惩恶,凡士民之孝弟媚睦者举而用之,其不顾廉耻无行之人则教戒之，不悛者则加惩罚"，"不以文德感化，不能复于古也。卿等以德辅佐，当使复还古风"，"唐太子承乾所为多非度，太宗纵而弗检，遂至于废，如早为禁止，当不至是。朕于圣境不能深解，至于史传，开卷辄有所益。每见善人不忘忠孝，检身廉洁，皆出天性。至于常人多喜为非，有天下者无以惩之，何由致治。孔子为政七日而杀少正卯，圣人尚尔。况余人乎"，"朕虽年老，闻善不厌，孔子云'见善如不及，见不善如探汤'大哉言乎"（《金史·本纪·世宗》），高尚之语录不胜枚举，史赞其为"小尧舜"，世宗大定七年，大兴府"狱空（作者注：无犯法者而狱空无人）"，中都人民安居乐业，亦太平盛世之一斑。

8. 开科举。自隋大业元年开创科举制度，历代均以考试为选拔人才主要途径，也是社会昌明的标志。《金史·选举》："终金一代，科目得人为盛……金设科皆因辽、宋制，有辞赋、经义、策士、律科、经童之制……世宗大定十一年，创设女直进士科"。金代科举文章尤以试徒单镒之册为代表："贤生于世，世资于贤。世未尝不生贤，贤未尝不辅世。盖世非无贤，惟用舆否，若伊尹之佐成汤，傅说之辅高宗，吕望之遇文王，皆起耕筑渔钓之间，而其功业卓然，後世不能企及者，盖殷、周之君能用其人，尽其才也。本朝以神武定天下，圣上以文德绥海内，文武并用，言小善而必从，事小便而不弃，盖取人之道尽矣。而尚忧贤能遗于草泽者，今欲尽得天下之贤而用之，又俾贤者各尽其能，以何道而臻此乎"。金代科举任人唯贤，不以民族出身定优劣，显示出大国器度，对元、清两代少数民族统治时期的选举政策有一定影响。

9. 用人惟材。皇统八年，有金人保守派建议"州郡长吏当并用本国（金）人"，熙宗说："四海之内，皆朕臣子，若分别待之，岂能致一。谚不云乎'疑人勿使，使人勿疑'。自今本国及诸色人，量才通用之"（《金史·本纪·熙宗》）。世宗更是求贤若渴："齐桓中庸主也，得一管仲，遂成霸业，朕夙夜以思，惟恐失人……必俟全才而后举，盖亦难矣。如举某人长于某事，朕亦量材用之……天下至大，岂得无人，荐举人材，当今急务也"（《金史·本纪·世宗》），上层意识首度打破民族藩篱。《左传》说"虽楚有材，晋实用之"，有金一代最终吸引了大批宋朝汉人为官，"楚才而晋用之，亦足为一代之文矣"（《金史·文艺》）。

10. 重史。早在天会十五年，熙宗即命韩昉、耶律绍文等编修国史。章宗泰和元年，名儒党怀英曾任国史院编修，参与编写"辽史"，在此基础上，元代脱脱等撰写完成现传《辽史》。金朝将亡之际，元好问本着"国亡史作，己所当任"的历史责任感,"不可令一代之迹泯而不传",自作金代"野史",元代"纂修金史,多本其所著云"(《金史·列传·文艺》)。

11. 思想交融。金代建都蓟燕,是中国自古南北方由对立、交流到融合的象征。融合不是抛弃传统,金朝既学习先进的中原文化并以之为正宗,又不忘烈烈先史和民族精神,世宗尝感叹:"自海陵迁都永安,女直人寖忘旧风。朕时尝见女直风俗,第以朕故,尤尚存之。恐异时一变此风,非长久之计。甚欲一至会宁,使子孙得见旧俗,庶几习效之",命令歌女咏女真词,并敦勉皇亲承续女真传统:"汝辈自幼惟习汉人风俗,不知女直纯实之风,至于文字语言,或不通晓,是忘本也"。大定十三年颁诏"禁女直人毋得释为汉姓",并鼓励金人积极参与科举:"女直进士可依汉儿进士补省令史。夫儒者操行清洁,非礼不行"。大定二十八年四月,"命建女直大学(作者注:专门学习女直文字和女直民族射猎传统的学校)",说明帝王在充分尊重中原儒家文化的同时,仍不忘本民族的优秀传统。(《金史·本纪·世宗》)

凡上所列,尽显金代气魄之宏大,其所治域,东起海滨西抵甘陇,南冲江汉北达远东。治此大国者,非惟武力,其思想、治政、文化亦高居道德,在此基础上之逾六十年,北京真正成为立足蓟郾古地,慑服海漠江淮的大国之都!诚如世宗时名臣梁襄所奏称:"燕都地处雄要,北倚山险,南压区夏,若坐堂隍,俯视庭宇,本地所生,人马勇劲,亡辽虽小,止以得燕故能控制南北,坐致宋币。燕盖京都之选首也,况今又有宫阙井邑之繁丽,仓府武库之充实,百官家属皆处其内,非同曩日之陪京也。居庸、古北、松亭、榆林等关,东西千里,山峻相连,近在都畿,易于据守,皇天本以限中外,开大金万世之基而设也",惟此成就北京建都八百余载推轮之功!

大元初定,著名政治家、契丹族后裔耶律楚材对元朝初期文化之发展功不可没,自成吉思汗始即受其影响而尊崇汉儒,《元文类》记载,元代贵族欲屠灭汉人、将繁华先进的中原恢复为原始牧场,耶律楚材对这种野蛮倒退的思潮进行了坚决斗争,对建都北京、保护汉族人口和延续中原先进统治理念居功至懋。元人得金中都时,这座煌煌巨城已毁于金元兵燹,遂由刘秉忠规划设计,郭守敬治理水文,在金中都故城东北兴建新城,明清因之,即今天的北京城。

1911年,孙中山领导的国民革命军推翻了清王朝的统治,北京也结束了封建帝都命运,迎来新民主主义革命时期。1917年,陈独秀、李大钊等马克思主义先驱在北京大学任教,《新青年》杂志社同年迁入北京,积极传播共产主义思想,在北京青年一代学生中产生广泛影响。1918年,毛泽东来到北京大学任图书管理员，近距离接触到陈独秀、李大钊等进步人士，了解了马克思主义，为一生的革命事业奠定了基础。1919年5月4日，北京爆发了大规模学生爱国运动，旋即影响到全国。鲁迅先生此时已是新文化运动的旗手，毛泽东评"鲁迅的方向，就是中华民族新文化的方向"，他在北京十四年的历程也是融入北京文化的重要时期。1920年，李大钊在北京大学建设马克思学说研究会，10月成立北京共产党小组，11月定名中共北京支部，出版《工人周刊》、《先驱》、《劳动者》等进步刊物，积极传播马克思主义，开展革命斗争……此后，中国共产党的革命精神遂成为北京文化大潮之中流砥柱！

1937年7月7日，日本侵略军发起卢沟桥事变，悍然占领北平，此后，这座古都饱受八年摧残。然而，北平军民没有向侵略者屈服，与之进行了顽强抵抗，涌现出佟麟阁、赵登禹等一批抗日民族英雄，谱写出可歌可泣的抗日篇章，北京文化也融入了铁骨不屈的民族精神！

1949年1月，在中共顾全大局的积极努力下，北平和平解放。10月1日，毛泽东在天安门庄严宣布新中国成立，北京作为新中国首都迎来了历史发展的新纪元，也为北京文化开启一代新风！

三、北京由"城"到"都"演变的内在思想和文化变革

城市的发展沿革，是人群活动之表象，深层的原因必然是由人群思想变化而成，北京以其特殊的地理位置，其所经历的变化尤为激烈复杂，见证了中华民族南北方的数度大交融。近古有一种说法："崖山之后无中国，阉臾之后无汉人"，这是狭隘的历史观，在今天依然有人说成吉思汗不属于中华民族，建都于北京的金、元、清三代不属于正统中国历史……若依此论，则尽可上溯，遑论秦汉，即商周亦是族群之互戕和交融，岂非大乙磔桀而华夏即亡，武王伐纣即正宗遂失？何须迨宋明而后论？所以，中华民族必然是多血统长时期交融而形成，北京由"城"到"都"的发展史无疑是其中最重要的一环，是五千年来诸多民族交汇而成的国家意识之体现，其所形成的爱国、敬业、诚实、和谐、中正、敦实、崇文、尚武精神也无疑是中华文化核心价值观的典型！

四、"大北京"历史性的新纪元——雄安新区

2017年4月1日，党中央、国务院决定建立雄安新区，此举无疑是首都发

展历史性的新举措,是京津冀一体化战略的升华。雄安新区位于太行山东麓,自古为南北通衢之要冲,宋、辽、金三代形成的南起开封,循澶州、大名、冀州、深州之路即经此地(时名"雄州")通达冀都(北京)。朱熹说:"冀都(北京),天地间好个大风水,山脉从云中发来!前面黄河环绕。泰山耸左为龙,华山耸右为虎,嵩山为前案,淮南诸山为第二重案,江南五岭诸山为第三重案。故古今建都之地,皆莫过于冀都"(语出《朱子语类》)。

  城市从最初产生、发展,一直是以有形之城郭为标志,始终留有远古时期防卫内敛的遗传,即使壮为疆域数千里的大国之都,其固若金汤的保守特性亦尤显在,古代包绕国都的周边城镇,或拱卫或养给,没有统一的区域意识。若参考堪舆理论分析,形胜必在水土,龙脉必得于水沛土丰,中国地形的"龙脉"发轫于昆仑山,"北龙"经黄河中上游横连太行北麓向东重于燕山经朝鲜半岛入海,途径西安、太原、北京,北京恰在龙颈,另一纵向"支龙"为太行山,与"主龙"交会于北京湾,形成北京"土龙"之得天独厚、势塞乾坤。然而北京水脉不足,隋代开凿的大运河虽弥补了北京水势,但随着我国现代化社会飞速发展,北京人口已突破两千万,古运河和南水北调工程已无法协调北京水土,水源问题日益突出,超大城市世界性的社会难题接踵而至,这座古老的都城已难负重荷……惟在此时,党中央国务院英明决策,推出了雄安新区战略,此举一改自古以来的城市属性,变封闭为开放,合理纾解北京非首都功能,并将北方明珠白洋淀联系为大北京之风水组成,兹开放之大格局,无疑是城市未来形态特别是大国之都未来发展之新探索!

  北京,在三千多年的历史中形成的文化,既有中原传统的儒家思想,又有北方少数民族开阔勇敢的精神,如无数细流汇合于金代定鼎之中都。逾元、明、清三朝建善,近代又注入了西方先进科学思想,也是马克思主义和五四爱国运动萌蘖之起源点,新时期雄安新区的规划更呈现出"大北京"的新格局……北京从"城"到"都"的历史轨迹及演变形成之文化,虽繁杂若网,而尽在纵横两纲,有条不紊,已逐渐占据中华民族文化之主流,而成为中国文化和民族精神的标志!

参考文献:

  [1]《金史》,中华书局1975年7月第1版。
  [2]《史记》,中华书局1982年11月第2版。

附录：参考图片

《甲骨文合集4510》："贞，命晏"

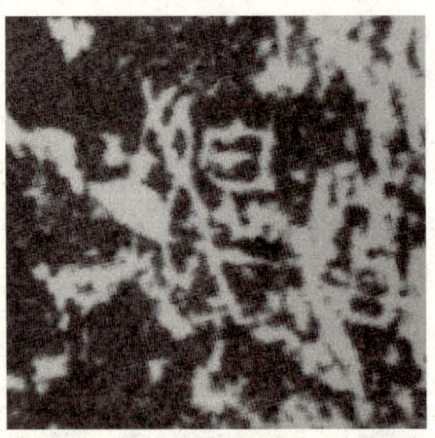

"晏"字局部放大图（匽、郾、燕）

历 史 篇

堇鼎铭文："匽（郾、燕）矦命堇飴糞□大保于宗周庚申大保賞堇貝用作大子癸寶尊□□"

蓟城纪念柱，上书文字："北京城区，肇始斯地，其时惟周，其名曰蓟"

· 143 ·

三、大都文化与元代中华文化的多元性发展

陈博洋

【摘　要】 蒙古人在13世纪通过军事征服实现了大一统，元世祖命刘秉忠等人以《周礼·考工记》为蓝本规划建设了元大都。在大都城内，游牧文化与农耕文化冲击融合，多民族、多地域文化彼此交融，产生了多元文化融合的盛况，元大都的建筑、史学、文学、艺术、宗教、商业等领域都留下了多元文化的印记。这种空前的文化融合对元大都的皇家文化、士文化与市民文化带来了深刻的影响。

【关键词】 元大都；文化；多元；元世祖

黄文仲曾在《大都赋》中这样描述元大都："维今之燕，天下大都。宇宙千龄而启运，帝王一出而应符。山川改观，民物易居。开天拓地，自作制度。"又说"华区锦市，聚万国之珍异；歌棚舞榭，选九州之秋芬"[1]。在有元一代，大都城出现了各种文化和谐并存的局面，欧洲中世纪著名的"四大旅行家"之一的鄂多立克也曾将这种局面称之为"世界上最大的奇迹"。

一、元大都多元文化发展的背景

（一）大一统的实现

大都地区，自先秦时期以来，就一直是中原王朝与北方少数民族对抗的前

---

[1] 黄文仲：《大都赋》，李修生主编：《全元文》第11册，凤凰出版社2004年版，第149页。

沿阵地，而长城则成为了一道人为的阻隔线，将农耕民族与游牧民族隔绝开来。先秦时期的燕国到唐朝的幽州，一直与长城外的草原民族，如山戎、匈奴、鲜卑、突厥、契丹等分别适应着两种不同的生活方式，以农耕和游牧、渔猎为生，也产生了两种不同的文化类型。

唐末五代时起，燕京地区就开始与中原王朝脱离联系，先是契丹夺取燕云十六州，被划入契丹（即辽）的版图，之后在金朝统治时期，成为金中都。这时少数民族的统治范围已经扩展到江淮地区，南北方长期处于政治分裂与军事对峙的状态，经济贸易也受到限制，进而造成了文化上的阻隔。例如，尽管南宋极为推崇理学，社会上盛行理学研究之风，但是金朝统治范围内，理学则很少为人推崇，只有少数的儒学家开始研究北宋"理学"，相比之下，双方仍有很大差距。

公元13世纪，蒙古人长驱南下，灭亡金与南宋政权后，建立元代，定都元大都，南北方实现了大一统。这也是少数民族建立的第一个大一统的王朝，长城作为历代中原王朝防范游牧民族的"天堑"意义也随之消失，游牧居民跟随元代统治者大量入关，在元大都为核心的中原地区定居，元大都的少数民族尤其是草原民众数量猛增，而江南文化也伴随着对峙局面的消失，大量北传，以游牧文化为代表的北方文化与以农耕文化为核心的南方文化在元大都出现了一次空前的冲击与融合。元代大一统的规模也非前代所能比，"北逾阴山，西极流沙，东尽辽左，南越海表……东南所至不下汉、唐，而西北则过之。"[①]疆域之辽阔，可与清代全盛时期相比，推动了元代多元文化的融合。

（二）兼容并蓄的文化政策

蒙古人崛起于北方朔漠，以少数民族的身份入主中原，对于不同的文化缺乏比较深入的了解，这一局限性也使得蒙古人对不同的文化没有偏见，元代的文化政策与文化氛围非常宽松兼容。也正因如此，元代是中国古代史上唯一没有从官方角度提出"避讳"的王朝，同时也是封建历史上唯一明确提出宗教信仰自由的王朝。

正如历史上其他少数民族入主中原一般，元代统治者也向中原王朝学习，许衡向元世祖建议："考之前代北方之有中夏者，必行汉法，乃可长久"[②]元世祖接受谏言，极力推行"汉法"。这其中之一便是对儒学与孔子的尊崇。1253

---

① 宋濂等：《元史》，卷58《地理志》，中华书局1999年版，第1345页。
② 宋濂等：《元史》，卷158《许衡传》，中华书局1999年版，第3716页。

年，元世祖接受了儒士们上奏的"儒教大宗师"的称号，并任用儒士，推重儒学。此后元代的统治者也对儒学尊崇有加，翻译儒家经典，开设经筵制度，仁宗年间还恢复了科举取士制度，鼓励儒生从政。

元代还仿照汉制设立文化管理机构与中央教育机构。耶律楚材早在太宗年间就奉命在燕京设立编修所，在平阳设立经籍所，负责编集经史。之后王鹗奉旨设立翰林国史院，修国史、撰写制诰、以资顾问。而针对儒学的管理，则设有中央的国子监、三教提领，地方的儒学提举司等机构。

元代统治者对宗教采取兼容并蓄的政策，王恽在《立袭封衍圣公事状》中提及："我国家……三教九流，莫不崇奉"①。早在成吉思汗时期就提出"教诸色人户各依本俗行事"②的自由信教政策，而成吉思汗及之后的元代统治者，基本上都遵从这一原则，对各种宗教一视同仁，不分彼此。同时朝廷还设立宗教管理机构如集贤院、宣政院等，任命宗教领袖。不仅从蒙古大草原传入的萨满教、景教，中原本土发展的汉地佛教、道教，西域的藏传佛教、伊斯兰教，以及从域外传入的基督宗教，都得到了元代统治者的支持与礼敬。

此外，元代的统治者也多次进行人才的征调，这为元大都成为文化中心起了非常重要的作用。如元代在大都建立国子学后，征调全国著名的儒学家开展教育；在设立翰林国史院后，又征调全国著名的文学家作为御用文人。另外，元代统治者曾组织数次考试，通过考试的儒生便会得到朝廷的照顾，元世祖也曾派出亲信大臣到江南地区搜求人才，如叶李、赵孟頫、张伯淳等人，都是从江南地区搜求北上的文化名士。

（三）天时地利的文化环境

1. 四方人口集聚

伴随着元代统治者定都元大都，这里成为了全国的政治经济中心。更为重要的是，许多过去被称为"羁縻之州"的边远地区，到元代也实现了"皆赋役之，比于内地"③。元代疆域内，漠北、东北、云南、畏兀儿、吐蕃这些边远地区的民众也纷纷向元大都集聚。元大都聚集着各族民众、各式居民、域外人士，各式文化异彩纷呈，形成了丰富多元的文化特质。

---

① 王恽：《秋涧集》，四部丛刊景明弘治本，卷85《立袭封衍圣公事状》。
②《新集至治条例》，元刻本，《回回诸色户结绝不得有司归断》。
③ 宋濂等撰：《元史》，卷58《地理志》，中华书局1999年版，第1345页。

2. 商业繁荣开放

元以前的都城设计都是里坊封闭的，里坊制把全城划分为若干封闭的"里"作为居住区，商业、手工业则被限制在一些定时开闭的"市"内。"里"和"市"都有高墙围绕，建有里门和市门，有吏卒和市令管理，全城实行宵禁。而元大都的里坊以街道为界，虽然设有坊门，却只是标志，没有设计建造坊墙。坊墙消失，街道两旁出现了很多茶楼酒馆，市肆店铺，便利了居民的生活和沟通。马可·波罗记载："全城的设计都用直线规划。大体上，所有街道全是笔直走向，直达城根。一个人若登城站在城门上，朝正前方远望，便可看见对面城墙的城门。城内公共街道两侧，有各种各样的商店和货摊……整个城市按四方形布置，如同一块棋盘。"①这一创制为元大都商业的繁荣与文化的开放创造了条件。

3. 海陆交通发达

交通则是元大都多元文化繁荣的另一基础条件。方豪先生指出元代时期邮驿制度的发达："元代幅员最广，东西交通亦最发达，欲究其原因，诚不易言，而我国之邮驿制度亦以元时为最发达，实为最大原因之一。然以邮驿完善，乃促进交通之频繁；而交通之频繁，固亦使邮驿之制，益臻完善也"。②驿站在蒙古语中为"站赤"，元朝铺设了四通八达的驿道，设有陆站、水站一千五百处。还有专门负责传递官方文书的急递铺。"适千里者，如在户庭；之万里者，如出邻家"③。元代的邮驿制度之发达，方便了域内乃至域外的信息传递。

元世祖时期，命郭守敬等人开通了京杭大运河，大大小小的商人通过这条运河，进行南北方的物资交流，从事商业贸易活动，"江淮、湖广、四川，海外诸番土贡粮运，商旅懋迁，毕达京师"④，"浙右之地，若苏、湖、常诸郡，土壤肥沃，民务细作，岁赋租米数百万石，漕粮以供京师。"⑤京杭大运河上不仅运来了南方的粮食，而且还有食盐、茶叶、各地的土产、手工业品及海外的

---

① [意]马可·波罗：《马可·波罗行纪》，[法]沙海昂注，冯承钧译，商务印书馆2012年版。
② 方豪：《中西交通史》下册，上海人民出版社2008年版，第325页。
③ 王礼：《麟原文集》，四库全书本，前集卷6《义冢集》。
④ 苏天爵：《元名臣事略》，四库全书本，卷2《丞相淮安忠武王》。
⑤ 苏天爵：《常州路新修庙学记》，李修生主编：《全元文》第40册，凤凰出版社2004年版，第157页。

贡品。此外，书籍贩运、文化交流也随之增加，更多的文人学士、域外人士通过大运河北上大都。

传统的丝绸之路在这一时期也得到了充分利用，推动了域外文化的传入。西方人前往元大都大致可以通过陆路与海路两条，马可·波罗、马黎诺里便是从陆路来华，而鄂多立克、蒙高维诺则是从海路来华，由于蒙古人的大规模西征以及蒙古汗国的建立，陆上丝路的政治障碍大大减小，加之元代对海运的开拓，所以丝绸之路来华在元代相当便捷。欧阳哲生先生指出，"他们从亚洲的一端到另一端开辟了一条宽阔的道路，在他们的军队过去以后，他们把这条大道开放给商人和传教士，使东方和西方在经济上和精神上进行交流成为可能。"[1]

二、元大都多元文化发展的特色

（一）农耕文化与游牧文化的交流

大都地区尽管以农耕文化为主体，但一直以来处于农耕区与游牧区的交界地带，长期受到游牧文化的影响。自辽金以来，大都地区开始脱离中原王朝的管辖，归入契丹及女真等少数民族政权的版图，受到游牧文化的影响越来越大，两种文化之间的融合也逐渐出现。

蒙古人在初期的扩张中，因为只是以征服为主，并未对这些地区实行有效的管理，而是由汉人军侯掌握实权，加上之前辽金时期本地区已经有游牧民众的定居，所以并未出现极其激烈的冲突。而在蒙古统治者以军事征服灭掉金和南宋，在中原地区确立自己的统治地位后，这时跟随蒙古人传入的游牧文化与本地区传统的农耕文化发生了最为直接的冲击，元代统治者曾一度设想把大片的农田改造成为牧场，将从事农耕生活的农民改变为饲养牲畜的牧民，但是这样的设想和操作都以失败告终。故元代统治者只能选择放弃传统的游牧业，鼓励发展农耕生产，元世祖忽必烈也对蒙古人下令：禁止农田改牧场。

随着蒙古统一全国的完成，曾经生活在草原上的大量游牧民众纷纷迁移到以大都城为中心的中原地区居住，元代统治者也意识到汉化的必然，元世祖忽

---

[1] 欧阳哲生：《欧洲与中国文明对话的新开端》，载《北京大学学报》2013年第5期。

必烈在即位诏书①中说:

> 朕惟祖宗肇造区宇,奄有四方,武功迭兴,文治多缺,五十余年于此矣。盖时有先后,事有缓急,天下大业,非一圣一朝所能兼备也。先皇帝即位之初,风飞雷厉,将大有为。忧国爱民之心虽切于己,尊贤使能之道未得其人。方董夔门之师,遽遗鼎湖之泣。岂期遗恨,竟勿克终。
>
> ……求之今日,太祖嫡孙之中,先皇母弟之列,以贤以长,止予一人。虽在征伐之间,每存仁爱之念,博施济众,实可为天下主。天骤道助顺,人谟与能。祖训传国大典,于是乎在,孰敢不从。朕峻辞固让,至于再三,祈恳益坚,誓以死请。于是俯徇舆情,勉登大宝。自惟寡昧,属时多艰,若涉渊冰,罔知攸济。爰当临御之始,宜新弘远之规。祖述变通,正在今日。务施实德,不尚虚文。虽承平未易遽臻,而饥渴所当先务。呜呼!历数攸归,钦应上天之命;勋亲斯托,敢忘烈祖之规?建极体元,与民更始。朕所不逮,更赖我远近宗族、中外文武,同心协力,献可替否之助也。诞告多方,体予至意!

这份由汉族儒士代为起草的即位诏书,是蒙古第一次向汉族人颁发的文言文诏书,其中多次提及要"宜新弘远之规"、"祖述变通"、"与民更始",表达了统治者改行汉法、实行变革的决心。元世祖废弃以往蒙古大汗不立年号的传统,取"中朝正统"之意,定年号为"中统",又从《易经》"大哉乾元"中取国号为"大元";听从儒臣建议,模仿宋金制度,在中央设中书省、枢密院、御史台,中书省下设六部;此后元代的历位皇帝也对儒学极为推崇,翻译儒家经典,任命儒士为官,如元成宗即位后"诏中外崇奉孔子","孔子之道,垂宪万世,有国家者,所当崇奉"②;更为可贵的是,元代统治者能够重视农业发展,鼓励垦荒,发展屯田,兴修水利,此外还组织编纂《农桑辑要》一书,颁行全国。所以草原民众带来的游牧文化与农耕文化在元大都发生了更为深入的融合。

---

① 宋濂等撰:《元史》,卷4《世祖本纪》,中华书局1999年版,第57页。
② 陈高华等校点:《元典章》,卷31《礼部四·学校一·儒学·崇奉儒教事理》,天津古籍出版社2011年版,第1088页。

此外，由于受到了"逐水草而居"的草原生活习惯的影响，元世祖确立了两都巡幸的制度。元世祖在定都元大都后，上都降为陪都位置，主要用来联络中原与漠北。元代统治者每年大部分时间居于大都，四月至八九月赴上都避暑。元朝诗人曾经这样描述"北方毡车千万辆，健牛服力骆驼壮。清晨排作雁阵行，落日分屯夹毡帐"，每年往来巡幸时，各种官员都要一起前往，浩浩荡荡的迁移队伍，宛似昔日大草原的迁移。

当然，元代在"汉化"同时也保留了游牧文化的很多特色，如制度上还保留四怯薛制度、断事官制度等，在生活习俗上保留的则是更多。但是终元一代，游牧文化与农耕文化在元大都为核心的中原地区进行了空前的融合，随之，元大都也出现了多元的文化特色。

（二）多民族文化的会通

正如历史上其他少数民族入主中原后发生的"汉化"一般，蒙古统治者在对中原与江南地区的民众进行军事征服的同时，也发生了中华文明对蒙古统治者的文化征服。这两种征服推动了汉族与其他少数民族的融合。

早在唐末五代时期，燕京地区就开始有北方的少数民族迁入，被划入契丹、女真族的统治范围后，由于统治者出身少数民族，本地区的少数民族人口数量不断增加，主要来源于契丹、女真族的游牧部众。蒙古人长驱南下、实现大一统后，元大都成为全国的政治、经济与文化中心，本地区的民族融合达到了一个新的程度，其范围之广、程度之深，都远远超过前代。元代统治者来自于北方草原，在政策法令上对蒙古人、西域人及其他少数民族有所偏重，所以元大都吸引了大量的少数民族部众前来定居或从事商业贸易。大都城内少数民族的数量达到了历史上最多，民族种类也是最为复杂的，主要包括：前朝定居中原的契丹人和女真人；来自蒙古大草原的蒙古人和其他游牧民族；还有一部分是被蒙古人强制迁移到这里的少数民族（主要是西域地区）部众。

为适应民族大融合的背景，元代统治者规定朝廷的重要文件要使用蒙古文、汉文和亦思替非文字（即波斯文）记录。元代的中央教育机构就设有国子学、蒙古国子学与回回国子学三种。最初的国子学为元太宗在燕京所设，教授蒙古贵族子弟学习汉语，《析津志辑佚》记载，太宗诏书规定，在国子学内只用汉语交流，被发现使用蒙古语，"一番打一简子者，第二番打两简子者，第三番打三简子者"。此后元世祖在大都城新创建的国子学，除汉语学习外，开始讲授儒家的简单礼仪。此外，元世祖邀请国师八思巴设计了一套新的蒙古文字，即利用梵文的方法创作的八思巴文，并设置蒙古国子学以教授新文字。

历史篇

西域的少数民族信奉西方传入的伊斯兰教，伴随着西域人大量流入元大都和中原地区，出现"元代回回遍天下"的现象。因伊斯兰教的许多重要经典仍然是使用亦思替非文字所写，众多百姓无法阅读，元代统治者在国子学之外，开设回回国子学，专门教授这种文字，并且规定亦思替非文字为官方通用文字，在各级朝廷机构专门设置从事翻译的官员。

元大都的饮食和服饰也体现着民族融合的特色。江南地区的饮食颇受欢迎，清真食品也为人喜爱。"京城食物之丰，北腊西酿，东腥南鲜，凡绝域异味，求无不获"。在元大都随处可见身着不同民族服饰的百姓，而藏族服饰也得到了元人的青睐。

（三）中华文化与域外文化的涵容

伴随着成吉思汗及此后诸位皇子的西征，中亚地区建立多个蒙古汗国，陆上丝绸之路的政治障碍大幅减少，打通了中国与中亚、西亚甚至欧洲地区国家的交往通道。此后，域外国家多次向元代派出使团，远在欧洲的罗马教廷也派出使者和传教士前往东方。而这交流的中心则是当时的都城——元大都。

域外国家的使团中往往带有大量本土的商品，这种朝贡贸易的繁盛推动了中外交流的加强，大量的域外商人也随之来到元大都开展商业贸易。同时，他们也把本国家的文化、风土人情传递到元大都。元代诗人王恽在其诗中也对此进行了描写：

阙下元日口号（其二）[①]
建章宫树玉嶙峋，云近蓬莱气自春。
帐殿忽开齐舞蹈，紫衣独见海东人。
（其四）
千官锡宴瞻天喜，万里休兵立仗闲。
拟效尧封三献祝，太平天子寿南山。

袁桷也在《元日朝回》中所述："万国梯航满禁衢，卉裳象译语音殊"[②]，正是元大都在元日时万国来贺的盛景。在使者的不断往返中，原在西亚、欧洲的伊斯兰教与基督教也传入中国。基督教最早在中国传播的是聂斯托利派，聂

[①] 王恽：《秋涧集》，四部丛刊景明弘治本，卷25。
[②] 袁桷：《清容居士集》，四部丛刊景元本，卷11。

斯托利派又称为"景教"（或"也里可温教"）。而基督教正宗传入中原的时间则相对较晚，是在罗马教廷向元朝派出使者后才由传教士传入中国。

元代统治者的崇佛政策推动了中国与高丽、日本、印度等国家的交往，如至元二十七年，高丽奉诏派出惠永率领的100名写经僧来到元大都，在庆寿寺用一年时间，抄写完成一部金字《藏经》。又如天历初年来华的印度僧人玉田达缊，"平生喜从当世名公雅士游，尽得其礼貌，而于艺又能精鉴书画，博古通今"，与当时欧阳玄、危素、赵雍等人交游，欧阳玄亦曾经亲自为其松月轩题词。

同时，宗教的传播也带来了西方的科技、天文知识等。如伊斯兰教独有的回回历法，对天体运行和气候变化的认知，为元代修订《授时历》提供了帮助。

三、元大都多元文化的表现

（一）建筑

在元世祖的支持下，汉人刘秉忠以《周礼·考工记》为蓝本设计建造了元大都，"匠人营国，方九里，旁三门，国中九经九纬，经涂九轨，左祖右社，面朝后市。"①大都城是第一座真正意义上按照《周礼·考工记》规划建造的都城，并且设有太庙、社稷坛和郊坛举行祭祀活动。此外，元大都有着不同宗教的建筑，例如汉地佛教的寺庙、藏传佛教的白塔、伊斯兰教的清真寺、基督教的教堂、道教的道观等。

而元大都的构造也有不少创制，体现了农耕与游牧的双重特色，例如宫廷御苑，为统治者的草原围猎生活方式而设。另外，宫城内的装饰以富于蒙古族"毡帐"的色彩，并广泛铺设壁毯、地毡，入门的地方还放油木质银里的漆瓮，高1.7丈，可以存酒50石。丹墀之前，还栽种了一种从漠北草原引种过来的"誓（思）俭草"，警示子孙牢记草原生活。前文所述的两都巡幸的两京制，保留着"逐水草而居"的草原生活习性。

（二）史学

在元大都内，还进行着为前代修史的重要工程。历代封建王朝有着为前代修史的传统，而由于宋朝与辽、金两个少数民族政权对峙，导致官修正史的修

---

① 杨天宇：《周礼译注》，上海古籍出版社1983年版，第665页。

撰一直没有进行。元世祖统一全国后，获得了更多的宋金的史料，但是此时朝廷专注于本朝扩张的历史编纂，对于为前代修史重视不足。尽管元仁宗时期已经开始准备修史，但是政治动乱使得修史被迫中断。直至元文宗即位后，为辽、金、宋修史的工作才正式开始。面临的一个迫切的问题就是在多方对峙的情况下，谁能代表"正统"，经过多方争执后，元顺帝时期的都总裁官脱脱接受了虞集的建议，三个王朝互不统属，彼此各自纪史。这样的方式，尽管彼此矛盾较多，但是却各自不影响其完整性。在元大都，也聚集了一批朝廷征调的文人进行修史工作，尽管私家修史之风不盛，但是元代的国史却是以两种文字进行双重修史。

（三）文学艺术

元大都还集聚了一大批文艺创作者。在文学艺术领域，元代承接唐宋的特色，以诗词、文赋为主。同时，俗文化在大都文坛上开始占据更重要的地位，出现了元杂剧这种雅俗结合的新形式，当时著名的杂剧艺术创作者如关汉卿、马致远都活跃在元大都。王国维先生说：往者读元人杂剧而善之，以为能道人情，状物态，词采俊拔，而出乎自然，盖古所未有，而后人所不能仿佛也。[①] 元杂剧结合了白话文的对白与文言文的唱曲，这种新的文化体裁获得了社会各阶层的认可。

元代的书法绘画也达到了一个新的高度，不仅江南地区的文人纷纷北上，还有一大批在中国传统的书法、绘画领域成就斐然的少数民族人士。例如宋朝皇室后裔赵孟頫，受程钜夫推荐客居大都，供职朝廷，"其画山水、木石、花竹、人马，尤精致"，赵孟頫的书法也自成一体，"子昂书，上下五百年，纵横一万里，举无此书"[②]。而少数民族的高克恭、张彦辅在绘画领域颇有成就，书法领域则有鲜于枢、康里巎巎、廉希贡、余阙等人。赵孟頫曾在高克恭的画作上题诗[③]：

高侯落笔有生意，玉立两竿烟雨中。

[①] 王国维：《宋元戏曲考·序》，见《王国维戏曲论文集》第3页，中国戏剧出版社1984年版。
[②] 陆友仁：《研北杂志》，民国景明宝颜堂秘笈本，卷下。
[③] 吴升：《大观录》，卢勇主编：《元代吴镇史料汇编》，浙江大学出版社2013年版，元贤名画卷18，第4页。

　　　　　天下几人能解此，萧萧寒碧起秋风。

　　康里巎巎等人也非常受人赞叹，史称"巎巎善真、行、草书，识者谓得晋人笔意，单牍片纸人争宝之，不啻金玉"①。元大都的宫廷画师也留下了很多画作，如曾巽申的《大驾卤簿图》、刘贯道的《元世祖出猎图》、王振鹏的《大明宫图》等。

　　在雕塑领域，以阿尼哥和刘元为代表，阿尼哥本是泥波罗国（尼泊尔）人，他在吐蕃受到藏传佛教高僧八思巴的赏识，后又跟随八思巴一同奉诏入大都。阿尼哥曾把年久而损坏的宋代铜人修复，又协助郭守敬制作大量天文仪器，最为人瞩目的是他在大圣寿万安寺（今妙应白塔寺）建造了一座藏传佛教的大白塔，并且还塑造了大量的"欢喜佛"形象。而刘元则是来到大都后，向阿尼哥学习雕塑，后技艺高超以致元代统治者下令没有圣旨，不能为他人塑像。

　　在元大都，西域传入的外来乐舞，即燕乐，也得到了统治者的重视。元代政府在教坊司之外，专门设置仪凤司，并下辖常和署及天乐署，掌管回回乐人与河西乐人。元代统治者在祭祀时，甚至将原属于"燕乐"（西域传入的外来乐舞）的乐舞也加以使用。元世祖中统年间，从回回国运来一个巨型乐器——兴隆笙，被安放在皇宫大明殿，专门供宴饮时使用。

　　（四）宗教

　　元大都文化的多元性在宗教领域表现得更是尤为突出。由于蒙古统治者萨满教的"多神"传统，对各种宗教都采取宽容的态度。

　　萨满教是蒙古人信奉的传统宗教，元代在大都设有"烧饭园"，供萨满巫师进行宗教活动；而众多蒙古贵族和民众信奉的另一宗教则是基督教的一个分支，早期传入蒙古大草原的景教（又称"聂斯托利派"），在431年以弗所宗教会议上被宣布为异端，于辽金时期在中国北方与西域地区较为流行，成吉思汗四子托雷的正妻便是聂斯托利派信徒，直到元代后期，朝廷依然以基督教的仪式来祭祀她。

　　基督教正宗传入中原的时间则相对较晚，是在罗马教廷向元朝派出使者后才由传教士传入中国。而活跃于西亚和欧洲各地的伊斯兰教也随着西域居民的到来，传入中原，受到了元代统治者的尊敬。元代的统治者对此也非常尊敬，

---

① 宋濂等撰：《元史》，卷143《巎巎传》，中华书局1999年版，第3413页。

授予宗教领袖官职，赐予田地，允准传教。全真教丘处机不远万里觐见成吉思汗，为道教在中原地区的发展赢得了统治者的支持。统治者还在集贤院下设有道官，管理道教事务。在成吉思汗之后，元代历代统治者对佛教尤其是藏传佛教非常支持，藏传佛教萨迦派的领袖八思巴亦被尊奉为"国师"，并且世代传承。

儒学在元时被认为是"儒教"，早在围攻汴京期间，蒙古就已经向金朝索出孔子第51代孙衍圣公孔元措等27家，并在乙未、壬子两次户籍修订中，承认了衍圣公府与孔庙的特权。元世祖也听从耶律楚材的建议，"以儒治国，以佛治心"①。太宗年间中书令杨惟中在燕京地区成立太极书院，立周子祠，请赵复、王粹等人讲学，此后，理学在北方开始广泛传播，"于是伊洛之学遍天下矣"②。元仁宗恢复科举取士制度，并大量翻译儒家经典。元代还设立诸色户计，将全国居民按照职业和民族分成各种户，而儒户则是其中之一，这样儒生只需保证有人上学读书，可以免除杂泛差役，其地位与僧户、道户相近。

（五）商业

元大都也是世界性的经济贸易中心，域外的商人跟随使团或是自发来到元大都进行贸易活动，元大都集结着不同地方的商品。"繁庶之极，莫得而名也。若乃城阙之外，则文明为舳舻之津，丽正为衣冠之海，顺则为南商之薮，平则为西贾之派。天生地产，鬼宝神爱，人造物化，山奇海怪，不求而自至，不集而自萃"。③

域外商人带着各地的奇珍异宝来到京城，出售给当时的蒙古贵族，获取高额利润。"凡世界上最为稀奇珍贵的东西，都能在这座城市找到，特别是印度的商品，如宝石、珍珠、药材和香料。"马可·波罗对此情境也进行了记述："应知汗八里城（即元大都）城内外人户繁多，有若干城门即有若干附郭。此十二大郭之中，人户较之城内更众。郭中所居者，有各地来往之外国人，或来入贡方物，或来售货宫中。……外国巨价异物及百物之输入此城者，世界诸城

---

① 耶律楚材：《寄万松老人书》，李修生主编：《全元文》第1册，凤凰出版社2004年版，第217页。

② 郝经：《太极书院记》，李修生主编：《全元文》第4册，凤凰出版社2004年版，第339页。

③ 黄仲文：《大都赋》，李修生主编：《全元文》第11册，凤凰出版社2004年版，第149页。

无能与比。……百物输入之众，有如川流之不息。"①

四、元大都多元文化对不同群体的影响

元大都的多元文化对城内的不同群体也产生了不同的影响。皇家文化是一个时代的都城文化乃至时代文化的集中代表。元代统治者以少数民族的身份入主中原，一统全国，在农耕与游牧文化、多民族、多地域文化的交融之下，元代皇家的文化特色也体现着这样的融合。如皇家的宫廷建筑、服饰、饮食、礼制等，都体现了蒙古统治者的创新与包容。

元大都除前面所述皇城内的御苑与草原风格的特色外，大都城内也有着中原王朝所设的礼制建筑，包括太庙、社稷坛在内的祭祀建筑规制严明。在草原民族的认知中，缺乏对祖先的崇敬，而是更多的对武力的向往与对神灵的敬畏。但是在被"汉化"后，元代统治者学习中原王朝的礼制，这些祭祀场所的营建，也反映了统治者对农耕文化的认知在不断进步。

此外，皇家的饮食以肉类和乳类为主，辅之以粮食制品；服饰除却传统的蒙古服饰与汉人服饰外，流行的服装也有藏族服饰与高丽宫装。袁桷的《元日朝回》描述了元日大朝会的壮观景象，佛教的"法曲"，加上"千官山立"的场景，增添了皇家朝会的喜庆热闹。

《元日朝回》（其一）②
积素棱层厚载坤，天鸡三唱日初暾。
千官山立归文石，六卫嵩呼彻禁门。
花帽舞风喧法曲，椒觞承露湛皇恩。
新年欲奉瑶池对，愿借扶摇与化鲲。

元大都云集着来自江南地区、西域地区乃至域外的读书人，这也导致了士人阶层文化的多元化。士阶层的文化也在原有的文雅的基础上，实现了雅俗文化的结合和新的文学形式的创新。王国维先生指出"凡一代有一代之文学。楚

---

① ［意］马可·波罗：《马可·波罗行纪》，［法］沙海昂注，冯承钧译，商务印书馆2012年版，第379页。
② 袁桷：《清容居士集》，四部丛刊景元本，卷11。

之骚，汉之赋，六代之骈语，唐之诗，宋之词，元之曲，皆所谓一代之文学，而后世莫能继焉者也"。

此外，士人交游在元大都的旧城也极为常见。旧城中除平民百姓外，还有很多富裕人家的私家园林，如廉希宪的野园（又称廉园），张九思的西园（又称遂初园），以及乡绅赵鼎的匏瓜亭等，当时的文人，经常到园中聚会，饮酒赋诗，如刘秉忠的《野园会饮诗》，王恽的《秋日宴廉园清露堂诗》等。元代大都城的士人中还出现了收藏活动，例如鲜于枢曾在元大都观赏过王羲之的《快雪时晴帖》、王珣的《伯远帖》等。

市民阶层则是元大都最为广大的一个阶层。在元代，元杂剧的兴起极大的推动了市民文化的繁荣。元大都突破里坊制的设计，使得街道两旁店铺林立，而表演杂居的勾栏也跻身其中，便利了百姓对元杂剧的欣赏。例如关汉卿的《窦娥冤》则是反映广大下层民众悲苦生活的杂剧作品，引发了"一人唱，万人和"的社会影响。而当时的大都城还有一些以走街串巷、招徕观众的演艺团体，丰富了大都市民的文化生活。

自汉以后，中国的文化一直是儒家学说占据主导地位，而在有元一代，却形成了多元文化空前发展的格局，尽管明以后又恢复到单一文化主导的局面，但"元代回回遍天下"与大都城几万名基督教信徒的出现，多民族聚居与域外人士杂居遍处，各种文化异彩纷呈并彼此交融，使元大都成为了一座不可复制的城市。

参考文献：

[1] 宋濂：《元史》，中华书局1976年版。

[2] 李修生：《全元文》，凤凰出版社2004年版。

[3] 北京图书馆：《析津志辑佚》，北京古籍出版社1983年版。

[4] 陈高华：《元代文化史》，广东教育出版社2009年版。

[5] 陈高华等校点：《元典章》，天津古籍出版社2011年版。

[6] [意] 马可·波罗：《马可·波罗行纪》，[法] 沙海昂注，冯承钧译，商务印书馆2012年版。

[7] 王岗：《北京文化通史（元代-明代卷）》，中国社会科学出版社2016年版。

[8] 张艳丽：《北京城市生活史》，人民出版社2016年版。

[9] 朱祖希：《营国匠意》，中华书局2007年版。

四、明清北京文化的发展及其对中华文明的影响

刘 敏

【摘 要】在北京文化史上,明清建都使其京师文化发展成熟,各层面文化陶冶一炉。从结构上看,宫廷文化、士大夫文化和民俗文化是北京的文化生态的基本内容;从空间上看,京城、京郊和京畿,则构成了北京的三层文化圈。京师文化既是首善文化,发挥了重要的示范引领作用;又是总结性文化,集中华文化之大成。这启示我们,在当今建设文化中心要做到:包容开放,丰富文化内涵;整合利用教育资源,强化北京首善文化;协调现代化追求与古都风貌保护。

【关键词】京师文化;文化生态;文化圈;首善文化;总结性文化

丹麦著名的城市规划学家罗斯穆森,曾如此赞扬北京城:"北京,古老中国的都城,可曾有过一个完整的城市规划的先例,比它更庄严更辉煌吗?"[1]罗氏从城市规划史着眼,认为北京是伟大的都城。其实,作为中国历史上最重要的古城之一,北京已经有了近千年的建都历史。这种城市规划更显示了北京的京师文化特色。明清时期,正是北京京师文化成长繁荣的关键阶段。如阎崇年先生所指出,历史上有十二个王朝将北京城作为都城,时间长达一千五百余

---

① 转引自侯仁之《论北京旧城的改造》,《北京城的生命印记》,生活·读书·新知三联书店2009年版,第268页。

年。①历经辽、金、元三朝的发展，北京在明清时期成为全国当之无愧的政治中心、文化中心，北京文化也由地区文化发展为京师文化。②

一、明清时期的北京文化

（一）建都北京与京师文化的形成

按照辽王朝四时捺钵之制，除上京是都城外，另有四座城市作为"副京"。辽太宗得幽云十六州后，于会同元年（公元938年）升幽州为南京（又称"燕京"），并在外城西南方建筑皇城，兴修宫殿。这是北京城内首次出现的皇城。辽亡金兴，金继而在辽南京的基础上仿北宋东京规制改建，北京作为都城改称"中都"。中都有大城、皇城和宫城三重，内有太庙和社稷坛，城外南、北、东、西四方分列天、地、日、月四坛。当时，金宋对峙，北京成为中国北部的文化中心。此后蒙古崛起，元世祖忽必烈在至元九年（公元1272年）定都于金中都，并改称为元大都。至此，元大都成为全中国的以蒙古贵族为主体的全国封建文化中心。元明易代，明永乐元年（公元1403年）正月，永乐皇帝为了"控制胡虏，运粮江南"③，决定以北平为北京。四年后，永乐下诏迁都北京，翌年开始营建北京宫殿坛庙。永乐十八年十一月，宫殿坛庙告成。永乐十九年正月初一，明朝廷正式迁都北京。此后，明末大顺政权、清政府均定鼎北京。多尔衮说出了历代建都北京的原因：北京"势踞形胜，乃自古兴王之地"，以此为都可以"宅中图治，宇内朝宗，无不通达。可以慰天下仰望之心，可以赐四方和恒之福。"④

辽、金、元、明、清以北京为都直接造成了北京文化由地区文化向京师文化的质变。这种质变不仅表现在北京文化内涵的丰富，还表现在农耕文化与游牧文化的融合。

其一，荟萃各地文化。黄仲文曾在《大都赋》中称北京是"舳舻之津"、"衣冠之海"、"南商之薮"、"西贾之派"，如"万国之珍异"，九州"歌棚舞

---

① 阎崇年：《北京"十二为都"议》，《燕步集》，北京燕山出版社1989年版，第327页。
② 阎崇年：《北京文化的历史特点》，《北京师范大学学报》2004年第5期，第96页。
③ 陈霆：《两山墨谈》卷十八，中华书局1985年版，第145页。
④ 《清实录·世祖章皇帝实录》卷五"顺治元年六月丁卯"，中华书局1985年版，第61页。

榭"、"天生地产,鬼宝神爱,人造物化,山奇海怪,不求而自至,不集而自萃。"①黄氏所言非虚,何良俊曾记载了种类丰富的京城名酒可为佐证。如山东的秋露白酒、淮安的绿豆酒、括苍的金盘露酒、婺州的金华酒、建昌的麻姑酒、太平的采石酒、苏州的小瓶酒、广西的滕县酒、山西的襄陵酒等等都在京城可以找到,其中山西的襄陵酒为最好。②

这种文化荟萃的繁荣景象至少可作两方面理解。第一,北京以一隅之地,容纳全国各地文化。此点殆无疑义。北京作为全国政治、文化、教育中心,自然汇集了全国各地的人才和图书典籍,不仅是学子入京,更有各地的杰出画家、工匠、商人往来不绝于道路。人才聚集自然在北京城举办各种文化活动。如,明朝恢复了宫廷画苑的制度,调集全国著名画家在皇宫中供职,边文进、李在、谢环、商喜等人更被封为"武英殿待诏",在花苑中切磋技艺。

第二,北京是中西文化交流的主要阵地,是西方文化的推广中心。从历史上看,元明清三代都曾出现过中西文化交流的高潮。元大都时,日本、高丽、越南、印度、叙利亚、土耳其、巴基斯坦、印度尼西亚都与大都有联系,中外的官员、商人、教士、学者、医生、建筑师、艺术家等来到大都,又从大都去往世界各地。马可·波罗记载道:"外国巨价异物及百物之输入此城者,世界诸城无能与比。"③明初,明成祖曾在北京设立四夷馆,主持八种语言文字的翻译交流工作。该馆中的教师"谙晓番字语言",遴选各国子弟同国子监年幼监生以及在京官民弟子,送馆习学,学有所成则授职办事。④此后,欧洲传教士接连入京,传播西方文化。如利玛窦辗转入京后,向皇帝进奉所制钟表、摩尼宝石,受到皇帝礼待。利玛窦著有《天主实义》及《十论》,"多新警,而独于天文、算法为尤精……士大夫颇有传而习之者。"⑤清代,汤若望以崇祯历书、混天星球、地平日晷、窥远镜等西学西物进献清廷,被任命为钦天监掌印官,后加封至光禄大夫,正一品衔,顺治皇帝甚至尊称之为"玛法"。康熙时,法国耶稣会士白晋、张诚甚至在皇宫内设立了"药物实验室"。此后,虽然因礼仪之争等问题,清廷驱逐传教士,厉行禁教,但西洋生活元素却比较顺利地进

---

① 黄仲文:《大都赋》,范梈《苑署杂记》第十七卷,北京古籍出版社1980年版。
② 何良俊:《四友斋丛说》卷三十三,上海古籍出版社2012年版,第221页。
③ [意]马可·波罗:《马可·波罗行纪》,[法]沙海昂注,冯承钧译,商务印书馆2012年版,第379页。
④ "中央"研究院历史语言研究所校印:《明孝宗实录》卷三十五,第760页。
⑤ 顾起元:《客座赘语》卷六《利玛窦》,中华书局1987年版,第194页。

入了中国人的生活中。在皇家，清宫中设立自鸣钟处（后改名为造钟处），制造西洋钟表，圆明园中建造了谐奇趣、黄花阵、养雀笼、远瀛观、大水法等十余座西洋建筑。在京师社会中，西洋眼镜也颇为流行，据北京的一首《竹枝词》记载："眼镜戴来装近视，学他名士老先生。近视人人戴眼镜，铺中深浅制分明。更饶养目轻犹巧，争买皆由属后生。"①

其二，辽、金、元、清四朝均是北方游牧民族入主中原建立的王朝，游牧文化与农耕文化在北京融萃一体。元朝的宫廷文化带有很鲜明的游牧民族的特色，明朝帝王长期在北京生活则使得宫廷文化迅速发展，农耕文化的色彩则日益凸显。比如，大狩猎和大宴会是元代主要的宫廷娱乐活动，到明代则数量明显减少，甚至已甚少见到。同时，宫廷饮食、宫廷服饰、宫廷娱乐等各方面更加精致奢侈，一改此前的粗犷。元代士大夫的地位大幅下降，所谓"九儒十丐"。明代士大夫的政治地位则又恢复到较高水平，成为统治阶层的重要组成部分。对民俗文化而言，元明也有较大差异。元大都少数民族人口居多，因其文化水准相对较低，这导致京师文化更多呈现出"世俗"的特点，如杂剧表演、诗文创作的口语化等。明代，少数民族民众大量随同元顺帝北逃，明政府从各地调集汉族百姓入北京居住，由此再塑的京师文化则相应又较少地带有游牧文化的特点。可以说，经辽、金、元三代少数民族政权的熏陶，游牧文化已经在北京深深扎下了根，当明成祖定都北京后，汉族农耕文化则显示了一种回归的姿态。满清入关，统治者一方面为维护满族主体性实行"首崇满洲"，"剃发易服"和"国语骑射"的基本国策，另一方面注重向汉族学习，"尊孔崇道"，表彰程朱理学，实行"满蒙联姻"、"满汉一体"的民族融合政策，皈依汉族文化的同时又不失满族特色。这使得北京在数百年的历史积淀中成功地把游牧文化与农耕文化陶冶一炉。

（二）北京文化的结构与空间

其一，北京的文化生态包括宫廷文化、士大夫文化和民俗文化三个层次。三者之中以宫廷文化为主要方面，向下渗透于士大夫文化和民俗文化之中。三者各有特色，又水乳交融，共同构成了北京的文化生态。

宫廷文化是指帝王、皇室以及为皇室服务的有关中央朝廷范围内的文化，其内容大体包括都城的规划与建设、宫廷的典章制度、印书和藏书、文学、戏

---

① 杨米人等：《清代北京竹枝词》（十三种），北京古籍出版社1982年版，第20页。

曲和艺术、皇子的教读、内廷的宗教活动、娱乐和生活习俗等等。[①]皇室固然是全国最高的统治阶级，但同时也作为北京城的居民参与了京城生活和京城文化的建构。首先，在皇宫之内，他们是绝对的主体，皇家生活方式、礼仪制度、建筑器物成为宫廷文化的主要承担者。其次，宫廷之外，宫廷文化仍然有极大影响。皇帝外出巡幸、视察陵寝、郊祀等等活动需要离开皇宫进行，居民自然能感受到皇家威仪，受到宫廷文化影响。明清时期宫廷养象是皇家仪仗的一部分。每到夏天三伏之日，锦衣卫（明朝）或銮仪卫（清朝）则引导大象到宣武门洗浴。"城下结彩棚，仪官公廨监浴，都人于两岸观望，环聚如堵。"上驷苑在积水潭浴马，"岸边柳槐垂荫，芳草为茵，都人结侣携觞，酌酒赏花，遍集其下。"[②]不仅如此，宗室皇亲出入宫禁，但长期居住在宫廷之外，直接或间接地传播了宫廷文化。明朝万历以来，皇亲约有40家。其中，熹宗的妹妹乐安公主下嫁之后，"独好张街，遇有吴中士夫在京，必邀其宅眷到府，茶果谈讌。每入禁中，先皇与之饮酒投琼，笃天妹之礼。"[③]

士大夫文化指的是包括朝野官宦人士、布衣学者等人在内的官僚士大夫阶层的文化，在这里，"士大夫"应作文化上的理解，重要的不在其是否有官职，而在其世界观、人生观以及知识结构的一致性。明清时中央官署集中于承天门与正阳门之间，官员们为方便上朝一般贴近此地居住。陆容在《菽园杂记》中记载了明朝北京士大夫的交游生活，平常早晨退朝后即结伴饮酒，一直到晚上才"酣醉而还"。特殊节令，如春节时拜年，更是"上自朝官，下至庶人，往来交错道路者连日。"[④]其实，北京士大夫文化也不仅仅是居留京师的士大夫独力造就的。北京是元明清三代的全国教育中心，在京举行会试、殿试208科，出现进士超过五万人。他们之中除少数居留京师外，大部分又分散各地。各地来京会试的举子生员人数更是远超进士人数。应试举子与在京士大夫共同创造了北京浓厚的学术氛围和政治氛围，这是北京京师文化的重要方面。

此外，还有属于下层民众的民俗文化也不容忽视。民俗文化的内容与民众生活息息相连，从社会生产到百姓生活；从民众的衣食住行消费到婚育丧葬礼仪；从民间信仰到市井买卖等等。民俗文化的主体是北京城大量商业、服务业

---

① 李淑兰：《京味文化史论》，首都师范大学出版社2009年版，第2页。
② 潘荣陛：《帝京岁时纪胜》，北京出版社1961年版，第22-23页。
③ 史玄：《旧京遗事》，北京古籍出版社1983年版，第5页。
④ 陆容：《菽园杂记》卷五，北京古籍出版社1985年版，第52页。

人口。明清时期,政府在南城周边修筑城墙,清入关后更把汉族官民迁到了南城,南城是京城中最集中的商业区、娱乐区和平民居住区。清人形容南城的分区特色:"中城珠玉锦绣,东城布帛菽麦,南城禽鱼花鸟,西城牛羊柴炭,北城衣冠盗贼。"[1]外城会馆中的戏曲表演甚为繁荣,所谓"大栅栏西一带过,巷中比户有弦歌。"[2]日益繁荣的小说、戏曲、说唱艺术吸引着贵族、士绅前往观赏,甚至皇家也延请民间演员进宫演戏,高官贵戚请戏班唱堂会更屡见不鲜。此外,民间信仰也得到了士绅官宦的支持。他们不仅投身仪式活动,更捐钱捐物,组织活动,甚至皇帝也给一些寺庙撰写匾额、碑文。

其二,就空间看,北京是一个发展了数千年的都城,北京文化有着鲜明的范围和层次:以城墙为标志性界线的京城文化圈,以原属顺天府、今属北京郊县的地区为主的京郊文化圈,和以天津、保定为中心城市的冀东、冀中地区的京畿文化圈。中外学者都曾对此作过说明。德国学者埃利亚斯·卡内提曾指出了宫廷聚合大众的机制:一方面,富丽堂皇的宫廷吸引着君主所统治的居民;另一方面,首都围绕着宫廷而建,屋宇建筑则成为一个"典型的效忠模式",故而通过宫廷和首都把动机各自不同的人们凝聚到一起。[3]埃氏指出的这种机制是把京师文化作了分层说明,这是极有见地的。此外,明朝学者蒋一葵《长安客话》将记述北京地区的内容划分为"皇都杂记"、"郊坰杂记"和"畿辅杂记"等部分,显示了他的深刻洞察力。

如果说,宫廷文化和士绅文化在京城文化圈中居于主导地位,体现着京城文化圈的最大特色,那么,京郊文化圈中宫廷文化、士大夫文化依然具有重要的影响。在京城的东部、南部都有自元至清供皇帝行猎的海子;北部、东部则分布着明清帝王陵寝;西部、北部则是皇家大规模开发的园林。明成祖迁都北京后,选择昌平天寿山作为陵寝,此后又有十二位皇帝陵落成于此。帝王生前或去祭拜祖陵,或去视察山陵工程,平时有各陵神宫监管理,各陵卫军保卫。在西郊园囿,不仅有八旗护军及其家属、园户、匠役人家,还有随侍圆明园的大臣贵胄的住宅。连接畅春园的苏州街,"两行列肆,全仿苏州。旧传太后喜

---

[1] 陈康祺:《郎潜纪闻初笔》卷六,中华书局1984年版,第131页。
[2] 学秋氏:《续都门竹枝词》,《清代北京竹枝词》,北京古籍出版社1982年版,第62页。
[3] [德]埃利亚斯·卡内提:《群众与权力》,中央编译出版社2003年版,第283页。

苏州风景，建此仿之。"①如今日的通州区，是大运河的终点，这里不仅有旅店酒楼、仓库茶肆，还有许多皇室或贵族官员开设的商店当铺。士子进京赶考，官员赴任离任等等往往在这里换乘水陆交通工具。这里既有宫廷文化、士大夫文化的延伸，也有丰富多彩的民俗文化。地方文化、京师文化在这里交汇，形成了一个多元文化荟萃之地。

京畿地区是北京城的经济社会背景，与京城文化圈也有着十分密切的关联。天津因元代漕运兴起，清代更成为长芦盐的重要产地和转销地。此后，巡盐御史、直隶总督兼北洋大臣均在此驻跸，成为京畿地区最重要的政治经济要地之一。京畿地区人口流动频繁，特别是北京的服务业、手工业人口多来自附近府县。比如，北京的瓦工、木工多来自深州、蓟州，保姆、妈妈多来自河北三河等地，冬天跑旱船的演员多来自河间府宁津县，如从事西河大鼓、京韵大鼓、相声、琴书等说唱艺术和中幡、摔跤等杂技艺术的艺人也都在北京天津等地串演。②

总之，明清时期的北京文化以京师文化为主要特色，同时又存在着明显的层次结构：宫廷文化、士大夫文化和民俗文化是北京的文化生态的基本内容，京城、京郊和京畿，则构成了北京的三层文化圈。但这种层次结构是相对而言的，文化是整体的，你中有我，我中有你，水乳交融，交流互动，共同构成了北京文化的发展特色。

二、明清北京文化的影响

（一）首善文化的示范引领

京师文化是一种以天下兴亡为己任，具有经世性品格的首善文化。

首善之区的文化集中体现了一个民族，一个国家的文化理想和价值追求，代表着全国文化的精髓，其引领与示范作用无疑是巨大而持久的。"首善"一词，始见于《史记·儒林列传》。西汉武帝时，学官公孙弘上书，请兴办教育，认为"故教化之行也，建首善自京师始，由内及外。"③1901年，面对八国

---

① 震均：《天咫偶闻》，北京古籍出版社1982年版，第200页。
② 赵世瑜：《京畿文化："大北京"建设的历史文化基础》，《北京师范大学学报》2004年第1期，第117页。
③ 司马迁：《史记·儒林列传》，中华书局1959年版，第3119页。

联军蹂躏后残败的北京，光绪皇帝力求改革，责成张百熙任管学大臣，兴办京师大学堂，认为"兴学育才，实为当今急务。京师首善之区，尤宜加意作育，以树风声。前建大学，应切实举办。"①可以说，彰文物、宣教化、正轨纪、导风俗，必首重京师，这是古人很早就得出并一直坚持的结论了。

北京首善文化是具有经世性品格的文化，而其产生发展则是以先进的教育，尤其是居于教育链顶端的高等教育的进步为前提。②北京首善文化首先是一种从民族国家利益着眼，以强烈的政治责任感和社会参与意识为特征的文化，这是北京文化区别于其他城市文化的独特之处。这种经世性的品格的形成源于北京高等教育的发展，或者说是统治者通过设立学校对"教化"的强化。自元大德十年，北京国子监建立始，北京作为"首善之区"的教化功能便不断强化。同治元年，清政府下诏敦促国子监祭酒端正士风，讲明正学，认为太学自古以来就是培养人才的地方，清政府一直注意振兴学校教育，北京作为首善之区，"四方观瞻所系，必得如唐之韩愈、宋之胡瑗，躬行实践，讲明正学，以为表率，人材自能蒸蒸日上。"③仔细看来，这仍不脱西汉武帝时董仲舒所论"太学者，贤士之所关，教化之本原"④的逻辑。国子监招收全国各地的学子，培养经邦济世的"贤士"人材。北京自然成为全国的储才之所，其言行举动自动放大到全国士子之前。北京首善文化的示范作用不言而喻。

北京发达的教育使其文化影响力超迈全国，乃至影响到域外。明代北京国子监除中国人外，尚有朝鲜、暹罗、安南、琉球等地学生。永乐时，在监学习的学生约有一万人。从永乐十三年乙未科（公元1415年）开始在北京举行会试，到崇祯十六年癸未科（公元1643年）止，共77科，在北京产生了22649名进士。此外，尚有太医院、钦天监、四夷馆等培养专门人才的地方。清代撤销了南京国子监，以北京国子监为最高学府。国子监的学生除全国各地满、蒙、汉等族儒生外，也有来自日本、越南、朝鲜、俄罗斯的留学生。此外，还有为宗室子弟所设宗学，为觉罗子弟所设觉罗官学，为八旗子弟所设八旗学，为汉

---

① 赵尔巽等：《清史稿·志八十二·选举二·学校下》，中华书局1977年版，第3128页。
② 常书红：《大学与北京的文化品格》，《北京师范大学学报》，2007年第6期，第99页。
③ 璩鑫圭、唐良言编：《中国近代教育史资料汇编·学制演变》，上海教育出版社1991年版，第147页。
④ 班固：《汉书·董仲舒传》，中华书局1982年版，第2512页。

族等子弟所设顺天府学、金台书院等。清代大体每三年举办一次会试，终清一代共有114科，产生26840位进士。其中参加会试的考生数量更十分庞大，仅光绪九年（公元1883年）会试考生即超过16000人。①

首善之区的文化自然不免受到政治需要的影响，但首都的政治中心地位却以文化为根基。②首都乃是一国礼仪的中心，首都文化是全国文化的最高体现，因此，首都的文化导向和文化建设历来为统治者所重。金世宗大定十四年（公元1174年），国子监进言，认为国家承平日久，应当在京师整理典章文物，以为万世荣光，况且京师是首善之地，为全国所观仰仿效，应该"拟奠定器物、行礼次序，合行下详定。"③满清人主中原，继续以北京为首都，延续了北京城明代建筑的风貌、礼制传统和文化理念，吸收儒家文化，借此获得了其统治的合法性。而且，清朝统治者不仅以北京为都，更把北京作为情感上、价值上的皈依。雍正皇帝对驻防兵丁归葬北京的谕旨显示了这一点。雍正十年七月，雍正皇帝谕旨内阁，认为驻防兵丁条规尽善，无可更张。对于兵丁身故安葬何处的问题，雍正认为，兵将驻防之地，"不过出差之所"，北京才是兵将的乡土。"本身既故之后，而骸骨家口不归本乡，其事可行乎？"④雍正皇帝的做法表面上展示了北京对清廷统治者的特殊性，更深层次上则表明了文化对政治的深刻影响。

（二）集中华文化之大成

北京城凭借深厚的历史积淀和醇厚的文化传统，特别是金、元、明、清以来一以贯之的首都地位，宫廷文化、士大夫文化与民俗文化在北京城中荟萃交融，推陈出新，跨越了地域、民族和宗教的限制，成为中华文化的集大成者。

首先，明清两代的统治者致力于总结中国传统文化，作为文化中心的北京，自然成为大本营。这从图书编纂、出版上表现得十分显著。据《中国丛书综录》统计，宋元及以前的丛书总共约64种，到明代即达到377种，到清代则数量更大，种类更齐全。明朝永乐年间内阁首辅解缙总编的一部中国古典集大成的中国百科全书式的文献集成——《永乐大典》。该书初名《文献大成》，

---

① 阎崇年：《中国古都北京》，中国友谊出版公司2012年版，第269页。
② 郑师渠：《"首善"之区与北京文化建设》，《北京师范大学学报》2004年第5期，第91页。
③ 脱脱等：《金史·志第十六·礼志八》，中华书局1975年版，第816页。
④《清实录·世宗实录·雍正十年七月》卷一二一，中华书局影印本1985年版，第593页。

22877卷（其中目录60卷），11095册，约3.7亿字，汇集了经、史、子、集、释藏、道经、农艺、医学等古今图书七八千种，显示了中国古代科学文化的光辉成就，《不列颠百科全书》在"百科全书"条目中称中国明代类书《永乐大典》为"世界有史以来最大的百科全书"。

清代统治者为加强文化统治，从康熙时期开始大力开展官修图书活动，从《明史》到《清一统志》，从《古今图书集成》到《四库全书》，从历朝实录到大清会典、各种方略，最终推动了清代学术文化的繁荣。据统计，清前期官修图书有二百多种，平均一年编成两种书。编如此数量之书所需人员亦多，据记载，康熙年间"翰林院编检几至二百人，庶吉士亦五六十人。"①有清一代，每修一书即开一馆，书成停馆。仅在顺治、康熙、雍正和乾隆四朝，即有圣训馆、大训馆、语命房、教习堂、通鉴馆、孝经馆、实录馆、方略馆、国史馆、八旗志书馆、一统志馆、明史馆、四库全书馆等数十个修书机构。②

清代所编之书，多为汇集、总结前代学术之作。如《佩文斋书画谱》是有关我国历代书画艺术的类书。《古文渊鉴》是清宫内最大的一部历代文章总集。《佩文韵府》、《康熙字典》、《骈字类编》是分类编排的大型辞书。《律历渊源》、《律吕正义》则是有关乐律历算的专书。康熙年间完成、雍正年间刊印的《古今图书集成》更是我国历史上最大的一部铜活字印本图书。该书总计一万卷，分三十二典，共六千一百零九部，五百二十函，另有目录两函。乾隆时，图书的编纂刊印更进入了全盛时期。其中最重要的活动有，详校并刊印武英殿本《十三经》和《廿一史》，整理校核《永乐大典》，历时十年纂修成《四库全书》。《四库全书》有三百六十余学者参与纂修，三千八百二十六人专司缮写，收书三千四百六十一种，计七万九千三百零九卷，装成三万六千三百册。另外，还编有《四库全书总目提要》二百卷，《四库全书考证》一百卷，未收入四库而仅存目录的六千百八一十九部，九万四千零三十四卷。此外，"武英殿聚珍版丛书"专收价值极高的古籍，共有一百三十八种，二千四百一十四卷。据统计，武英殿刊印殿本书籍共三百零七种，一万九千八百三十八卷。③可以

---

① 《钦定总管内务府现行则例》（武英殿修书处卷），转引自《清宫述闻》，第339-340页。
② 王建伟主编：《北京文化史》，人民出版社2014年版，第201页。
③ 曹子西主编：《北京通史》第七卷，北京燕山出版社2011年版，第416页。

说，乾隆朝"文治极盛，网罗千载，缥囊九流，往古未有伦"①的自诩也并非无根之言。

这种浩大的文化工程无疑对加强学术交流，推动乾嘉考据学进展有着无可置疑的意义。学术界继承发展了顾炎武等人开创的音韵训诂考据见长的朴实学风，形成了"乾嘉学派"。乾嘉学派内部的"吴派"、"皖派"其代表人物如惠栋、阎若璩、胡渭、万斯同、戴震、钱大薪、朱筠、王念孙、王引之等均是长期生活在北京。没有政府庞大的文化工程将全国第一流的学者集中于北京讨论切磋，清代学术必将会逊色许多。

其次，建筑是最直观、最真实的文化载体，北京的建筑特色显示了宫廷文化与民俗文化的和谐共存。一方面，北京巍峨高大、富丽铺张的宫室建筑解说着中国最核心的政治哲学和自然观念。北京的中轴线北起钟楼，越宫城、皇城，向南延伸到永定门，天坛、社稷坛、先农坛等具有礼仪象征的重要建筑则连缀其间。李时勉在《北京赋》中发扬了皇权至上的政治哲学和阴阳五行的自然观，他说："若夫其宫室之制，则损益乎皇帝合宫之宜，式遵乎太祖贻谋之良。居高以临下，背阴而面阳。奉天凌霄以磊砢，谨身镇极而峥嵘。华盖穹崇以造天，俨特处乎中央。上仿像夫天体之圆，下效法乎坤德之方。"②另一方面，与皇家宫室不同，北京的胡同和四合院则透露出不一样的京韵京味。四合院模拟了人们牵儿携女的家庭序列，体现了中国传统的伦理结构，表达了世俗的生活理想。林语堂认为，皇城古建与四合院在北京完美结合，"代表旧中国的灵魂、文化和平静，代表和顺安适的生活，代表了生活的协调，使文化发展到最美丽、最和谐的顶点，同时含蓄着城市生活及乡村生活的协调。"③

综上，北京文化既是一种具有经世性品格的首善文化，为四方示范，引领着文化发展的方向；又是一种总结性的文化，集中华文化之大成，传统学术文化在北京得以总结传承，融汇各地特色的宫廷文化、士大夫文化和民俗文化得以和谐共存，保存了北京独特的古都风貌。

---

① 邵晋涵：《南江文钞》，陈寿祺序，《续修四库全书》集部第1463册，第323页。
② 李时勉：《北京赋》，于敏中等《日下旧闻考》卷六，北京古籍出版社1983年版，第92页。
③ 林语堂：《迷人的北平》，姜德明编《北京乎》，生活·读书·新知三联书店1992年版，第507页。

三、建设文化中心的启示

（一）包容开放，丰富文化内涵

"京师文化"形成最重要的条件便是超越地区文化的环境。北京正在汇聚越来越多的文化精英和文化资源，然而要让文化精英最大限度地发挥潜能，将多种多样的文化资源整合为一体。从历史上看，北京在元、明、清三朝都出现了对外文化交流的高潮，这直接促进了北京文化的发展。[①]如今，北京致力于建设国际交往中心。立足本民族文化，以包容开放的心态面向世界，广泛开展文化、教育、经济、科技、艺术等方面交流合作，必定会使北京文化更进一步。

（二）整合利用北京的教育资源，强化北京首善文化

北京首善文化自古传承至今，其中教育的高度发达至为重要。近代以来，现代大学也自然在北京生根发芽，面对深重的民族危机，追求学问，避免成为政治附庸与经邦济世，高度统一于民族危亡的时代洪流之中，北京首善文化并未湮没于故纸堆中。明清时期，北京教育极为发达已如前述。如今，北京荟萃了全国最多的一流大学、一流学科和一流学人。一方面自然应当引领文化，用先进的教育理念、教育方法和教育内容培养各方面的人材，用先进的学术理念和学术成果丰富北京文化的内涵；另一方面，也应当重视大学、学生、学者在引领社会风气的作用，强化经世性的首善文化品格，助益中华民族，乃至全人类解决生存和发展难题。

（三）挖掘丰厚历史文化资源，促进文化创意产业发展繁荣

北京市委书记、市推进全国文化中心建设领导小组组长蔡奇指出，"要集中做好首都文化这篇大文章"，目的是"把北京建设成为弘扬中华文明与引领时代潮流的文化名城、中国特色社会主义先进文化之都。"[②]北京作为一座历史文化名城，历史悠久，规划严整，古建筑雄伟壮丽，文化首善，荟萃中华历史文化精华，汇聚各族各地文化精英，汇集东西外来文化精粹。由此，北京在建

[①] 阎崇年：《北京历史上的对外文化交流》，《燕史集》，中国友谊出版公司2014年版，第214-219页。

[②] 王皓、武红利：《做好首都文化这篇大文章　建设中国特色社会主义先进文化之都》，《北京日报》2017年8月19日，第1版。

设文化中心，培育文化产业时，要注重保护古都风貌，挖掘丰厚历史文化资源。①历史文化名城保护是建设文化中心的根基，如大运河文化带、长城文化带、西山永定河文化带都是大有可为的古都文化带。如果运用得宜，注重文化与科技融合，必将促进文化创意产业规模化、集聚化和专业化。

参考文献：

[1] "中央"研究院历史语言研究所校印：《明孝宗实录》。

[2] 司马迁：《史记·儒林列传》，中华书局1959年版。

[3] 潘荣陛：《帝京岁时纪胜》，北京出版社1961年版。

[4] 脱脱等：《金史》，中华书局1975年版。

[5] 赵尔巽等：《清史稿》，中华书局1977年版。

[6] 范榜：《苑署杂记》，古籍出版社1980年版。

[7] 杨米人等：《清代北京竹枝词》（十三种），北京古籍出版社1982年版。

[8] 震均：《天咫偶闻》，北京古籍出版社1982年版。

[9] 班固：《汉书·董仲舒传》，中华书局1982年版。

[10] 史玄：《旧京遗事》，北京古籍出版社1983年版。

[11] 于敏中等《日下旧闻考》，北京古籍出版社1983年版。

[12] 陈康祺：《郎潜纪闻初笔》，中华书局1984年版。

[13] 《清实录·世宗实录》，中华书局影印本1985年版。

[14] 陆容：《菽园杂记》卷五，北京古籍出版社1985年版。

[15] 陈霆：《两山墨谈》卷十八，中华书局1985年版。

[16] 《清实录·世祖章皇帝实录》，中华书局1985年版。

[17] 顾起元：《客座赘语》，中华书局1987年版。

[18] 阎崇年：《燕步集》，燕山出版社1989年版。

[19] 璩鑫圭、唐良言编：《中国近代教育史资料汇编》，上海教育出版社1991年版。

[20] 姜德明编《北京乎》，生活·读书·新知三联书店1992年版。

[21] [德] 埃利亚斯·卡内提：《群众与权力》，中央编译出版社，2003年版。

---

① 阎崇年：《北京文化遗产与现代都市建设》，《燕史集》，北京：中国友谊出版公司，2014年，第1—12页。

[22] 郑师渠：《"首善"之区与北京文化建设》，《北京师范大学学报》2004年第5期。

[23] 阎崇年：《北京文化的历史特点》，《北京师范大学学报》2004年第5期。

[24] 赵世瑜：《京畿文化："大北京"建设的历史文化基础》，《北京师范大学学报》2004年第1期。

[25] 常书红：《大学与北京的文化品格》，《北京师范大学学报》，2007年第6期。

[26] 侯仁之：《北京城的生命印记》，生活·读书·新知三联书店2009年版版。

[27] 李淑兰：《京味文化史论》，首都师范大学出版社2009年版。

[28] 曹子西主编：《北京通史》，北京燕山出版社2011年版。

[29] 阎崇年：《燕史集》，中国友谊出版公司2014年版。

[30] 阎崇年：《中国古都北京》，中国友谊出版公司2012年版。

[31] 何良俊：《四友斋丛说》，上海古籍出版社2012年版。

[32] [意] 马可·波罗：《马可·波罗行纪》，[法] 沙海昂注，冯承钧译，商务印书馆2012年版。

[33] 王建伟主编：《北京文化史》，人民出版社2014年版。

[34] 王皓、武红利：《做好首都文化这篇大文章 建设中国特色社会主义先进文化之都》，《北京日报》2017年8月19日，第1版。

五、近代历史变革与北京的文化作用

钱 静

【摘 要】 清末，西洋先进炮火打开了清政府关闭的国门。第二次鸦片战争的惨败促使京城洋务派官员开展了一场洋务运动，为京师的传统文化注入了新鲜血液。甲午惨败，义和团运动在京师展开，八国联军侵华，中西矛盾愈演愈烈，慈禧太后终于悟到"中体西用"是没有办法实现"制夷"的强国梦的，于是清朝最后的十年都在变法中度过。在变法过程中，京师率先建立起一套近代教育体系。

民国建立之初，北京依旧保留了都城的地位。传统的惯性加上发达的高等教育系统，使得北京成为新文化运动的主阵地和五四运动的策源地。相对宽松的言论环境推动了报刊业等近代文化产业的发展，包括故宫在内的皇室禁地开始向普通民众开放，使得西方民主观念在更大程度上被普通百姓所接受。1928年以后，都城南迁，脱离了政治中心的北京凭借深厚的文化积淀和现代化的高等教育系统，实现了文化地位的再造。

1937年卢沟桥事变发生，北京沦陷。在日本的殖民政治语境中，北京文化艰难传承。这一时期，坚守在沦陷区的高校是北京文化艰难传承的重要场所。从抗战结束到新中国建立前夕，整个北京城处在艰难的恢复过程中。1949年新中国建立以后，北京文化进入了发展的新阶段。

【关键词】 近代变革；社会转型；北京文化

近代是中国历史上前所未有的大变革时代。在这场大变革中，北京具有举足轻重的地位。其中，北京文化与近代中国的社会变革更是有着极其密切的关系。作为大一统封建王朝的都城，北京的一举一动都对全国产生着重要影响。

近代以来，一系列重大政治事件的发生都以北京为舞台，因此这里守旧势力与西洋文明之间的冲突异常激烈。西洋文明的传入激发了先进知识分子的政治觉醒，改变着北京民众的衣食住行，也在不知不觉中改变着小农经济下的社会思想。而广大民众思想的觉醒又加剧了社会矛盾，推动了社会变革的发生。另一方面，由于北京有着悠久的历史和深厚的文化积淀，因此在吸纳西洋文明的同时，在被日军侵占的时期，依旧能够保留传统特色。新中国成立以后，传统的"京味"文化与新民主主义文化一起，共同推动北京文化进入一个崭新的发展阶段。

从1840年鸦片战争到1949年中华人民共和国成立，北京先后经历清政府时期、民国初年的北洋政府时期、南京国民政府时期、抗日战争时期及国共内战时期等阶段。由于最后一个阶段时间较短，故本文着重论述前四个阶段。

一、晚清时期的社会变革与北京文化

（一）洋务运动与北京文化近代化的开启

第一次鸦片战争虽然以清政府割地赔款、开放通商口岸而告终，但身居北京紫禁城的最高统治者却依旧沉醉在"天朝上国"的梦中，认为此一战不过"'蛮夷猾夏'，如旧历史上偶然间发生的事象"[①]。当时生活在京城的绝大多数士大夫和老百姓，并没有从战争的硝烟中敏感地嗅出近代世界的新气息。

第二次鸦片战争中，英法联军侵入北京，火烧圆明园。都城的陷落迫使统治者们从"天朝上国"的美梦中惊醒。北京的开明官员形成了以恭亲王奕䜣为中心的洋务派，发起了洋务自强运动。这座古老的都城终于开启了文化近代化的历程。

1862年，在恭亲王奕䜣的奏请下，近代中国第一所专门培养外语翻译人才的新式学校京师同文馆在北京设立。同文馆最初只设有英、法、俄文馆，1867年在经过与保守派的激烈争论后增设天文算学馆。丁韪良上任后对课程进行了改革，逐渐增设了法学、医学、物理、西洋史等学科，形成了现代学科分类体系。传教士也陆续在北京开办了一些学校，其中专门的女子学堂，开京师风气之先河。1870年代以后，京师同文馆培养的新式人才日益成为外交和行政事务

[①] 李剑农：《中国近代百年政治史》，复旦大学出版社2002年版，第50页。

的重要人才来源。①

由于教学的需要,同文馆附近还设立了印刷处、翻译局,曾先后组织教习和学生编译、出版了20多部教材,涉及经济、政治、法律、自然科学等众多方面。1872年,丁韪良、艾约瑟等在北京创办的《中西见闻录》,是北京第一份近代意义上的报刊。《申报》也于1875年在北京设立分馆,经过数年经营,至1880年时,已是"腾于京师人之口"②。这些文化产业的发展,促进了西方文明在北京的传播。

洋务运动时期,铁路、电灯、电报等西方工业产品被引入紫禁城,悄悄改变着清政府权贵们的日常生活。在清政府高级官员的带领下,实业风潮席卷全国,安庆内军械所、汉阳铁厂、福州船政局等新式工厂纷纷建立,推动了全国的近代化起步。

(二) 戊戌变法与北京的维新思潮

1895年甲午战败,举国震惊。这表明在洋务运动开展了三十余年的情况下,中国不仅依旧落后于西方社会,甚至远远落后于邻国日本,亡国之忧笼罩着整个中国。痛定思痛,有识之士纷纷行动起来,"开始站在世界历史的高度,理性反思自身文化,寻求变革之路,师法日本,走民主、科学之路,从而构成了近代文化自觉的起点"③。

《马关条约》签订的消息传至北京,正在北京参加会试的举人异常气愤。他们推举康有为代为起草联名诏书,奏请光绪帝推行变法,救亡图存。在维新派人士的鼓动下,年轻的光绪帝决定施行变法。1898年6月11日,光绪帝颁布《定国是诏》,正式宣布推行变法。

为了培养变法所需的人才,首先推行的是教育改革。1898年6月23日,光绪帝下诏废除八股取士,延续千年的科举制度出现了前所未有的变化。7月4日,光绪帝正式批准设立京师大学堂,梁启超草拟的章程规定大学堂"中西并

---

① 据统计,民国五年,同文馆毕业的105名学生中有32人从事外交工作,41人担任政府其他部门官员,10人投身实业,5人在教育部工作。具体参见朱有瓛主编《中国近代学制史料》第一辑,上册,华东师范大学出版社1983年版,第279—302页。
② 翁同龢:《致翁曾荣函》,谢俊美编:《翁同龢集》上册,中华书局2005年版,第269页。
③ 张昭军、孙燕京主编:《中国近代文化史》,中华书局2012年版,第86页。

用，观其会通，不得偏废"[①]。与京师同文馆相比，京师大学堂更加注重西学的教授与传播。

9月21日，慈禧太后发动政变，维新变法宣告失败。尽管戊戌变法运动只持续了百余天，但是在维新派人士的大力宣传之下，维新思潮在北京乃至全国迅速传播。

为了宣传维新变法思想，康有为等人在北京组建强学会，成立强学书局，创办《万国公报》（后更名为《中外纪闻》），促进了维新思潮在中下层阶级中的传播。与守旧派之间就君主专制与立宪政体之争、纲常名教与民权平等观念之争以及废八股取士之争三个方面展开的激烈论争，加深了社会各界对于维新思想的理解。此外，维新派人士认为，落后的风俗习惯阻碍了社会进步，所以在施行变法的同时猛烈抨击妇女缠足陋习、反对鬼神迷信等陋习，提倡剪辫易服，开社会风气变革之先声。

一时之间，北京乃至全国各地陆续出现了众多宣传维新思潮的学会和报刊，寻求变革已经成为共识。而戊戌变法的艰难推行以及政变后保守派对维新人士的残酷迫害，无一不体现出维新思想与守旧势力之间的矛盾无法调和。重重矛盾之中，一场更大的社会变革正在孕育。

（三）清末新政与北京的文化改革

甲午战后，帝国主义掀起瓜分中国的狂潮。在此情形之下兴起了义和团运动。1900年义和团运动在北京地区迅速发展。他们拆毁了京郊众多铁路，焚烧了丰台机器制造局和京师电报局，对北京刚刚兴起的近代科技文化造成了巨大破坏。另一方面，由此直接引发了八国联军侵华，北京再度落入列强之手，大批珍贵文物被抢夺、被损毁，给北京乃至整个中华民族留下了惨重而深远的痛。庚子事变是传统文化与西洋文明之间矛盾升级、彻底决裂的结果，北京的传统文化和刚刚发展起来的近代文明都遭受了巨大损失。清政府最高统治者终于意识到，只有施行变法才有可能救亡图存。

1901年初，流亡西安的慈禧太后借光绪帝之名颁布"变法"上谕，清末新政拉开帷幕。尽管新政依然坚持"中体西用"的指导原则，但西学的引进范围已经由"西艺"扩大到"西政"，"在深度上大大超越了此前的洋务运动，在规

[①] 梁启超：《遵筹开办京师大学堂折（附章程清单）》，舒新城编：《中国近代教育史资料》上册，人民出版社1961年版，第133页。

模上也非百日维新所能比"①。从拒绝西洋器物、阻挠维新变法到主动推行新政，表明守旧派的思想发生了根本性转变。

为了满足培养新式人才的需要，教育改革在这场新政中占据了重要地位，对北京的文化格局产生了重大影响。

1902年1月，因庚子事变而停办的京师大学堂恢复办学，管学大臣张百熙仿日本学制主持拟定了"壬寅学制"和"癸卯学制"。由此，北京地区建立起了由普通教育、师范教育和职业实业教育三大体系构成的学堂体系，近代教育体系在北京初步建立。1905年清政府下诏废除科举制，自此儒家学说的正统地位失去了制度的保障，清政府也失去了其维系统治的意识形态。另一方面，新式学堂的迅速发展，培养了大批新式人才，吸引了众多留学生和新式知识分子，为北京的传统文化注入了大量新鲜血液。

在新政的推动之下，北京掀起了一股办报热潮。至辛亥革命时，北京共出版报刊160多种，在全国各省中位居前列。为了扩大报刊的受众，北京地区出现了大量阅报社，并设置讲报员为广大中下层民众讲解报刊内容。与此同时，剪辫易服之风再度在京师兴起。西学终于不再局限于知识分子和士人阶层，开始在广大中下层民众之间流传。

这一场由清政府主持的新政自上而下传播，推动了整个社会的文化转型，日益觉醒的广大民众越来越不能忍受清政府的压迫统治，一场革命迫在眉睫。

二、民国初年北京文化的新气象

（一）民国肇建与北京新风尚

清末新政终究没能挽救清政府覆亡的命运。革命派推翻了延续两千余年的帝制，建立起中华民国。民国政府建立初期的北京，新旧文化与风俗并存，二者之间既有冲突也有融合，共同构建出多元化的北京社会文化。

1. 报刊舆论的兴起。随着临时政府的北迁，大批党政要人纷纷北上，一时之间北京政党云集，成为各大政治势力相互博弈的舞台。民国建立之初言论环境宽松，舆论开始成为各大政党寻求支持的重要工具，办报之风席卷全国。据统计，1912年之时北京地区登记在案的报纸便已经达到90多种，首次在数量

---

① 张昭军、孙燕京主编：《中国近代文化史》，中华书局2012年版，第129页。

上超过了近代中国报业中心上海。①数量如此之多的报刊在北京营造出了一个充满生机的舆论与传媒环境。

2. 社会风尚的西化。清王朝覆灭以后,前清遗老们丧失了政治权力,便全身心地投入文化娱乐之中,推动了宫廷文化向市民文化的转变,一时间传统的娱乐场所如茶楼、戏院等热闹异常。西式娱乐场所如电影院、跳舞场等也开始出现,穿西装、吃西餐、用洋货成为一时之风气。男女配合的交谊舞在引发争议的同时日渐流行开来,对中国传统的性别观念产生了巨大的冲击。

3. 市民公共空间的发展。随着帝制的废除,北京的众多皇家园林与祭祀场所陆续转变为博物馆和公园向普通民众开放。昔日的禁地变成人人皆可游览的公共空间,对时人根深蒂固的等级观念产生了巨大冲击。逛公园作为一种新的娱乐方式,涵盖了北京几乎各界人士,既包括商讨国是的精英、谈诗论文的学生,也包括散步遛鸟的普通市民,内外城的隔阂也被打破,"旧的权力等级制度造成的空间分隔宣告终结"②。小农经济下的价值体系在不知不觉中向工业社会的价值体系转变。

(二) 北京:五四新文化运动的中心

民国的建立虽然开启了中国历史的新篇章,但是建立初期新旧文化并存,尊孔复古的思潮泛滥。为了建立起一套与共和制政体相适应的道德规范与文化秩序,有识之士在思想文化界掀起了一场轰轰烈烈的新文化运动。

新文化运动发轫于上海,但是却在北京发展壮大。相较于上海,北京具有两大优势:第一,作为民国前期的首都,北京延续了自元以来的政治地位;第二,作为全国最高学府的聚集地,北京聚集了大量的学生群体和新式人才。1916年一心复辟的袁世凯去世,北京的文化亟待重建。次年蔡元培接任北大校长,遵循"思想自由,兼容并包"的指导思想进行办学,邀请陈独秀担任北大的文科学长。以此为契机,陈独秀携《新青年》编辑部北上,新文化运动由此开始以北大为依托、借助北京的政治影响力迅速发展起来。作为新文化运动的中心,北京大学功不可没。

其一,北京大学雄厚的师资充实了《新青年》的编辑队伍。北迁以后,众多北大教授如鲁迅、胡适、李大钊等人纷纷为《新青年》撰稿。借助最高学府的教育权威和文化资源,《新青年》逐渐变成一份具有全国影响力的刊物,大

---

① 方汉奇:《中国近代报刊史》(下),山西教育出版社1981年版,第677页。
② 王建伟主编:《北京文化史》,人民出版社2014年版,第313页。

大提高了自身的声势，推动了新文化运动的迅速发展。随着白话文运动的开展，新文化运动逐渐由少数精英阶层向广大民众普及。

其二，北京大学的青年学生开五四运动之先声，推动新文化运动真正由北京走向全国的正是五四运动的爆发。"五四"时期，各地学生团体在很短的时间内办了约400种白话报刊，停留在少数精英阶层的新文化运动终于冲破了阶层局限，发展成为普通民众广泛参与的一场运动。由北大学生调动起来的政治热情和忧国情怀也由北京扩展至全国各地，由学生阶层扩展至工人阶层。中国共产党便在这样的环境中渐具雏形。

（三）北洋政府时期北京高等教育的发展

在清末的教育改革中，北京地区率先建立近代教育体系。北洋政府时期，北京的高等教育进一步发展。

首先，教育体制的改革推动了北京高等教育体系的发展。1913年北洋政府教育部颁布由教育总长蔡元培主持修订的《学校令》，"壬子—癸丑学制"正式取代了清末的"壬寅—癸卯学制"，标志着中国近代资本主义教育体制初步确立。这一时期，政府开放了开办高等学校的限制，允许私人开办除了高等师范学校以外的高等学校。北京地区国立大学数量增长迅速，私立大学纷纷创办，外国教会学校也不断发展。据统计，至1927年上半年，北京的国立大学有10所，国立专门学校有5所，私立大学有9所，试办中未经北京政府立案的大学若干。[①]这一时期，教会学校也开始逐渐世俗化、学术化，在收回教育权运动以后，开始归入民国政府教育部管辖。

客观上，北洋政府政权更迭频繁，统治力相对较弱，为北京高等教育的发展提供了一个相对宽松的环境。1917年蔡元培担任北大校长，对其进行改革，将大学定位为"研究学术之机关"，确立"思想自由，兼容并包"的办学方针。北大由此聚集了社会转型时期的各类知识精英，成为新文化运动的中心。由留美预备学校改组建立的国立清华大学至30年代中期已经成为全国最重要的学术中心之一和中外学术交流的首要平台。由京师女子师范学堂发展而来的北京女子师范大学是全国唯一一所女子专门高校，培养了大批进步女性。

但是好景不长，五四运动爆发以后，北京一直处于动荡不安的局势之中，高校发展陷入停滞状态。一方面，军阀混战导致财政枯竭，教育经费投入长期

---

① 王学珍主编：《北京高等教育史》（上卷），中国广播电视出版社2010年版，第408页。

不足，教潮、学潮频发，罢课被"视为常事"①。高校发展陷入混乱，日常教学秩序难以为继。张作霖执政以后，采取文化高压政策，随意捕杀记者、学生、教授等知识分子，以往相对宽松的文化环境彻底转向。"三一八"惨案之后，"北大教授星散，多数南行"②，大批青年学生也纷纷离京，导致北京教育规模锐减。人员流散之后，北京高等教育界不复新文化运动时期的文化盛景，"倒显着寂寞荒凉的古战场的情景"③。

三、南京国民政府时期北平文化地位的凸显

（一）国都的南迁与北平文化中心地位的再造

1928年民国政府迁都南京，大批官僚随之南下。昔日繁华的北京日渐萧条，"路上只有几个稀少行人和车辆，……马路两旁的铺子都是紧闭大门，贴着'门面出租'的条子"④。丧失了政治中心地位的北京，亟待寻找新的出路。

一方面，由于远离政治中心，北京维持着较低的消费水平和相对宽松的政治环境，为知识分子提供了一个相对宽松的生活和言论环境。另一方面，正是由于政治地位的丧失，北平的文化优势逐渐凸显，主要体现在以下三个方面。

第一，作为多年的政治中心，北京拥有大量文化遗存。《大公报》曾刊文指出："北平之特色，即在文化之价值。"⑤时任北平市长的何其巩也认为，北平"原有学校，多属最高学府，……加之故宫之文物，涣然杂陈，各图书馆之册籍，……用之不竭"⑥。利用得天独厚的文化资源重塑古都文化中心的地位成为北平各界的共识。

第二，北平拥有发达的高等教育系统。北伐完成以后，政局趋于稳定。北平的高等教育在经过整顿以后，开始重新焕发生机与活力。1930年底，蒋梦麟出任北大校长，致力于扭转五四时期热衷于学生运动的校园氛围，使北大注重

---

① 陈青之：《中国教育史》（下），岳麓书社2010年版，第711页。
② 周作人：《红楼内外》，陈平原、夏晓虹编：《北大旧事》，三联书店1998年版，第406页。
③ 鲁迅：《〈中国新文学大系〉小说二集序》，《鲁迅全集》修订编辑委员会编：《鲁迅全集》第6卷，人民文学出版社2005年版，第253页。
④ 《最近北京的萧条》，《大公报》，1928年11月17日。
⑤ 《今后之北平》，《大公报》，1928年7月31日。
⑥ 何其巩：《今后之北平建设》，《益世报》，1928年10月12日。

学术研究的传统再次回归。中华教育基金会每年专门提供给北大的20万元特别款项，极大地改善了师生的生活水平，完善了校内基础设施，吸引了大量人才回流北大。同一时期，清华也在校长罗家伦的治理下进行改组，建立了一支由众多著名专家学者组建的教师队伍。燕京、辅仁等大学也纷纷崛起。随着局势的稳定，许多曾经南下的著名学者诸如胡适、傅斯年、潘光旦、杨树达等人再次回到北平，出现在了高校的讲台之上，①极大地补充了北平曾经流失的学术力量。

第三，北平拥有众多科研机构。1929年设立的北平研究院，下辖生物、药物学、镭学、生物学、史地学等众多研究所，丰富了北平的学术研究体系的同时，为中国现代科学事业起到了奠基的作用。这一时期北平还设立了众多的图书馆，其中的国立北平图书馆甚至是东亚地区最先进的图书馆之一。

在脱离了政治中心的地位之后，北平仰赖自身深厚的文化积淀，凭借发达的教育系统、相对宽松的政治环境、较低的消费水平再度确立了文化中心地位。浓郁的文化氛围加上深厚的历史积淀塑造了北平独特的城市性格，在面临日军步步紧逼的局势面前依旧保持着自己的节奏。

（二）北平知识分子的聚合形态

迁都南京以后，民国政府在全国推行三民主义教育。由于北平远离政治中心，南京国民政府对其控制力度较弱，北平的文化和学术发展环境相对自由，由此形成了众多知识分子群体。这些不同的知识分子群体共同组成了故都独特的文化图景。

依靠个人志趣形成团体的学院派知识分子。北平领先于全国的高等教育系统，吸引了大量知识分子前来任教，由此形成学院派。灵活的兼课制度使得学院派知识分子们得以超越学校、学科、师承、社会地位的界线，根据自身的政治倾向、学术主张甚至个人爱好形成团体，创办同人杂志，组织文化沙龙。其中著名的活动有朱光潜定期举办的"读诗会"、林徽因组织的各类文化活动、《大公报·文艺副刊》编辑部以中山公园为中心定期组织的约稿会，等等。这些活动的参与人员，既有金岳霖、周培源、费正清等著名精英学者，也有尚未成名的后生晚辈。

热衷于独立思考的自由主义知识分子。北平领先全国的学术水准吸引了大

---

① 刘超：《现在中国知识界的"南北问题"——以东大和清华为例》，《社会科学论坛》，2011年第2期，第187-207页。

量留学人士,他们为北平注入了自由主义的思潮,逐渐形成了自由主义知识分子群体。他们以胡适主编的《独立评论》为阵地发表政治言论,"不倚傍任何党派,不迷信任何所见,用负责的言论发表各人思考的结果"①,"反对暴力革命",希望在现实体制框架内解决问题②。据统计,1936年《独立宣言》的发行量已经达到了13000份,③寄售及代订处遍布全国。

强调对社会的批判性作用的左翼知识分子。1926年前后,伴随着国民革命的兴起,左翼思潮开始在北京高校中兴起。进入30年代,北大、清华等一流名校致力于学术研讨,管控学生运动,左翼思潮的发展受到了限制。但是在北京师范大学、中国大学等非一流高校中,管理制度比较松弛,学生思想活跃,为左翼文化的发展提供了土壤。④1932年5月,左翼知识分子组建北平文化总同盟。

(三)"京派"文学的形成

1933年10月,沈从文在《大公报·文艺副刊》上发表了《文学者的态度》一文,将上海文学称为"玩票白相的文学"⑤,引发了"京派""海派"之争,"京派"与"海派"的概念由此诞生。无论"京派"还是"海派",都不是严格意义上的文学团体,而是作家按照不同的价值观念结合起来的松散文学流派。而这两种不同的价值观念又深受创作环境的影响,所以用地名来进行区别。

"京派"文学能够摒弃功利主义,追求精神独立追求超然、隐逸的审美趣味,得益于北平两个得天独厚的条件:第一,都城南迁以后,北平的政治地位一度边缘化,远离是非纷扰的环境为知识分子们提供了一个相对超然的创作空间;第二,云集的高校为"京派"文人提供了充裕的工作岗位,他们不需要依靠贩卖文字赚钱。

京派文人以学院派为主,绝大部分受过高等教育和留学教育,基本都有稳

---

① 《引言》,《独立评论》,1923年第1号。
② 章清:《"学术社会"的建构与知识分子的"权势网络"——〈独立评论〉群体及其社会角色与身份》,《历史研究》,2002年第4期,第33-57页。
③ 胡适:《独立评论的四周年》,欧阳哲生编:《胡适文集11 胡适时论集》,北京大学出版社2013年版,第653页。
④ 季剑青:《20世纪30年代北平大学中的左翼思潮》,《北京社会科学》,2009年第2期,第109-111页。
⑤ 沈从文:《文学者的态度》,《大公报·文艺副刊》,1933年10月18日。

定的收入和体面的社会地位。闲暇时喜欢去西山看落日余晖，在北海听风赏月①，相较于"海派"文人来说，"京派"文人的生活显然更加悠闲惬意，不需要担心作品销量的他们可以更加自由地进行创作与思考。所以在创作过程中他们能够自觉摒弃"海派"的浮华之风与功利主义，追求精神的独立，思考人性与未知。

为了传播文学理念，京派文人先后创办了《骆驼草》、《水星》、《文学季刊》等刊物，京派文学也随之走向繁荣。但是京派文人追求隐逸的精神世界，忽视与时代的连接，与大众是疏离的，因此无法抗衡血气十足的左派文学和商业气息浓厚的海派文学。随着华北危机的持续加重，北平的政治环境不断恶化，曾经安逸、超然的社会环境不复存在，一批京派作家陆续离开，京派文学随之归入沉寂。

四、日本侵华与北平文化的劫难和传承

（一）华北危机与故宫文物的搬迁

丰富的文物遗存是故都历史文化的载体和象征。因此，当南京政府最初以"安全""保护"为名酝酿迁出故宫部分文物的计划之时，便遭到了很多北平人士的反对。早在1931年"南迁"初议之时，陈寅恪、蒋廷黻、顾颉刚、吴其昌便联名发表反对意见，称"移空古物，北平的繁荣，宣告死刑。"②北平各团体也曾联合发文反对："北平繁荣计划，文化居首，若无故宫文物，则文化无所取资，各国研究不出其途，北平必日就衰落。"③

但是随着"九一八"事变的爆发，华北局势日益紧张。1933年3月，日军攻占热河，直逼北平城下。故都的文物古迹全部面临着被掠夺、被摧毁的风险，北平人士不得不与南京国民政府一起筹划古物保存的办法。从1922年2月开始，在南京国民政府的组织下，故宫博物院的大批珍贵文物被陆续搬迁。据统计，同年3月到5月之间，南京国民政府将故宫文物共计13427箱又64包通过铁路经上海转运南京。

---

① 胡风:《京派看不到的世界》,《文学》第4卷第5号，1935年5月1日。
② 《本校四教授反对古物分散之一篇公开状》,《清华周刊》，第34卷第5期，1930年11月29日。
③ 《各团体反对古物移洛》,《北平晨报》，1932年11月27日。

南迁虽然达到了保存文物的目的，但是却对北平文化造成了巨大冲击。首先，文物是故都的重要象征，失去了大量文物，故都的身份认同和文化自信大打折扣。第二，文物迁出之后，故宫的文化吸引力大大降低，郑振铎形容失去了文物的故宫"处处觉得寥寂如古庙，一点生气都没有"①。第三，七七事变爆发后，南京危在旦夕，于是迁出的故宫文物又分水陆两路运往西南大后方。由于运输、储存条件的恶劣与落后，再加上混乱的政治环境和人为因素，在复杂的迁移过程中，故宫文物损毁严重，再也无法完璧归赵。

（二）北平高校的西迁

"七七"事变以后，北京大学、清华大学、北平师范大学、中法大学、朝阳学院等众多高校相继迁出或停办。这些高校在迁出的过程中损失惨重。据统计，北大仅图书、教材、仪器损失"60万银元"②，清华图书馆"中文部分近年出版之各种期刊，悉遭焚毁"③。与高校一同迁出的，还有众多学术机构。30年代北平的文化复兴很大程度上得益于北平林立的高等学府以及科研机构对人才的吸引和培养。因此，高校迁出以后，北平的教育文化事业受到巨大冲击。

但是，迁出的高校又为战后北平文化的复兴保留了火种。抗战爆发以后，国民政府坚持高校"一切仍以维持正常教育为其主旨"，确立了"战时须作平时看"的教育方针。④在国民政府的勉励支撑之下，尽管北平迁出的众多高校元气大伤，但依旧保持了最基本的办学形式，顽强地生存了下来，甚至取得了一定程度的发展。

在长达八年的全面抗战期间，广大师生不畏艰险困苦，以救亡图存和民族复兴为己任，勤奋治学，弦歌不辍，保存了民族文化的血脉，为战后国家建设储备了人才资源，谱写了中华民族精神的壮丽篇章。随着抗战的结束，清华、北大、北师大等众多高校相继复校，原校师生陆续返校，使得中断八年之久的北京传统文化脉络得以继续传承，为战后北京文化的复兴奠定了基础。

---

① 郑振铎：《地方印象记：北平》，《中学生》，第50期，1934年12月，第7-19页。
② 《抗战以来我国教育文化之损失》，《事实日报》，第19卷第5期，1938年10月15日。
③ 梅贻琦：《抗战期中之清华》（三续），《清华校友通讯录》，第8卷第1期。
④ 教育部教育年鉴编纂委员会编：《第二次中国教育年鉴》，第1编第2章，商务印书馆1948年版，第10页。

（三）日本对北平的文化侵略

日军在占领北平后妄图利用北平在中国传统文化体系中的特殊地位，凭借强大的军事实力推行文化侵略，从而摧毁华北沦陷区乃至全国人民抗日救亡的意志。

日军占领期间，严格控制北平图书的出版发行，这一时期，除了日伪官办的出版发行社外，民间的出版发行基本处于停滞状态。[1]为了进行"亲日"宣传，日军在北平建立了"新闻中心"，直接控制中、日文报刊四十余种。此外，日军还通过广播、电影等新式传媒手段进行感召，先后录制了《建设东亚新秩序》《协力同心》等影片，宣传"东亚共荣"。

侵略者在北平大肆宣传和推行殖民主义文化教育。日本炮制出"新民主义"，要求中国人顺应"王道"，对日本侵略者"以礼相待"，共建"东亚新秩序"。[2]1937年底，日伪政府成立"中华民国新民会"，对"新民主义"进行大肆宣传。1938年，"新民会"在北平设立"新民青年实施委员会""首都新民少年团"等机构，专门用以培养北平占领区青少年的亲日思想和行为。

占领北平之后，日本便强行将日语定为"国语"，并且创办众多日语速成班，试图营造出日语的语言文化环境。1938年，北平伪政府教育部成立"教科书编审会"，以"新民主义"为原则对教科书进行重新编订。为了培养亲日的师资队伍，"新民会"对各中小学校长和教师进行"培训"，同时成立"中等教育师资讲肆馆"为日占区的中小学培养校长。这一时期，日伪政府还以"恢复"为旗号，对北平原有高校进行改组和调整，陆续成立了"国立北京大学""国立北京师范大学""国立北京艺术专科学校"等高校，借助北平原有高校之声势培养为殖民体系服务的人才队伍。

（四）日军统治下北平传统文化的艰难传承

北平拥有700余年的历史沉淀，又是五四新文化运动的中心，其一脉相承的文化力量与惯性异常强大。因此，沦陷时期尽管日军在北平推行严格的文化管控政策，但传统文化依旧维持着艰难的传承，北平文化发展的脉络在这片土地上始终没有彻底断裂过。坚守在北平的高校为北平文化的艰难传承提供了重

---

[1] 梅振旭：《文化浩劫——试论日本侵华对北京文化的破坏》，《北京中国抗日战争史研究会建会20周年学术论文集》，2011年，第198-208页。

[2] 能势岩吉：《何为新民主义》，《新民周刊》，第4期。转引自王建伟主编《北京文化史》，第356-357页。

要场所。

沦陷时期,中国大学坚持在北平正常办学,是当时北平唯一一所在重庆政府立案又没有外国背景的高校。校长何其巩在复杂的政治背景下积极奔走周旋,坚持做到校董会及学校一切机构无变动、不受奴化支配、师生自由讲习,学校证件从未加盖过伪政府的印章。日军占领期间中国大学一直存在,当时留居北平的众多学者如俞平伯、王桐龄、蔡镏生等纷纷任教于此,太平洋战争爆发后,燕京大学与协和医学院的众多教授如齐思和、裴文中、谢少文等人也纷纷来此任教。众多东北、华北等地的学生也纷纷来此学习,学生人数由1938年的不足1000人增长到1944年的4000人以上。[1]

辅仁大学由于德国天主教圣公会的背景,沦陷时期基本维持了正常的教学活动。由于不受日伪管制,辅仁大学可以不挂日本国旗、不用日文教材、不必修日语,因此众多留居北平的学者纷纷于此任教,一时可谓人才济济。随着社会环境的变迁,学者的治学风气也发生了一些转变,辅仁大学校长陈垣先生描述北平治史风气"从前专重考证""事变之后颇重实用"、近来"颇提倡有意义之史学"[2],学者们从来没有忘记过救亡图存的历史重任。

这些高校的坚守,为沦陷区内不愿就读日伪扶植的高校的学生提供了学习进修之地,为留居北平的著名学者提供了治学传道之所。抗日救亡的民族信念在此默默坚守,伺机燎原;中华传统文化的火种在此悄悄传递,生生不息。

五、和平解放前后的北京文化

北平的战略地位和历史地位都十分重要,日本投降以后国共两党对北平展开了激烈的争夺。1945年10月10日,孙连仲代表国民政府在故宫主持日军投降仪式,国民政府正式接管北平。在此背景之下,共产党重视在文化领域同国民党展开斗争。

北平是五四新文化运动的中心,也是马克思主义传播的重要阵地。为了抢占舆论阵地,北平中共地下党组织先后出版发行《平津晚报》《新平日报》《文艺大众》《民主星周刊》等报刊。与此同时,国民政府也开始加紧对北平的思想管控,中共北平市委被迫迁至张家口,上述报刊也被迫停办。

---

[1] 王建伟主编:《北京文化史》,人民出版社2014年版,第351页。
[2] 陈志超编注:《陈垣来往书信集》,上海古籍出版社1990年版,第302页。

青年学生向来是马克思主义传播的重要群体，日本投降以后众多高校回迁北平，带来了大量的青年学生。1946年2月，中共发出《对北平工作方针的意见》，决定将工作重心"放在学生与知识青年中，以求发动与领导学生群众的经济斗争与民主运动"，以此来"推广全国的民主运动"。[1]

随着内战的爆发，北平的局势迅速恶化。各种社会危机纷纷浮现，频发的学生运动成为表达群众抗议、传播新民主主义的重要形式。自五四以来，"所有学潮恒以北平马首是瞻"，1946年—1948年间，北平学生相继发动了反美抗暴运动、反内战反饥饿运动、"七五"血案等运动，波及社会各个阶层，影响甚为广泛。新民主主义文化随着这些运动的爆发在北平迅速传播，中国共产党在北平的群众基础不断扩大。

随着文艺界人士回到北平，"京派"文学和左翼文学再度在北平兴起。这一时期的文坛斗争不仅仅是单纯的创作理念的分歧，而是上升到了政治斗争的层面。随着内战局势的转变，左翼文学的影响力在北平迅速扩大，与主张自由主义的"京派"文学的冲突也越来越明显。从1947年6月开始，左翼杂志相继发表《文艺骗子沈从文和他的集团》《形式主义片段论》等文章，对沈从文、朱光潜、卞之琳、穆旦等"京派"文人进行批判，将他们纳入"反人民的反革命阵营"之中[2]。"京派"文学在这样的政治氛围中走向终结。

历经多年战火的北平渴望着和平，也只有和平解放才能使故都丰富的历史文化遗存免遭战火。因此中共的和平解放策略获得了北平各界的认同。随着三大战役的胜利，中共即将取得胜利的局势已经十分明朗。在中共与社会各界人士的共同努力下，傅作义最终接受和谈，北平和平解放，众多历史文物得以完整保留。新中国成立后，将北平改为北京，并定都于此。自此，北京文化发展进入一个崭新的发展阶段。

近代北京文化的发展轨迹与重大历史事件的发生密不可分。北京作为众多历史事件发生的舞台，一方面，在这些事件的影响下或多或少地改变着自身的发展轨迹；另一方面，也或隐或现地制约着这些事件的开展方式。近代以来，在西洋炮火的攻势下，口岸城市成为吸收西方知识的前沿，文化地位不断上

---

[1] 刘明逵、唐玉良主编：《中国近代工人阶级和工人运动》第13册《解放战争时期国民党统治区的工人阶级和工人运动》，中共中央党校出版社2002年版，第9页。

[2] 郭沫若：《斥反动文艺》，《大众文艺丛刊：文艺的新方向》，第1期，1948年3月，第20-23页。

升。而北京，由于封建王朝体制的不断解体，政治和文化地位一度呈下降趋势。但是北京依旧凭借首都的优势，在全国率先建立起近代教育体系，为北京文化的发展提供了新的场所，民国初年的五四新文化运动便借助这样的场所发展壮大。凭借发达的高等教育体系和深厚的传统文化积淀，即使在1928年都城南迁、政治地位边缘化以后，北京依旧再造了全国文化中心的地位。而沦陷时期，这些高校依旧弦歌不辍，为北京文化的传承和发展保留了火种。新中国成立以后，北京文化进入了一个前所未有的发展新阶段。但是无论是在西洋文明传入的时期，还是在日军统治时期，北京文化从未遗失过自己的文化传统，在新与旧的碰撞之中，在传统与现代的交流之下，发展出独具特色的"京味"文化。

参考文献：

[1] 教育部教育年鉴编纂委员会编：《第二次中国教育年鉴》，第1编第2章，商务印书馆1948年版。

[2] 谢俊美编：《翁同龢集》，中华书局2005年版。

[3] 陈平原、夏晓虹编：《北大旧事》，三联书店1998年版。

[4] 《鲁迅全集》修订编辑委员会编：《鲁迅全集》第6卷，人民文学出版社2005年版。

[5] 欧阳哲生编：《胡适文集11 胡适时论集》，北京大学出版社2013年版。

[6] 陈志超编注：《陈垣来往书信集》，上海古籍出版社1990年版。

[7] 张昭军、孙燕京主编：《中国近代文化史》，中华书局2012年版。

[8] 方汉奇：《中国近代报刊史》，山西教育出版社1981年版。

[9] 舒新城编：《中国近代教育史资料》，人民出版社1961年版。

[10] 王学珍主编：《北京高等教育史》，中国广播电视出版社2010年版。

[11] 陈青之：《中国教育史》，岳麓书社2010年版。

[12] 李剑农：《中国近代百年政治史》，复旦大学出版社2002年版。

[13] 王建伟主编：《北京文化史》，人民出版社2014年版。

[14] 朱有瓛主编：《中国近代学制史料》第一辑，上册，华东师范大学出版社1983年版。

[15] 邓云乡：《古城文化旧事》，河北教育出版社2004年版。

[16] 刘明逵、唐玉良主编：《中国近代工人阶级和工人运动》第13册《解

放战争时期国民党统治区的工人阶级和工人运动》，中共中央党校出版社2002年版。

[17] 刘超：《现在中国知识界的"南北问题"——以东大和清华为例》，《社会科学论坛》，2011年第2期，第187-207页。

[18] 章清：《"学术社会"的建构与知识分子的"权势网络"——〈独立评论〉群体及其社会角色与身份》，《历史研究》，2002年第4期，第33-54页。

[19] 张军：《国防设计委员会与北平自由主义知识分子政治态度的裂变》，《求索》，2009年第2期，第207-210页。

[20] 季剑青：《20世纪30年代北平大学中的左翼思潮》，《北京社会科学》，2009年第2期，第109-111页。

[21] 梅振旭：《文化浩劫——试论日本侵华对北京文化的破坏》，《北京中国抗日战争史研究会建会20周年学术论文集》，2011年，第198-208页。

[22] 何其巩：《今后之北平建设》，《益世报》，1928年10月12日。

[23] 沈从文：《文学者的态度》，《大公报·文艺副刊》，1933年10月18日。

[24] 胡风：《京派看不到的世界》，《文学》第4卷第5号，1935年5月1日。

[25] 郑振铎：《地方印象记：北平》，《中学生》，第50期，1934年12月，第7-19页。

[26] 梅贻琦：《抗战期中之清华》（三续），《清华校友通讯录》，第8卷第1期。

[27]《最近北京的萧条》，《大公报》，1928年11月17日。

[28]《今后之北平》，《大公报》，1928年7月31日。

[29]《本校四教授反对古物分散之一篇公开状》，《清华周刊》，第34卷第5期，1930年11月29日。

[30]《各团体反对古物移洛》，《北平晨报》，1932年11月27日。

[31]《抗战以来我国教育文化之损失》，《事实日报》，第19卷第5期，1938年10月15日。

[32] 郭沫若：《斥反动文艺》，《大众文艺丛刊：文艺的新方向》，第1期，1948年3月，第20-23页。

借鉴篇

一、人类文化发展及世界文化中心演进的基本规律

王大广

【摘　要】 纵观人类文化演进的规律，可以看出，文化的繁荣发展离不开两种趋势：融合趋势和集聚趋势。所谓融合趋势，就是指多样文明向单一文明演进的现象。所谓聚集趋势，是指不同文明相互叠加产生的乘数效应。遵循两条基本的路径：自发路径和自为路径。所谓自发路径，就是通过某种文化启迪和文明觉醒，在人民大众特别是知识精英阶层中普遍确立了某种文化信仰，进而自下而上地进行文化生产的发展路径。所谓自为路径，就是指一个国家的统治阶级深刻地认识到文化的重要性，通过创造各种条件鼓励、扶持、培育文化发展，进而实现文化繁荣的途径。在面向21世纪发展的今天，文化竞争已经成为综合国力竞争的重要组成部分，需要我们认真总结文化发展的基本规律，共同推动中华文化在新的历史阶段实现伟大复兴。

【关键词】 融合；聚集；自发路径；自为路径

　　文化是人类社会特有的精神现象，文化生产与人类的经济活动和政治活动有着密切的关系，从根本上受到物质生产条件的制约。从这个意义上说，文化的生命力是很羸弱的，文化再繁荣，也繁荣不过经济；文化再强大，也强大不过政治。同时，它又有着一些自己独特的发展规律，有着某种不依赖经济和政治独立存在的特质，经济可以凋敝，政权可以更迭，人类甚至都可以消亡，但文化及作为其精华部分的文明则能始终与这个星球同在。因此从这个意义上讲，文化的生命力又是无比强大的。正所谓物质可灭，但精神永存。

一、文化发展的趋势问题

人类从诞生之日起，就开始了文化创造的历程，不同的民族在繁衍发展的历程中创造了不同的文化形态，它们如满天繁星，在历史的天空中熠熠生辉。但站在人类历史的高度进行俯视，就会发现文化的发展有着两种天然的趋势，一种是融合趋势，一种是集聚趋势。

就融合趋势而言，在数千年的历史发展过程中，人类文化始终有着从多元到单一演进的冲动。历史学研究表明，大约在公元前10000年，地球上曾经有着数千个文明形态。这些文明形态之间的关系与宇宙中的星系之间的关系没有多少差别，不同的民族生活在完全不同的世界之中，比如美洲大陆和亚洲大陆，长久以来彼此是完全独立、毫不相知的，公元前4世纪到公元前3世纪，中国处于战国时代，群雄并起，逐鹿中原；在当时的中美洲，同样存在着不同形态的玛雅文化群落在彼此厮杀，两边的争斗完完全全不相干，对于那个时代的人来说，亚洲和美洲的差别，与地球和火星的差别并无二致。但到了公元前2000年，也就是人类普遍进入文字书写时代后，这个数字已经剩下数百个了。到了公元1450年，随着欧洲进入探险时代，亚非大陆空前紧密地联系在一起。接下来的300年里，世界加速了融合的脚步，1521年，西班牙征服了阿兹特克帝国，进入了中美洲。1532年西班牙入侵印加帝国，于是安第斯世界不复存在。1788年英国人正式殖民澳大利亚，宣告最后一块绝然于世的文明形态的最终瓦解。从此这个星球基本上成为同一文化形态的世界，虽然微观上存在差异，但总体上使用的是同一套经济制度、同一套地缘政治体系、同一套数学和科学概念。因此，严格地说，今天的世界并不存在所谓的"文明的冲突"，虽然伊朗和美国针锋相对，剑拔弩张，但他们讲的都是民族国家、市场经济、国际权利以及核物理这套语言。与其说是文明的冲突，倒不如说是利益的冲突。那么到今天，这个世界上还存在多少种文化呢？有人说数十种，也有人说十几种，还有人干脆说就剩下一种：即资本主义的消费文化形态。

就聚集的趋势而言，人类文化有着明显的由分散到集中的演化倾向。文化发生学的研究表明，文化以及文明的快速演进与不同文化自身的叠加密度有着密切的关系。不同文化共存的密集度越高，文化乃至文明演化的形态越复杂、发展的速度也越迅速。而文化的密集度的提升，与人口密度的提升存在直接的对应关系。人口密度最大的存在体，莫过于城市。从人类历史上看，城市对文化的繁荣和发展起到了绝对的助推作用。城市之所以会成为文化发展繁荣的摇篮，原因就在于城市为社会分工提供了可能。分工的精细化程度，助推了文化繁荣发展的叠加效应。而那些经济繁荣、政治稳定的城市，就逐渐演化为世界上最早的文化中心。文明的产生与发展，在某种意义上说，与人类城市特别是城市群的产生与发展的脉络是高度吻合的。人类最早的一批城市出现在公元四千年前，出现在尼罗河流域、两河流域和黄河流域，而这一时期也是人类文明的第一次大飞跃。到了公元前600年至前300年间，由于生产力水平的提升及商业、贸易的发展，在亚洲的黄河流域、恒河流域、两河流域，在欧洲的地中海沿岸和亚平宁半岛，催生了人类历史上最早的一批城市群。而这段时期，也是人类文明的重大突破时期，各个文明都出现了伟大的精神导师——古希腊有苏格拉底、柏拉图、亚里士多德，以色列有犹太教的先知们，古印度有释迦牟尼，中国有孔子、老子等等，他们提出的思想原则塑造了不同的文化传统，也一直影响着人类生活到现在。这一时期，就是被历史学家雅斯贝尔斯所称的人类历史上的"轴心时代"。到了公元五世纪，欧洲进入了中世纪时期。由于宗教的禁锢和频繁的战争，商路断绝，贸易、商业严重萧条，加上占主导地位的日耳曼人以农业耕作为主，对城市的依赖程度轻，人们的生活重心重新转入乡村，这些因素使得欧洲的城市文明几乎消失殆尽。欧洲一些原有数十万人口的大城市，如巴黎、伦敦、热那亚等等，减少到只有数万人，如著名的罗马城由近百万人减至4万人。人口的锐减和城市的凋敝，严重阻碍了文化的发展，欧洲因此进入了长达一千年的"黑暗时代"，欧洲文明也随之进入了几乎停滞的缓慢发展时期。而反观这一时期的东方，唐代的长安，北宋的汴梁，南宋的临安，明代的北京等大城市则得到了蓬勃的发展，这些城市人口都在百万以上，经济繁荣、贸易发达，也自然成为文化的繁盛之地，都当之无愧地成为当时的世界文化中心。

二、文化发展的路径问题

纵观人类文化演进的规律，可以看出，文化的繁荣发展离不开两条基本的路径：自发路径和自为路径。

所谓自发路径，就是通过某种文化启迪和文明觉醒，在人民大众特别是知识精英阶层中普遍确立了某种文化信仰，进而自下而上地进行文化生产的发展路径。这种情况往往是社会遭受某种危机或动荡，面临何去何从的历史关头催生出的一种文化爆发现象。这种文化飞跃，往往是通过"向后看"的方式实现"向前进"的。当社会遭受某种危机或动荡，文明出现倒退的时候，一般的做法就是借助历史文化的力量来突破现有的不合理秩序，如春秋时期面对礼崩乐坏的现实，孔子所主张的儒家思想，其来源就是西周时期形成的周礼，西方中世纪后期的文艺复兴运动，倡导的人道主义思想则源于更早的希腊文明和东方文明，而十八世纪以来的资产阶级文化革命运动，更是利用了文艺复兴所倡导的人本主义思想。自发文化的基本前提是精神的自由和人性的解放，是需要文化精英也必须借助文化精英乃至伟大人物的文化涅槃现象。试想，如果没有孔子、老子、孟子、墨子、韩非子等思想家，春秋时期百家争鸣的局面就不会发生；如果没有但丁、彼特拉克、薄伽丘、达·芬奇、米开朗基罗、拉斐尔等文化巨匠，也就不会有文艺复兴的光辉一页；如果没有伏尔泰、孟德斯鸠、卢梭、狄德罗、康德等思想家，资产阶级的启蒙运动也会黯然失色。自发路径，是前现代社会文化发展的主要路径。在这一时期，文化发展的聚集地——文化中心的产生同样遵循着自由生长的规律，那些交通便利、政治稳定、经济繁荣的城市，往往会成为文化精英的聚集地，文化精英的聚集反过来也成就了这些城市作为文化中心的历史地位。自发路径需要的基本前提是精神的自由和人性的解放，是需要伟大人物也必须借助伟大人物的文化涅槃现象。自发路径，是前现代社会文化发展的主要路径。

人类社会进入资本时代以后，随着现代国家观念的确立和资本主义生产方式的扩张，人类社会的物质生产方式和精神生产方式都发生了革命性、颠覆性的变化，文化发展的自发路径逐渐为自为路径所取代。所谓自为路径，就是指一个国家的统治阶级通过创造各种条件鼓励、扶持、培育文化发展，进而实现文化繁荣的途径。之所以发生这样的改变，原因就在于，在激烈的国际竞争中各国都深刻地认识，发展文化事业或文化产业无论对于巩固统治阶级地位还是提升国家竞争软实力，都具有不可替代的重要作用。因此，用资本和政治的力量推进文化和知识的生产就成为普遍现象，在这样的时代共识推动下，现代的大学、科研机构、博物馆、文艺演出机构等等如雨后春笋般，一个既有钱也有闲的庞大的专业文化生产阶层由此诞生。特别是，经济全球化的发展，使得人们越来越多地认识到，资本、商品、人才等资源的全球性流动都是以城市为中介的，城市不仅成为商业和金融交易的中心，也成为了知识生产和创新的中心。为了抢占文化发展的制高点，现代国家在发展城市文化中心方面都下了很大的功夫，确保自己在文化领域的优势地位。不同的国家、不同的城市在文化发展方面采取的具体举措，可能不胜枚举。但总结一下就会发现，无论采用什么样的办法、出台什么样的法律和政策，本质都是围绕"包容"和"多元"这两个中心词汇展开的。离开了包容的精神和多元的环境，文化的发展就不可能获得永久的动力。纽约和伦敦是公认的世界文化中心，他们的包容和多元可以给我们很多启示，特别是在吸引各国人才方面，显示出强大的自信力。比如纽约，有资料显示，几乎所有国家都有移民在纽约，纽约市民使用的语言多达一百多种，早在上世纪九十年代，纽约的"少数民族"就已经成为了多数民族，其人口占到全市人口的57%。[1]再如伦敦，也是一个人口结构及其复杂多样化的城市，在750万人口中，几乎三分之一属于少数民族，每年还有数十万的移民等待着进入这座国际大都市。[2]自为路径，给我们的启示是政府必须承担积极作为的角色和职责。在现代社会，自为路径越来越成为占据文化发展主导地位的生产方式。

三、面向未来的文化传承

在面向21世纪发展的今天，文化竞争已经成为综合国力竞争的重要组成部分，需要我们认真总结文化发展的基本规律，共同推动中华文化在新的历史阶段实现伟大复兴。

文化的复兴将是中华民族伟大复兴的最终标志，在某种意义上讲，文化复兴的难度要远大于经济的复兴和政治的复兴。文化的复兴，根本在于思想的复兴，核心在于人才的使用，基础在于环境的营造。单纯的文化产业，可能会创造出漂亮的GDP，创造出大众狂欢的娱乐盛况，但从根本上说，这与文化的复兴没有必然的联系，更多的还是属于一种经济行为。繁荣的还是经济，而非文化。

真正的文化首先源于真正的思想，思想的贫瘠是最可怕的文化现象，没有思想的支撑，文化的繁荣也只能是无源之水。而思想是一种卑微的野草，只适合在低洼处生长和蔓延。它的产生与生长，有个前提，就是不能被反复地打扰，否则它就会枯萎。所以需要给它提供一个相对安宁的空间，让它自由地生长。思想的产生，关键在于人才。应当讲，在当下这样的环境下，人才成长的

---

[1] 蒯大申：《世界文化中心城市何以可能》，《社会观察》2004年第1期，第3页。
[2] 蒯大申：《世界文化中心城市何以可能》，《社会观察》2004年第1期，第4页。

条件与以往相比已经发生了翻天覆地的变化，我们的环境不可谓不宽松，物质待遇不可谓不优厚。但为何我们的文化生产还依然存在贫瘠化的趋势呢？原因恐怕在于文化生产者自身的价值观念和学术信仰出了问题，追逐名利的冲动过于强烈，淹没甚至阉割了自己的才华。我想，只要我们的文化工作能够回归本位、回归书斋、回归信仰、回归常识，文化的发展繁荣也就为期不远了。

重视文化产生的自发性规律的同时，还应高度重视文化的自为规律。这启示我们的政府和社会各界，能够按照文化产生的规律去组织文化的生产，其中最重要的就是建起了一套符合国情和实际的激励机制，摒弃急功近利的政绩观，把有限的资源真正投入到文化发展的薄弱地带和关键环节。在文化建设问题上，要保持高度开放的心态，大胆吸收和借鉴人类文明的一切成果，既要对自身的文化保持高度的自信，也要对我们吸收外来文化的能力保持高度的自信。

总之，考察文化发展的两种倾向和两种路径，目的是要古为今用、洋为中用，促进我们自己的文化发展，建设我们自己的文化中心，我想只要我们遵循文化发展和产生的规律，建起了一套符合国情和实际的激励机制，摒弃急功近利的政绩观，保持高度开放的心态，大胆吸收和借鉴人类文明的一切成果，文化的繁荣和发展也就不再会是一个遥不可及的梦想。

参考文献：

［1］林立树著：《世界文明史》，中央编译出版社2014年版。

［2］杨宏烈著：《城市历史文化保护与发展》，中国建筑工业出版社2007年版。

［3］裔昭印著：《世界文化史》，北京大学出版社2010年版。

（作者为中国人民大学宣传部副部长，兼任中国人民大学高校哲学社会科学创新发展中心研究员、北京师范大学北京文化研究院特约研究员。）

二、世界城市发展的历史轨迹与文化演变

胡燕春

【摘　要】综观古往今来各个时代不同国家与地区形成的各个世界文化中心，其间经历了由古典文化多元并置的古代时期世界文化中心，宗教文化交往中的中古时期世界文化中心，从平衡、失衡到重建的近现代世界文化中心，到全球深度互动语境中的当代世界文化中心的历史嬗变与流变发展。此外，各个世界文化中心在崛起逻辑、历史变迁与发展规律等层面的确存在着诸种相通或共同特征，其所反映出的诸种现象与问题无疑为应对相关问题提供了范例。鉴于此，世界文化中心历史演变的逻辑规律与成功经验无疑对目前北京以世界文化中心为目标的发展战略与规划具有诸种借鉴价值与启示意义。

【关键词】世界文化中心；历史嬗变；规律与共性；北京文化中心建设

世界文化中心是人类文明进步的产物，是衡量确立一国政治、经济与文化等综合力方面的世界地位的重要载体与场域，对于人类文化进化而言具有特殊且巨大的意义与功能。人类通过价值整合、制度建构、文化塑造创造了世界文化中心，与此同时，世界文化中心反作用于人类，在一定程度与某些层面对其予以改造与重塑。古往今来世界范围内诸多特质各异的文化中心，均程度不同地演绎着诸种文化功能。世界文化中心城市是世界文化地图上令人瞩目的地标，是拥有国际话语权的最佳途径。综观从人类文明精神得以重大突破且延续

至今的"轴心时代"①产生的古代希腊、古代中国与古代印度的世界文化中心，古典时期的罗马帝国中心，伊斯兰世界城市，欧洲威尼斯等商业城市，直至伦敦、纽约等工业城市与洛杉矶等后工业化城市，可以发现，上述世界文化中心虽远隔重洋、相距万里，或并无直接与紧密联系，但却具有惊人的相通或共同特征，即文化是其必具元素及特质，其盛衰兴废无不系乎于此。

针对人类文明的发展历程而言，"人类最伟大的成就始终是她所缔造的城市。城市代表了我们作为一个物种具有想象力的恢弘巨作，证实我们具有能够以最深远而持久的方式重塑自然的能力。"②与之相应，"城市的演进展现了人类从草莽未辟的蒙昧状态繁衍扩展到全世界的历程。"③他山之石，可以攻玉，世界文化中心的变迁及其所反映出的诸种问题无疑提供了解决相关问题的参考答案与范例，的确值得学习借鉴。鉴于此，以下探讨世界文化中心历史演变的逻辑规律与成功经验，考察其对于目前北京以世界文化中心为目标的发展战略与规划的借鉴价值与启示意义，力求提出有益的相应对策与建议。

一、世界文化中心的历史嬗变

世界文化中心经历了由古典文化多元并置的古代时期世界文化中心，宗教文化交往中的中古时期世界文化中心，从平衡、失衡到重建的近现代世界文化中心，到全球深度互动语境中的当代世界文化中心的历史嬗变与流变发展。

（一）古代时期世界文化中心

公元前3500年-公元前500年的古代文明时期是人类历史的黎明时期，古代中国、古埃及、古巴比伦与古印度均已开始群居生活，人类早期文明就此诞生。公元前3500年前后，中近东地区诞生了起源于乡村的居民点以及逐渐扩大成规模较大的居民区的城市。公元前2000年前后，在远东，即在印度、中国及其周围岛屿城市文化开始发展。以公元前3000年形成于古代西亚两河流域美索不达米亚平原的"古巴比伦文明"为例，古巴比伦王朝（公元前1894年-公元

---

① [德]卡尔·雅斯贝斯：《历史的起源与目标》，魏楚雄、俞新天译，华夏出版社1989年版，第8页。
② [美]乔尔·科特金：《全球城市史》，王旭译，社会科学文献出版社2010年版，第38页。
③ 同上书，"前言"第1页。

前1595年)先后由11位国王统治,在其第六任国王汉穆腊比(公元前1792年-公元前1750年)时期统一了两河流域南部地区,迎来了该王朝在奴隶制经济、商业及宗教等领域的鼎盛时期。由此,古巴比伦王朝统治下的城市得以空前发展与繁荣,辖区内的城市从南部的乌尔、拉尔萨、乌鲁克一直延伸到北部的基什、迪勒巴特、埃什侬那与西帕尔等。其中位于巴比伦尼亚北部及幼发拉底河东岸的西帕尔城是太阳神沙马什的祭拜中心,古巴比伦城是人类早期文明史上的著名城市,堪称是当时无可置疑的世界大都会。

公元前500年-公元800年,地中海古典文明得以兴起与发展,诞生了古代希腊与罗马文明。依据古希腊文明中的城市而言,"如果我们将城市看作是一定的社会形态在形体上的表现,那么,就古希腊的城市来说,毋庸置疑的是,每个城市国家的独立性以及对城市增长的自我控制意味着它可为其他社会成就提供必不可少的条件。"①具体说来,古希腊的雅典是阿提卡半岛的中心,卫城高地是其公共生活的中心,卫城凭借地理优势成为当时希腊的保护地与经济、政治及文化中心。公元前5世纪至公元前4世纪的雅典对于古希腊宗教、艺术、哲学、法律与科学具有不可磨灭的贡献。客观而言,雅典的文化影响远胜于其政治影响,人类文化史上诸多大师都曾在雅典诞生或居住,例如:悲剧家欧里庇德斯、喜剧家阿里斯托芬、哲学家苏格拉底、柏拉图与亚里斯多德以及历史学家希罗多德等。雅典的文化精英及其成就不仅传播到希腊各地,而且对埃及文化、犹太文化、波斯文化、巴比伦文化以及其他文化都形成了深远影响。由此,雅典被称作"西方文明的摇篮",是当时相对意义上的世界文化中心城市。

其后,在希腊文明的后期即希腊化时期,最大与最知名的城市当属埃及的亚历山大城。"亚历山大里亚是第一个也是最大的一个国际化城市,是希腊文化的超级熔炉。"②该城由亚历山大·马其顿创建于公元前332年,是当时世界最大的都市,地中海的经济、贸易、文化与学术中心,欧洲与东方贸易的集散地和文化交流的枢纽,创造了灿烂的"亚历山大文化",即"希腊后期文化"。城内有宏伟的公共建筑和公园,一座博物馆与一座图书馆。闻名于世的亚历山大图书馆始建于托勒密一世(约公元前367年-公元前283年),被誉为世界上

---

① [意]L·贝纳沃罗著:《世界城市史》,薛钟灵等译,科学出版社2000年版,第164页。

② [美]乔尔·科特金:《全球城市史》,王旭译,社会科学文献出版社2010年版,第87页。

第一个公共图书馆。该馆藏书70万卷，几乎囊括了古希腊全部著作与部分东方经典，古希腊的杰出科学家欧几里德与阿基米德等曾在此从事科学研究与著书立说。该城还建有号称世界七大奇观之一的亚历山大灯塔，该塔建于公元前280年，位于城北法罗斯岛上，塔高约135米，不仅为亚历山大城抵御了海风袭击与敌人入侵，而且为亚历山大城的东西两港的建立创造了条件。此外，安条克、塞琉西亚等城，与亚历山大里亚一样都是依据合理原则予以规划的，其规模在此前的希腊城市中实为少见。每一座城市都设有严格意义上的中心广场、神庙以及市政建筑。在此种城市环境中，犹太人、希腊人、埃及人以及巴比伦人等大批侨民共同生活，相应的多元文化氛围促进了文化发展。由此，埃及文化、犹太文化、波斯文化以及巴比伦文化都受益于希腊文化的影响。

古希腊消亡之后，公元前753年古罗马建立。至公元前4世纪初，罗马城作为古罗马帝国的首都逐渐呈现出诸种大城市特征。古罗马人凭借神话与传说赋予罗马城民族文化意蕴，宣称该城是由曾被丢弃于台伯河畔、由母狼哺育成人的罗慕路斯与莱慕斯兄弟建立，被誉为"永恒之城"。395年，罗马帝国分裂为东西两部分，君士坦丁大帝将罗马都城迁至拜占庭，并命名为君士坦丁堡。该城在被罗马征服之前已是古希腊的殖民地城市，经君士坦丁大帝、特奥多修斯等帝王相继下令修建，至414年，规模达至占地1400公顷、居民约为50万人。君士坦丁堡展现出拜占庭帝国多民族融合的特质，居民包括希腊人、叙利亚人、科普特人、亚美尼亚人、格鲁吉亚人及希腊化的小亚细亚人等，后又迁入哥特人、斯拉夫人、阿拉伯人与土耳其人等。该城在保存古希腊文化与发展古罗马文化方面的确功不可没。此外，该城还在东西方文化交流方面发挥了重要作用。中国从魏晋时代已与该城建立了文化联系，中方由此输入了琉璃、珊瑚与玛瑙等工艺品并引入其民间幻术，查士丁尼一世则曾遣人赴中国学习养蚕与丝织技术。

罗马帝国衰落的直接结果是使此前环地中海罗马文化的统一格局被彻底打破，7世纪后半叶阿拉伯人逐渐在地中海国家登陆，相继占领了亚历山大、安塔基亚、大马士革与耶路撒冷等城市。随后，阿拉伯占领区的东部与西部都兴建起一些城市，包括突尼斯的凯鲁万、波斯的设拉古、摩洛哥的非斯、埃及的开罗、西班牙的科尔多瓦以及西西里的巴勒莫等，其中科尔多瓦与巴勒莫迅速发展成为拥有几十万人口的都会。

（二）中古时期世界文化中心

中古时期的世界处于多中心文明的平衡时期。欧洲中世纪的城市是在教会和封建主的领地上产生的,领主是城市的所有者与统治者。一些城市通过赎买或武装斗争取得自主权,如意大利的威尼斯、热那亚、佛罗伦萨和米兰不仅取得了自治,而且控制了城郊的农村,最终发展成独立的城市共和国。这一时期业已形成伦敦、巴黎的城市内核,"巴黎城仍然分成三区:城岛(希岱岛),右部的别墅区和左边塞纳河岸上的大学区。现代化城市伦敦也依然保留着中世纪所形成的两大城区:经济区和政权所在地维斯特敏斯特(Westminster)。"①

中世纪并无古代时期的大型城市与无可比拟的中心,而是以中型城市居多。该时期的城市在整体上呈现出连续性、集中性与综合性等特征,这些城市进程中的稳定性因素对于其后几个世纪的城市发展影响深远,至今仍是欧洲城市的基本构成要素。"城市公共区的结构十分复杂,因为所有的权力中心都必须相互毗邻地安排在这里,其中包括:主教府邸、城市行政机构、宗教团体和各种行会。所以,较大的城市往往有几个中心:宗教中心,有大教堂和主教府邸;政治中心有市政府;一个或几个商业中心;带有回廊的行会及商人协会的建筑。"②例如,威尼斯于11世纪形成,继而成为东西方运转中心,不仅是商业中心,而且是艺术中心。其后,威尼斯成为欧洲著名艺术家的汇集地以及油画、铜版画与凸版印刷术等文化艺术形式的表现对象、技巧试验场与经验交流地。

在东方,中国长安曾是中国历史上包括周、秦、汉、唐四大王朝在内的13个王朝的都城所在地,在相当长的历史时期中始终是全国的政治、经济与文化中心,此种特殊地位决定了其文化构成的多民族融合特质,即兼容了官方文化与民间文化,地方文化与中国各地文化乃至外来文化。汉、唐两代基于批判继承周、秦文化的积淀,创造了更加辉煌的盛世长安文化。唐文化是世界文化的高峰,唐代的长安城是中华文明对于亚洲乃至世界的重要贡献。得益于唐代力求使长安成为世界中心的政治与外交政策,当时被唐人称为"西域胡人"的外国人数次访问该城,该城也成了毗邻国家的典范。例如,日本多次派遣唐使赴长安,进而仿照长安城建造了作为奈良、平安时代首都的平城京与平安京。

在其他东方区域,来自于西南亚地区的阿拉伯人建立的伊斯兰哈里发国家阿拉伯帝国形成,进而逐渐发展成为地跨亚、非、欧三洲的庞大帝国,是人类历史上领土东西跨度最长的帝国。作为伊斯兰世界的文化名城,巴格达市区由

---

① [意]L·贝纳沃罗著:《世界城市史》,薛钟灵等译,科学出版社2000年版,第327页。

② 同上书,第353页。

河西向河东延伸，成为当时西亚地区最重要的文化中心，有力地推动了东西方文化的交流与沟通。公元762年，阿拔斯王朝第二任哈里发艾卜·贾法尔在底格里斯河西岸兴建了环形"团城"巴格达。9至11世纪，巴格达的学术文化活动频繁，在古兰经学、教法学、圣训学、哲学、医学及文学等领域取得了极大成就，推动了伊斯兰文化的发展。经多年持续扩建，当时的巴格达成为闻名遐迩的政治、文化、宗教与贸易中心。

（三）近现代世界文化中心

近现代世界的文明进程经历了从平衡、失衡到重建的发展阶段。西方文艺复兴时期，由于宗教权力式微，城市的规划、建设与管理方法逐渐发生变化。人文主义思想对于城市规划的定位与发展方向，既存在宏观意义上的影响又存在微观意义上的指引，引导城市向着科学与艺术等方向发展，由此西方文化中心的发展也呈现出质的飞跃。例如，在文艺复兴的策源地意大利，达·芬奇摆脱宗教思想的束缚，其有关米兰城的设计思想与标准是布局合理且顺乎自然，从宫殿的上层空间到下层水道都要既具有象征意蕴又符合实用功能。又如，文艺复兴时期是佛罗伦萨的黄金发展阶段，美第奇家族拥有该城的实际控制权，罗伦佐·美第奇掌权期间的一系列扶持政策极大地促进了该城的文化繁荣。

其后的巴洛克时期，西方文化中心成为新文化范式与新艺术形式得以呈现的场域。例如，法国太阳国王路易十四在巴黎兴建与改造了包括卢浮宫、胜利广场与旺多姆广场在内的建筑群，规划建设了与外部自然环境既分隔又融合的近郊区，继而巴黎成为拥有50万人口的开放城市。在此基础之上，巴黎得以持续发展，历史进入19世纪40年代，"在这个城市里，欧洲的文明达到了登峰造极的地步，在这里汇集了整个欧洲历史的神经纤维，每隔一定的时间，从这里发出震动全世界的电击，这个城市的居民和任何地方的人民不同，他们把追求享乐的热情同从事历史行动的热情结合起来了，这里的居民善于像最讲究的雅典享乐主义者那样地生活，也善于像最勇敢的斯巴达人那样地死去，在他们身上既体现了阿基比阿德，又体现了勒奥尼达斯；这个城市就像路易·勃朗所说的那样，它真的是世界的心脏和头脑。"[1]

此外，1689年的英国"光荣革命"之后，伦敦取代了阿姆斯特丹在欧洲的

---

[1] 恩格斯：《从巴黎到伯尔尼》，马克思、恩格斯著：《马克思恩格斯全集》（第五卷），中共中央马克思恩格斯列宁斯大林著作编译局译，人民出版社1958年版，第550页。

贸易与金融中心地位。18世纪末19世纪初，伦敦发展成为欧洲最大城市。这座拥有2000余年历史的城市是历代英国王朝的建都地，随着英国工业革命与商业繁荣而得以迅速发展。在维多利亚时代（Victorian Era，1837-1901年）这一英国工业革命的顶点时期与大英帝国经济与文化的全盛时期，此期该城新建了一批博物馆，包括维多利亚与艾伯特博物馆（Victoria & Albert，1852年）、科学博物馆（Science Museum，1857年）与自然历史博物馆（Natural History Museum，1881年）等。此外，该城还是当时英国乃至整个欧洲文艺流派的重要试验场与展示场。随着欧洲的中心地位逐渐被后来居上的美国所取代，以广泛吸纳世界各国移民著称的纽约逐渐发展成为世界文化中心。17-18世纪之交，此前仅为北美大陆一个普通市镇的纽约凭借天然的地理优势与历史机遇发展成为美国的贸易中心、制造业中心与金融中心。同时，"从形成历史考察，纽约是一座多元化的城市，她没有本土文化，是来自世界各地的人们会聚到了这里，形成了这座城市。"①此种人口结构与文化基调为该城其后逐渐演化成为数代移民的家园、国际金融与时尚都会以及现代化的世界文化中心奠定了基础。

与此同时，在东西方世界的文化碰撞中，近现代亚非拉国家也都曾出现相对意义上的世界文化中心。例如，元代（1206-1368年）是中华文化史上推进了中国多元一体文化发展进程的朝代，开创了中国封建时期中西文化交流在传播范围、交流频率与影响力度等方面的空前盛况。元朝凭借辽阔的疆土与便利完善的驿站制度，为东西文化交流开辟了通途，构建了中国各民族文化全面融合的格局，为中原文化、北方草原文化、边疆各族文化、中亚伊斯兰文化、东欧拜占庭文化与南亚佛教文化的融通创造了条件。当时的上都、大都、杭州、泉州与广州等地业已初具国际化都市的雏形。元朝通过海上"丝绸之路"进行经贸往来的国家和地区已达140多个，史称"适千里者如在户庭，之万里者如出邻家"。②当时，欧亚多国都曾有人前往中国短期访问或长期居留，并用游记等形式记录了其相关见闻。其中，马可·波罗等人的有关著述对大航海时代的形成产生了重要影响。以大都为例，其兴建过程即是东西方文化交流的历史见

---

① [美] 凯特·D. 莱文:《纽约：城市文化建设及其面临的挑战》,《毛泽东邓小平理论研究》, 2012年第6期, 第93页。
② [元] 王礼:《义冢记》, 李修生主编:《全元文》（第60册）, 凤凰出版社2005年版, 第654-655页。

证。元世祖忽必烈命汉人刘秉忠为大都建设工程总管，还邀请了尼泊尔人阿尼哥、阿拉伯匠师也黑迭尔等参与规划。大都的艺术发展同样呈现出国际化趋向。元代宫廷中专门设置了管勾司与天乐署等管理西域乐人与乐队的机构，并大力推进大都的对外音乐文化交流。由此，西亚伊斯兰教国家的多种乐器传入大都，如兴隆笙、殿庭笙、火不思、胡琴等。真腊（柬埔寨）向元朝进贡了十名乐工，从而将柬埔寨音乐传入大都。大都在吸收欧亚大陆各国文化艺术的同时，也将戏剧、歌舞与乐器向他国传播。其中，越南黎朝与阮朝的雅乐乐器与乐章是对大都宫廷音乐的模仿；日本的能乐则是模仿元曲而形成的综合音乐、舞蹈、演唱与文学等艺术形式。

（四）当代世界文化中心

当代世界的城市化倾向使大城市数量剧增，且呈现出超级城市（Supercity）、巨城市（Megacity）、大都市区（Metropolitan District）以及大都市带（Megalopolis）等多重城市形态。同时，城市化水平高、数量多、密度大的区域均以多个城市集聚的形式建构城市群，呈现出典型的共同特征：中心城市凝聚力强，带动周边城市联动发展；文化国际性强，本地文化与外来文化和谐相处；文化与经济实力强大，拥有国际一流的产业集团。例如，英国由伦敦、伯明翰、利物浦、曼彻斯特以及10多个中小城市构成的城市群；法国由巴黎、鲁昂与勒阿弗尔等城聚集的带状城市群；德国由波恩、科隆、杜塞尔多夫与埃森等20余个城市构成的莱茵-鲁尔城市群；荷兰由阿姆斯特丹、鹿特丹与海牙等大城市，乌德支列、哈勒姆、莱登等中等城市以及诸多小城市构成的兰斯塔德城市群；美国的波士顿-华盛顿城市群、芝加哥-匹兹堡城市群与圣地亚哥-旧金山城市群；日本分别以东京、名古屋与大阪为中心的东海道太平洋沿岸城市群，等等。上述城市群充分发挥区位优势，其核心区域兼集政治、经济与文化等领域的诸种先导职能。

当代的世界文化中心是国际文化空间中不可或缺的独特文化元素，在发展进程中逐渐定位自身特定的目标方向，不断创新、培育、发展、提升、弘扬与整合自我独特的文化禀赋与资本，拥有良好的文化基础设施，并与全球其他城市及区域在诸多层面建立了广泛与深入的密切联系，在全球文化交流中居于枢纽地位。目前的世界文化中心多为所在国及其更大区域的首位城市，基于诸多方面为优秀文化的传播提供良好的基础平台，对国际社会产生了综合影响。当前，国际公认的世界文化中心包括纽约、东京、伦敦与巴黎四个城市。当代世界处于全球深度互动语境之中，上述城市作为世界文化中心是全球文化等领域具有国际影响力和控制力的多元文化高地，是具有全球意义的文化资源生产、集聚与传播中心。除此之外，世界其他城市与地区同样非常注重展示其主题文化，打造文化名片，力求凭借其文化精神展现相应文化特征。例如，呈现地域文化特征的城市：水上之城威尼斯、港口之城鹿特丹、旅游之城夏威夷、建筑之城罗马；展现专业文化职能的城市：音乐之城维也纳、雕塑与艺术之城佛罗伦萨、电影之城洛杉矶、时装之城巴黎、啤酒之城慕尼黑、博彩之城拉斯维加斯、汽车之城沃尔夫斯堡、会议之城日内瓦、金融之城苏黎世、大学之城海德堡、论坛之城达沃斯、会展之城汉诺威、钟表之城伯尔尼；杂糅多重文化主题的综合性文化城市：文学与艺术之城爱丁堡，赛车、博彩与邮票之城摩纳哥，体育与酒店管理之城洛桑，等等。

二、世界文化中心的发展规律与共同特质

世界文化中心作为人类文明发展的高级形态与地区发展的国际化高端标志，其内涵、特征及其功能始终处于变动不居的发展态势。然而，毋庸讳言，综观古往今来堪称世界文化中心的若干城市及其相关区域，其非常典型的共同特征与发展规律无疑仍是有迹可循的。例如，世界文化中心是所在国综合国力的集中与完美体现，多为所在国及其更大区域的首位城市或为国家首都，凭借极强的凝聚力带动周边城市及地区联动发展；融合本土文化与外来文化，为优秀文化的传播提供良好的基础平台，实现了世界城市的经济性、文化性与社会性之间的高度统一，在世界主导经济与文化体系中具有多方面的重大国际综合影响力。针对文化功能与作用而言，世界文化中心大体都呈现出如下基本特征。

（一）拥有积淀丰厚且保持良好的文化传统

依据英国历史学家汤因比的观点，在近六千年的人类历史上，曾出现过二十余种文明形态，目前仍存于世的古老文明都是在历史深层运动中历经积淀方得以传衍至今的。言及世界四大文明古都，一说指意大利罗马、希腊雅典、埃及开罗和中国西安；另有一说则为意大利罗马、土耳其伊斯坦布尔、希腊雅典与中国西安。与之相应，1976年11月，联合国教科文组织召开的内罗毕会议通过了《关于历史地区的保护及其当代作用的建议》（《内罗毕建议》），其中提出了历史地区的概念，明确倡导历史文化名城的保护，并总结出世界各国针对历史环境问题的共识，即：历史环境是人类日常生活环境的一部分，能够将

文化、宗教以及社会活动的丰富性与多样性准确且真实地传给后人，因而维护历史环境与现代生活的统一是城市规划的基本诉求。

世界文化中心作为文明的载体与历史综合体，是其自身所经历的各个历史阶段的地理、经济与文化等多种元素的积淀、综合与升华。综观世界范围的历史文化名城，正如英国学者刘易斯·布雷恩韦特所指出的，"当我们说及历史名城时，是指城镇中心的遗存仍然有某种程度的完整性，……历史名城的中心有时几乎是一个完整的城镇。历史名城的第二个重要特征是现存的街道布局或平面形态源自'历史时期'。"[1]此外，美国学者路易斯·芒福德表明，"城市从其起源时代开始便是一种特殊的结构，它专门用来储存并流传人类文明的成果；这种结构致密而紧凑，足以用最小的空间容纳最多的设施；同时又能扩大自身的结构，以适应不断变化的社会需求和发展更加繁复的形式，从而保存不断积累起来的社会遗产。"[2]

从世界文化中心的形成与发展趋势来看，其中无一是一蹴而就的，而是多保存了一定的传统量，其存在是历史延续性与连贯性的见证，并由历史与传统造就了其特色与个性。例如，鉴于巴黎是一座拥有2000余年历史的世界文化中心，囊括了埃菲尔铁塔、凯旋门、爱丽舍宫、凡尔赛宫、卢浮宫、协和广场、巴黎圣母院以及乔治·蓬皮杜国家文化艺术中心等文化圣地。由此，20世纪末，该市不仅成立了"老巴黎保护委员会"专事整修与改建工作，而且专门颁布了旨在保护相关历史古迹、艺术建筑和文化遗产的《大规划》。此外，为保护古迹集中的市中心，在巴黎城市轴线得以维护的同时，主要工业区移至郊外。由此，巴黎旧城，即南起卢森堡宫，北到巴黎歌剧院的传统宫城部分至今仍完整保存。

（二）拥有强大与多元的文化功能

2001年11月，联合国教科文组织发表《联合国教科文组织文化多样性宣言》，明确提出文化多样性是人类的共同遗产，应当从当代人与后世子孙的利益出发予以承认与保护。由此观之，兼容并蓄、融合贯通外来文化与本土文化、古典文化与现代文化的世界文化中心在吸纳、聚集、保护与整合多元文化

---

[1] ［英］刘易斯·布雷恩韦特：《英国历史名城的评定标准与特征》，赵中枢译，《国外城市规划》1992年第2期，第14页。

[2] ［美］路易斯·芒福德：《城市发展史——起源、演变和前景》，宋俊岭、倪文彦译，中国建筑工业出版社2005年版，第33页。

方面的确可谓功不可没。反之，丧失聚集多样文化能力的城市与区域，其衰落自无法避免。例如，希腊城邦衰落的重要原因之一即是"由于存在着认为其他种族天生劣等的蔑视感，他们的经历证明了不同文化的人群联结在一起有不可克服的困难。"① 又如，底特律曾因聚集了多样化的汽车产业文化而成为著名汽车城市，其后却因逐渐丧失了文化多样性与开放度而渐趋衰落。

首先，世界文化中心多为诸种文化精神的集聚地。例如，罗马的文学质素令其极具国际性，"文学之城罗马是法国人、德国人、英国人和美国人的天下。"② "居住在罗马的每一个人都会重游历史的长河，穿越不同层面的罗马遗迹，感受从伊特鲁里亚人（Etruscans）到共和国及帝国时期的古罗马人的生活，了解基督教各个阶段的发展状况。"③ 威廉·莎士比亚的戏剧《裘力斯·凯撒》、《辛白林》、《安东尼和克奥佩特拉》、《科里奥兰纳斯》与《泰特斯·安特洛尼克斯》，歌德的《意大利游记》，司汤达的《罗马日记》，拜伦的《恰尔德·哈洛尔德游记》、雪莱的《钦契》都描写了罗马。又如，巴黎是世界文化史上诸多旷世杰作的诞生之所。这座光彩耀人的文化圣地持续吸引着世界各地的作家。数世纪以来，巴黎涌现了诸位世界一流作家，如拉伯雷、莫里哀、伏尔泰、司汤达、巴尔扎克、福楼拜、雨果、左拉、大仲马、莫泊桑、魏尔伦、兰波、普鲁斯特、费度、科莱特、科克托与萨特等。此外，还有很多作家（如海明威、乔伊斯、贝克特等）被巴黎深深吸引并且激发了灵感，创作出很多有关巴黎的作品。值得注意的是，法国政府始终重视文化外交，素有将文化名人委以外交重任的传统惯例，如：16世纪，"七星诗社"代表诗人杜贝莱曾被任命为驻罗马大使；18世纪，卢梭曾任驻维也纳大使；19世纪，夏多布里昂任驻伦敦和罗马大使，随后又出任外交部长；同世纪，拉马丁也曾被委以相同职务。再如，维也纳不仅是莫扎特、舒伯特与施特劳斯等音乐大师的聚集之处，而且是世界文化名人的诞生地，如弗洛伊德、维特根斯坦、卡尔·波普、弗里德利希·哈耶克、门格尔、米塞斯、熊彼特、贡布里希与茨威格等。此外，法兰克福曾是霍克海默、本雅明、阿多诺、马尔库塞与哈贝马斯等极具批判精神

---

① ［美］乔尔·科特金，《全球城市史》，王旭译，社会科学文献出版社2010年版，第81页。
② ［美］福斯特、［美］马尔科维茨，《罗马文学地图》，郭尚兴、刘沛译，上海交通大学出版社2011年版，"总序"第3页。
③ 同上书，"序言"第1页。

的知识分子的汇集之地。

其次，世界文化中心多拥有完善的文化机构与种类繁多的文化设施。例如，纽约拥有150余家博物馆，200余家公共图书馆，300余家剧院，400余家艺术画廊，1500余所公园与游乐场所。其中，公共图书馆系统既有综合图书馆，又有分类图书馆，其中种类最多的是艺术博物馆。纽约还是世界上第一个兴建儿童博物馆的城市。此外，在纽约，大都会艺术博物馆为世界四大博物馆之一，被誉为"五千年艺术史的百科全书"；林肯艺术中心是世界知名文化艺术中心；大都会剧院是世界著名歌剧院。又如，巴黎拥有联合国教科文组织认定的历史遗产4种、历史遗迹3800处、博物馆展览馆139座、剧院350座、电影院300座以及歌剧院5座。

再者，世界文化中心多为诸种文化活动的场域。诸多开放的公共文化空间中，多样文化活动、多重主体得以聚集、交流与融合，文化空间的开放与文化融合、文明进步相互生成。例如，广场不仅是生活或活动的空间场所，而且参与了社会文化形态的建构，可在一定程度上集中展现所在区域的文化精神特质。古希腊时期的广场彰显出古希腊精神，是古希腊人聚集在一起议政、交往的社会活动中心，开放的空间既显著地体现了古希腊民主的城市文化精神，又为该时期民主精神的拓展与展现提供了广阔的实际场域；古罗马的广场更具政治色彩，如帝国广场成为帝王们展示其政治军事权力的殿堂，但也有市民欢聚的公共活动场所，如著名的共和广场等；中世纪欧洲城市逐渐形成了教堂广场、市政广场与商贸广场等基本广场类型。上述广场是市民进行政治、宗教、商业与文化活动的主要场所。到中世纪晚期，随着市民文化的兴起与发展，现代意义上的城市广场已经基本成型。当代世界文化中心的文化广场更是突显其文化场域功能，如位于纽约市曼哈顿的时报广场（Times Square），自1904年12月成功举办了新年狂欢活动以来，业已发展成为聚集剧院、音乐厅以及特色酒店的文化集中地，被誉为"世界的十字路口"。

（三）拥有规模化与专业化的文化产业

世界文化中心作为巨型复合空间体系，是文化生产场、文化资本与文化场域互为前提、互动转化的场域。世界文化中心具有创造城市文化资本的能力，而有形与无形的文化资本又是世界文化中心的重要发展动力，"文化资本是以三种形式存在的，即具体化、客观化和制度化这三种形式。"① "在城市发展的大部分历史阶段中，它作为容器的功能都较其作为磁体的功能更重要；因为城市主要地还是一种贮藏库，一个保管者和积攒者。"② 由此，世界文化中心既是文化生产中心，又是文化交流与消费中心，商业流、信息流、人员流、资金流与文化交流在此聚集，进而激发与创造了世界生产力。

例如，早在20世纪后期，英国即已开始倡导大力发展文化艺术，1989年由英国艺术委员会（Arts Council England）发布重要文件《城市复兴：艺术在内城更新中的作用》（*An Urban Renaissance: the Role of the Art in Inner City of Regeneration*）明确指出："文化艺术是巩固经济增长与发展的整个文化、环境、娱乐设施中的必要部分，它们激发旅游业及由此创造的就业机会。更重要的是，它们能成为地区全面复兴的主要促进因素。它们为社会群体的自豪感和认同提供了焦点。"③ 与之相应，被誉为"文化创意产业之都"的伦敦，2003年，市长肯·利文斯通公布伦敦文化发展草案《伦敦：文化资本——市长文化战略草案》（*London: Cultural Capital Realizing the Potential of a World-class City*），提出拟将伦敦打造成英国最具文化创意与世界最具文化多元化的城市；2008年，该市市长鲍里斯·约翰逊发表《文化大都市——伦敦市长2009-2012年的文化重点》（*Cultural Metropolis: The Mayor's for Culture, 2009-2012*），提出为推介伦敦创意产业提供有针对性的支持。基于此，目前伦敦业已成为世界卓越的创意文化中心，不仅拥有英国广播公司和路透社等传媒总部，而且英国创意产业近半数的艺术基础设施，三分之一以上的文化设计机构均设于此，全英的时尚设计、音乐、广播、影视与出版等产业的主要生产总值也均依托于此。

又如，早在20世纪初期，纽约业已进入世界文化中心之列，同时也兼具美国的经济与文化中心。然而，随着上世纪后期美国的产业结构调整以及相应而来的工业重心区域转移，特别是在2001年的9·11事件之后，纽约的发展曾遭受到前所未有的挑战。鉴于此，为了扭转僵局，该城的文化事务部（Depart-

---

① [法]皮埃尔·布尔迪厄：《文化资本与社会炼金术：布尔迪厄访谈录》，包亚明译，上海人民出版社1997年版，第166页。

② [美]路易斯·芒福德：《城市发展史——起源、演变和前景》，宋俊岭、倪文彦译，中国建筑工业出版社2005年版，第74页。

③ Arts Council England, An Urban Renaissance: the Role of the Art in Inner City of Regeneration, 1989, pp.2.

ment of Cultural Affairs）等政府文化主管部门采取了一系列行之有效的有利于文化建设的政策与策略，旨在以文化为契机促进城市诸种要素的协同发展，进而在文化可持续发展与带动经济复苏等方面取得了显著成果。纽约创意实体分布广泛，规模宏大，且人员众多。针对传统传媒而言，纽约拥有数百家世界知名杂志与出版社以及2000多种报刊，如《时代》（*Time*）、《新闻周刊》（*Newsweek*）、《财富》（*Fortune*）与《福布斯》（*Forbes*）等。此外，全球著名媒体集团多数在此设有总部或代表性分支机构，如美国在线时代华纳集团、纽约时报集团、维亚康姆公司、美国国家广播公司、美联社以及哥伦比亚广播公司等。

三、世界文化中心对于北京发展的启示

北京集中体现了中国古代文明与现代文化的发展水平，蕴藏着巨大的文化资源和文化发展能力，是中国的文化精品创作、文化创意培育中心、文化人才集聚教育中心、文化要素配置中心、文化信息传播中心与文化交流展示中心。同时，北京又是国际文化交往中心，担负着汲取世界先进文化与传播发展本土文化等任务与功能。由此，应充分发挥表率引领作用、辐射带动作用、提升驱动作用、桥梁纽带作用与荟萃集聚作用，既要主动应对全球化所带来的冲击，又要凭借历史文化传统推动促进发展首都文化建设。

目前，建设世界文化中心是北京适应世界格局发展变化、参与全球文化资源配置的战略选择、必然要求与客观需要。北京业已完全具备建设世界文化中心的雄厚文化基础并赢得了世界认同，但与既有世界文化中心相比较而言，的确在诸多层面与程度仍存差距。由此，在建设世界文化中心城市的进程中，从自身实际出发，借鉴古今世界文化中心的标准与成功经验，并寻求自身优势，无疑是立足全球化时代，确立文化中心的功能定位、提升国际文化竞争力和增强文化影响力，获取更大文化发展空间的战略规划目标、方向与措施其必然选择。参照人类文明史上既有世界文化中心的实况与发展态势，北京的世界文化中心建设应依托北京优势文化资源，凭借北京文化保障力，挖掘北京文化生产力，增强北京精神的凝聚力，激发北京文化的创新力，加大北京文化的传播力，从而推展北京文化的全球影响力。

（一）利用文化资源力

北京是一座拥有5000多年文明史与3000多年建城史的城市，历史人文资源积累深厚，"北京的现代意义则来自于它所积淀、并列的历史想象与律

动。"①这正是北京跻身世界文化中心的优势资源。北京的文化资源拥有量不仅国内其他城市难与之相比，即或在世界各大城市中也是罕有其匹的。

北京拥有丰厚的文化资源，其文化系统包括明清皇家文化、传统士人文化、传统市民文化、现代红色文化、当代群落文化以及国家窗口文化等类别。依据国际标准而言，是拥有全球世界文化遗产最多的城市。自中国于1985年12月12日加入联合国教科文组织世界遗产委员会的《保护世界文化和自然遗产公约》、1999年10月29日当选为世界遗产委员会成员以来，北京有6处文化遗产被联合国教科文组织列入《世界文化遗产名录》，包括：周口店北京人遗址（1987年12月）、长城（1987年12月）、北京故宫（1987年12月），北京天坛（1998年11月）、北京颐和园（1998年11月）以及十三陵（2003年7月）。此外，贯穿皇城南北的城市中轴线申遗工作尚处筹备阶段，以期取得实质性的进展。

此外，北京的活态文化资源同样极为丰厚。例如，北京的饮食文化特别丰富，堪称是该城千年文化的"活化石"。又如，北京的艺术形式种类繁多，在文学、音乐、绘画、书法、古玩以及建筑等领域中均有极高水准的创造成就，仅其地方曲艺就包括评话类的曲种评书、相声类的曲种相声、双簧，快板类的曲种数来宝，鼓曲类的曲种梅花大鼓、京韵大鼓、京东大鼓与西河大鼓、单弦、岔曲与八角鼓等牌子曲类，北京琴书等琴书类，十不闲莲花落等走唱类，京剧等戏曲类，以及北方昆曲等曲剧类。目前，北京业已拥有联合国教科文组织认可的"人类非物质文化遗产代表作名录"项目10项（即：昆曲、古琴艺术、中国书法、中国剪纸、中国传统木结构营造技艺、端午节、中医针灸、京剧、中国皮影戏遗迹以及中国珠算）、国家级非物质文化遗产代表性项目126个，市级相关代表性项目273个，区级相关代表性项目776个，国家级相关代表性传承人86位，市级相关代表性传承人267位，区级相关代表性传承人797位。与此同时，还要注重挖掘历史文化名人事迹以及红色文化等文化资源。

由此，针对加强北京历史文化资源与非物质文化遗产的保护和利用而言，巴黎、伦敦与东京等城市在宗教建筑、老城区等历史文化遗迹与设施的保护等方面的成熟经验，为北京提供了值得学习、借鉴的经验。

---

① 陈平原、王德威编：《北京：都市想像与文化记忆》，北京大学出版社2005年版，"序二"第2页。

（二）彰显文化融合力

文化包容性是国家文化自信的表现，北京在长期的发展过程中，逐渐形成了海纳百川、开放包容的多元文化，展现了特有的吸引力与凝聚力，具备了建设世界城市的文化风范。"它的怀抱里拥有各地各国的人，各色各样的人，更因为这些人合力创造或输入的文化。"①当前，北京文化应基于中国传统文化和国家思想意识范畴内多元文化形式的兼容并蓄。由此，如何正确应对全球化的同质危机，如何在全球文化竞争中合理地自我定位与保护本土特色文化的安全，成为北京面对巨大冲击无以回避的挑战。基于此，应扬长避短地充分发挥北京地域文化优势，保持与弘扬自身独特的文化特质，整合文化资源以建设可供多元文化存在和发展的人文环境及物质载体，使之成为具有国际兼容性的文化共融之地。

首先是融合传统文化与现代文化。北京的历史文化遗存自50万年前的周口店北京猿人至今在时间与空间层面都从未间断，这在古今中外的城市史上实属罕见。北京既是传统文化的流脉所在，又是创新文化的生机源头。然而，目前老北京的古都文化与民间传统文化正在经受着传统与现代的博弈。由此，在建设世界文化中心的进程中，北京不可避免地涉及到历史传统与现代文化之间的文化冲突。对此，北京的世界文化中心建设承担着继承传统与开拓创新的重任，依托历史，承传宫殿府邸、寺庙道观、园陵名胜、文物古迹，以及城墙城门、角楼胡同、会馆茶馆与商号等传统文化，不仅要保护有形文化遗产，而且应当保护包括民间艺术、民俗风情等无形的文化遗产，同时又要将传统文化置于开放、发展的进程之中，使传统文化充分与当代生活相融合，以现代方式承续传统文化的精神，与时俱进并有所创新，并通过现代方法与手段赋予其当下文化意蕴，从而使北京传统文化与现代文化融洽对接，进一步凝练当代北京的城市文化精神。例如，近年来，北京故宫博物院注重传统文化的现代表达，运用高科技让文物重生，开展了"故宫跑"、"我在故宫修文物"等活动，设立了网络"全景虚拟游览"，利用故宫学院深入海内外社区针对中外学员开展培训，提升了中国传统文化在海内外的知名度。

其次是整合地方特色文化。北京自古以来既处在多民族交汇、混居与融合的人文地理环境中，是全国各种地域文化的荟萃之地，对各民族优秀的传统文

---

① 朱自清：《北平实在是意想中中国唯一的好地方》，林语堂：《大城北京》，陕西师范大学出版社2008年版，第43页。

化兼容并蓄，从而形成了包容移民文化、多民族共荣文化的厚重文化底蕴与海纳百川的文化格局，最终形成了独有的"京派文化"。新中国成立后，各民族优秀人才汇集于此，全国56个民族都有人在北京居住。依据宗教而言，北京曾是佛教、道教、祆教、喇嘛教、伊斯兰教与基督教等在中国的传播与发展中心。北京的多民族文化融合及其完美体现，是中国其他任何一个城市所不具备的城市特质。目前，北京作为中华民族文化荟萃融合的集中之地与中国文化发展的风向标，其文化发展应立足作为实现中华民族伟大复兴的大国之都和全国文化中心的文化建设发展战略高度，多方位体现大北京的文化包容性。以北京市目前正在建设的三大文化带为例，针对北部长城文化带、东部运河文化带与西部西山文化带的保护与利用的规划与实施必将为京津冀文化圈的协同发展带来诸多良机并创造更大的发展空间。

再者是融合世界文化。针对中国的全球化战略中，城市化以及城市国际化无疑是其重要发展战略目标。面对国内诸多城市以建设国际性都市作为首要发展战略的现状，北京作为中外文化交往的中心城市，理应在当代世界文化格局与文化价值体系中展现国家文化形象、体现文化价值，进而彰显文化精神。由此，融合世界文化是北京在文化领域发挥示范意义与引领作用的题中应有之义。具体而言，应增强文化开放意识。从世界大都市的人口构成来看，外籍人员比例是衡量其开放性的重要指标。与既有世界文化中心城市相比较而言，在京常住外籍人口的比例明显较少。然而，与纽约等城市不同种族之间在居住空间上存在较为明显的隔离不同，外籍人士在京的居住虽亦有集中区域但却无明确的社区限制，北京市内任何社区的居住空间都是对外籍人士开放的。由此应完善城市文化设施，包括建立适合其工作、居住与生活的国际通用语种标识，建设具有异域文化特征的功能性建筑等。此外，应加大文化空间的对外开放程度，为他国人员在京从事文化交流活动创造条件。例如，积极筹办具有世界规模与体现国际水平的文化交流活动、国际文化赛事与展会以及吸引境外文化机构落户京城。

（三）发掘文化生产力

文化产业是世界文化中心城市发挥文化资源优势，提升综合竞争力的重要支撑。北京建设世界性的文化生产与输出中心，形成规模不断扩大、保持可持续发展国际化程度逐步提升且竞争力逐渐加强的强势文化产业无疑势在必行。近年来，北京凭借特殊的区位以及较之国内其他城市而言得天独厚的政治、文化与人才优势，其文化产业得以迅猛发展。目前，北京的文化创意产业发展居于全国首位，是中国文化创意产业的先导区、开发区、贸易区与服务区，形成了若干具有全国辐射力与国际知名度与影响力的文化产业集聚区（例如，中关村创意产业园区、朝阳大山子艺术中心、大兴国家新媒体产业基地以及东城区文化产业园等），出现了一批具有国际竞争力的相关企业（例如，用友、金山、方正、瑞星、华建与汉王等企业及其有关文化产品），形成了标志性文化活动（例如，北京国际音乐节、北京新年音乐会以及北京图书节），但在文化体制与机制、文化空间总量与分布、文化企业整体规模与综合实力、文化传媒机构与专业团队的人员构成、艺术生产知识生产能力以及文化产权交易创新平台等方面与当代世界文化中心城市相比仍有较大差距。

鉴于此，基于将北京建设成世界文化创意产业集聚中心的建设目标，使其文化产业朝着市场化、集团化与国际化的方向发展，增强综合实力与竞争力，应注重如下发展模式与路径。首先是完善相关体制与机制。应加强文化体制改革，转变其相对滞后于文化产业发展的局面，建立专事文化产业管理的机构与部门，以及规范化的相应领导、协调与组织体系与管理职能，形成有利于文化产业发展的制度与政策环境。此外，出台针对北京文化产业的评估标准、评估体系以及相应扶持与奖励政策，构建国际化的行业划分范式。同时，成立地区性的文化产业联合会，形成行业自律并促进统一发展。其次是加强培育具有北京文化特色的创新型文化产业，促进文化企业跨地域、跨行业与跨所有制经营与重组，提高其规模化、集约化与专业化水平，使新闻、出版、广播、电视、电影、演艺、娱乐与展览等产业获取集团支撑。同时，充分发挥科技创新在文化产业发展中的引擎作用，注重文化产业体系中版权技术、标准技术、金融技术、传播技术与管理技术创新体系的协调发展，形成科技与文化互促的发展模式。由此，凭借具有北京乃至中国文化特色的产品延长文化产业的产业链，积极开拓国际文化市场并形成影响力与引导力，利用文化产业打造北京的国际文化平台，为北京在世界文化产品生产与消费领域赢得核心地位。再者是充分发挥北京的人力资源配置与文化资本优势，扶持有实力的文化产业研究机构与智库建设，完善文化产业的人才认证标准，营造文化创意人才辈出的环境，形成文化人才的引进、培养、使用与激励机制，聚集相关领域的国际高端人才，增加国际文化人才储备，加强文化产业人才队伍建设，构建相应人才高地。此外，注重文化基础设施、文化产业模式的生态化建设，使文化发展与生态平衡相得益彰，将绿色北京建设与世界城市建设有机结合。

(四）扩展文化传播与影响力

北京作为世界历史古都拥有久远的建都史，据《史记》记载，西周时期周武王灭商后封宗室召公于燕，燕国的都城为"蓟"（今北京房山区琉璃河一带）。其后，辽、金、元、明与清等王朝在此建都，为其成为中国的对外交往和文化交流中心创造了得天独厚的条件。元、明与清三代北京即已发展成为中国文化中心甚或是东亚文化中心，展现出世界文化之城的影响力。近现代北京的中外文化交流更为频繁且形式多元。1949年10月1日，北京成为中华人民共和国的首都以来，其对外文化交流翻开了新的历史篇章，所产生的文化影响广泛多样，所带来的剧变可谓前所未有。

当前，北京的对外文化交流活动不仅有益于提高本地文化的国际影响力，而且有利于中华文化国际影响力的有效提升。因此，应借鉴英法美日等国首都文化外交的经验，转变国际文化贸易长期处于逆差的状况，扩大对外交往、交流与合作，建立科学、规范的文化交流机制，充分发挥北京对外文化交往的资源优势，进而提升其文化交流能力，促进其文化发展的国际化进程。具体而言，首先，在文化交流原则上，服从国家文化外交和北京城市外交的总体战略、各项政策与相关规定，突出平等友好、互动互利的文化交流原则，并遵循世界文化交流的规律。其次，在文化交流的组织上，加强国际多边文化交往。北京对外文化交流的行为主体不仅可为国家、地方的官方机构与部门，而且还可由民间组织、公民个人等组织实施；应整合既有外事、文化等机构与部门的资源并加强其针对海内外的协调配合，争取文化企业、民间组织、海外华人等社会力量的积极参与。再者，在文化交流的运作路径上，构建能够参与国际文化体系的交流模式，采取多层次、宽领域的文化交流实施路径。此外，应统筹协调文化"走出去"和"请进来"的辩证关系，实施双向文化交流策略。一方面，凭借北京的地缘等优势与国际文化形象，搭建东西方文化融合的互动平台，运用国际友好城市、海外中国文化中心以及世界各地的孔子学院等文化交流平台，加强与他国或地区的文化交流与合作，积极引进其优秀文化，包括文化思想观念、机制、信息、教育、设施、人员以及产业模式等。另一方面，推动北京文化以及中华文化整体的海外传播，向世界展示北京文化乃至中华文化，提高其文化吸引力。加强与其他国家文化部门之间的协调与沟通，鼓励文化艺术团体与工作者走出国门开展文化交流，鼓励外向型文化企业开拓国际文化市场，促进与他城及他国之间的文化沟通与理解，获得各国与地区民众广泛认同，进而提升北京文化的国际话语权。

总体而言,北京的世界文化中心建设应汲取世界文化中心的成功经验与适当路径,但不能简单复制现成模式,而应在遵循共性和规律的同时突出个性与特色。具体而言,应注重保护与传承优秀传统文化资源、生成富于创意的时代特色文化、构建完善的公共文化服务体系、推动区域空间文化的协同发展、加强对外交流并逐步扩大影响。同时,客观认识世界文化中心发展中的限域,包括避免游离国家与城市诸种实际情况,辩证对待既有文化观念与规范,顺应时代趋势适时调整与转化,协调官方与民间文化需求矛盾,并避免抵制或盲目模仿异质文化。

综上所述,世界文化中心的崛起逻辑、历史嬗变、发展规律以及相关经验向我们昭示,作为全国"四个中心"的北京,只有突破既有基于世界强势文明的世界城市和世界文化中心城市的限域,在传统文化与现代文化、国际文化与本土文化、官方文化与民间文化、精英文化与大众文化的冲击、论争与交融中凝心聚力、砥砺前行、合理抉择与协同发展,才能充分且长期赢得与把握屹立于世界文化之林的良好契机与实现路径。

参考文献:

[1][美]林恩·桑戴克:《世界文化史》,陈廷璠译,上海三联书店2005年版。

[2]张仁忠:《北京史》,北京大学出版社2009年版。

[3]北京市文化发展中心编:《文化北京:北京文化中心建设课题研究丛书》,新华出版社2015年版。

[4][加]让-路易·鲁瓦:《全球文化大变局》,袁粮钢译,海天出版社2016年版。

[5][英]大卫·赫斯蒙德夫:《文化产业》,张菲娜译,中国人民大学出版社2016年版。

[6][美]迈克尔·斯彭斯 丹尼·莱普泽格:《全球化与增长后危机时代的含义》,刘学梅译,中国人民大学出版社2016年版。

[7][德]汉斯·约阿施、[德]克劳斯·维甘特:《欧洲的文化价值》,陈洪捷译,社会科学文献出版社2017年版。

[8] Clifford R. Backman, *The Worlds of Medieval Europe*, U.K.: Oxford University Press, 2008.

[9] Harold Bloom, *Bloom's Literary Places*, New York: Chelsea House

Publishers, 2006.

[10] Jacob Burckhardt, *The Greeks and Greek Civilization*, New York: St. Martin's Griffin, 1999.

[11] Judith Coffin, Robert Stacey, *Western Civilizations*, New York: W. W. Norton & Company, 2008.

[12] Jurgen Osterhammel, Patrick Camiller, *The Transformation of the World: A Global History of the Nineteenth Century*, New Jersey: Princeton University Press, 2015.

[13] Lisa Krissoff Boehm, Steven Hunt Corey, *America's Urban History*, London; New York: Routledge, 2014.

(作者为首都师范大学文学院副教授)

三、国外建设国家文化中心的经验与启示
——以巴黎、伦敦、东京为例

刘娟娟

【摘　要】 本文梳理了部分国外城市建设国家文化中心的经验，并对北京的国家文化中心建设提出建议。具体分析了巴黎、伦敦、纽约、东京等具有世界影响力的国家文化中心在保护古都风貌与进行现代化建设、发展公共文化服务和创意文化产业、发展多元文化、开展城市外交等方面取得的宝贵经验。同时也分析了法兰克福等暂时还不能成为世界文化中心，却依据自身思想与人才汇聚等特色打造了世界知名文化品牌的城市文化建设经验。这为我们建设国家文化中心，提升北京文化软实力和国际影响力具有重要的启示意义。

【关键词】 文化中心；古都风貌；公共文化服务；文化创意产业；文化软实力

文化是民族的血脉，是人民的精神家园。十九大报告指出："没有高度的文化自信，没有文化的繁荣兴盛，就没有中华民族伟大复兴。要坚持中国特色社会主义文化发展道路，激发全民族文化创新创造活力，建设社会主义文化强国。"[1]北京作为首都，是全国文化的集中展示窗口，其文化实力集中体现了我国的文化实力。推进国家文化中心建设，"把首都建设成为在国内发挥示范作

---

[1] 见《中国共产党十九大报告全文实录》http: //news.hexun.com/2017-10-18/191267242.html

用、在国际上具有重大影响力的著名文化中心城市"①,是国家从新时代中国特色社会主义建设的全局出发,对北京文化建设提出的新要求、新定位。

放眼世界,许多国家都很重视国家文化中心建设,同为国家首都、同样拥有众多历史文化资源、同样知名高校林立、同样人才荟萃智力密集、同样举办过奥运会……与北京具有较强相似性特征的巴黎、伦敦、东京等城市在国家文化中心建设方面取得了显著成就。还有一些城市,则依托自己独特的资源,也在世界范围内确立了独具特色的文化地位。这为我们建设国家文化中心、推动北京迈向世界城市行列,提供了有益的借鉴和启示。

一、发达国家建设国家文化中心的经验

(一) 古都风貌保护与现代化建设②

历史建筑和历史景观,是城市变迁与发展的重要见证,是城市文化与记忆的重要载体,也是城市特色的最直接体现。它使生活于其中的人们感受到城市文化的延续与发展,将自己与生活于其中的祖先相连接,进而形成独特的文化认同感。在对古都风貌的保护与开发中,巴黎堪称世界典范。在纽约、伦敦、巴黎、东京四大世界城市中,巴黎是"历史风貌保护最为完整,城市历史风貌最有序列感,形态特征最为突出的典型城市"③。作为享誉世界的著名历史文化名城和时尚之都,巴黎在世界范围内的文化影响力不仅是长期历史积淀的结果,也是法国和巴黎政府高度重视文化发展的结果。巴黎对历史遗迹不遗余力的保护,显示出其对自身历史与文化的充分自信。法国和巴黎政府采取了多项措施,来保护老城风貌,建设新城;保护传统文化,发展时尚文化。最终使巴黎成为一个既有着深厚历史文化底蕴,又处处彰显着时尚风采的传统与现代结合之世界文化之都。

1. 完善法律法规,保护古都风貌。在经历了18世纪法国大革命后的大规模城市改造后,巴黎再未有大拆大改的事情发生。如今的巴黎,基本上保留并

---

① 《中共北京市委关于发挥文化中心作用加快建设中国特色社会主义文化先进之都的意见》,载《前线》2012年第1期,第5页。

② 关于巴黎旧城风貌保护和开发利用文化遗产的举措(即前两点措施),笔者参考了赵燕霞《巴黎旧城风貌保护对北京的启示》一文,载于《投资北京》2012年第1期。

③ 陈宇飞:《文化城市图景:当代中国城市化进程中的文化问题研究》,文化艺术出版社2012年版,第156页。

延续了19世纪中期的建筑风貌和街巷肌理，其城市历史风貌的整体性、新旧协调性特征十分明显，处处彰显着浓重的历史文化底蕴。在巴黎成为举世瞩目的著名历史文化名城过程中，制定与修改相关的法律成为旧城保护的重要依据与规范。一直以来，法国政府通过方方面面严格有力的全国性政策，推进文化遗产保护。早在1840年，法国就颁布了《历史性建筑法案》，这是世界上最早的一部关于历史建筑保护的法规。目前，法国关于旧城保护的法律法规主要是1913年颁布的《保护历史古迹法》和1962年颁布的《历史街区保护法》（又称《马尔罗法》）。这两部法律分别从文物建筑与历史街区两个层次对巴黎旧城予以保护。法规明确规定了政府拥有对历史古迹和历史街区的保护权力，限制了房主的部分权利，且房主负有对其进行维修的责任。新建现代建筑必须与老建筑整体风貌保持协调，否则不予批准。房主可以对房屋内部进行装修改造，却不可以对房屋外观进行随意更改。法国专门成立了"国家建筑与规划师"制度（AUE），"国家建筑师"经过专门培训并考核通过后才能获得正式任命，房屋的维修需要在其专业指导下进行，符合规划要求的修缮可以得到政府的补贴。通过上述措施，"90%以上的老区得到了保存"[①]，巴黎的古都风貌得以较完整的保存。

2. 合理开发历史遗迹，实现文化效益、经济效应和社会效益的统一。完成历史遗迹的保护性传承之后，更重要的事情是对其予以合理的开发利用，使其在当代城市发展中充分实现应有的价值。总结巴黎历史建筑的利用方式，主要有以下四种。一是保存旧有建筑，延续原有功能。原有的一些著名教堂等，继续发挥其原有价值。二是旧建筑再造，实现功能转换与生机焕发。一些具有一定历史价值的旧工业产区等老建筑也在尽量保留其外观或原有建筑框架的基础上，通过内部改造焕发新的功能。如现为法国第三大艺术美术馆的奥赛博物馆，就是由100家公司的1200名工人连续工作6年，将废弃的奥赛火车站在保留建筑外观的基础上对内部进行改造的结果。[②]三是重视发挥历史遗迹的文化传播与经济收益功能。一些著名的历史景点通过吸引游客旅游等，增加了巴黎市的收入。四是注重公众参与度的提高，充分发挥历史遗迹的社会效益。历史遗迹对于引导人们了解、热爱进而保护国家的历史文化遗产，增进人们对城市

---

① 《世界文化城市中心何以可能》，载《社会观察》，2004年第1期，第4页，蒯大申。

② 见《巴黎奥赛美术馆》https://baike.so.com/doc/7721680-79957

和国家的文化认同感，进而提升人们的爱国情感，增强国家的凝聚力具有重要作用。自1984年起，每年9月的第三个周日为法国文化遗产日，不少法国历史文化遗产免费向公众开放，成功吸引了大批巴黎市民前往参观。文化遗产日从1992年起更名为欧洲文化遗产日，如今，遗产日活动已经扩展到欧洲各国，成为欧洲的一项重要文化活动。法国国家古迹中心主席菲利普·贝拉瓦尔表示，"缺乏公众参与是文化遗产保护最大的'敌人'之一，而遗产日每年吸引1200万名参观者，能有效加强公众和文化遗产的联系，引导公众参与文化遗产保护。"①综上，巴黎通过对历史遗迹的合理开发利用，实现了文化效益、经济效应和社会效益的统一。

在对历史古城、古建筑、古文物的保护与开发中，意大利首都罗马也为世界提供了罗马经验。罗马因建城历史悠久而享有"永恒之城"的美誉，是古罗马和世界灿烂文化的发祥地，也是全世界天主教会的中心，罗马的历史城区被列为世界文化遗产。今天的罗马仍保存有相当丰富的文艺复兴与巴洛克风貌，近1000年来的历史文化的结晶，都在罗马完整地保存着。"罗马所容纳的历史之漫长，存留之完整，在世界上真是独一无二的。"②今日的罗马城仍在建设中，生动地向人们诠释着"罗马城不是一天建成的"这句世所周知的古老谚语。罗马古城、古建筑、古文物的保护得益于罗马健全的机构，罗马设有文化遗产局，下设考古、古建筑古文物登记、古建筑管理、现代城区（中世纪-19世纪）保护等7个负责保护的专门办公室对古城、古建筑、古文物按原状严格加以保护，任何组织或个人新建建筑或修复建筑的行为都必须上报并由上述七个办公室集体研究批准后才可试行，否则拆除并处以严厉处罚。③罗马将历史遗迹用于传统与爱国主义教育，民众有着强烈的保护意识并主动参与。在罗马，历史遗迹的参观点时常看到师生们在参观、学习，学生们参观完之后按规定还要进行考试。社会各阶层的民众也积极参与其中，民间形成了众多的保护组织，一些民间团体实际上承担了民间智囊的作用，来促进政府工作更合理更科学的开展，古城、古建筑、古文物的保护工作得到政府和民众的通力合作与

---

① 见《欧洲文化遗产日为何在法国拥有超高人气》，2017-9-19，光明日报http://news.sina.com.cn/o/2017-09-19/doc-ifykyfwq8311547.shtml

② 陈宇飞：《文化城市图景：当代中国城市化进程中的文化问题研究》，文化艺术出版社2012年版，第240页。

③ 参见李春雨、刘勇等著《比较视野中的北京文化》，文化艺术出版社2013年版，第184-185页。

支持。风靡全球的经典电影《罗马假日》让几代人记住了那个旋转着裙摆的公主和囊中羞涩的报社记者,也记住了罗马。素有"天使在人间"美誉的奥黛丽·赫本和"好莱坞最后一个绅士"之称的格里高利·派克的倾情演绎为罗马城形象的宣扬起到了极大的促进作用。西班牙广场因赫本在此买花、坐在台阶上吃冰淇淋、看人群的镜头而成为罗马知名度最高的广场,影片中的许愿池成为罗马最著名的喷泉。时至今日,络绎不绝的游客们仍学着派克那样把手伸进真理之口,测试自己说谎了没有。小公主未说出的愿望和未能实现的爱情令观影者唏嘘不已愁肠百结,人们期待再来罗马……

3. 全面综合规划老城功能,实现老城功能现代化转换,推动新老城协调发展。巴黎不仅注重城市外观历史印记的保护和对新建筑协调一致性的规划,并且,更为关键的是,在此基础上,巴黎实现了老城功能的现代化转换,没有使老城成为现代化发展的障碍。首先,巴黎通过重新改造建设新的现代化城市街区中心、地下交通轨道、下水道等,巴黎建设起较为完善的现代城市基础设施系统,满足了现代城市发展的需求。与此同时,巴黎对城市的区域分工进行了更为合理和明确的规划,南部城区集中了巴黎的高等学府和知识阶层,北部城区为工业制造区,西区则为金融贸易区,而塞纳河东岸的蒙塔特区则遍布咖啡馆与酒吧,是夜生活的中心区。①

此外,巴黎新建了一批基础设施完善的新城,形成围绕中心城市四周的卫星城形式,在新卫星城之间和新城与巴黎中心间修建起方便快捷的交通系统,将大量巴黎市区人口、部分产业迁移到新卫星城。新城区的功能越完善、发展越好,旧城的保护就越容易实现。通过一系列举措,巴黎成功疏解了老城功能,缓解了城区功能过度集中带来的问题,同时当初对新城的规划设想也得到了很好的实现。这为古城风貌在现代化发展中得以继续保存,为首都作为现代化城市功能的发挥、尤其是文化职能的发挥奠定了坚实的基础。

在这方面,东京也通过东京大都市圈内的分工协调疏解了非首都功能,缓解了人口压力,突出首都的文化功能定位。在经过初期东京大都市圈规划不足而导致人口快速增长、交通拥堵、基础设施建设不足、居住环境恶化等问题日益严重的阶段后,"日本政府及时调整了规划政策,从强调控制城市规模,逐渐转变为重视城市功能的空间布局,积极引导城市和区域结构的调整,以及合

---

① 参见白有涛等著《引入与融合:城市国际化研究》,东南大学出版社2008年版,第73页。

理的功能配置，从而最终形成了多核心型城市结构。"①东京中心区发挥着政治、金融、信息以及科教文化的中枢职能，集中了绝大部分的政府、文化、管理机构，以及服务业、金融业、印刷业等部门。神奈川区域在接受东京区职能转移的过程中，成为工业集聚地和国际港湾，并加强了研发、商业、国际交流等职能。埼玉区域主要接受了东京都区部分政府职能的转移，在一定程度上成为日本的副都。千叶区域主要发挥国际交通、工业集聚的功能，同时加强了商务、国际交流功能。各个区内部的城市又有彼此不同的分工。以上几个区之间和各区内部城市之间负责不同的基本功能，但联系紧密。②在东京大都市圈的基础建设过程中，轨道交通起到了最为关键的作用。东京都市圈拥有全世界最密集的轨道交通网，这为其产业布局、人口和交通压力的疏解提供了条件，极大地促进了东京大都市圈中心城市及其中小城市互动的实现。

4. 持续大力推进文化建设，促进古都风貌与现代文化的有机融合。今天的法国和巴黎政府、巴黎人民仍然在不遗余力地推进文化建设，不管是宏观的城市场景，还是细节的文化风貌，都彰显着文化之都的魅力。巴黎有着让自身引以为傲的辉煌历史，有着令世人瞩目的灿烂文化，但它从来都没有止步不前，没有停止过对文化的探索，每一代人都为文化建设做出了自己的贡献。相继建成的巴黎圣母院、凯旋门、埃菲尔铁塔、卢浮宫（扩建工程）、法兰西国家图书馆等一座座里程碑式的大型文化建筑无不成为法兰西的文化符号，体现着文化的延续和发展。不仅如此，巴黎的细节还给了这座城市更丰满、更生动的文化韵味。穿过长满苔藓的旧墙壁，走在那方形石子被磨圆的道路上，随手推开的，或许是一家有着百年历史的老店。巴黎街边的无数咖啡馆、塞纳河岸的旧书摊、随处散落的大小雕塑、街头艺人的表演、各种各样的艺术画廊、米其林餐厅等法式餐饮、躺在草地上晒太阳的人们……甚至连巴黎女人也成为优雅和时尚的代名词，成为城市的又一张名片。正是这些景象构成了巴黎独特的文化景观，赋予其渗透于寻常百姓家的文化气息。

也正是在这座古迹斑驳的历史古都中，生长出引领世界的巴黎时尚。巴黎的香水、时装、装饰品、化妆品等在世界范围里拥有巨大的影响力。众所周

---

① 冯奎、郑明媚：《中外都市圈与中小城市发展》，中国发展出版社2013年版，第149页。

② 关于东京各区职责，笔者参考了陆军等著《世界城市研究》，中国社会科学出版社2011年版，第244-246页。

知，巴黎的香水以"梦幻工业"之名驰骋全世界。著名影星玛丽莲·梦露并非CHANEL N°5代言人，但她那句"我只闻着CHANEL N°5入睡"，足以使得N°5成为那个时代的传奇，随后全球最美丽的女人相继成为N°5的形象代言人。"巴黎时装周"每年都吸引了全球最顶尖的服装品牌、设计师和各界名流汇集于此，显示出强大的号召力，成为引流时装潮流的风向标。历史遗迹与古都风貌不仅没有成为现代化的障碍，相反，还成为了这座城市最具灵魂、最具标识性、最自信的构成部分。新旧建筑、传统文化与现代文化在巴黎和谐相处，昨天、今天与明天在巴黎得到了统一。历史文化名城与时尚之都的魅力，被巴黎诠释得淋漓尽致。

（二）大力发展公共文化服务，丰富大众文化生活

"公共文化"是一个现代术语，起源于资本主义早期阶段。伴随着历史发展，其概念和内涵也不断变化。"20世纪中期以来，在欧美国家，公共文化主要是指具有民族和地区历史价值的文化遗产和遗址。国家公园、各类公共图书馆、博物馆和美术馆、各种非赢利的公共传媒机构和艺术表演团体，如公共广播电视等。"[①]其具有非营利性、共享性、面向社会全体公众等特征。公共文化对于丰富人们的文化生活和精神世界，提高人们的文化生活质量和精神境界，过一种富有尊严和意义的"美好生活"具有重要作用。公共文化服务的最终目的，在于促进人人参与文化、人人享受社会文化成果、人人创造文化，让每一个人都享受到均等化的基本文化服务。

1. 充分利用城市文化设施，提升民众文化认同感。巴黎的公共文化发展是建立在自法国大革命后确立的"劳动者享有文化"、"文化应该发挥公民教育作用"等深厚的"文化民主化"理念之上的。特别是针对文化传承，法国政府更是将其上升到了提升文化自豪感与认同感，提高民族凝聚力，促进国民身份认同的高度。而博物馆与图书馆，就是承载传统文化与文化公共服务的最基本形式。在巴黎，公立博物馆都免费开放，因为运营成本太高而不能对所有人免票的卢浮宫则制定了低票价政策。巴黎的市政图书馆也面向所有人开放，市政图书馆就是社区图书馆，又被称为"居民身边的图书馆"。据调查显示，截止到2016年，在巴黎所辖的20个区中，共有75个市政图书馆，其中包括65个社区借阅图书馆和10个专业图书馆，其藏书量大、范围广泛、服务好、时间安排充

---

① 荣跃明：《文化生产论纲》，复旦大学2009年博士学位论文，第60页。

足且合理,并经常向公众举办讲座、表演、展览等活动。[①]市政图书馆藏书量大,居民只要免费办一张借书卡就可以免费借阅。大量市民每天往返于其中,也很少发生借书不还的情况。面对残障人士,市政图书馆提供了人性化的服务,不少市政图书馆提供轮椅、有声读物、大字号书籍等服务。自2008年以来,公民志愿服务还为行动不便的老人提供免费派送图书、文化活动等上门到家的文化服务。伦敦也是一座遍布图书馆的城市,其社区服务馆同样数量大、免费服务。便捷高效的图书馆服务吸引了大量市民参与到读书活动中,极大地提高了民众的阅读量和城市的文化品位,潜移默化中形成着爱读书的习俗。在伦敦,地铁公交等交通工具上也随处可见手捧书本的读者。因出演《哈利·波特》而闻名的学霸女神赫敏,为了激起大家的读书欲望,就把书籍藏在了地铁里,还在书中附上亲自手写的纸条,以吸引更多的人参与到读书之中。

2. 举办丰富多彩的公共文化活动,提高公民文化活动参与度。巴黎有许多每年都举办的大型文化活动,这些活动吸引了大量市民参加,提高了市民文化参与度和城市文化知名度。巴黎的文化活动主要分为两类,一是展览展示类,二是艺术类。[②]巴黎是目前展览业世界排名第一的城市,其一流的展馆设施、完善的展业服务,吸引了世界各国在此举办各类主题、各大品牌的大型国际展览活动。在艺术类活动中,巴黎广泛开展各种音乐节、戏剧以及其他形式的文化活动。如在2017年10月7日夜到8日凌晨举办的第十六届"巴黎不眠之夜"期间,"巴黎各区域及郊外共举办了超过150场艺术活动,不少博物馆、画廊、公园、广场、教堂等纷纷化身临时展厅,供艺术家和观众彻夜享受这场艺术狂欢。"[③]巴黎不眠夜于2002年由伦敦市政府发起,现今已波及到欧洲其他国家,其文化效应引起其他国家纷纷参与,如布鲁塞尔、马德里、罗马、阿姆斯特丹等与巴黎携手,创建了"欧洲不眠之夜"活动。

(三)大力发展文化创意产业,提升城市文化产业产值

英国是世界上首个界定文化创意产业内涵并提出相关战略发展规划及政策

---

① 参见梁超林等《巴黎社区图书馆服务调研及启示》,载《图书馆学研究》2016年第24期,第75-85页。

② 参见任一鸣《巴黎公共文化发展及其启示》,载《文化艺术研究》2012年第4期,第19页。

③ 见《巴黎迎来第16届"不眠夜"艺术节》http://news.sina.com.cn/w/2017-10-09/doc-ifymrqmq1576930.shtml

的国家。英国首都伦敦，因其发达的文化创意产业，堪称首屈一指的文化创意城市，已然成为"世界创意中心"。1970年后，伦敦经济经历了大约20年的衰退期，英国政府于90年代开始注意到文化要素对经济社会复兴的重要作用，于是开始大力发展文化产业，并陆续推进文化创意城市建设，如今，文化创意产业已然成为伦敦的支柱产业。1998年，英国政府出台《英国创意产业路径文件》，将"创意产业"定义为"源于个人创造力、技能与才华，通过知识产权的生成和取用，可以创造财富并提供就业机会的产业"，包括广告、建筑设计、艺术品与文物、电子游戏、音乐、出版、广播电视等13个门类。[①] 伦敦的文化创意产业，从一开始就担负着创造财富、复兴国家经济的历史使命，现实证明，其文化创意产业取得了巨大成功。伦敦经验的取得又为其他城市发展文化创意产业提供了示范和借鉴。最新数据显示出英国其他区域的创意产业也在快速增长，如约克郡-亨伯地区（Yorkshire & Humber）的电影和电视行业、英格兰西北地区的广告和营销行业、曼彻斯特和索尔福德媒体城的细分行业等。各个区域文化创意产业取得的成就推动了全英文化产业的发展。目前，英国已经形成了成熟的创意产业体系和运作模式，其不仅在推动英国经济发展、增强英国文化软实力、提高其国际影响力等方面发挥着重要作用，而且呈强劲发展势头，近来表现更优于以往。英国数字、文化、媒体和体育部（DCMS）2017年7月26日发布统计数据显示，"目前英国创意产业就业人数近200万，比上年增长5%，而英国整体劳动力同比增速为1.2%。创意产业就业人数增速是英国整体就业增速的四倍。"[②] 2017年9月22日，DCMS发布新闻稿称据行业独立审查，"到2030年，英国蓬勃发展的创意产业可能在英国经济达到1,284亿英镑，到2030年将有助于创造高达100万个新职位。"[③] 文化创意产业不仅在伦敦、英国创造了巨大经济和社会效益，在纽约、东京、上海等其他城市与国家同样取得了显著成就。总结伦敦和东京在发展文化创意产业方面的经验，主要有以下几点：

---

① 见《英国文化创意产业发展的成功经验——中华人民共和国国家民族事务委员会》http://whxcs.seac.gov.cn/art/2015/5/29/art_8431_228823.html

② 见《英国创意产业独领风骚》http://tech.sina.com.cn/roll/2017-07-29/doc-ifyinwmp0626018.shtml

③ 数据来自英国DCMS官网，详见https://translate.google.com.hk/translate?hl=zh-CN&sl=en&u=https://www.gov.uk/government/organisations/department-for-digital-culture-media-sport&prev=search

1. 政府制定政策文件发挥主导作用，热情倡导并积极推动文化创意产业发展。自1992年英国公布《创造性的未来》，明确提出创造性是英国文化的核心以来，英国政府陆续出台了大量文件，并成立由国家多部委共同组成的创意产业工作组，推动文化创意产业的发展。在英国政府政策导向的大背景下，伦敦政府采取的措施政策是具体明晰而执行有力的。伦敦市不仅出台相关草案制定自己的创意产业发展规划，更积极组建自身的创意产业部门，为个人与中小企业发展创意产业提供方方面面的支持。其中，在"创意伦敦"的战略构想实施过程中，伦敦就专门成立了"创意伦敦"工作协调委员会，相继出台一系列激励政策与措施，围绕创意发展需求的各个环节，实实在在地开展具体援助，如提供融资、房地产、办公空间、市场拓展、管理服务、艺术创造、人才开发培训等各个方面的资助。具体而行之有效的政府支持取得了显著效果，"创意伦敦"计划的实施，为调动国民创新创意能力，进一步优化伦敦经济发展方式，大力开展文化创意产业，发挥了无可替代的作用。

2. 利用传统文化资源，发展先导产业，积极拓展其他领域文化创意产业。

体育文化在伦敦有悠久的历史，伦敦充分利用其深厚的体育传统文化资源，结合现代化发展成果，秉承"继承与发展"的理念，以体育文化产业为先导开始其文化创意产业之路。[①]如上文所述，伦敦政府十分注重政策导向性作用，根据不同阶段的体育文化发展状况制定不同的发展目标、草案和规划等，支持体育文化多样化的发展，鼓励民间参与，扩大体育文化影响力，从而奠定体育产业的消费基础。到1997年时，伦敦体育产业所创造的就业机会高达伦敦整个文化产业的65%，初步形成了系统的体育产业，包括休闲体育软件业、体育与健康杂志出版业、体育俱乐部培训业等3大核心产业项目，另外体育遗产的利用与开发、培训与表演业发展、场馆健身消费等领域的建设与发展也取得了较大的进展。[②]值得一提的是，伦敦很重视奥运会对城市文化与城市品牌的推广和对经济的拉动作用，重视奥运会对伦敦提升体育文化中心地位的重要作用，伦敦也是世界上唯一一个举办过三次奥运会的城市。2005年伦敦申奥成功后不久即创立了专门的城市品牌机构，在市政府的推动下，由伦敦教育局、旅游局、电影传媒局等通力合作，打造创意伦敦的城市品牌。（见图1）与此同

---

① 参见黄卓等《伦敦体育文化中心城市建设"三步走"战略及启示》，载《西安体育学院学报》2014年第3期。

② 同上。

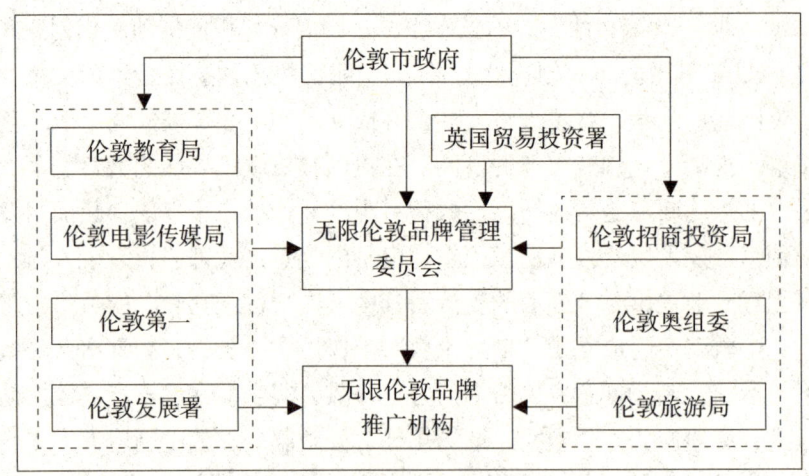

图 1　无限伦敦城市品牌推广机构

时,还专门派考察团在2008年前往中国学习和借鉴北京奥运会的相关举措。最终,2012年奥运会开幕式展现了一场凝聚着灿烂工业文明和深厚文化底蕴,彰显着现代体育创意魅力的体育文化盛宴。伦敦不仅大力发展其先导产业,更将创意的触角渗入到各行各业和社会生活的方方面面中。到现在为止,伦敦的出版业、广告设计、时装设计、影视业等也取得了巨大成功。2011年左右,"英国全部约1100个独立电视制作公司中,近七百个(包括几乎所有的大公司)都位于伦敦。伦敦还拥有全国85%以上的时尚设计师、40%以上的出版业从业人员。"[①]甚至街头巴士、地铁符号、电话亭、名人衍生品、包装盒等都体现出巧妙的创意构想。与伦敦相似,东京也是在传统产业经济低迷的情况下开始走向以文化产业推动经济社会发展的道路。1995年,日本政府明确了"文化立国"的战略方针,并提出将动漫、影视等特色文化产业作为发展的重中之重。东京抓住这一机遇,迅速发展动漫产业,这对东京的经济增长和日本国际形象的提升,起到不可估量的作用。"日本共有430多家动漫公司,其中在东京就有占总数61.4%的动漫公司";"东京制作的动漫作品已经占到世界动漫市场将近一半的份额"。[②]同伦敦一样,东京的创意理念也是贯穿城市生活方方面面的,小到

---

① 见《从老牌工商城市到全球文化创意之都》http://roll.sohu.com/20111028/n323694984.shtml

② 赖章德:《基于文化创意理念的北京世界城市研究》,2012年北京交通大学硕士学位论文,第17~18页。

文具、玩具、厨房用具等个人用品,大到城市建筑等,都体现出了与众不同的创意,带有鲜明的城市特色。

3. 重视创新人才的培养,为文化创意产业提供源源不断的生力军。人是文化创意产业中最根本、最重要的因素。没有创意人才,政策就无法被有效试行,科技进步成果就无法被运用。伦敦十分注重创意人才的培养与培训,并衍生了"创意阶层"这一新名词,伦敦创意人才的培养是"从娃娃抓起"的。如为了激发下一代的创造创新意识,伦敦市政府提出了"'发现你的才能'计划,从学前班至大学,学校为每位学生提供每周都至少5个小时的'高品位的文化体验',政府还投入了大量资金用来支持学校相关的音乐课程,以便发掘'被埋没的莫扎特'。"[1]早在1852年英国政府就设立了应用艺术部,开设时装设计专业,而中国大学开设艺术设计专业则是近30年的事。[2]不但具有先发优势,英国更是鼓励更多高等院校设立更多创意相关专业。除却学校学制培养外,英国政府也注重短期培训的力量,如为有意发展创意产业的个体提供培训与指导、在创意产业提供实习岗位等。贯穿于各个阶段的创意教育,培养了大量从事创意工作的人才,同时伦敦还注重吸引国家高端创意人才,从而为文化创意的发展提供了强大的人力保障。

(四)注重文化的多元性与包容性,培养自由开放的文化氛围

1. 胸襟开阔,融聚各国文化。众所周知,纽约是一个移民城市,虽然历史较短,但人口构成复杂,纽约的文化特色也因此呈现出包容万家的气象。300多年来,纽约不断聚集着来自世界各地、拥有不同肤色外貌、使用不同语言、遵循不同文化习俗与观念的人们,而这些移民也促成了纽约文化上的成就。"目前纽约市的821万人口中,居民祖籍遍及世界180个国家和地区,其中拉美裔占总人口数的27.6%,非洲裔占24.5%,亚裔占11.7%。皇后区的200万居民就分别说着140种不同语言。"[3]纽约文化的多元性与包容性,首先体现在具有各国特色的聚居地与社区中。各个国家的人们在这里找到自己的同伴,如"唐人街"、"小意大利"、"小印度"和希腊社区等。其次,体现在各国特色文化的

---

[1] 王立丽:《北京—伦敦文化创意产业发展模式比较研究》,2012年北京服装学院硕士研究生学位论文,第18页。

[2] 参见洪娟等《北京与伦敦文化创意产业发展比较研究》,载《城市问题》2013年第8期,第39页。

[3] 李春雨、刘勇等:《比较视野中的北京文化》,文化艺术出版社2013年版,第404页。

荟萃中。如中国的"春节"、日本的"樱花节"、爱尔兰的"圣·帕特里克节"等传统节日，不同国家与民族的节日既给了本民族的人们以文化归属感，又汇聚成了纽约文化大拼盘的景观。甚至各个国家和地区的美食也遍布纽约，人们很容易就能找到中国的饺子、印度的咖喱、韩国的泡菜等。第三，体现在各种文化设施的汇集中。纽约拥有大量的公共图书馆、电影院、剧院艺术画廊、书店、公园、雕塑、地铁（进行文化展示）、公共游乐场所等各种各样的文化设施，城市的文化气息贯穿于市民生活的方方面面。第四，体现在不同形式内容多样的传媒中，书籍、报刊、杂志、手机、"博客"等媒体文化以丰富多元的内容填充在人们生活中。如1833年创刊的《太阳报》为人们提供了政治及社会化信息，还有其他各种报刊提供形形色色的新闻报道、生活窍门、科普知识以及流言八卦等，纽约"似乎有着适合人们各种口味的报纸"①。最后，纽约文化的多元性还体现在多元的时尚文化中。风格迥异的摄影展、现代与后现代文化交互影响的音乐与电影、令人惊叹的涂鸦作品……

2. 古典与时尚并存，传统文化与现代文化相得益彰。如上文所述，巴黎在保存古都风貌的同时，继续推进现代文化的建设，这使得传统文化与现代文化在巴黎得以和谐共处。除此之外，古典的宫廷文化、通俗的民间艺术、多元的宗教文化等都能在巴黎和谐共处。可以说，宫廷文化中注重礼仪、举止优雅、衣着时尚、品味高端等文化传统在某种程度上潜移默化影响了法国人的文化气质和时尚产业。巴黎的民间艺术多种多样，来自世界各地的街头画家汇聚于此、各种水准的歌手演奏着不同的乐器尽情地表演、杂技演员吸引着人们驻足观看……在宗教文化方面，绝大多数法国人信仰天主教，但巴黎也存在信仰东正教、犹太教、伊斯兰教等其他宗教的人们，在此互不干扰。法国政府保护宗教信仰自由、惩罚歧视行为，保证了宗教文化在巴黎多元共存。

（五）聚集人才和思想，打造独具特色的城市品牌

那些在人类历史上和世界范围内拥有重大影响力的文化城市，也往往是人才和思想的聚集地。一座城市，因为有了文化名人而有了灵魂，因为有了光芒万丈的璀璨思想，而有了城市精神的灿烂星空。放眼世界，那些闻名于世的文学家、艺术家、哲学家无不使得其诞生或生活过的城市熠熠生辉。无论是悠远

---

① 白有涛等：《引入与融合：城市国际化研究》，东南大学出版社2008年版，第53页。

美妙的音乐艺术、风格多样的绘画艺术、浸润心灵的文学作品还是引人深思的哲学思想，都内在的构成了一座城市的灵魂，形成了城市的深远影响力。

1. 就巴黎而言，法国的重大文化运动在巴黎几乎都能寻觅到踪迹，这些推动历史发展的理论思潮，深刻地影响了巴黎的文化景观和文化内涵。"按照中世纪的传统主题，巴黎是'智慧'的特殊产品；按照后文艺复兴时代的概念，巴黎是新罗马；按照启蒙运动和法国资产阶级大革命的概念，巴黎引领了文明的发展。"[①]1848年的2月革命、1871年的巴黎公社等重大历史事件塑造了巴黎人革命、爱国、平等的精神传统。就文学而言，在一定程度上，甚至可以说法国的文学就是巴黎的文学。大仲马、巴尔扎克、莫奈、福楼拜等文学大家都曾长期居住在巴黎或者在此进行创作，卷帙浩繁，数不胜数。而他们笔下的巴黎也给人留下了无数的想象空间。巴黎的高等教育在世界范围内具有重要的影响力，为当代巴黎培育了大量优秀人才。

2. 如果把伦敦、巴黎、纽约、东京称为世界城市，大概不会有什么异议。但还有一些城市，因为自身经济条件、人口、城市规模等种种限制，暂时难以成为世界城市。可这些城市却因为"聚集了世界上一批最有创造力的思想家和艺术家"，而成为"思想和艺术的集聚之地"，"形成了自己独特的文化风尚和文化精神，确立了这些城市在世界上不可动摇的文化地位"。[②]位于美因河右岸的德国名城法兰克福，是德国乃至欧洲重要的工商业、金融服务业和交通中心，但它闻名于世却是因为文化尤其是文化名人的重要影响力。法兰克福大学是德国排名前列的国际顶尖大学，歌德等文坛巨匠为法兰克福增添了知名度。最为重要的是，法兰克福学派使法兰克福的影响力波及欧洲乃至全世界。20世纪上半叶，以M.霍克海默、T.W.阿多诺、H.马尔库塞、J.哈贝马斯等为代表的一大群社会科学学者、哲学家、文化批评家聚集于法兰克福社会研究所，他们的理论极大地发展了"西方马克主义"，形成"法兰克福"学派，引起世界范围内学术界的关注，法兰克福也因此而声名大噪。奥地利首都维也纳，面积只有400多平方公里，却是世所公认的"音乐之都"。音乐在维也纳有悠久的历史，今日的维也纳更是几乎一天也离不开音乐。在现代热门音乐舞台等场所，在举行集会、庆典甚至政府议事等大型活动前后、在街边、在家庭中，美妙的

---

① [英]琼斯：《巴黎城市史》，东北师范大学出版社2008年版，引言第4页。
② 蒯大申：《世界文化中心城市何以可能》，载《社会观察》，2004年第1期，第4页。

音乐总在伴随着人们。维也纳交响乐团和维也纳儿童合唱团在世界各地的巡回演出中总能得到人们的高度赞誉。维也纳音乐学院为国际音乐界培养了大量顶尖人才。它孕育了莫扎特、贝多芬、舒伯特和约翰·施特劳斯等这些音乐大师，为自己赢得了举世瞩目的灿烂光辉。维也纳国家歌剧院，素有"世界歌剧中心"之称，也成为这座城市的象征。"金色大厅"吸引了世界上最优秀的音乐大家们来此演出。不仅如此，维也纳还诞生了或生活过一大批在世界思想史上具有重大影响力的人物，如路德维希·维特根斯坦、卡尔·波普尔、路德维希·冯·米塞斯、弗里德里克·哈耶克和欧根·博姆-巴维克等。正是这些音乐界、哲学界等光辉的思想成就和那些著名的艺术家、思想家们，托举了维也纳世所公认的文化地位。

（六）积极开展城市外交，推动文化传播与交流

传统意义上的外交，通常指以主权国家为主体在国际范围内开展的活动。城市外交则以城市或地方政府为主体，在国际舞台上发展与其他行为体的关系。值得指出的是，城市外交往往需在不违背中央政府国家政策、不挑战中央政府外交主导权的界限范围内活动，只有在此前提下，其尽可能扩大开放的外交行为才会得到中央政府的支持与资助。相比传统外交，城市外交可以面向更广泛的对象、运用更加灵活多样的方式、在更广阔的形式和内容中开展行为体之间的交往，借以实现追求城市利益最大化的目标。在成为世界城市的道路中，东京结合自身特点，积极开展城市外交，取得了显著成就。东京与北京同处东亚、同样举办过奥运会，并在1964年举办奥运会之后开始迈进世界城市之列，为我们建设具有国际影响力的文化中心提供了不少可借鉴的经验。其中东京友好城市的交流就为其提升自身文化软实力，走向国际舞台发挥了至关重要的作用。

1. 广泛缔结友好城市（姊妹城市），开展城市外交，形成对外交流格局。友好城市的交往就是城市外交的一种重要形式。早在1960年，东京就与纽约缔结了友好城市，之后陆续与北京、巴黎、伦敦等城市建立了友好城市关系，开始了其以友好城市交流提升城市国际化水平的道路。东京共下辖23个特别区、27个市、5个町、8个村以及伊豆群岛和小笠原群岛[①]。根据日本自治体国际化协会的网站资料，截止到2017年10月25日，据笔者统计，东京共建立了67个友好城市，其中东京都建立了12个友好城市，另有中央、新宿、文京等21个

---

① 见《东京_360百科》https://baike.so.com/doc/1531003-1618580.html

区建立了40个友好城市，利川市等8个市建立了11个友好城市，大岛町等4个町建立了共4个友好城市。①而日本全国则建成了1717个友好城市②，遍及五大洲。其对友好城市的重视程度、建立的数量之多、地域范围之广阔，由此可见一斑。在为迎接1964年奥运会兴建的现代化城市基础之上，东京城市规模日益扩大，加快了与友好城市的交互往来，这又促进了东京城市建设的突飞猛进。到1980年，东京都就成为了国际化大都市，至1986年，东京都市圈成为世界四大都市圈之一。③

2. 开展形式多样内容广泛的文化交流与合作，促进文化往来与发展。针对不同城市的特点，东京与友好城市广泛开展了不同领域的友好合作，主要涉及经济、行政、教育、文化等领域的交流，其中教育交流与文化交流是东京友好城市交往的最基本形式。④东京的对外文化交流是以发展自身文化现代产业，提升城市文化软实力，扩大国际影响力为导向的。在与其他城市进行文化、教育领域的友好交流时，东京十分注重传统文化、文化产业、教育理念等的输出，同时输入国外的特色文化，增强国际包容性，培育宽松友好的文化氛围，从而提升文化吸引力。东京都与友好城市的交流是通过多个层面来达成的：东京都政府制定总体政策框架，在此范围内，东京都下属的行政区域与各种民间团体可以自由采取多种渠道开展多方面的对外文化交往活动。⑤值得指出的是，在各种民间团体中，日本自治体国际化协会（CLAIR）⑥在协调和发挥城市对外交流中发挥了窗口作用，被称为"民间大使馆"。其总部设立在东京，并在纽约、北京等地设有事务所，在协助友好城市交流中起到了巨大作用。在文

---

① 见《姉妹提携データ - CLAIR（クレア）一般財団法人自治体国際化協会》http：//www.clair.or.jp/j/exchange/shimai/prefectures/detail/13

② 见《姉妹（友好）都市提携数 - 自治体間交流 - CLAIR（クレア）一般財団法人自治体国際化協会》http：//www.clair.or.jp/j/exchange/shimai/index.html

③ 参见周萍萍《友好城市交流的东京经验与提升北京文化软实力研究》，载《教育现代化》2016年第7期，第2页。

④ 见《东京都区市町村等の海外姉妹都市・友好城市一览表》https：//www.city.inagi.tokyo.jp/shisei/keikaku_hokoku/kaigai_shimaitoshi_kenntou/shiminkaigi3.files/5shiryou4.12.17.pdf

⑤ 参见周萍萍《日本东京都城市外交的特点——以友好城市交流为例》，载《太平洋学报》2010年第8期。

⑥ 见《自治体国際化協会》http：//www.clair.or.jp/j/exchange/shimai/prefectures/detail/13

化交往内容中，有以下几点值得注意。比如，在传统文化方面，东京各市区町村基本都设立了用于当地居民和外国人进行文化交流的沙龙或协会等，以之为长期固定渠道向外国人推广传统文化，增进当地居民与外国友人的交流。在文化产业方面，东京则借助纪念与纽约缔结友好城市40周年的系列庆祝活动的机会，将在国内基本达到饱和状态的漫画产品销往美国，开拓国外市场。自2008年以来，日本动画市场规模一直保持在2000亿日元以上。目前，日本已成为世界上第一大动漫作品出口国，占据国际市场的6成，在欧美市场的占有率更是达到了80%以上。[①]在教育方面，东京与友好城市广泛开展教育考察、学习、交流活动，并建立了高校学生短期交流或留学项目，借以增进友好往来，输出教学技术、教育理念与价值观念等。除此之外，东京还与友好城市展开了庭院艺术、图书交换、音乐会、诗歌、建筑业、博物馆等方方面面的文化交流与合作，旨在尽可能地扩大文化交往的范围，深化文化交往的内容。

二、启示

近年来，北京文化建设的各个方面取得显著成就，具体体现在：加大了历史文化名城保护力度，现代文化与文化多元化发展取得进步，文化事业和文化创意产业并行发展，加强了"文化名家领军工程建设"，国际文化活动日益频繁，对外交流功能得到较好的发挥等方面。与此同时，北京的文化建设还存在一系列不足，距离建成具有世界影响力的国家文化中心还有很长的路要走。这需要我们立足北京特色，充分借鉴国际经验，持续不断推进北京的国家文化中心建设。具体来说，主要涉及以下几方面。

（一）充分保护与开发古都遗产，突出历史文化竞争力

作为世界著名古都和历史文化名城，北京在历史上曾经形成了极其宝贵甚至是世罕其匹的历史遗迹，积累了丰厚的历史文化资源。北京拥有世界上最大的宫殿建筑群、陵园建筑群和皇家建筑群，各派寺庙、王宫府邸、古街旧巷、胡同人家皆汇集于此，北京也是全球范围内拥有"世界文化遗产"项目最多的城市之一。天坛、故宫、颐和园、长城等古老的文化符号无不显示出这座近千

---

① 见《日本动漫产业现状分析》http://cartoon.southcn.com/c/2016-04/18/content_146155570.htm

年的帝都在历史上曾有的辉煌与中国传统文化的光芒。同样拥有众多古都资源的巴黎、伦敦、东京无论在建都时间上还是古迹数量上都难以与北京相媲美。然而，在现实发展中，北京对历史文化资源的保护与开发利用程度，却远不及巴黎、伦敦、东京等城市。历史文化资源是北京最具优势的特色资源之一，是北京建设国家文化中心最重要的载体之一。这迫切需要我们树立充分的文化自觉与文化自信，充分认识北京历史文化资源的重要价值，为之寻求有效的保护措施与转化路径，使之为建设具有世界影响力的国家文化中心发挥应有的作用。

1. 进一步完善法律法规和工作机制，加大历史文化资源保护力度。在现代化进程中，由于特殊的历史原因，北京的古城墙、古建筑等大量旧城风貌惨遭大量破坏。近来年，北京虽然在旧城保护方面做了大量工作，但总体来看，古都风貌仍在持续恶化，古都风貌的整体性不断受到冲击。一些企业不等政府批复就提前破除历史遗迹、造成既定事实，无法修复；一些具有极高历史价值的建筑甚至在无人监管的情况下被夷为平地。值得注意的是，现在北京文化古迹的保护措施主要是对地上建筑等的保护，而疏于对地下文物的保护，使其遭到大量破坏。如"北京南站扩建、东直门交通枢纽、德内大街扩建工程、西直门交通枢纽、六里桥长途汽车站改造等都未进行文物勘探或发掘；首都机场三号航站楼和北京物流空港等工程在发现文物后仍进行施工，拒绝文物保护；地铁四号线圆明园站施工破坏了100多米长的清代御路。"[①]诸如此类，不胜枚举。

完善的法律制度是保护与开发历史古迹的根本依据，任何破坏历史遗迹的行为，不管其主体是个人、企业抑或政府等，都应该承担严肃的法律责任。近年来，国家和北京政府对历史文化资源重要性的认识日益深化，保护措施日益增多。北京先后出台了《北京历史文化名城保护条例》、《北京城市总体规划（2004-2020）》、《中共北京市委关于发挥文化中心作用建设中国特色社会主义先进文化之都的意见》等相关文件，历史遗迹保护虽取得了一些进展，但执行效果仍不够明显。应进一步完善、细化相关法律法规，明确历史遗迹的保护范围；"加大破坏文物事故的惩处力度，将行政处分与法律惩处严格区分，强调

---

① 吴狄：《北京南站扩建等大型工程破坏地下文物》http://news.163.com/08/1016/09/4OC73GBR0001124J.html

事故责任人的法律责任"①，使任何主体都不敢轻易破坏历史古迹。在此基础上，应健全北京历史文化名城保护委员会工作机制，充分发挥其作用，鼓励民间团体与个人参与到历史文化名城保护中来。

2. 合理开发历史文化资源，充分实现其当代价值。当前，北京对历史文化资源的开发与利用中，还存在很多误区和认识不足的地方，对"历史文化资源的深刻内涵和长远意义认识不清，急功近利，普遍把历史资源当作旅游资源或房地产的景观资源进行单一开发，以追求经济效益为根本目标"②。历史资源固然是重要的旅游资源，但并不仅仅具有旅游价值，还有更深刻的社会价值和文化价值。也并不只是具有旅游价值的历史古迹才是值得保护的，有些不适宜用于旅游开发的古迹，虽不能转换为经济效应，但其真实地见证了北京的变迁，是北京历史文脉的真实载体，也应予以妥善保护和利用。除此之外，北京对现存历史资源的保护与开发也并不足够。"在北京的近百处国家级文物景点、300多处市级文物景点中，已经得到较好开发利用的不足1/3，而完全处于尚未开发状态的占2/3以上"③。有些遗迹即便被列为文物建筑，也缺乏保护与修缮，年久失修，有的已经面目全非。大量宝贵的历史资源被闲置、被浪费，其价值并未得以实现。

在对历史文化资源进行保护的过程中，应充分学习和借鉴巴黎、罗马等经验。如上文所述，巴黎对历史古都的保护与传承，是体现在整体性与延续性、大场景与小细节、知名文化符号与普通遗迹等方方面面的，是浸入在当代人的生活场景中的。现阶段，北京对历史遗迹的保护，主要体现在对单个重点文物古迹的保护与旅游开发上。为此，还要拓宽融资渠道，加强资金与人力投入，加大保护力度。首先，既要对那些重点文物进行大力保护，也要保护那些散落的具有一定价值的历史遗迹等，更为重要的是，在文物保护过程中，要有整体意识，避免"文物孤立"的现象发生。如果只是保护几个四合院、几处断墙、单个戏台，而将其相邻建筑全部拆除，缺少对其存在环境的区域性保护，文物就失去了更高的历史文化价值，成为零散孤立的点缀，失去了特定情境的呼应而成为"死文物"。而对于整个北京城来说，如果缺乏整体性的规划，只是孤零零地保护某些旅游资源，那么北京城的古都风貌也将变得支离破碎，历史悠

---

① 杨剑龙主编：《都市文化》，上海人民出版社2014年版，第169页。
② 刘瑾：《首都文化竞争力研究》，中国社会科学出版社2015年版，第144页。
③ 同上书，第145页。

久的文化脉络也将不再清晰完整。第二，不仅要保护物质文化遗产，也要北京的诸多风土人情、民俗民艺等非物质文化遗产进行发掘与保护，使民间文脉贯穿在城墙建筑中，融汇于当代人的生活中。第三，北京应当系统梳理与整合历史资源，采取多种形式，大力开发物质文化遗产与非物质文化遗产的历史价值。充分开发历史遗迹的展示功能、经济功能、教育功能、文化功能与社会功能等，"让收藏在禁宫里的文物、陈列在广阔大地上的遗产、书写在古籍里的文字都活起来"[①]，使历史文化资源在当代持续发挥魅力，充分实现其经济效益、文化效益与社会效益的统一。最后，北京应持续大力推动现代文化建设。

（二）大力发展中国优秀文化，融汇外来文化，增强文化的包容性与多元性

习近平总书记指出，"在5000多年文明发展中孕育的中华优秀传统文化，在党和人民伟大斗争中孕育的革命文化和社会主义先进文化，积淀着中华民族最深层的精神追求，代表着中华民族独特的精神标识"[②]。共享的中华文化认同，是中华民族历经几千年发展仍生生不息、历经无数劫难仍团结统一的强大精神血脉和精神动力之源。作为中国封建王朝的最后帝都和新中国成立以来的首都，北京经历了中国社会发展的所有形态，积淀了深厚而独具魅力的中国传统文化、中国共产党和中国人民为争取民族独立和人民解放而形成的革命文化、马克思主义指导下的社会主义先进文化。北京不仅在文化形态上具有完整性和多元性，更内在的体现着中国文化的精神高地，体现着中华民族精神的深刻内涵。在很多外国人看来，中国=北京，北京文化逐渐成为人们了解中国文化的起点。

古都北京的文化氛围兼具宏大的气魄和多元的格调，具体来看，当代北京主要包括宫廷文化、民族文化、民间文化、士人文化、知识分子文化、宗教文化、现代文化等多种文化形态。作为五朝帝都，北京积累了丰厚的宫廷文化。"宫廷文化以国家统一、政权稳固、经济繁荣和制度完备为发展前提，清代前

---

① 中共中央宣传部编：《习近平总书记系列重要讲话读本（2016年版）》，学习出版社\人民出版社2016年版。
② 习近平. 不忘初心，继续前行——在庆祝中国共产党成立95周年大会上的讲话，http://cpc.people.com.cn/n1/2016/0702/c64093-28517655.html

朝上述诸条件已完全具备，北京的宫廷文化发展到前所未有的高度。"①故宫、天坛、颐和园等皇家建筑，皇家典礼祭司等礼仪制度，馄饨侯、赛螃蟹等宫廷膳食都体现出浑厚大气的"皇城根儿"文化。五朝帝都中，有四个是少数民族建立的王朝，在建国后又不断融入其他民族元素，因此北京的文化兼容蒙古、满、朝鲜、藏等少数民族的风情民俗，具有多样的民族特色。北京的民间文化雅俗兼备，杂技、曲艺、老字号、胡同、四合院、北京话、北京小吃、民间艺术机构等都体现了宽容随和有时又带有皇城高傲的文化气息。作为首都，北京自古以来就百官云集，吸纳了士人群体聚集于此，形成独树一帜的士人文化。新中国成立后现代知识分子也大量在此聚集，促成了全国各地思想、文化的交流与传播。在宗教文化信仰中，北京汇聚佛教、道教、伊斯兰教、天主教、基督教等多元宗教信仰。近年来，在学诚法师等人的大力发展下，佛教龙泉寺运用高科技、现代传媒技术与可爱的"贤二机器僧"等方法使得寺院与佛教影响力迅速上升。除此之外，伴随着西方文化的影响和中国现代化进程的推进，北京的现代文化发展强劲，国贸、国家大剧院、鸟巢、后海酒吧一条街等一系列具有现代文化元素的新地标不断出现，成为北京文化的重要组成部分。可以说，北京的文化具有海纳百川的文化大都市气质。

但是北京的多元文化发展也并非是没有问题的，自鸦片战争以来中国被迫卷入现代化进程，面对强大的他者，一些人在一定程度上产生了文化自卑心理。而新文化运动过程中又曾有过对传统文化的过度批判，一定程度上导致文化断层出现，从而造成一些人言必称西方，尤其是年青一代缺乏对中国文化价值的充分了解和认同。北京在文化的发展过程中，不可避免地受到这一风气的影响。新建成的"央视大裤衩"等风格不伦不类、让人不明所以的文化作品体现出过于追随西方的文化不自信心理。在文化发展过程中，应坚守本民族、本土的文化自信，避免文化盲从，充分利用新传媒、新技术等科技发展的新成果发展中国优秀文化，提升其文化活力与竞争力。在立足自身特色的基础上，尊重多元文化，广泛吸收与容纳外来文化，丰富文化样态，增强城市文化的包容性，努力打造"传统文化与现代文明交相辉映、具有高度包容性、多元性的世

---

① 李淑兰：《京味文化的形成和演变》，载《首都师范大学学报》（社会科学版）2000年第1期第104页。

界文化名城"[①]。

（三）重视人才和思想的汇聚，发挥名人效应

如上文所述，自建都以来，全国各地的大量名人雅士源源不断汇集于北京城，也因此带来了全国各地区文化精粹的汇聚。新文化运动、五四运动等思想启蒙运动，既有名师大家的大力倡导，又有进步人士与青年学生的积极响应，留下了宝贵的思想遗产。新中国成立以来，再次定都北京，北京的思想文化发展又迎来新的机遇。中科院等一大批国家级科研机构，清华、北大、人大、北师大等一批国内顶尖高校，北电、中戏等一大批艺术学校和国家级文艺单位的建立，既吸引了各行各业的顶尖人才，也招揽了大量优秀青年学子，成为文化发展的生力军。总之，北京有丰厚的思想文化资源和精英荟萃的人才资源可待利用。

据统计北京城现存挂牌的名人故居有31处，如梁启超、陈独秀、蔡元培、纪晓岚、谭嗣同、郭沫若故居等。挂牌的名人故居比没挂牌的名人故居在保护与修缮、社会关注度、游客数量等方面占有更大的优势，但总的来说，很多名人故居的状态仍然是"养在深闺人未识"，在保护与开发方面存在很多问题，思想与名人遗产的效能未得到充分发挥。在这一方面，北京可以借鉴巴黎、法兰克福等国外经验，通过健全法律法规，多方面筹集资金，与新媒体相结合、合理开发旅游与展示功能等措施，扩大名人故居的影响力，打造城市名片。在当代文化发展中，应充分发挥文化名家的领军作用。高层次文化建设领军人物、名家大师和民族文化代表人物，是文化建设的重要力量，在适当时期发挥领军作用。首先要加强文化名家培育，加强文化人才队伍建设，完善人才激励机制。其次，要发挥文化名家在文化发展中的领军作用，完善文化名家服务体系，使其真正为文化发展的各个环节与各个方面贡献力量。北京不仅要注重国内人才的培育，也要注重吸引国际人才。在2010-2015"对外籍最有影响力的城市排名"中，北京一直名列前茅，其中北京获得两次第一名，上海获得三次第一名。为进一步吸引国际人才，一方面北京要加强教育领域的海外市场拓展，吸引更多国外名家与留学生人才来北京学习、体验、交流等，增强中外文化交流与了解，增强高水平的学术科研能力。另一方面，北京要创造轻松自由的文化氛围，通过加大政策吸引力、改善城市居住环境与生活保障、建立长效

[①]《北京城市总体规划（2004年-2020年）》，载《北京规划建设》2005年第2期第9页。

合作机制等措施,吸引更多国际人才来京就业,在文化交流与经济效益中充分发挥国际人才的作用。

2010—2015年各届"魅力中国—外籍人才眼中最具吸引力的中国城市"TOP10排名情况[①]

排名\年份	2010	2011	2012	2013	2014	2015
1	北京	北京	上海	上海	上海	上海
2	上海	上海	北京	北京	北京	北京
3	大连	天津	深圳	天津	深圳	杭州
4	杭州	深圳	苏州	广州	天津	深圳
5	深圳	武汉	昆明	深圳	青岛	天津
6	天津	广州	杭州	厦门	杭州	青岛
7	青岛	苏州	南京	南京	广州	苏州
8	厦门	重庆	天津	苏州	苏州	广州
9	烟台	厦门	厦门	杭州	厦门	厦门
10	芜湖	杭州	青岛	青岛	昆明	济南

资料来源:根据"魅力中国—外籍人才眼中最具吸引力的中国城市"的评选活动的相关新闻报告等公开材料整理而成。

(四)大力发展公共文化服务体系,保障人民群众基本文化权益的实现

公共文化服务体系是公民文化权利得以实现的重要保证,是衡量一个城市文化发展水平的重要尺度。我国的公共文化服务体系是"以保障人民群众基本文化权益、满足人民群众基本文化需求为目的,以政府为主导,以公共财政为支撑,以公益性文化单位为骨干,向全社会提供公共文化设施、产品、服务和

---

① 数据及表格来自"对外籍最有吸引力的城市排名"http://mp.weixin.qq.com/s?__biz=MzA5NzI2MzUwMg==&mid=2650672099&idx=1&sn=0807073617c44c24cd548e4f78801b60&chksm=88a92102bfdea814ad87c6a751dee1bca36c1ff643d6fc463d13fd954bb2a96ea45370c0f5bd&mpshare=1&scene=1&srcid=1121HYWNPDF9uLCYeI3OtSzM#rd

制度体系的总称。"①近年来，我国公共文化服务发展取得了显著进步，2016年12月通过的《中华人民共和国公共文化服务保障法》对公共文化设施建设与管理、公共文化服务提供、保障措施、法律责任等分别作了详细规定。②这为发挥公共文化服务的社会教育功能，推进公共文化服务标准化、均等化，保障人民群众基本文化权益提供了切实可行的法律依据。

近年来，北京的公共文化服务体系建设取得了显著进步。北京基本建成了全市及各区县、街道、社区（行政村）四级公共文化服务体系，启动了公共文化服务体系三年一评审机制，人均公共文化服务指数排名全国第一。尽管如此，与伦敦、巴黎等城市相比，北京仍存在显著差距，文化生活还没有对北京市民形成广泛深刻的影响。在以往的实践中，侧重于对硬件设施的建设，但已建成的设施仍然显得不是很足够，对城市文化活力等"软实力"层面引导不够，对市民参与、草根文化发展等扶持力度不够。比如作为人口大市，北京的图书馆资源却是与之不匹配的，人均图书占有量远低于伦敦，图书借阅也不够方便，甚至面临来自上海、深圳的挑战。"伦敦、东京公共图书馆每年借出的书籍数量以及市民每人每年借书数都数倍甚至近10倍于北京。"③在图书馆、博物馆、文化馆等公共文化服务建设的重要领域，北京虽然在数量上与上述城市差距明显缩小，但人均占有量仍明显落后，文化设施与民众参与相结合的力度仍有较大的差距。

为此，北京应当借助国家政策的力量，依托雄厚的经济实力和丰富的文化资源，坚持"以人为本"的服务理念，采取多种措施，继续建设惠及全体公民的公共文化服务体系，充分实现公民文化权利。首先，要加大公共文化在北京文化体系中的基础地位，加强基础设施建设，促进民众参与性和共享性的提高，激发城市活力。其次，要优化公共文化供给系统，为大众提供层次化、品质化、高端化的公共文化服务，提升网络、新媒体等公共文化服务体系的作用，增强符合国家文化中心、世界城市水平的公共文化竞争力。唯有当更多的人能够走进贮藏着辉煌灿烂中华文化的博物馆中，走进承载着世界各国文化最

---

① 王琪延、徐玲：《中国城市文化发展指数.2016》，中国人民大学出版社2016年版，第131页。
② 《关于公共文化服务保障法出台 人民群众基本文化权益获法律保障》，人民网 http://politics.people.com.cn/n1/2016/1225/c1001-28975056.html
③ 刘瑾：《首都文化竞争力研究》，中国社会科学出版社2015年版，第125页。

新优秀成果的剧院中，走进触手可及的免费公共图书馆中，走进丰富多彩的文化活动中时，公共文化服务才能真正发挥教育人、引导人的作用，才能提升城市文化软实力，增进人们的文化自信心和自豪感。

（五）依托京津冀都市圈，加快实现产业转移和人口转移，为首都文化功能发挥奠定基础

根据世界城市的发展经验，都市圈发展主要是指中心城市与周边卫星城之间的分工与协作关系。便利的交通是都市圈发展的首要基础条件，产业转移和人口的迁移跟随其后。巴黎、纽约、伦敦、东京都依托世界知名的都市圈，根据各自的地理位置、历史发展等因素来确定都市圈的范围与各个城市的职责。北京所依托的京津冀都市圈，现阶段交通等区域性基础设施建设已初具规模，但仍然尚不完善；产业分工和区域空间管制方面仍存在明显不足。就交通而言，首先，路网格局不够完善。京津冀地区的交通运输组织功能等主要是由北京承担的，天津、石家庄等交通枢纽的作用未见明显发挥。第二，就轨道交通体系而言，京津和津保城际高铁等的开通极大的便利了交通往来，但是其余地区城际铁路、干线铁路、市郊铁路、轨道交通等交通设施建设严重滞后。第三，各种交通运输方式之间衔接度不高，尤其是轨道交通与其他交通方式的衔接度不够。轨道交通准时、方便、高效、快捷的优势并未得到充分发挥。就产业结构而言，京津冀产业结构的问题突出体现在区域内产业分工和定位不明确，协作关系不够紧密，产业结构趋同等问题中。就空间而言，各个城市都更加关注自身利益，缺乏全局与合作精神，导致区域内壁垒的存在而限制产业结构转变，产业趋同现象难以缓解。

现阶段京津冀一体化过程中，首先，还应继续加强交通体系建设，为北京市产业转移和升级奠定基础。政府应当在协调京津冀交通一体化发展中发挥积极的助推作用，加强相关法律法规配套政策建构，以跨区域轨道交通为先导，同步规划高铁、高速公路等其他交通方式，打通便捷的京津冀交通网络，真正实现京津冀都市圈的四通八达、畅通无阻、方便高效。第二，政府应采取更加主动的措施，促进京津冀产业结构优化。首先要打破各个城市间壁垒的存在，建立统一有序的市场经济体制，为产业转移创造条件。其次，应进一步明确各个城市的定位与分工，发挥自身优势产业，加快实现京津冀一体化视角下的产业转移，缓解北京非首都功能，为首都文化功能的发挥奠定基础。

（六）加强文化创意产业的支柱地位，推动经济发展模式转变和产业结构升级

经济发展模式的转变一方面是传统产业的格局的合理调整，另一方面则是新兴经济增长点的带动。自2005年北京市做出大力发展文化创意产业的重大决定至今，北京的文化创意产业发展已经取得长足成效。文化创意产业成为仅次于金融业的重要支柱产业和新的经济增长点，并且形成了一定的优势文化创意产业；就空间布局而言，文化创意产业呈现出一定的整体规划意识，各类文化创意产业基地和聚集区建设初具规模。"文化产业已经成为首都经济新的增长点，文化产业与其他产业的融合度日益加深，文化产业对首都经济社会发展的带动作用明显增强。"① "2016年1-8月，北京全市规模以上文化创意产业法人单位实现收入8262.7亿元，同比增长8.9%，从业人员达117.5万人。"②但与伦敦、纽约等城市相比，还有明显差距。据统计，2012年亚太总裁协会的国际文化产业领军企业30强中，纽约有15家企业入选，涉及传统媒体产业、新媒体产业等领域，而中国没有相关企业进入排名。仅就从业人员结构而言，"据一般统计，纽约、伦敦、东京等世界城市，其从业人员过半（50%-55%）都集中在高科技、金融、文化创意产业等领域中，而北京的这一数字只有17%。"③

在北京文化创意产业发展的早期孵化阶段，政府起到了积极的引导和推动作用，在将文化产业从文化事业分离出来的过程中发挥了不可磨灭的作用。当文化产业发展度过萌芽期以后，就需要更加发挥市场的作用，政府则为企业与个人提供更好的帮助与服务。北京要增强文化产业的竞争力，还需要进一步深化文化体制改革，激活文化发展体制，健全文化市场体系，发挥市场机制的决定性作用。以催生新的文化形态，促进文化产业规模扩大、结构升级与产业集聚。在这一方面，伦敦市政府就为创意文化产业的发展提供了方方面面的具体帮助，值得我们学习与借鉴。如应进一步加大政策、资金、土地扶持力度等，促进集群内部文化创意企业、创意者之间完整有力产业链条的形成，吸引中小企业聚集，促进文化创意产业集群形成。同时，应十分注重高校、国际化人才

---

① 陶东风：《人文北京的内涵与北京的国家文化中心建设》，载《北京人大》2011年第9期，第19页。
② 《全面落实五大发展理念，开始"十三五"首都文化新篇章》，见北京文化发展研究基地编著《北京文化发展报告2016》，文津出版社2017年版，第4页。
③ 陈宇飞：《文化城市图景：当代中国城市化进程中的文化问题研究》，文化艺术出版社2012年版，第104页。

在创意产业中的重要作用。北京聚集了全国众多顶尖高校，国内外精英荟萃，智慧密集，无论是艺术、人文社科领域还是高精尖、先进技术领域都有大量国内外人才可供选择。应加强高端人才引入政策，防止人才流失，充分吸引人才为我所用，打造富有地域特色、传统特色和中国特色的创意文化产业，转化文化资源为经济力量，实现产业结构的升级，推动科学发展。

（七）深化文化交流与传播，推动北京迈向世界城市行列

近年来，北京的国际文化活动日益频繁，城市外交进一步拓展，留学生数量与质量呈现上升趋势，新媒体传播取得显著成效，城市的文化交流与传播功能得到进一步发挥，并积累了丰富的经验。国家和政府高度重视北京文化的对外传播并为积极推动北京文化、中国文化对外展示发挥了重要作用。美国总统特朗普访华过程中，故宫、中国茶、京剧、长城、大熊猫、国宴等文化符号频繁出现，借助网络等现代传媒方式，北京和中国文化进一步引起广泛关注。2008年北京奥运会、APEC会议等国际性大型文化活动、国际会议在北京的召开不断为更多国际友人打开了了解北京的窗口。同时，新媒体传播为北京文化内涵的展示和北京形象的传播起到了功不可没的作用。近年来《故宫》、《颐和园》、《圆明园》、《北京记忆》等纪录片展示了北京丰厚的历史文化遗产和京味生活，现代科技在圆明园中游园体验中的应用吸引了大量游客驻足体验，《贫嘴张大民的幸福生活》、《失恋三十三天》、《北京爱情故事》等影视剧中对老北京大杂院、三里屯、东华门大街等北京场地、北京小吃、北京生活方式等的植入，使人们看到了传统京味文化和时尚、浪漫现代文化融汇一体的当代北京以及北京人积极拼搏乐观向上的生活态度。

可以发现，北京的对外文化交流与传播已经取得了显著的成就，积累了宝贵的经验，但同时，也有教训和不足。总体来说，北京文化符号推广还不够、文化输出与经济发展还不匹配、国际文化认同度和文化吸引力还不够高。与巴黎、伦敦、东京等城市相比，北京的会展、国际性艺术节起步较晚，近年来虽有明显发展，北京举办会展的规模、数量、受众人数、质量等有待进一步加强。大量新媒体为北京形象的传播起到了积极作用，但也有一些纪录片、宣传片等影视剧作品质量堪忧。如2005年和2013年先后诞生了有关国粹京剧的纪录片《粉墨春秋》和《京剧》，前者考据严谨、制作精良、融汇京剧与北京生活史，受到广泛肯定与好评。后者虽画面精美，但史料性错误频出、解说过于华丽，引起巨大争议。

这启示我们，北京应继续大力进行文化交流与传播建设，扩大国际性文化

活动规模、丰富文化内容、面向更多受众，创造文化交流的平台。同时应借鉴东京经验，除大规模文化活动等，也应该充分发挥社区、留学生在文化交流往来中的作用，使文化交流与传播活动浸润在普通人的生活中。还应进一步创新与拓展文化交流和传播方式，充分发挥新媒体的作用，通过扩充传播途径、创新传播手段、找准文化传播内容与题材等方式，促进北京丰厚的传统文化与时尚的现代文化等多元文化、物质遗产与非物质文化遗产、高端文化与草根文化等的进一步传播。在此基础上不断借鉴学习，推动北京文化走出去，充分展示北京形象，扩大北京在国际社会中的影响力，争取早日迈进世界城市行列。

参考文献：

[1]（法）贝纳德·马尔尚（Bernard Marchand）：《巴黎城市史：19~20世纪》，社科文献出版社2013年版。

[2]（英）琼斯：《巴黎城市史》，东北师范大学出版社2008版。

[3]（法）帕特里斯·伊戈内（PATRICE HIGONNET）：《巴黎神话：从启蒙运动到超现实主义》，商务印书馆2012年版。

[4]（美）斯科特·海涅：《优雅法国》，长春出版社2012年版。

[5] 王旭：《美国城市史》，中国社会科学出版社2000年版。

[6] 屠启宇等著：《金字塔尖的城市：国际大都市发展报告》，上海人民出版社2007年版。

[7] 陈宇飞：《文化城市图景：当代中国城市化进程中的文化问题研究》，文化艺术出版社2012年版。

[8] 白有涛等著：《引入与融合：城市国际化研究》，东南大学出版社2008年版。

[9] 费孝通：《"美美与共"和人类文明（下）》，载《群言》2005年第2期。

[10] 蒯大申：《世界文化中心城市何以可能》，载《社会观察》，2004年第1期。

[11] 赵燕霞：《巴黎旧城风貌保护及对北京的启示》一文，载《投资北京》，2012年第1期。

[12] 梁超林等：《巴黎社区图书馆服务调研及启示》，载《图书馆学研究》，2016年第24期。

[13] 任一鸣：《巴黎公共文化发展及其启示》，载《文化艺术研究》，2012

年第4期。

［14］王立丽：《北京—伦敦文化创意产业发展模式比较研究》，2012年北京服装学院硕士研究生学位论文。

［15］洪娟等：《北京与伦敦文化创意产业发展比较》见东京_360百科。

［16］《欧洲文化遗产日为何在法国拥有超高人气》，2017-9-19，光明日报 http: //news.sina.com.cn/o/2017-09-19/doc-ifykyfwq8311547.shtml

［17］《英国文化创意产业发展的成功经验》中华人民共和国国家民族事务委员会http: //whxcs.seac.gov.cn/art/2015/5/29/art_8431_228823.html

［18］英国DCMS官网https: //translate.google.com.hk/translate？hl=zh-CN&sl=en&u=https: //www.gov.uk/government/organisations/department-for-digital-culture-media-sport&prev=search

四、国内重要城市对北京建设国家文化中心的启示
——以近年公布的国内城市文化竞争力指数为中心

莫 亮 何思源

【摘 要】 近年来国内科研机构公布的各类全国城市文化竞争力指数，从不同维度对各城市/省市的文化发展水平进行评估。北京市在这些榜单中虽均位居前列，但仍存在许多发展缺陷。在如何加强文化产业对城市整体发展的推动力、如何带动京津冀城市群文化事业的协同发展、如何刺激市民文化消费并缩小城乡文化消费差距、如何补齐影响城市文化发展的环境和管理短板等具体问题上，施政者需要持续向上海、深圳、天津等先进城市学习经验。在有序疏解非首都功能的政策大背景下，北京市政府应在文化产业内部挖潜和文化体制改革两方面进一步推动文化市场建设，并通过对城市宜居水平的提升进一步增强对高端人才的吸引力。

【关键词】 国内重要城市；启示；城市文化竞争力指数

作为中华人民共和国的首都和举世闻名的超级大城市，北京的城市发展状况不仅深刻关系到中华民族伟大复兴的中国梦的实现和中国国际新形象的树立，对于全人类的进步与繁荣也具有深刻的启示和影响。如何定位北京的城市角色？北京的城市发展道路为何？对于这些重要问题，国内外专家学者不断提出新的建议。而作为城市管理者的中国政府，也在努力为北京规划着未来。2014年2月26日，国家主席习近平视察北京时，明确指出北京的城市战略定位是"四个中心"，即全国政治中心、文化中心、国际交往中心和科技创新中心。作为来自高层的"顶层设计"，建设"全国文化中心"这一指示迅速成为

北京政界、学界讨论的焦点。

利用北京的历史与地缘优势，大力推动北京文化发展，自建国以来，这一政策便一直是北京市政府重要的施政纲领。有资料显示，早在1954年，国家计委便批准了将北京建设成为国家政治和文化中心的规划。①改革开放以来，北京建设文化中心城市的步伐始终未曾停止。然而在今日科技不断发展、产业迅速转型的新形势下，建设国家文化中心，不是一个简单易与的任务。②它需要缜密的规划，需要吸取国内外文化发展的经验教训。对于北京与国外、国内城市在文化发展领域的比较研究，目前学界已积累了大量成果。本文着重探讨国内重要城市在文化建设上的成功经验，以期对北京建设国家文化中心提供有益的建议。

一、北京在中国城市中的文化竞争力比较分析

坐拥三千年建城史、一千年建都史的北京，无论其前世还是今生，对中华文化都具有强大的影响力。尤其在改革开放后的近四十年里，在经济腾飞、政策推动、科技进步等多方面因素的共同促进下，北京的文化事业取得了长足的进步，在各类全国城市文化竞争力排名中也长期居于前列。然而，已取得的辉煌成就并不代表北京文化体制的完美无缺。发展中暴露出的新、旧问题对今日北京文化建设仍产生着或大或小的阻碍。具体分析北京在全国城市中的文化竞争力排名，有助于我们进一步理清当前文化建设面临的问题，并有指向性地向国内其他城市吸取文化建设的成功经验。③

---

① 北京卷编辑部：《北京》（上）（当代中国城市发展丛书），当代中国出版社2011年版，第305页。

② 有学者将国家文化中心的特征总结为主导性——主导全国文化发展的方向、引领性——引领国家文化发展的进程、集大成——集中体现国家的文化传统、世界性——影响世界文化发展格局。在此基础上，北京要成为国家文化中心，应努力做到引领先进文化、体现和谐宜居、驱动文化创新、彰显东方魅力、拥有恒久活力等基本要求。（参见张小乐：《国家文化中心的内涵与特征初探》，《人民论坛》2012年第8期）有关国家文化中心的内涵解说，在此仅举一例。其他各家学说，也均将国家文化中心的建设视为一项极其复杂、庞大的长期工程。

③ 由于制度等方面的差异，本文不涉及北京与港澳台地区城市文化发展的比较。

借鉴篇

(一)

由北京市社会科学院牵头负责的《北京蓝皮书 北京文化发展报告》多年来一直致力于北京市与全国其他城市在文化领域的数据统计与比较研究。以下根据丛书内容，选取近几年数据进行分析。

表1 中国内地城市综合竞争力排名

排名	2016年		2015年		2014年	
	城市	得分	城市	得分	城市	得分
1	上海	14325.65	上海	13254.79	上海	15017.51
2	深圳	11754.82	深圳	12885.79	北京	13669.81
3	北京	9204.24	北京	11099.48	深圳	10926.84
4	广州	8482.51	广州	9588.69	广州	9439.55
5	重庆	8315.19	天津	7717.06	天津	7597.03

数据来源：李建盛主编：《北京文化发展报告》2016-2017、2015-2016、2014-2015

表2 中国内地城市文化竞争力排名

排名	2016年	2015年	2014年	2013年
1	北京	上海	上海	上海
2	上海	北京	北京	北京
3	苏州	苏州	广州	苏州
4	重庆	广州	杭州	广州
5	广州	重庆	武汉	杭州

数据来源：李建盛主编：《北京文化发展报告》2016-2017、2015-2016、2014-2015、2013-2014

表3 中国内地城市创新竞争力排名

排名	2016年		2015年		2014年	
	城市	得分	城市	得分	城市	得分
1	深圳	820	深圳	91.58	深圳	91.15

续表

排名	2016年		2015年		2014年	
2	北京	806	西安	90.40	苏州	90.97
3	上海	544	苏州	89.29	合肥	89.85
4	苏州	542	北京	87.74	天津	88.29
5	杭州	534	上海	85.19	广州	85.72

数据来源：李建盛主编：《北京文化发展报告》2016-2017、2015-2016、2014-2015

表4 中国内地城市创意竞争力排名

排名	2016年		2015年		2014年		2013年	
	城市	得分	城市	得分	城市	得分	城市	得分
1	北京	90.90	上海	91.15	上海	93.32	北京	98.93
2	上海	90.46	北京	90.77	北京	92.49	上海	97.55
3	深圳	83.66	深圳	87.17	广州	87.59	广州	87.81
4	广州	80.39	广州	84.33	深圳	86.64	深圳	87.48
5	杭州	79.00	杭州	78.58	杭州	80.59	杭州	85.04

数据来源：李建盛主编：《北京文化发展报告》2016-2017、2015-2016、2014-2015、2013-2014

表5 中国内地省市文化产业竞争力排名

排名	2016年		2015年		2014年		2013年	
	省市	总分	省市	总分	省市	总分	省市	总分
1	北京	84.72	上海	81.44	北京	82.1	北京	79.5
2	上海	80.60	北京	81.41	江苏	81.1	广东	78.1
3	江苏	80.12	江苏	79.76	浙江	79.7	上海	78.0
4	浙江	79.72	浙江	79.54	广东	79.6	浙江	77.7
5	广东	79.23	广东	79.49	上海	78.8	江苏	77.5

数据来源：李建盛主编：《北京文化发展报告》2016-2017、2015-2016、2014-2015、2013-2014

表6　2016年中国内地城市智慧城市、互联网+相关领域排名

排名	智慧城市指数		互联网+城市指数		互联网+产业指数		互联网+创新创意指数		互联网+文化娱乐指数排名
	城市	得分	城市	得分	城市	得分	城市	得分	城市
1	深圳	80.57	北京	10.191	北京	11.9748	北京	17.1480	北京
2	上海	80.13	深圳	6.809	深圳	9.0064	深圳	12.0843	深圳
3	杭州	79.06	广州	5.980	上海	6.5133	上海	8.1260	上海
4	北京	78.68	上海	5.280	广州	5.5597	广州	6.2958	广州
5	无锡	76.71	杭州	2.156	杭州	2.5622	重庆	3.9491	杭州

数据来源：李建盛主编：《北京文化发展报告》2016-2017

从以上六种统计数据可以发现，近3-4年以来，无论城市综合竞争力，抑或文化方面总体竞争力、创新、创意及文化产业等领域的竞争力，北京大都高居全国内地城市前列，展现出强大的城市文化底蕴。尤其在刚刚过去的2016年，北京在文化总体竞争力、创意竞争力以及文化产业竞争力等三个领域的得分，均反超了上一年度的冠军上海市，成为内地城市当之无愧的领头羊，其上一年的进步不可谓不大。

然而需要注意的是，尽管在2016年北京的文化发展取得了较大进步，但在涵盖经济、社会、资源、文化等四大领域、体现一个城市整体发展水平的综合竞争力指数上，北京在这一年的得分较之2015、2014年不升反降，且与内地城市排名前两位的上海、深圳二市差距越来越大。这一现象的发生，固然与北京市政府在2016年大力疏解非首都核心功能的举措密切相关；但这种愈发明显的差距，不能不引起施政者严肃思考：为提高北京在全国乃至全世界的综合竞争力，为实现"四个中心"的建设目标，北京市接下来应当如何发展？显然，在第一、第二产业发展受主观限制的大前提下，唯有继续大力推动以文化为中心的第三产业发展，继续致力于提升首都的文化竞争力与吸引力，方能在今后将北京的城市建设推到一个新的高度。尤其在代表着未来经济、社会、文化发展方向的"互联网+"领域，市政府更应继续加大对互联网信息技术的支持，进一步推动先进网络技术与先进文化发展的结合，加快"智慧城市"建设，巩固"互联网"文化产业的全国霸主地位。

(二)

由中国社会科学院财经战略研究院发布的《中国城市竞争力报告》蓝皮书系列,十余年来一直致力于国内城市各方面竞争力的比较研究。在2016年出版的第14期报告中,著者总结了2013-2015年三年间中国城市的文化竞争力排名,并列出了2015年各城市的文化竞争力指数(见表7)。该指数的测算,汇集了历史文化、现代文化、文化多元性和文化产业等四种维度,每个维度又包含2-3种具体的衡量指标。数据显示这三年间上海一直高居中国内地城市文化竞争力排名榜首,北京位于其后,且差距较为明显。另外,以上海为中心的长三角城市群,其总体的文化竞争力要远高于京津冀城市群。除上海之外,苏州、杭州、南京、宁波、无锡等市均进入排名前20位,而京津冀城市群中只有天津同北京一起位列其中。可见,在对周边城市的带动作用上,北京与上海相比更为逊色。上海和长三角的经验对于推动京津冀一体化建设、促进文化竞争力提升具有十分重要的借鉴意义。

表7　2013-2015年中国内地城市文化竞争力排名

排名	2015年(指数)	2014年	2013年
1	上海(1)	上海	上海
2	北京(0.880)	北京	北京
3	苏州(0.703)	苏州	广州
4	重庆(0.683)	广州	杭州
5	广州(0.680)	重庆	武汉

数据来源:倪鹏飞主编:《中国城市竞争力报告No.14》

(三)

一个城市的文化消费水平,既反映出当地居民的文化素养与消费心理,同时又在一定程度上体现了当地文化的总体环境。近年来,对内地城市居民文化消费水平的评估,成为文化研究领域的一个热点。由中国人民大学创意产业技术研究院主编的《中国文化消费指数报告(2016)》以及由云南省社会科学院研究推出的《文化蓝皮书 中国文化消费需求景气评价报告》均是本项研究的优秀成果。依据以上成果,对北京、天津、上海三直辖市的文化消费情况进行对比分析。

表8 2013-2015年京津沪三市文化消费综合指数排名

排名	2015年		2014年		2013年	
1	北京	89.08	北京	85.61	上海	86.02
2	上海	87.31	天津	85.06	北京	84.50
3	天津	84.11	上海	84.69	天津	80.50

数据来源：中国人民大学创意产业技术研究院编：《中国文化消费指数报告（2016）》

表9 2014年京津沪三市居民人均文化消费评价

城市	城乡人均值 单位：元	占总消费比 （%）	城镇人均值 单位：元	乡村人均值 单位：元	城乡比 乡村=1
北京	2247.50	7.2260	2429.70	1097.28	2.2143
上海	2208.88	6.6805	2374.42	782.75	3.0334
天津	1050.66	5.1500	1174.41	1041.40	1.1277

数据来源：王亚南主编：《中国文化消费需求景气评价报告（2016）》

表10 2013年京津沪三市居民人均文化消费评价

城市	城乡人均值 单位：元	占总消费比 （%）	城镇人均值 单位：元	乡村人均值 单位：元	城乡比 乡村=1
北京	2490.81	10.1559	2675.71	1330.90	2.0105
上海	2559.72	9.5918	2747.93	963.72	2.8514
天津	1271.42	6.4846	1387.46	750.40	1.8490

数据来源：王亚南主编：《中国文化消费需求景气评价报告（2015）》

表11 2012年京津沪三市居民人均文化消费评价

城市	城乡人均值 单位：元	占总消费比 （%）	城镇人均值 单位：元	乡村人均值 单位：元	城乡比 乡村=1
北京	2298.33	10.2756	2481.74	1152.67	2.1530
上海	2318.65	9.3776	2482.39	952.10	2.6073
天津	1222.22	6.8634	1328.97	766.08	1.7348

数据来源：王亚南主编：《中国文化消费需求景气评价报告（2014）》

文化消费综合指数是对一个区域文化市场上的管理者、生产者与消费者的综合考量，其数据一般包括文化消费环境、文化消费能力、文化消费意愿、文化消费满意度等方面。根据《中国文化消费指数报告（2016）》一书的研究，在京、津、沪三个直辖市中，北京的文化消费综合指数在2013—2015年实现了对上海的反超，得分也逐年增高，可见近年来北京的文化发展总体趋势是良好的。

但在市民人均文化消费值这一指标上，北京仍有可提升的空间。据表9-11，从2012年到2014年，北京市民的人均文化消费金额虽因经济形势的变化出现了较大幅度的波动，但其绝对值一直与上海不相上下，同居于内地各省、直辖市、自治区的前两位。但若对城镇与乡村人均消费金额进行对比，可见北京的城乡文化消费差距在这三年并未减小，反而有加大的趋势。这一方面应归因于北京城乡居民人均收入的差距，另外也要认识到北京文化设施在城乡间分布不平衡的状况。

（四）

本文最后一个要考察的指数是城市健康发展指数。随着近年来中国经济的转型，以及环境问题愈益受到国人关注，评价一个地区的发展水平，人们不再单纯使用GDP这一指标，而是引入了"健康发展指数"的概念。城市健康发展追求的是"城市生态系统、社会系统和经济系统的健康、协调、可持续发展"，形成"经济高效、社会和谐、环境友好、文化繁荣和宜居安全的城市健康发展格局"。[①]由中国社会科学院城市发展与环境研究所等单位的相关领域专家，从经济、文化、社会、环境和管理五个维度，对内地288个地级及以上建制市的健康发展状况进行考察。

表12 2015年城市健康发展评价

城市	城市健康发展指数	排名	健康经济	健康文化	健康社会	健康环境	健康管理
深圳	65.17	1	50.68	46.23	73.56	88.04	58.93
北京	60.65	2	47.06	46.26	77.81	64.99	56.09
上海	59.26	3	48.69	48.53	67.04	68.54	59.84

---

① 潘家华、魏后凯主编：《中国城市发展报告No.7：聚焦特大城市治理》，社会科学文献出版社2014年版，第35页。

续表

城市	城市健康发展指数	排名	健康经济	健康文化	健康社会	健康环境	健康管理
珠海	58.20	4	33.23	53.53	66.53	80.55	57.92
杭州	57.48	5	41.34	39.40	72.85	66.66	60.50
广州	57.46	6	39.64	41.39	63.53	77.67	67.45

数据来源：潘家华、单菁菁主编：《中国城市发展报告No.9：迈向健康城市之路》

表12表明，北京的城市健康发展指数在2015年排名第二位，距第一名深圳市有较大差距，以微弱优势领先于上海、珠海。实际上，根据前些年的数据，深圳一直在这项指标上位居榜首，体现了该市强大的综合实力。特别是在"健康文化"这一单项数据上，长期被诟病为"文化沙漠"的深圳市成功实现"逆袭"，以仅落后北京0.03分的劣势，占据全国内地城市第五名。①

本项研究的健康文化指数，反映了城市的"深厚的文化底蕴和良好的人文环境"。其具体评价指标包括两方面：其一，文化设施，包括万人公共图书馆藏书、万人拥有剧场、影剧院数和网络普及率三种数据；其二，文化支出，专指文娱消费支出占总支出比重。②依据这些指标，北京虽提出建设全国文化中心的口号，但在"健康文化"这项指数上，多年来一直居于3-4位左右。③这表明北京市无论从文化设施建设，还是市民文化消费引导等方面，都还有较大的提升空间。

城市发展的健康与否还直接影响到高学历人才和中产阶级在此地工作和生活的意愿，进而对未来的城市氛围和文化发展都会产生重大影响。在2015年的城市健康发展评价中，研究组评出了28座健康城市。其入选标准为上文提及的评价城市健康的五个维度的单项得分，均排在全国288城市中的前50%，即中

---

① 排在前四位的城市及得分分别为：黄山58.59；珠海：53.53；上海48.53；北京46.26。

② 潘家华、魏后凯主编：《中国城市发展报告No.7：聚焦特大城市治理》，社会科学文献出版社2014年版，第37页。

③ 参见《中国城市发展报告No.7：聚焦特大城市治理》（社会科学文献出版社2014年版）以及《中国城市发展报告No.8：创新驱动中国城市全面转型》（社会科学文献出版社2015年版）两书的相关数据。

位数以上。根据这一标准，北京市虽在总体排名上高居第二位，但由于健康环境和健康管理两项指标没有排进前50%，故并未跻身健康城市之列，从而成为城市健康发展指数排名前十位的城市中唯一没能入选健康城市榜单的城市。环境和管理这两块短板，如不能迅速改善，将在未来严重影响北京市对高端人才的吸引力，进而阻碍北京的文化建设。同时，这也同"建设国际一流的和谐宜居之都"①的文化建设指导思想相违背。

尤其值得注意的是，京津冀城市群无论在城市健康发展指数排名，还是在健康城市评比中，还是健康文化指数排名，都远远落后于长三角和珠三角城市群。城市健康发展指数排名前十的城市中，位于长三角的有上海、杭州、宁波、苏州、无锡五座城市，位于珠三角的有深圳、珠海、广州、佛山四座城市，位于京津冀地区的只有区区北京一座城市而已。京津冀城市群中排名第二的城市是天津市，全国排名已达58位；剩余八座位于河北省的城市中，也只有秦皇岛、沧州排进了全国前一百名。在2015年全国28座健康城市榜单中，来自京津冀地带的城市竟无一入选，与长三角地带9座、珠三角地带4座城市入选的成绩有巨大差距。从表13可见，京津冀城市群所包含的十座城市中，城市健康发展指数未达到全国城市平均值的有6座，健康文化指数未达到平均值的有7座。这些数据都反映出北京在带动周边城市发展的能力的缺失。

表13 2015年京津冀城市群健康发展评价

城市	城市健康发展指数	排名	健康文化指数
北京	60.65	2	46.26
天津	45.83	58	17.39
秦皇岛	45.60	60	27.24
沧州	44.35	77	23.10
石家庄	41.90	108	24.00
廊坊	40.39	134	22.70
张家口	38.79	169	15.67

---

① 《北京市"十三五"时期加强全国文化中心建设规划》，http://zhengwu.beijing.gov.cn/gh/dt/t1438135.htm，2016年8月2日。

续表

城市	城市健康发展指数	排名	健康文化指数
承德	37.79	190	32.41
唐山	37.36	199	18.07
保定	34.70	246	18.46
全国平均值	43.52	—	25.13

数据来源：潘家华、单菁菁主编：《中国城市发展报告No.9：迈向健康城市之路》

二、吸收国内城市经验，加快建设国家文化中心

从以上数据分析可知，近年来北京市的文化建设虽取得了较大进步，但仍有许多方面需要向上海、深圳、天津等城市学习，以期改进现有的缺陷，早日实现全国文化中心的建设目标。

第一，进一步推动文化市场建设。

以市场这只"看不见的手"来引导文化产业的发展，长久以来便是北京市推动文化建设的重要途径。在2016年刚刚出台的《北京市"十三五"时期加强全国文化中心建设规划》中，将统筹利用国际国内两个市场、坚持市场运作列为文化建设的基本原则之一，并将"健全文化市场体系"和"壮大各类市场主体"作为推动文化创意产业发展的核心手段。[①]从本文第一部分的统计资料可见，近年来北京市在文化市场领域取得的成果突出，多项指标位居内地城市第一位。尤其在"互联网+"概念风行的今天，北京市凭借其持续的政策扶持和资源优势，在这一文化创意产业的发展指数遥遥领先于其他城市（见表6）。

然而，随着严控北京市常住人口、有序疏解非首都功能等大政方针的出台，北京的文化产业发展模式也需要做出调整。在此背景下，北京市人民政府发布了《北京市文化创意产业发展指导目录（2016年版）》，对该产业内的各业态采取鼓励、限制和禁止三种不同的政策，其目的是推动产业结构转型，在促进高精尖领域发展的同时，疏解耗能高、效率低、用工多的低端业态。那

---

① 《北京市"十三五"时期加强全国文化中心建设规划》，http://zhengwu.beijing.gov.cn/gh/dt/t1438135.htm，2016年8月2日。

么，如何在减少文化产业门类的前提下，继续保持甚至加快文化市场的发展？施政者应从行业的内与外两条路径加以探索。

一方面，应充分利用好时代和科技机遇，从文化产业内部持续挖潜。

众所周知，分别于2001年和2010年在上海举办的APEC会议和世界博览会，对上海市的文化发展起到了至关重要的作用。上海市政府把握住这两次机会，将上海"海纳百川式"的城市文化与城市形象推向全世界，大大推动了上海文化产业的推陈出新，并带动了其周边城市文化产业的活跃，从而形成了以上海为中心、周边城市互为补充的完整的文化产业发展链条。其后，"四个中心"城市战略和自贸区的设立，为上海市的文化产业发展注入新的动力。反观北京，2008年夏季奥运会的举办虽然也大幅度推动了文化产业的发展，但其巨大影响限于北京中心城区，对郊区区县及周边省市的辐射程度不够。2014年APEC会议对北京及周边地区文化产业的推动也十分有限。可以说，缺乏针对京津冀地区文化产业的长期、科学的战略布局，是北京市文化产业健康发展的一大桎梏。未来几年北京市的文化产业能否顺利转型，关键在于深入贯彻党中央关于"京津冀一体化"的重要指示，利用好2022年冬奥会等国际机遇，推动京津冀城市群文化产业的协同发展。

另外，借助北京优厚的高等教育和科研资源，北京市文化产业中的科技含量一直很高。但正如《北京市"十三五"时期加强全国文化中心建设规划》中所指出的，当前还缺乏一批"具有强大影响力的旗舰媒体和骨干文化企业"。在新媒体的冲击下，传统的纸质报刊近年来大量停刊，北京的《京华时报》和上海的《东方早报》均在其列。然而，纸媒衰落的同时，上海报业集团适时推出"澎湃新闻"。凭借其新闻报道的高效率与专业性，短短三年时间便已成为全国新媒体行业的标杆。电视产业中，湖南卫视、浙江卫视、上海东方卫视长期占据地方卫视收视率和市场份额前三位，北京卫视与之相比有较大差距。[①]近年来，作为北京传统文化行业地标的故宫博物院和国家博物馆，纷纷借助科技力量，推出大量灵活生动的文化创意产品。同样是"文化+科技"的思路，深圳市华强集团走得更进一步，将中国传统文化和世界优秀文化中的精华，以数字图像、影视特效、VR等高科技手段呈现给世人，形成一整套从创意设

---

① 范周主编：《2017中国文化产业年度报告》，知识产权出版社2017年版，第93页。

计、动漫电影、主题演艺到主题公园的产业链，成为文化创意产业的标杆。①在以上文化产业中，北京的企业都落在了全国部分同行的后面，并没有达到建设全国文化中心目标的基本要求。

另一方面，应进一步推动文化体制改革，更好地为文化市场发展服务。

从表12可见，北京市的健康管理指数未达到该指数的中位数数值，在全国城市排名中处于后50%的行列，可以说坐实了人们长久以来对北京行政管理水平低下的印象。管理的落后也严重阻碍了文化产业的发展。从表面来看，无论是传统文化还是现代文化，北京所占据的资源在全国范围内都是首屈一指的。然而从实际发展情况来看，现代文化的若干领域如上文所示，已落后于全国先进水平；在传统文化的保护与传承方面，北京市也没有做到科学规划、持续推进的基本要求。例如，作为世界第八大奇迹、北京旅游的名片之一的长城风景区，其开发与保护长期以来集中在昌平八达岭和居庸关两处，对怀柔、密云、平谷等地的古长城，直至今天仍缺乏完整、科学的规划。对于中华民国时期（1912-1949）北京人民反侵略、反封建的革命文化，至今仍没有得到文化部门足够的重视。

可以这么说，"北京文化产业对文化资源的利用并不充分，北京丰富的文化资源尚未有力地实现转化，成为文化产业中的核心文化竞争力。"②而文化体制的僵化是导致这一后果的重要原因。今后的北京市政府应进一步加快文化体制改革，考察西安、南京等市在保护、开发传统文化以及上海、深圳在发展现代文化方面的有效方法，博采众长，推动这两大文化领域的快速、平衡发展。

第二，进一步增强对高端人才的吸引力。

建设全国文化中心，需要国内外大量的高端人才。与内地的西安、武汉、成都等市相比，北京、上海、深圳、广州等一线城市在人才吸引力上拥有得天独厚的优势。对北京而言，一面是大量本地高校和科研单位提供源源不断的优秀人才以及大量的海外归国人才和国外人才，一面是丰富的就业岗位和良好的创业环境，似乎更不必担心人才外流的发生。然而从目前的社会趋势来看，越来越多的城市中产阶级在进行职业发展规划时，"城市是否宜居"成为他们考

---

① 范周主编：《2017中国文化产业年度报告》，知识产权出版社2017年版，第156页。

② 李春雨、刘勇等：《比较视野中的北京文化》，文化艺术出版社2014年版，第29页。

虑的重点问题。即便身为一线城市、国家首都，如果不能解决好城市宜居问题，北京仍会面临人才外流的严峻问题，这对于全国文化中心的建设将是致命的打击。

目前社会对北京市宜居水平的诟病，大多集中于户籍、住房、环境与管理四个方面，其中后两者直接影响到海外人才的居住意愿。在控制过量人口的政策前提下，2016年8月北京正式启动积分落户制度。与上海、深圳、广州相比，北京实施积分落户制度最晚，条件却最为严苛，对于亟需北京户籍的人才而言是一个不小的打击。北京房价经过2017年上半年有史以来最严格的控制，终于趋于稳定；但在数轮疯涨之后，早已超过一般人所能接受的水平。雾霾成为北京市每年冬季的"标配"，总是如期而至，难以在短时间内得以解决。城市管理手段粗暴，效率低下，年初的治理"开墙打洞"行动招致不小的非议。以上问题的解决，不只依靠北京市的努力，更要借助国家行政的力量。当北京市真正建设成为国际一流和谐宜居之都时，建设全国文化中心中的吸引高端人才问题亦将迎刃而解。

参考文献：

[1] 北京师范大学北京文化发展研究院编：《2014-2015年北京文化发展报告》，文化艺术出版社2015年版。

[2] 北京市国有文化资产监督管理办公室编著：《北京文化创意产业功能区发展研究》，中国经济出版社2014年版。

[3] 范周主编：《2017中国文化产业年度报告》，知识产权出版社2017年版。

[4] 李春雨、刘勇等著：《比较视野中的北京文化》，文化艺术出版社2014年版。

[5] 李建盛主编：《北京文化发展报告（2016-2017）》，社会科学文献出版社2017年版。

[6] 李建盛主编：《北京文化发展报告（2015-2016）》，社会科学文献出版社2016年版。

[7] 李建盛主编：《北京文化发展报告（2014-2015）》，社会科学文献出版社2015年版。

[8] 李建盛主编：《北京文化发展报告（2013-2014）》，社会科学文献出版社2014年版。

[9] 刘蓉：《联合国教科文组织创意城市网络研究：文化多样性与文化产业的双赢》，中国社会科学出版社2016年版。

[10] 刘勇等：《北京文化生态与城市发展》，文化艺术出版社2014年版。

[11] 倪鹏飞主编：《中国城市竞争力报告No.14：新引擎：多中心群网化城市体系》，中国社会科学出版社2016年版。

[12] 潘家华、单菁菁主编：《中国城市发展报告No.9：迈向健康城市之路》，社会科学文献出版社2016年版。

[13] 潘家华、魏后凯主编：《中国城市发展报告No.7：聚焦特大城市治理》，社会科学文献出版社2014年版。

[14] 王慧敏、王兴全主编：《创意设计之都：全球概览与上海战略》，上海社会科学院出版社2014年版。

[15] 王亚南主编：《中国文化消费需求景气评价报告（2016）》，社会科学文献出版社2016年版。

[16] 王亚南主编：《中国文化消费需求景气评价报告（2015）》，社会科学文献出版社2015年版。

[17] 王亚南主编：《中国文化消费需求景气评价报告（2014）》，社会科学文献出版社2014年版。

[18] 许德金、冯捷蕴等著：《后奥运时代北京文化资本与城市形象》，中国商务出版社2012年版。

[19] 赵继敏：《城市文化创意产业发展研究：以北京为例》，科学出版社2016年版。

[20] 中国人民大学创意产业技术研究院编：《中国文化消费指数报告（2016）》，人民出版社2016年版。

五、发挥全国文化中心功能推动京津冀文化协同发展

巫 建

【摘　要】 本文从全国文化中心地位和作用出发，探讨如何实现先锋性、东方文化代表性、现代文化前沿性的世界文化都市功能，同时深化文化生态体系建设、推动文化中心和科技创新中心融合发展，服务北京本地经济社会生活发展、提升城市和人民生活美学，在此基础上更好地发挥京津冀一体化语境下的文化协同创新引领性核心作用，并加强顶层设计、确立目标、建立协同机制和组织、一体运行推进京津冀文化协同发展，在全球价值重建时代培养并彰显首都北京的文化自信和独特魅力。

【关键词】 全国文化中心；北京；京津冀协同发展

一、全国文化中心城市的定义和内涵

北京作为全国文化中心，是中央确定的重大国家战略。谋划好建设好全国文化中心，从国家层面来说，是事关民族文化发展、社会进步的举国大计。从城市功能定位来说，它更是今后北京城市发展、社会转型百年大业。

中心，是指事物的主要部分，是能够对事物全局产生重要的、甚至是决定性影响的部分。这样，全国文化中心城市就应该界定为：对全国文化事业发展具有重要的、决定性影响的城市。

全国文化中心城市应对全国文化事业具有如下作用：

第一是要有典型示范作用。即通过创造优质工作方式和高端的事业形态，为全国其他地区提供学习借鉴的榜样。在这方面北京要加强研究探讨，努力创造最优的方式，采取最好的方法，进一步完善、扩大和提高社会公共服务文化水平。以创意文化产业为重点，尤其是以联合国创意城市网络"设计之都"的身份，不断培育发展新的文化业态，大力发展文化产业，努力扩大文化产业在全国文化产业和在北京社会产业中的比重[①]。

第二是要有主导引领作用。主导全国文化发展方向，引领全国文化发展路线，推动全国文化发展速度是北京作为全国文化中心城市应尽的义务。但是这个中心不是中央，没有统令指挥的权力，北京作为政治中心是中央，对全局就是决定性影响。而文化中心又与政治中心不一样，文化中心不能决定全国文化的存亡兴衰，只能通过坚持中国特色社会主义文化发展方向，通过不断进行文化体制和机制创新来实现自身文化事业的成果发展，来吸引其他地区跟随前进。上海市在人大会上提出要建设文化中心、一个省市甚至一个县乡也可以有其独特的文化，成为当地的文化中心，因为文化没有差距、只有差异。国际文化是一个多样化的文化生态。厚重的文化底蕴是一个城市独有的特色，也是城市竞争优势关键因素之一。它体现了城市的特色和个性，是城市的底蕴和魅力所在。没有了故宫和四合院的北京，将很难与保存完好的罗马、巴黎并称为人类文化古城；我们旅游去到全世界，就因为想去看看其他的文化，如果伦敦、巴黎、东京都和北京的文化一样，大家就没有必要出国了。不仅仅去世界知名城市，也去那些不发达的、偏远的完全不知名未开化的区域去感受其独特的文化体验。[②]

第三是要具有集聚辐射作用。作为国际文化资源集散中心，能够聚集国内外优秀文化双向传播。要积极开展同国内外各地区的文化交流活动，互相促进、共同提高。同时要积极创造条件，组织国内各地区之间的文化交流，大力开展中华优秀文化与世界优秀文化的交流，促进我国文化事业发展，扩大中华优秀文化的世界影响。

第四是要起服务和帮扶作用。要完全发挥自身优势，对其他地区文化发展提供人才培训、人才交流、智力咨询。积极开展文化项目合作、文化产业对

[①] 李建盛：《转变文化发展方式 促进全国文化中心建设》，《北京联合大学学报人文社会科学版》，2012年10月第1期，第46—51页。

[②] 沈望舒：《浅谈全国文化中心的内涵和主要功能》，《北京人大》，2011年第8期，第18—20页。

接，促进这些地区的文化发展。

二、首都文化中心的职能

（一）首都文化坐标定位及顶层设计

找准城市定位、加强顶层设计。需要站在两个新的坐标点来思考：全球最大的经济体的首都、未来世界级京津冀城市带的核心这两个视角来看待新型城市带发展的探路破局。全国文化中心，不是站在北京市的角度考虑。未来的北京市有可能是一个大的北京市，以京津冀一体化为概念的，也许还用北京，也可能叫京津市、首都圈或者其他什么像华盛顿特区、东京都一样，实际上形成一个超越了过去行政区划的概念。原有的功能疏解出去之后，空下来的空间和产业真空、发展真空如何填补再发展的问题需要重视。

拿上海做例子来延展一下。当年在上海工作的时候，一个最深刻的印象是什么呢？中国人觉得上海最国际化，而老外眼里，上海最东方、最中国。这是一个奇妙但又真实的一个文化语境。北京的语境里，北京有几千年来民族激烈对抗和民族大融合的壮丽史诗和典型意义，有大家所熟知的老北京独特地域文化，有作为新中国首都以来的社会主义文化事业大发展。除此之外，我们现在，更应该观察的是，随着京津冀一体化协同发展，北京作为即将崛起的汇聚2亿人的京津冀世界级城市带的中心、作为全国文化中心、东方文化典范和世界文化都市，北京是中国人的北京、更是世界的北京，北京的功能作用首先要服务北京本地经济社会生活发展，然后是京津冀一体化语境下的协同创新引领性核心作用，再就是作为全国文化中心地位和作用的问题，最后作为世界文化都市如何起到先锋性、东方文化代表性、现代文化前沿性作用，以在全球的价值重建时代潮流中培养并彰显北京作为文化中心的文化自信和独特魅力。

从文化中心的角度考虑，通过政府、企事业购买公共文化服务以及大力发展文化产业两条路径是行之有效的途径，如果更好地落实推动、并形成可以自给自足的可持续发展循环产业发展模式和体系，构建生产-生活-生态的自生、自养生态文化体系。

（二）文化生态体系建设

文化生态体系建设包括文化首都职能、文化生活示范中心、文化生态中心、文化公共服务建设提供（生产）中心、文化创意和设计服务中心。

文化中心建设是系统工程，也是城市文化生态建设。系统工程，只要顶层设计、统筹安排、有序推进，哪怕有很多阵痛，最终也都可以以大我小我、短期阵痛与长期发展来解决。但生态发展，有一个鲜明的特征就是后果延迟，一两年甚至三五年可能都是积极的结果，但十年二十年之后却产生了可怕的结果。巴西的新首都巴西利亚就是一个例子，一开始大家都一致称赞这是一个城市规划设计的典范，评为了世界文化遗产，但现在看来，完全不考虑生活在里面的人的因素，巴西利亚也成为了一个文化生态的灾难。

全国文化中心建设，必须站在中央的层面、中央的角度进行思考，需要站在一个国家整体宏观战略的层面进行。在中央的发展纲要确定之后，我们需要思考如何来合理地落实、对接，填补疏解之后的空缺，往里面装什么？之前的老路肯定不能重复，区域功能也要体现。要建设文化中心，往里面放文化，关键是什么样的文化？能够让这个地方能够自我生长，并带动区域、带动整个北京的发展。不能孤立地谈文化，这里放个剧院，放个博物馆，弄个动漫园区，这都是一些孤立的行为，没有跳开过去文化地产的经营模式，没有真正站在文化的公众服务职能的立场，还是用过去企业化管理的方式来管理文化，以求得经济效益为核心的文化发展思路，这不可能是文化大发展的主要目标。文化本来就是要用国家、用纳税人的钱来养文化，养完文化之后要服务于纳税人。而目前是拿纳税人的钱做文化再赚钱，就跟曾经发生在医疗、教育改革领域的情形一样，一边花着纳税人的钱一边还在追求利润，两头赚，纳税人、普通市民根本享受不到合理的公共服务，大家享受不到均等化教育、医疗看病难治病贵，文化也很难，远远不够均衡。这种均衡不是送个戏下个乡、放几场免费电影、一年搞几次公共演出就能够解决。

全国的文化中心，需要建立文化生态体系。不是只是拿一些所谓的符号化标杆来标志着北京已经成为了全国文化中心，北京剧院多、研究所多、高校多等等。建立首先是一个适合于适度的、服务于政治文化、国际交往文化等符合中央基本功能的文化，建立起一个国家文化首都的职能。这是为了满足国家从政治体系到治理体系的国家公共服务职能。其次是围绕着建立北京的生活文化体系。文化不能过于高大上，与普通老百姓有较大的疏离感，不亲近，跟老百姓所接触到的文化没关系。要建立一个良好的、适度的生活方式体系，提升人民生活美学。这种生活文化体系不需要太多量化的方式来显示其价值，就是能够接地气，能够落地到每一个普通老百姓的日常生活当中。

（三）基础的公共文化服务体系、（公共）文化事业举措

强化生活文化体系举措，建设良好的适度的生活方式建设，提升人民生活

美学。文化如果按照习总书记所提的宜居之都来评判的话，所谓宜居之都，就是生活在这个城市里的普通市民能有适合的生活方式、生活品质，就是说这种生活方式是跟生活在这里的每个人，包括普通老百姓或者中南海的国家领导人都能感觉特宜居，能够提供一个均等的良好的系统化的文化生态。城市空气一糟糕，中南海的领导也得闻着雾霾过每一天。

绿色微空间，除了大片的公共绿地建设、屋顶绿化、垂直绿化系统之外，着力建设口袋公园，让志愿者、本地居民参与进来，对犄角旮旯见缝插针建设绿地空间，将此作为关于民生问题及生活方式问题的解决方案。这个比建设大面积公园、公共绿地的效果来的更好。类似这样的一些举措是在文化中心建设上应该去着力加强的公共文化服务体系，这是关乎民生、关乎生活方式的一种解决方案。这是以文化为基点的、以宜居为目标的以提升人民生活美学的思维方式来进行，本人作为一个设计师，站在创意设计的角度，称之为设计思维。以设计思维的系统性、以问题解决为核心向导的思维方式，这种方式经过多年发展在国际上已经形成了一种体系，以之来管理公共服务，包括用设计思维方式来如何改善公共交通系统、医院医疗服务系统等等，研究生培养就有一个服务设计的方向，用设计思维改善城市治理层次和水平。以今年进行的首都绿色大交通出行课题研究为例，社会及用户调研、市场系统分析之后，将所有的痛点难点列出，绝大部分都是因为"智慧城市"中最大的软肋：信息化和大数据的运用和实施。北京最终城市的人口极限是2300万或者3000万，在城市管理精细化的这方面都是存在问题。北京市现在最成熟也最先进的是与机动车驾驶有关的信息系统，而在其他的交通出行，如地铁、公交、自行车租赁及骑行、步行道及城市景观道等方面的基础数据和实施信息数据采集、整理、运用等方面相比于世界上很多城市仍然非常落后。而这些公共基础信息数据的实施化、数字化智慧城市的建设、运用对于像北京这样一个超大型城市的精细化治理水平的提升非常重要。

（四）文化中心与科技创新中心协同融合

北京四个中心里面，北京市主要面对的是文化中心和科技创新中心（政治中心、国际交往中心是中央主导的事，北京市基本上不涉及），需要考虑深度交叉融合、协同发展的问题。之前很多的产业发展路径最后都变成了文化做门面、科技等实业养家（利润）的模式，创意产业园区变成了所谓的文化地产等等，这反过来抑制了文化的发展。文化产业统计标准、口径没有规范，作为重要支柱产业，北京目前基本上7-8%。国家无文化创意产业门类，统计存在标准缺失。往年采用行业代码粗放统计，今年增加审查第一项主要营业额是否与主营契合问题，而文化产业所占比重数字体现上相对较轻，经常会被直接分母化。再加上相当一批企业需要申报高新技术企业获得相关税费减免支持、人才产业政策优待等，也很大程度在数字体现上减损了文化产业的实际作用。

由于各种社会环境造成统计的原因，可能表现少很多。统计的指标多少不是关键，只要在持续健康发展，就很有意义。从历史潮流、欧美发达国家的发展趋势以及世界不同发展阶段国家文化产业发展阶段状况对比，经济社会越是发展，文化产业作为支柱性产业的地位就会具有越来越重要的意义。对文化产业越来越重视，但仍然不足，尤其是津、冀地区，仍然大多处于比较散、弱的局面，只有在认知上、在重视程度上，以及在规划、设计、管理各个方面，加快发展、协同创新，加大文化产业在国民经济中的比重和作用，才能更加促进北京作为文化中心的引领性作用。

从本人所从事的专业工业设计来看，本人本科是艺术设计的方向、研究生则是工学方向，从事设计师与工程师联合、软硬件一体化的研究。科技创新、互联网伴随着云计算、大数据、物联网、移动互联网深入发展，正在对我们的经济社会生活产生着难以估量的影响。科技发展给首都文化中心建设提出了新的挑战，要求我们把握网络时代文化中心的特点，首都文化中心建设必须适应时代的需要，必须研究并把握新时期科技创新对社会经济文化生活各方面带来的冲击及其新的变革需求，文化中心的建设必须依靠顶层设计、以更高的视角规划、更切实地重视科技创新中心建设与文化中心建设的融合问题。

（五）市域文化建设均衡发展

北京城市区域发展不均衡，市中心相关功能过于拥挤，需要功能疏解、产业搬迁、资源外溢等，但包括通州、大兴、怀柔、延庆、房山等在内的远郊区县大多还处于发展相对初级的阶段，城市化时间较短、城市功能不够完善，科教文卫、公共服务等都比较薄弱。可以在京津冀一体化协同发展的背景下，充分考虑各区县的特点，对远郊区县进行重新定位、顶层设计，并在突出特色、功能适当集聚基础上进行符合未来城市发展的路径，尤其是契合北京四个中心建设的衍生功能和寄生功能，比如国家科教新城、卫生疗养聚合区、国际教育区、文化创意和设计服务中心等等，把人口、住宅、商业、办公等市郊化统筹好，努力实现资源平衡，从而实现北京全区域的协同发展。对市属高校的发展，给予更多的支持和发展，使之在向郊区疏解的过程中获得发展、壮大的机会，为北京市经济社会发展做出更大的贡献。

三、推动京津冀文化协同发展的建议

推动京津冀一体化协同发展是一个重大的国家战略。京津冀协同发展是指京津冀区域内各项社会事业的全面协同发展,而文化的协同发展则是京津冀协同发展的重要内容。并且由于北京的全国文化中心的地位,使得它在京津冀文化发展中承负的责任及文化中心功能的发挥,要比在其他领域更加突出。北京必须在京津冀文化协同发展中起到积极的主推作用。

(一) 充分认识京津冀协同发展对北京文化中心建设的重要意义

全国文化中心,是国家对北京作为首都城市的重要战略定位之一。坚持和强化北京全国文化中心的核心功能,促进全国文化发展,同样是重要的国家战略。在京津冀协同发展的大背景下,充分发挥全国文化中心的核心功能,积极促进京津冀文化协同发展,是北京必须担当的历史使命和必须履行的社会责任[①]。同时,推进京津冀文化协同发展也是北京自身发展的重要机遇。一方面,京津冀文化虽然源流相近,但却短长各具、优势各异。北京在推进京津冀文化协同发展中,可以与津冀两地文化互相融合,优势互补、互相促进、强优去劣,全面快速地定向发展自己,进而增强自己作为全国文化中心的基础和势能;另一方面,在积极推进京津冀文化协同发展中,北京可为在全国发挥文化中心作用探索新的路径、创造新的方式、实践新的功能、积累新的经验、建立新的示范,使其作为全国文化中心的实力更强大、功能更强化、作用更优化。

(二) 要明确北京在京津冀发展中的核心地位和作用

在任何社会事务的运行和发展中,各构成主体都不可能处于完全平行的地位,总要有主导引领方和从属配合方的区别。在京津冀文化协同发展中,北京文化主体,是由分别权属于中央和北京市的两部分文化构成的首都文化。在京津冀文化协同发展中,首都北京文化无论体量实力的影响,还是所处位置的重要,亦或是作用势能的基础,都是津冀文化不能比拟的。北京无疑应居于核心主导地位。北京原本就对津冀两地承具着与对全国各省市自治区相同的典型示范、主导引领、凝聚辐射等文化中心功能。在京津冀文化协同发展中,三地文化将呈现高度挤压式的紧密交融状态。北京作为文化中心的功能和作用发挥必

---

① 金元浦:《以创新理念引领全国文化中心建设》,《前线》2016年第1期,第42-45页。

须更强、势能当量必须更大、核心作用必须更加突出。因此，北京市要积极协调和配合中央有关方面，充分发挥积极性、主动性，全面负起京津冀文化协同发展的领导、协调与服务等助推责任，为京津冀一体化协同发展做出应有的贡献。

（三）京津冀文化协同发展必须坚持一体化运行的原则

京津冀文化协同发展是一项浩大庞杂的系统工程。当前影响京津冀文化协同发展运行的最大障碍，应该来自于历史原因造成的文化主题资源权属方面的行政壁垒和区位分割。大小不同、分类各异的公共文化机构、团体或单位，无不归属于层层行政权柄，构成某些地方、某些机构团体或某些个人的利益成分。而由于行政归属不同，所处地域不同，这些机构、团体或单位及其人员的既得利益资源也大有差别。就是作为市场主体的文化企业的所在地和所属者，也关联着企业人员的各种利益，关联着各地的人员就业和税收等地方利益。京津冀文化一体化协同发展，必然要对现存的文化资源全面整合，在京津冀区域内整体谋划、统一布局。这必然要打破现存的文化布局结构和与其关联的利益平衡，影响许多个人、机构、团体、单位和地方的既得利益，必然要引发各种阻力。因而，京津冀文化协同发展，必须由从上至下的一体化强力推进，才能顺利完成。因此，京津冀文化协同发展必由始至终坚持一体化原则。包括研究设计、规划制定、安排部署、推动执行、效果验收等，全程都要实行一体化运作。

（四）要尽快确定京津冀文化协同发展基本目标

任何自觉的有组织的发展都必须有明确的发展目标。有了明确的发展目标，才能确定发展方向和发展方式，制定发展规划、采取发展措施、实施发展运作。京津冀文化协同发展是一个重大的社会变革，同时又是一项体量庞大、构成复杂、破旧立新的宏大工程。必须有十分清晰明确的基本发展目标引领，才能顺利启动、顺畅运作。因此，确定京津冀文化协同发展基本目标，是最基础的奠基性工作，应该尽快开展起来。

京津冀文化协同发展基本目标，应当包括发展的重要路径与发展的成果样态和质的标准两个方面的内容。综合考虑，京津冀文化发展的基本目标主要内容应该是：以北京为核心，京津冀文化事业统一布局，一体化运作，各方资源共享、优势互补，互相促进、共同发展，努力打造公共文化事业高度发展，文化产业高度发达，对全国文化发展具有重大影响并具有重要国际影响的环北京文化圈。

（五）建立京津冀文化协同发展的组织领导机构是当务之急

京津冀文化协同发展，涉及中央和京津冀三省市，需要通盘谋划和整体布局，更需要一体化的推动和运行，必须要用强有力的组织领导来作保证。既要有决策和统领的领导机构，也要有运行顺畅、传导高效的管理和办事机构。在中央和京津冀四个方面中，必须以中央方面为领导核心，才能做到统领全面、兼顾各方、实施顶层设计，一体化推动。应该积极协调中央方面，尽快发起组建京津冀文化协同发展领导小组，由中央有关部委领导和京津冀分管领导任正副组长，加上中央有关部委的司局领导和京津冀文化管理部门领导共同组成，负责全部工作的决策和协调。领导小组应下设研究机构、办事机构和管理机构。主要负责情况调研、活动组织、综合汇总、传达反馈、督促检查等基础性、事务性、技术性工作。人员可由中央有关部委和京津冀文化管理部门工作人员组成。京津冀文化管理部门要分别承担本地区有关文化协同发展的基础性、技术性和事务性工作，履行情况调研、综合汇总、传达反馈、督促检查等工作职能。

参考文献：

[1]《北京市人大常委会课题组》，《推进全国文化中心建设》，红旗出版社，2012年第1期。

[2] 李建盛：《转变文化发展方式 促进全国文化中心建设》，《北京联合大学学报人文社会科学版》，2012年10月第1期。

[3] 沈望舒：《浅谈全国文化中心的内涵和主要功能》，《北京人大》，2011年第8期。

[4] 金元浦：《以创新理念引领全国文化中心建设》，《前线》，2016年第1期。

[5] 张小乐：《国家文化中心的内涵与特征初探》，《人民论坛》2012年第3期。

[6] 罗先武：《先进文化之都含义及其在首都建设中的地位》，《2011北京文化论坛——打造先进文化之都培育创新文化论坛文集》，2011年第7期。

[7] 王一川：《通向北京城市文化精神》，《北京社会科学界联合会编：创新驱动与首都"十二五"发展——2011首都论坛文集》，2011年第11期。

[8] 曹淑艳：《北京市文化创意产业发展研究——基于北京市建设世界城市的视角》，《对外经济贸易大学学报》，2012年第2期。

（作者为北京印刷学院设计艺术学院副教授）

対 策 篇

一、加强"价值观"培养
推动北京"国家文化中心建设"①

章伟文

【摘　要】 本文首先对文化建设与价值观培养问题的重要性略作阐发，提出北京要建设"国家文化中心"，亦当十分重视文化建设和价值观建设，并以之主导全国文化发展的方向，引领国家文化发展的进程。文章对中华优秀传统文化对当代价值观建设的重要意义、作用做出说明，对中国优秀传统文化的基本特征有所界定，并探讨其对北京"国家文化中心"建设所具的时代意义和现实价值。

【关键词】 价值观；培养；北京；国家文化中心；建设

经济发展，体制更新，要求文化建设与之同步发展。如何建设适应新时代之新文化，是我们当前所应该考虑的重要问题之一。

当前，我们的文化建设是否一定要与一段时间以来流行的所谓"解构主义"的道路亦步亦趋，否认对价值和意义的哲学追问，否认本质主义和形而上学存在的必要？也就是说，是否一定要以解构为前提和基础？正如在经济发展的道路上我们能做出自己的特殊选择一样，我们在文化建设方面可不可以走出一条不同于后现代以"解构"为主要特征的新路子？

我们认为，这是可能的。因为单独的个人，也许可能像动物一样，浑浑噩

---

① 本文为2015年国家社会科学基金重大项目"社会主义核心价值观研究"阶段性成果，项目批准号为：2015MZDB011。

噩地生活，饥来吃饭倦来眠，今朝有酒今朝醉，但人类作为一个整体而言，对于诸如安身立命、终极关怀、人生意义等问题是必须要考虑的。这是关系到人类的价值取向和发展方向的问题。因为发展不单纯是经济的增长和科技的进步。一些先贤早已提出，科技的增长是一柄双刃剑。科技发展必须为人服务，人的全面发展是衡量经济与科技进步的重要尺度。人的全面发展，离不开对人生意义和价值的探寻。在对人生意义和价值的探寻过程中，需要一定程度的"解构"，所谓"不破不立"即是如此；而为了寻求意义和价值而"解构"现存的一切价值和意义，或者说为"解构"而"解构"，在某个特定的社会形态和特定时期，也许有其存在的合理性。正如工具理性的高度发达导致人日渐成为技术的奴隶，反理性主义的出现使人能够重拾自己作为人的尊严。但仅有非理性还不足以体现和维护人的真正的尊严，因为非理性本身并不能将人从动物群中分离出来，非理性也不能使人得到真正的身心自由和自身的全面发展。后现代主义对现存价值和意义的破坏性"解构"，对于整个人类社会和所有的历史发展时期而言，并不具有普遍的意义。

一、"价值观"培养与文化建设的重要意义

哲学、文化与价值观是时代精神的精华。不同的时代有不同的哲学、文化和价值观，不同的民族也有不同的哲学、文化和价值观。但是，不论什么社会、不论哪个国家，其社会发展、稳定皆离不开一整套价值理论体系的建设。每个社会皆承担有"教化"的功能，其重要职责之一就是要塑造人，要宣传某种理想人格、理想社会，表达某种社会期望，进行社会教育。为此，社会就要提供一整套支配人类外在活动和内在思想的价值观念，将其推广于人群之中，帮助人们形成价值评判，提供价值尺度，使社会、人群形成一种规范的日常行为方式。在这个过程中，通过引导人们遵循良性的价值理念，不断培养人们高尚和健康的思想和情感。故价值为人伦、政教之本，无论是公民自身健康人格的养成，还是建设一个和谐的理想社会，皆离不开价值观念的指导。由此，我们即能得出文化建设和价值观建设对于一个国家而言是何等重要！

北京要建设"国家文化中心"。通常而言，"国家文化中心"是具有雄厚的文化发展基础，在一个国家的文化领域处于绝对领先地位，对一个国家其他地区的文化发展具有强大影响力和示范作用的区域。"国家文化中心"应当反映国家的文化精神、文化形象和文化价值，体现国家的文化软实力。既然如此，

北京的"国家文化中心"建设,亦当十分重视文化建设和价值观建设,以之主导全国文化发展的方向,引领国家文化发展的进程。

二、北京"国家文化中心"建设与"价值观"的教育与培养

如何构建社会主义核心价值体系,使每个公民自觉确立起正确的文化价值理念,是时代赋予我们的使命。如上文所述,北京作为"国家文化中心",应该把握主流文化的前进方向,主导全国文化的发展。所以,北京打造"国家文化发展中心",有责任发展体现国家文化意识形态和文化价值导向的文化,在构建一个国家的核心价值体系中起主导作用。

为完成此项工作,北京的文化发展要重视"社会主义核心价值观"的建设。社会主义核心价值观体系的源头活水之一,即是中华优秀传统文化。我们建议:

(一)北京建设"国家文化中心",要重视对"价值观"的建设和中华优秀传统文化的吸纳

中国是一个具有五千年灿烂文明的文化古国,有着历史悠久的文化传统。这个文化传统对于我们今天的人们来讲,如果处理不好,就是一个迈向现代化过程中的沉重包袱;而如果处理得好,也将极大地促进我国现代化的进程。是财富还是包袱,关键在于我们当代的中国人怎样对它进行创造性的转换。如果说存在对中国传统文化和文明进行创造性转换的这么一条新路子,那么接下来需要解决的一个问题就是:这个新路子是什么?我们的传统文化在这个创造性转换的过程中,应该怎样来扬弃自身,弘扬什么,汲取什么,消解什么?这是我们必须思考的一个重大问题。因此,我们研究民族文化、弘扬民族精神,固然是为了总结中华民族的精神遗产,但更为根本的目的还是在于古为今用、实现民族传统文化在当代的创造性转化。

中华民族传统文化中,蕴含有许多优秀的价值理念,对构建社会主义核心价值体系具有重要的意义。中华民族在长期的社会历史实践过程中,形成了独具特色的民族文化、民族精神,其所倡导的积极入世、济世之爱国精神,关于理想人格、理想社会之建构的理念等,在我们当前建构社会主义和谐社会的过程中,仍然具有重要意义,可以为构建社会主义核心价值体系服务。如我们所熟知的"良知""仁""诚"等价值之本的思想;"急乎天下国家之用""开物成务""通天下之志""成天下之务""自强不息""经世济民"的社会责任感;

"善"与"恶"、"公"与"私"、"义"与"利"、"群"与"己"、"荣"与"辱"的价值评判思想;"厚德载物""乐天知命""与天地合其德"的道德价值的超越境界,等等,这些方面构成了我们民族文化和民族精神的主要内容。

为了实现"教化",我们的民族文化探讨了关于德性之善的种种表现和实现方式,为个体修养和社会完善提供了基本的价值原则和尺度,使之成为调整人自身、人与社会、人与自然等各种关系的行为规范和准则,这部分内容在我们的民族文化中也相当丰富,如"知"与"行","涵养"与"省察","正心"与"修身"、"持敬"与"存诚","格物"与"致知"等等。综观我们的民族文化与民族精神,关于理想人格与理想社会养成的内容,其中存在着许多健康的、积极的、高尚的道德、价值追求,能够激励人们进行创造性的探索,为人们提供追求崇高理想的精神活力。通过从民族文化、民族精神中汲取其精华,古为今用,我们社会主义核心价值观体系的建构将可以获得不竭的精神动力和智力支持。

中华民族文化衍化、整合所形成的这些价值观念体系,长期以来,对中国社会政治、经济、文化、生活等诸多领域都产生了重要影响,它所铸造的文化精神方向,既对此前的中国传统价值精神做出了理性的反思和重塑,也对我们现代社会的文化精神之发展,起着重要的借鉴作用,我们可以通过继承、发扬民族文化和民族精神的理论精华,为当前确立社会主义核心价值体系的文化战略服务,这对构建社会主义和谐社会具有积极意义。因此,我们可以这样说,中华民族文化不仅在中国古代有着广泛而深远的影响,并且在当代中国的理论与现实中仍然有着旺盛的生命力,它的精髓仍然存活在现代中国人的心灵之中,总结其理论思维的成就仍然具有重要的学术价值与现实意义。北京作为国家的"文化中心",要建设能够体现一个国家文化传统、文化特色和时代精神的文化,就应该重视对中华优秀传统文化的继承与发展。

(二)重视把握中华优秀传统文化的基本特征

中华优秀传统文化坚持"天人合一"的立场与"内在超越"的价值实现路径,这是中国优秀传统文化的基本特征。北京建设"国家文化中心",要重视对中华优秀传统文化中核心价值理念的弘扬,为此,就要很好地把握本民族文化的基本特征,这样才能在实际工作中,有的放矢,抓住问题的要害与关键。

1. 价值追求:"天人合一"

通常情况下,人们一般都要对现实世界价值的来源、价值世界与现实世界之间的关系问题进行探究。中国哲学、中国文化认为,天道与人事之间,也即价值世界与现实世界之间并不是绝对割裂开来的，而是互融、互摄，你中有我，我中有你，彼此之间保持着一种发展的张力。中国哲学与文化一般将人间秩序和道德的价值归源于"天理""太极""道""自然"等本体，以天道作为人道的基础，故"天人合一"是中国传统哲学价值观的"核心"理论。

追求价值是人类实践活动的重要内驱力。但中华民族文化及其哲学并没有把价值归结为仅仅是主体的欲望、需求，而将之看成是每个事物本身所具有的固有属性。一般说来，中国哲学家皆认为，价值问题不能仅限于社会的价值和人自身的价值这个层面，而要上升至天地、宇宙价值的高度，用中国哲学的专业术语来说，则是说"人道"要上升至"天道"的高度。故中国传统哲学各流派一般皆肯定"价值本体"的存在。此价值本体有多种说法，如"天"、"理"或"道"与"太极"等，而人则禀承此"天"或"道"而有"性"与"命"。在中国哲学看来，个体的人安身立命、实现自身的人生价值，就是要追求人与天的合一。中国哲学家们将"天"作为宇宙本体，并赋予其伦理含义；同时又将"人"抽象为一个总体性范畴，概括为一种普遍性的精神存在。在此基础之上，他们从世界本原上说明了天与人的相合，并论证了天人合一的结合点在于"太极""理""心""性""诚"等，为天人合一提供了理论上的依据。

中国哲学与文化所讲的天道，就其内涵而言，实际上反映、折射的是活生生的现实生活。因其能反映现实生活，就能指导现实生活。故在现实的此岸与超越的彼岸这两个世界之间并不存在一道不可逾越的鸿沟。现实在天道本体的价值理想的引导下，能不断规正自己的发展方向；天道本体的价值也在规正现实的过程中显现出来。同时，本体的天道因其能不断反映现实生活，故其内涵也就生生不息，从而能不断得到丰富和发展。正因为如此，所以价值世界与现实世界之间的不断互动，在使现实的人文化成不断得到规范的过程中，也能使价值世界本身的文化理念不断得到升华和发展。

故中国哲学家所关注的"成己""成人""成物"的理想追求，一开始便有德性本体这一价值理念的预设，没有此价值理念的预设，人和万物的存在、活动便失却其意义。此预设之价值理念，便是人类社会、自然宇宙所应达到的目标，因此价值不仅存在于主体，亦存在于客体，还存在于主客体的相互作用的关系中。在中国哲学家看来，价值并不仅仅是某种属人的关系范畴，更是属于实体的范畴；德性即是本体，德性本身即是终极价值之源。

中国哲学从本质上说，即是价值哲学。因为其哲学体系主要建立的基础是价值判断，它认为终极实在是一个至善的存在，整个世界包括人类社会在内，皆是此至善理念统摄下的世界，其发展趋势即是回归于这一至善世界。应该说，中国哲学中的主流观点，皆认同此至善的价值本体。如程朱理学关于"天理"的探讨，象山心学关于"本心"的讨论，都希望从中发掘价值的起源和本质，他们的观点虽有所不同，但都把德性理解为一种本体存在，它可以表现在人，也可以表现在物，故从"亲亲"到"仁民"，从"仁民"到"爱物"，皆体现至善的德性本体；而"仁者"与"天地万物为一体"，也是从这个意义上来讲的。

中国哲学家们一般认为，在事实世界之上尚有一个价值的世界。关于价值世界与事实世界的关系，价值世界是事实世界的基础和归宿，虽然两个世界有时对立，但究其根本，则应该一致。价值世界相较于事实世界而言更为根本，事实可能合于价值，也可能与价值相违；与价值相违的事实，在中国的哲学家们看来，是应该被摒弃的。

2. 价值实现："内在超越"

与将价值本体实质化、形式化、外在化的理解有所不同，中国哲学一般认为价值本体内在于每个个体之中。个体实现自身价值，即是与价值本体的相合，故对于个体之人实现自身人生价值，中国传统哲学所作的独特思考一般是走"天人合一"的内在超越之路。

在中国哲学看来，每一个个体的人中，都秉承有普遍的道性，每个个体的人都是一个小宇宙，是整个大宇宙的一个缩影和折射，是自足自为的。每个个体的人都可以通过修己之德，达到与大道的相通。这种"天人同构"的思想，即是中国哲学走"天人合一"的内在超越之路重要特点的一个表现。中国传统哲学一般把人当作目的而非手段，它强调凸显每一个个人的道德精神和价值。中国哲学家们分别赋予"天"以"诚""心"和"性"的含义，突出人在宇宙中的本体性价值，凸显了人在宇宙中的中心地位，凸显了社会发展中人的目标，体现了以人为本的价值。

中国哲学中，关于人性的修养、道德的修养，内容繁富。修养就其应有之义而言，当指以一定的价值评判为基础，主体自觉修养符合价值理念要求的"心"与"行"，"心"指精神和思想、情感、道德意识等，"行"则是指人在社会生活、生产中的活动方式，以达成完善人格的过程。中国哲学家们认为天地宇宙间，存在着一种至善的本体，此本体或谓"天理"，或谓"仁""诚""本心"，人因情欲之蒙蔽，不能在现实中呈现他们所具有的"天理""本心"，因而现实的人和社会皆有不完善之处，价值与事实间存在着悬殊的差异，他们主张通过人的修养功夫，如"先立乎其大"，或"格物致知""即物穷理"，来实现天赋予人的价值。

因此，他们的理论中，价值如何得到实现就是一个重要的问题。中国的哲学家们大都认为，价值的实现离不开个体的自觉；个体通过有目的、有意识地不断深化自己的道德意识和道德理性，培养自己的道德情感，坚定自己的道德信念，从而能够自觉地从事道德修养，践行某种道德义务，履行自己对他人或社会所应负的责任。为此，中国哲学探讨了修养德性之善的种种方法，为每个个体之人的完善提供了基本的价值原则和尺度。这部分内容在中国哲学中相当丰富，可以对我们建构社会主义和谐社会提供宝贵的精神资源。

3. 价值实现的主要路径、方式

前文所述，是对个体之人的价值追求、价值实现所作之总体说明。中国传统价值哲学中，儒、道是由本土文化中诞生出来的两种不同理论形态，这两种文化形态构成了中国传统价值哲学的重要支柱。儒、道对于个体价值的实现，有着不同的理解，其个体修养的实践与功夫也有着不同的表现形式。

儒家探讨的一个重要问题是人生境界和圣贤气象问题。通常，儒家将个体生命的价值实现与对"仁"、"义"的追求结合在一起，生命的意义在于求仁、行义，在求仁、行义中成圣、成贤，圣、贤的理想人格也因此成为儒者的人生追求目标。这种圣与贤的理想人格，既强调治国、平天下的"经世"、"济民"，也强调个体的心安理得、安乐闲适的内在精神"超越"，这也就是其所追求的"内圣外王"。其中，"内圣"又成为"外王"的基础，而"内圣"的内在精神"超越"，便包含有个体的身心健康这一最基本的诉求。在儒家的伦理、政治理想中，有许多内容展示了其终极的价值追求。虽然现实的情形往往与他们的价值理想背道而驰，但他们对人、社会等存在世界的价值思考却对中国传统文化的特质产生了深远的影响。例如，在宋明哲学中，就蕴涵着极为深刻、丰富的价值理论思维的成果，影响后世至深、至远。如"天理""本心""仁""诚"的价值本体思想；"先立乎其大""格物致知""即物穷理""涵养省察"的道德价值修养之功夫；"义"与"利"、"道心"与"人心"、"理"与"欲"、"性"与"情"、"未发"与"已发"的价值评判思想；"厚德载物""乐天知命""与天地合其德"的道德价值的超越境界等，这些方面构成了中国传统价值哲学的主要内容。

历史上的老、庄道家思想及后来由此演变出来的道教，也非常重视个体生命的身心整体健康。通常认为，以老、庄为代表的道家思想在地域上属于楚文化，其与代表中原文化的儒家思想有着不同的文化特征：儒家思想一般重视对社会礼乐文明制度的建构，具有重制度文明的特点；道家之精神重天道的自然、无为，认为人类社会的文明建构应该与天道相合，反对文明制度对人性的异化。在个体的心性修养方面，道家更强调清静、无为，这与儒家的修养观略有不同。儒家持情善论的立场，人有七情、六欲，在生活中，人们总会感受到喜欢、愤怒、哀伤、快乐、害怕、厌恶、欲求得到等种种情感，这些情感的发出，能否当于其理而合其度，是儒家所关切的，如《中庸》所说："发而皆中节谓之和"，如果人们的种种情感在发出时总是合理而有度的，则可以称之为"发而皆中节"，如此则可以说是"和"。在儒家哲学中，"和"即可以指人性情修养的一种理想状态，这也是个体价值实现的一个追求目标。道家则要淡化人的情与欲，强调人要虚灵玄静、清净寡欲，就能返回到先天的道的状态。道家看到当时的天下大乱，就是因为人们的情感中的私欲膨胀导致了争夺，由争夺而有战乱，因战乱而天下杀戮不断，灾殃连连。要解决这个问题，老子提出来一种理想的人格，这种理想人格具有善利万物、处下不争、因势利导、随时而行、仁爱万物、诚实守信等品性，就好比是水。人所追求的目标在于与道相合，与天地人化同在，生生不息，不分彼此。

因此，在中国传统哲学与文化中，每个个体性的价值实现与普遍性的天道是不能截然分开的。天道或谓太极、天理、本心、良知、太虚、道不仅是价值之源、也是价值之本，即我们所说的价值本体。因个体的人其价值实现必与价值之本的天道相联系，故中国哲学特别强调"天人合一"。同时，在中国传统哲学看来，个体的人也不是纯粹的原子式个体，每个个体皆内在地赋有普遍性的价值之本，个体的价值实现可由其自身来展示，每个个体只要将其所禀有的内在价值之本充实实现出来，就可以即身"成圣""成佛""成仙"。在这个过程中，并不会造成对个性之真实性、独立性的抹杀，因为无论是道家所说的"尊道贵德"、《周易》所说的"乾道变化，各正性命"，还是宋明理学所强调的"理一分殊"，都认为天道、天理等价值本体的普遍性与个体存在的特殊性是相贯通的，个体是天道等价值观念的承载者，是价值本体充分的个性化，个性化的个体内在地即蕴涵有普遍性的天道价值本体，然此天道的价值本体因与个体相结合，又具有了鲜明的个体性特征，表现出一种独立而不改的独特精神特质。当然，这种独特的个体性、独特的精神特质，又不至于使个体的存在陷于原子式的、私人性的不可交通之深渊。例如，宋儒所谓的"分殊"，指的是个体存在所得于本体的真实性质，在这个过程中，本质通过一种具体的存在形式来展示自己，这种展示具有一种特殊性、内在性；但是，这种特殊性、内在性又并不是与"理一"相排斥，好比北京颐和园昆明湖水中倒映的月亮影像，可能与北京大学未名湖水中月亮的影像有所不同，这种不同首先就表现在其地理位置、空间是有差异的；然而，它们却又都是对悬挂于天穹中的月亮本身的反映，其"理"为"一"，其"分"则"殊"。因此，个体的差异性并不意味着不同个体之间是封闭的、不相关联的；恰恰相反，不同个体之间因"理一"而具有共通性，因"分殊"而具有差异性，在差异性的"分殊"中，因"共通"性的存在，使得不同个体的存在之间有达成整体和谐的可能。这也就是儒家所强调的"和而不同"的一个意思。故在中国传统哲学与文化里，个体的存在既具有其个性也即独特性，同时，经过修养，个体自身又可以充分证成其所禀有的天道价值本体，从而实现其生命的全部价值。

从哲学上说，人们总是不断按照价值的目标去争取乃至实现、创造自己和社会的价值。社会实践是人的有意识、有目的的活动，于此活动中，人类力图建构一个"意义"的世界，并以此作为衡量人类全部活动合理性的标尺。应该说，中国传统哲学不仅强调个体自身的身心健康，对于人与人之间的亲密相处也非常关注，认为个体身心和谐的价值实现，与人与人之间普遍和谐所提供的社会条件是密不可分的，因此在理解个体身心和谐的同时，他们也非常关注人与人之间关系的和谐。故对社会群体整体和谐、协调发展的理想社会状态的追求，与个体的安身立命，皆是中国价值哲学的重要内容。中国传统文化中关于理想人格、理想人际关系、理想国家与社会等问题的提出，目的就是为了以一种文化价值理想来规范、引导个体之人与现实社会，以维护国家、社会与个人的和谐、健康发展，这对于当代社会的价值观建设，也具有重要的启发和借鉴意义。

（三）对一些模糊问题的辨析

也许有人要问：旧的、传统的民族文化怎么可以照搬到现代社会？对此，我们建议这样来理解：

第一，社会主义核心价值体系以民族文化、民族精神为支柱，并不意味着死守传统的一切而不与时俱进。

应该看到，不同时代、不同的价值主体所表现出来的价值观是各不相同的，如以一定历史阶段的社会整体为主体，则其价值观具有时代性、社会性；以不同民族为主体，则其价值观又具有民族性。推而广之，个人、集体、阶级、国家等等，其价值观亦如此。因此，我们强调继承自己优秀的传统文化，并不意味着照搬、照抄而不对之进行现代创新，通过对民族传统文化中的优秀价值精神做出理性反思和重塑，对我们现代社会文化精神的发展是可以起到重要参考和借鉴作用的。

第二，我们还要看到，我们当前社会主义国家所面临的一些问题，有些在性质上是和过去相一致的。

民族精神的凝聚、弘扬，爱国情操的培养，对社会、他人的关爱，对事业的追求等等，古往今来，无不有此性质的问题存在，民族传统文化对这些问题的思考，可以对我们当前解决这些问题提供有益的参考、借鉴。故文化虽然在时间上有新旧之异，但文化发展中亦存在某些共时性的话题，这也是不容我们忽略的。民族文化、道德、价值观中对社会主义社会有促进作用的方面，我们当然应该继承和发扬之。

第三，现实人们的行为和思想并不是从虚无开始，过去特定时期的价值判断和价值理念总是作为现实一切活动的前提和预设条件而存在，成为我们当前行动和实践的出发点。

关注社会主义核心价值观问题的研究，是当代中国社会实践和科学发展所提出的重大课题。社会主义核心价值体系的建构，肩负着对人们的行为、观念进行价值导向的重任，它要在社会生活各个领域肯定其进步的一面，使人们明确什么可以做、什么应当做，从而促进社会的全面进步和人的全面发展。在社会主义和谐社会建构的过程中，我们要确立起社会主体的价值取向，以之来调节、规范人们的行为，从而使人们的活动更加有效、更加符合客观世界及其规律；要对社会活动是否有价值进行评价，帮助人们树立起正确的价值观念。通过建构社会主义核心价值体系，我们就能在新的社会历史时期确立起正确的价值观念和价值导向，这对于有效解决存在于人们思想当中的价值观冲突、价值危机等问题，对把我们国家建设成一个和谐、美好的社会主义国家，必将产生积极的影响。故建构一个科学、严谨、完整的社会主义核心价值观体系，是当代中国所面临的一个重大问题。

中国特色的社会主义并不能割断自己的历史，社会主义的所有创造无不是在既定的历史传统基础之上来进行的。历史上，中华民族传统文化衍化、整合所形成的价值观念体系对中国社会的政治、经济、文化、生活等诸多领域都产生了重要影响，奠定了中国古人基本的思维方式、价值理想，成为人们修身、治国的指导思想。可以说，不理解民族文化及其特性，就不能透彻理解中国传统社会，也不能理解中华民族的民族性与民族精神。如果不了解理想社会的价值理念，我们就不可能在实践中真正寻找到一条科学社会主义社会存在与发展的模式。

从社会主义核心价值体系建构的要求出发，从民族文化、民族精神中总结出符合时代和社会需要的内容，这是我们当前需要重点研究的问题之一。我们今天处于古与今、中与西哲学文化大冲突、大融合的时代，研究影响中国社会深远的民族文化、价值哲学问题，可以为建构符合现代中国社会的社会主义核心价值体系提供优秀传统文化的精神资源。

北京建设"国家文化中心"，积极发挥首都文化在国家文化建设中的积极导向作用，就要主动承担起用先进文化引领社会进步的责任，在构建中国特色社会主义核心价值体系中发挥带头和示范作用。中国是具有悠久文化与文明传统的大国，在建设国家文化中心的过程中，我们既要顺应时代潮流、不断吸纳人类文明的各种成果，进行新的文化创造，在全球化多元文化的激荡中与时俱进；又要对民族文化中优秀民族精神继承、弘扬。因为民族传统文化不仅在中国古代社会有着广泛而深远的影响，在当代中国的理论与现实中仍然有着旺盛的生命力，她的精髓仍然存活在现代中国人的心灵之中。我们通过继承、弘扬中华民族优秀传统文化精神，将之与现代社会的现实需求相结合，与现代文化融会贯通，将可以为我们当代社会的文化建设提供有益的理论资源和借鉴。我们希望，通过对民族文化、民族精神继承、创新与弘扬，能够为北京建设"国家文化中心"、建构社会主义和谐社会起到某种借鉴的作用，也为人类面向未来、寻求自身存在意义和价值的探索做出贡献。

参考文献：

[1]（宋）朱熹：《四书章句集注》，中华书局1983年版。
[2]（宋）陆九渊：《陆九渊集》，中华书局1980年版。
[3]（明）王守仁：《王阳明全集》，上海古籍出版社1992年版。
[4]（清）刘宝楠：《论语正义》，中华书局1980年版。
[5]（清）焦循：《孟子正义》，上海书店1986年版。
[6]（明）王夫之：《船山全书》，岳麓书社1988年版。
[7] 高亨：《周易大传今注》，齐鲁书社1998年版。
[8] 陈鼓应：《庄子今注今译》，中华书局2001年版。
[9] 陈鼓应：《老子今注今译》，商务印书馆2003年版。
[10] 袁贵仁：《价值学引论》，北京师范大学出版社1991年版。

［11］李德顺:《价值论——一种主体性的研究》,中国人民大学出版社2013年版。

［12］李德顺:《我们时代的人文精神:当代中国价值哲学的建构及其意义》,北京师范大学出版社2013年版。

［13］韩震主编:《社会主义核心价值体系研究》,人民出版社2007年版。

［14］韩震:《社会主义核心价值观凝练研究》,北京师范大学出版社2012年版。

［15］郑万耕:《易学与哲学》,上海科学技术文献出版社2013年版。

［16］韩震、章伟文等编著:《中国的价值观》,中国社会科学出版社2016年版。

(作者为北京师范大学中国哲学与文化研究所所长、教授)

二、守望历史街区　保护历史文化遗产

苏智良

【摘　要】 北京作为中国的文化中心与古老东方的千年古城,在和平年代遭到了极大的毁损;同时,上海尽管文化厚度不如北京,却也留下了对文化遗产保护不力的教训。对于北京的文化遗产保护,要抓住时代契机,做到中心城区少拆、不拆,实现立法保护,建立北京人文历史信息数据库,从而推动文化遗产成为连接历史文化名城的过去与未来的媒介。

【关键词】 古都;历史街区;文化遗产;北京

毫无疑问,北京早已是中国的国家文化中心,这一地位无可撼动。北京正在成为世界上最具建设与发展雄心的全球城市;古代与现代的对话,东方与西方的交融,规模宏大,气象万千。但如何汲取先进国家城市文化发展的经验,避免"巨型城市的危机",[①]并从过来之路上反思教训,北京还有很大的提升空间。本文拟从保护城市文化遗产的视角进行一些阐发。

一、千年古都的毁损

东方古都北京,作为人类城市文明的瑰宝而曾被无数人赞美。人们将北京称之为"地球表面上人类最伟大的个体工程",一座被赞誉为"世界上无能与

---

① [美]乔尔·科特金:《全球城市史》,王旭等译,社会科学文献出版社2006年版,第254页。

比的最杰出城市"。老舍先生曾说：

  北平的好处不在处处设备得完全，而在它处处有空儿，可以使人自由地喘气；不在有好些美丽的建筑，而在建筑的周围都有空闲的地方，使它们成为美景。

  北京的城墙更是气势恢宏、艺术精湛、历史悠久、典故迭出、文化深厚。到过北京的人们认为，北京最大气、最通畅，也最值得怀念的就是那浑朴雄伟的城墙和城楼。北京城的城墙，以清为例，不但呈独特的"凸"字形布局，而且内城墙和外城墙相加，接近40公里，是艺术杰作、国之重宝。北京城墙若还在，当然可与长城相媲美，一样是举世无双的纪念物和象征物。然而，这样伟大的工程，这样雄伟的建筑奇迹，却被毫不痛惜地拆除了。

  北京是体现东方文明的经典都城，也是和平年代破坏最严重的城市，没有之一。众所周知，主张在老北京城边上建设新城的《梁思成陈占祥方案》，被权力废弃。这一城殇，令人伤感。2002年9月，新加坡前总理兼内阁资政李光耀游览北京城时，看到残留的那一点点可怜的北京城墙遗迹时，痛感这一伟大的古迹被毁。事后会见李光耀的副总理李岚清为安抚客人的心情说，大陆已经吸取了教训，今后不会再毁坏古迹了。可以看出，李岚清的言辞中，也充满了无比的遗憾和无奈。事实上，自那以后的15年来，北京继续在糟蹋和毁掉古代都城的街区与建筑；许多独具特色的胡同、四合院等城市特色风貌街区，被推倒而建成高耸的CBD或者优雅的住宅区。甚至到2011年12月，东城区政府将北总布胡同的梁思成、林徽因故居拆除殆尽，尽管"林徽因的客厅"已列入保护名录，但仍被"保护性拆除"，可见并未汲取什么历史教训。在凯歌行进中，北京有越来越多的古代遗迹已经渐行渐远，有的甚至连背影都来不及留下。

  古建筑专家梁思成保住了奈良，却未能保护北京城。今天我们有必要重温他的前瞻性的伟大预言：

  城市是一门科学，它像人体一样有经络、脉搏、肌理，如果你不科学地对待它，它会生病的。北京城作为一个现代化的首都，它还没有长大，所以它还不会得心脏病、动脉硬化、高血压等病。它现在只会得些孩子得的伤风感冒。可是世界上发达国家的经验是有案可查的。早晚有一天你们会看到北京的交通、工业污染、人口等等会有很大的问题。

  当我们再面对古城、老城、新城和谐发展的伊斯坦布尔，你不能不佩服土耳其人的智慧和远见，并为我们所干的蠢事而感到羞愧。

二、上海的教训与经验

上海主要是近代崛起的城市,文化遗产的厚度与深度,与北京无法比肩。但敝帚自珍,学者们长期在思考并捍卫城市文化遗产。

在"推土机运动"下,上海的教训同样深刻,例如不少名人故居已经消失。1845年中国第一个租界——英租界(外滩、北京东路、河南南路到延安东路,共830亩),如能完好保存,也是一件非常愉悦的事。可惜,各种争奇斗艳的后现代建筑,已严重破坏了近代街区的完整性和天际线。

在痛定思痛之后,上海于2002年制订《上海市历史文化风貌区和优秀历史建筑保护条例》[1],并在2004年划定12个历史文化风貌区,总面积为27平方公里。2005年,又划定32个城郊历史风貌区。城市的领导者、市民与专家达成了共识,精心保护历史文脉,用心留存文化记忆。

历史文脉要精心保护、文化记忆要用心留存,上海必须下更大决心、花更大力气保留保护更多历史建筑,保留保护更多成片的历史建筑风貌区。要以城市更新的全新理念推进旧区改造工作,进一步处理好留、改、拆之间的关系,处理好历史建筑保留保护与改善旧区居民居住条件的关系。

要以城市更新的全新理念推进旧区改造工作,牢牢把握好两条原则。第一,要从"拆、改、留并举,以拆为主",转换到"留、改、拆并举,以保留保护为主"。第二,在更加注重保留保护的过程中,要创新工作方法,努力改善旧区居民的居住条件。要抓紧研究出台针对性的政策措施,实实在在落实最严格的历史建筑和历史建筑风貌区保护要求,保护好上海的历史文脉和文化记忆。[2]

在2017年5月闭幕的上海市第十一次党代会上,上海的城市发展规划有了新的愿景:

建筑是可以阅读的,街区是适合漫步的,公园是最宜休憩的,市民是尊法诚信文明的,城市始终是有温度的。

2017年7月,上海市中心推出"阅读建筑——城市历史漫步地图"活动。金陵路上海音乐厅门口墙上挂上了一个印有二维码的铭牌。游客用手机"扫一

---

[1] 该保护条例于2010年通过修正版。
[2] 《解放日报》2017年2月5日。

扫"二维码,就能迅速了解这幢87岁高龄的历史保护建筑背后的历史故事和人文轶事。在位于上海"原点"的南京东路街道区域内,目前已完成了50个历史建筑的史料汇编,有公共设施、弄堂街坊、红色足迹,也有百年老字号。这些老建筑、老弄堂都将在外墙安装二维码铭牌。在此基础上,一份游览计划也正式出炉,任何人都可以根据这份地图选取自己感兴趣的故事和建筑定制游览路线。

然而就在2017年6月8日,巨鹿路888号内的优秀历史保护建筑被业主全部拆毁,令整个上海感到震惊。该建筑在不仅历史风貌保护区内,而且是1999年上海市政府指定的上海优秀历史建筑。其所在的建筑群(巨鹿路686—892号),为英式花园住宅,砖木结构,1930年建造,共12幢,沿路排列,南面设大花院,背面有小院。单体为假三层,红瓦坡顶,三角形山墙露木构架。有资料显示,这处建筑群为国际著名建筑设计师邬达克成立邬达克洋行后所承接的第一个项目。邬达克之与上海,就像高迪之与巴塞罗那;邬达克的所有作品几乎都是上海市优秀建筑而被保护。巨鹿路888号建筑几年前被一个私人业主以8000多万元价格买下,这个业主为一个90后海归女孩。目前,当地政府方面已经介入调查,责令其立刻停止修建新建筑,并对老建筑进行复原。①次日,上海市委书记强调,中心城区的历史风貌是我们这座城市的宝贵财富。对破坏历史建筑行为一查到底,绝不姑息。②

三、关于北京保护文化遗产的思考

在北京市政府前往通州、首都副中心千年雄安新区计划提出的当下,保护北京文化遗产迎来了良机。如何进一步实施保护北京城市遗产的工作,仍迫在眉睫。

第一,中心城区要少拆、不拆。城市风貌不是打造出来的,而是长期历史演变积累的过程。优秀的城市风貌和景观,必然是基于城市文脉的积淀,基于对自然环境的充分尊重与巧妙利用,基于对居民需求的客观评价与妥善平衡。根据建筑和街区的等级,我们的城市更新要坚持"留、改、拆并举,以保留保护为主",实施"建设性保护"。

---

① 《新民晚报》2017年6月8日。
② 《新民晚报》2017年6月9日。

2001年颁布《北京旧城25片历史文化保护区保护规划》；2004年增加第二批、15片历史文化保护区的规划；2012年又增加东城区新太仓、东四南和西城区南闹市口3片保护区的保护规划，共计33片历史文化保护区。已经有很好的基础。故宫博物院院长单霁翔近年多次建议，希望能将北京62.5平方公里历史城区内尚存整体保护价值的历史街区，全部公布为历史文化保护区。[①]如此，保护力度更大，北京城市的文化遗存可更多地留给子孙。

历史街区承载着地方历史，承载着市民的集体记忆，蕴含着丰富的情感价值和归宿感价值，也就是乡愁。我们应该让专家和市民畅所欲言，应该建立更丰富的名人故居、优秀建筑保护的铭牌系统，以便更好地利用文化遗产。

第二，立法保护。中共中央国务院关于进一步加强城市规划建设管理工作的若干意见指出，着力转变城市发展方式，着力塑造城市特色风貌：

保护历史文化风貌。有序实施城市修补和有机更新，解决老城区环境品质下降、空间秩序混乱、历史文化遗产损毁等问题，促进建筑物、街道立面、天际线、色彩和环境更加协调、优美。通过维护加固老建筑、改造利用旧厂房、完善基础设施等措施，恢复老城区功能和活力。加强文化遗产保护传承和合理利用，保护古遗址、古建筑、近现代历史建筑，更好地延续历史文脉，展现城市风貌。用5年左右时间，完成所有城市历史文化街区划定和历史建筑确定工作。[②]

对历史文化遗产的保护应加快立法，真正做到有法可依，犯法必究。法国在1962年就制订了国家级的城市、城镇建筑保护大法，欧洲其他国家也在20世纪60年代，制订了各类保护法律。北京已建立一批城市保护的法规，[③]今后还可以进一步完善法律法规，建立遗产保护管理系统，形成整套的涉及立法、管理、资金等方面的保护制度。

---

① 《中国青年报》2016年3月7日。
② 《人民日报》2016年2月6日。
③ 北京相关法规有《北京市文物保护管理条例》（1987年6月）、《北京市文物保护单位范围及建设控制地带管理规定》（1994年）、《北京城市总体规划（1991-2010年）》、国务院关于《北京城市总体规划》的批复（1993年10月）、《北京旧城历史文化保护区保护和控制范围规划》（1999年4月）、《北京市区中心地区控制性详细规划》（1999年9月）、《北京25片历史文化保护区保护规划》（2001年3月）、《北京第二批历史文化保护区保护规划》（2004年）、《北京第三批3片历史文化保护区保护规划》（2012年）等。

政府在实施城市规划时，要充当文化遗产的守护神。政府绝不能屈服于开发商的强悍与利益，更不能急功近利，带头破坏，那种专家学者"刀下救城"的活报剧不应重演了。

农业文明时代的城市系统，与慢节奏的生活相适应。而现代交通体系的建立，系统破坏了以步行为主导的原有城市街巷体系；我们需要适当地修复一些胡同街巷。胡同街巷才是人们在街区交往的中心、街区故事的发生地、街区文化承载的重要场所。

第三，建立北京人文历史信息数据库。通过新媒体保留历史记忆，再现昔日繁盛景象。

人文历史信息数据库以ACCESS软件支持，可按条件进行不同数据集的查询、计算和提取，为不同研究领域的学术研究者、城市文化建设工作者提供完善的专题数据资源。数据库中的每条数据，力求运用严格的历史学、历史地理学、都市文化学等方法和多种来源的历史文献、图象资料加以考订与参证，以"备注"的形式在库中注明其资料来源、考释的逻辑推理过程和详细的历史沿革内容。引入GIS技术，制作成长时段、系统化、可延续开发的单体城市人文景观电子地图，探索GIS在城市史、都市文化学、历史地理学等研究领域的可视化展示功能和超越传统历时性模式的问题启发功能，提高北京人文学科研究成果的国际化水平及其与国际学术前沿领域的对话能力。

四、切实保护城市文化遗产

以北京、上海等代表的东亚城市的崛起是21世纪城市主义的焦点，这一进程正在被写入人类的史册。在旧城更新的过程中，城市文化遗产理应得到从政府到社会的更加高度的重视。

城市文化遗产是人类文明的重要载体，是城市沧桑岁月的纪念碑。多姿多彩的城市文化遗产体现着一个民族独特的思维方式、文化价值和生活观念，是民族文化的年轮与结晶，是城市文化特色的生命印记。城市文化遗产也是城市文化可持续性的重要载体，也就是城市的灵魂和精气神。一旦毁坏，就不可能再生。

城市文化遗产包括：各具特色的优秀建筑物和名人故居、具有历史价值的风景名胜地、较完整的体现出某一历史时期特色的地段与街区、以及能够体现历史上城市规划成就及反映城市发展历史的规划格局、风貌特色和空间秩序。

广义而言，它也包括精神产品，如各类艺术、地方习俗、生活方式和文化传统（如手工工艺、民族风情、传统物产）等。城市文化遗产具有极高的历史、风貌、使用和区位等价值，切实保护城市文化遗产是正在飞速发展的中国城市带有普遍意义的、亟待解决的问题。

城市的过去与城市的未来是不可分割的，文化遗产正是城市连接过去与未来的媒介。有些城市正在获得未来的同时而丢失了过去，我们绝不能再允许城市在改造、扩张中失去"历史的记忆"。我国拥有大量的国家级历史名城、历史文化名城101座、历史古城和城镇，它们承载着中华民族千年的荣耀与历程。在当代城市建设中，这些城镇都具有很重要的地位和作用，但它们在城市性质、规模方面有很大差异，所保存的历史遗产的特点也各有不同。因此，保护工作要认真分析这些特点，研究城市遗产的价值精粹，抓住要领，采取不同的保护方针和措施。对重要遗产要进行原始原貌的整修，恢复房屋本来的使用功能，让城市的文脉继续延伸下去。

历史文化遗产是城市的灵魂，它构成了城市的记忆，保护好这些遗产是城市现代化的必要内容，是城市可持续发展的保证，也是当代中国人义不容辞的责任。

切实保护北京的城市遗产，与北京的国家文化中心建设，与北京的全球城市建设，息息相关。即使是过了若干年之后，当人们说到北京，她仍应该是一个"中国文化"气息依然浓厚的、具有独特风貌的历史名城，而不是一个完全被现代化淹没的新城市。

（作者为上海师范大学都市文化研究中心主任、教授）

三、发挥首善之区优势
传承发展中华优秀传统文化

李 凯

【摘 要】 北京的传统文化教育资源全国首屈一指,不仅师资储备丰富、传统文化的学术研究洋洋大观,传统文化教材与教育实践活动异彩纷呈。但传统文化教育还远未系统化、高质量化,传统文化教育整体处于自发状态,缺乏系统规范的顶层设计;一定程度上存在形式主义倾向;师资水平参差不齐;人们对"国学"的狭隘理解也妨碍传统文化教育的发展。所以今后势必要利用北京文化优势,加强专家学者引导,完善教育的顶层设计;加强马列主义指导,去粗取精,推进传统文化教育高水平发展;鼓励文史哲专业优秀毕业生从事一线教学;开创喜闻乐见的传统文化教育新形式。优秀的传统文化,事关中华民族的血脉,是人民不可或缺的精神家园;北京作为首善之区,在传承发展中华优秀传统文化上责无旁贷。

【关键词】 北京;优秀传统文化;教育

北京是千年古都、全国政治文化中心,深厚而丰富的传统文化是北京一张耀眼的名片。北京的高校资源全国首屈一指,教育水平、教育师资、教育市场皆占据天时地利人和,得天独厚,在北京传承发展优秀传统文化,教育是最重要的路径。北京优秀传统文化的教育普及情况,特点鲜明,优势明显,但也仍然存在可资改进的问题。

一、北京发展传统文化教育的优势

作为全国首善之区、千年古都、文化中心,北京传承发展中华传统文化,有着各方面得天独厚的优势。

1. 北京作为全国高校最集中的城市,在师资上可谓储备丰富。尤其是北京有着多所人文社科类学府,传统文化方面的师资力量,在中国首屈一指。优势师资的集中,最受益的是北京的学生。不论生在北京还是负笈求学,不论是身在高等学府还是中小学,北京的学生们不仅享受着丰富高质的师资和浓厚的传统文化氛围,他们自身也成为了更优、更丰富师资的推动力量,也成为了传统文化氛围日益浓厚的真正起点。在北京,传统文化教育在大中小学学生们、家长们中间的热度,非亲见者不能想见。如史家小学常年开设传统文化课程,如诗词吟诵、古文选读、曲艺民俗等,定期进行传统文化才艺展演。专门聘请专业教师开设吟诵、昆曲等选修课程,给学生传统美的浸润。教师的传统文化功底及比较文化视角俱佳,又兼具时代敏感,能够真正做到古为今用,切合时事热点从古典中探寻落脚点,借用以今探古、以古观今的方式,真正让传统文化焕发盎然生意。农大附中与书法家协会合作,成为书法特色校,以书法为载体,名家走入校园,真正有深度地长期培养学生,让书法不再遥远,让传统在身边相伴。一零一中学初中部常年开设功夫扇、曹氏风筝等特色课程,成为了学校的名片之一,全体学生们入校即学习功夫扇,作为课间操的重要组成部分,集传统文化与锻炼身体为一,三年下来学生们不仅习得才艺,更是深受传统文化的熏陶滋养,获益终生。北京四中高中部人文实验班每到中秋举行祭月礼,学生们穿上汉服,在老师的指导下排演仪式,准备诗章,在祭月礼上邀请家长出席同观,演礼赛诗,吟诵美文,诗情画意中将文化月光洒在心上。北京四中初中部史地合力,开展二十四节气专题活动,学生们自主设计节气相关作品及宣传活动,想象丰富,创意多元。教师将学生的作品和展示做成微信,发给家长,反馈非常好。北大、清华、人大、北师大、国家图书馆、中国社科院、国家博物馆等一些单位推出面向社会的传统文化公益性讲座,目不暇接,堪称盛事。综观京城,各个学校几乎都开设或即将开设具有自身特色的传统文化课程,教育部门也非常重视优秀传统文化的继承发扬,各区都在打造基于自身特色的传统文化教育风格,颇有亮点。

2. 北京高校作为开展学术文化的重镇,传统文化的学术研究洋洋大观。在北大、清华、人大、北师大等高校中开设中华优秀传统文化必修、选修课大受学生欢迎，出现了一大批教学名师；各高校在历史、哲学、语言文学、艺术及相关学科专业中突出了中华优秀传统文化的内容；国家社科基金以及北京市社科基金各种项目中，有关传统文化的研究占相当大的比重，大量优秀传统文化的研究专著与论文出版或发表。尤其是高校加强中华优秀传统文化相关学科建设，重视保护和发展具有重要文化价值和传承意义的"绝学"、冷门学科，像历史文献学、古文字学、音训学、训诂学等领域都有长足的发展。全社会对传统文化的重视程度不断提高，"国学复兴"的观念逐渐影响到政治、经济、思想、文化研究的各个领域。

3. 为中小学开发的传统文化教材也是北京传统文化教育普及的亮点之一。西城区历经数年、汇集多位专家学者编写了《走进西城》教材，并在西城区各所中学开设了同名课程，教材编写注重西城地方历史文化特色，以小见大，发掘学生身边的历史文化，非常接地气，而且编排精美，图文并茂，引人入胜，学生和教师反馈极好。西城教师研修学院也高度重视《走进西城》课程的开展，语文、历史、地理等多科合作教研，还以多学科合作探究课等方式，推进区里的课程探索。部分学校将《走进西城》作为必修课，大部分学校作为选修课，学生们对这门课程展现出浓厚的兴趣，甚至一些学生就是因为上了《走进西城》选修课而深度体会到传统的人文魅力，从而选择学习文科，足见影响力之大。此外如史家小学、北师大二附中、北京一零一中学、北京四中等学校都有面对全体学生或人文班学生的传统文化教材，对传统文化教育的推广起到了相当作用。北师大二附中的语文课外自选古文教材选文优质，特别适合高中学生，学生们学起来有兴趣，老师们教学时有抓手，一本教材就是一份合力，助推北师大二附中人文实验班学生们的视野开拓及传统情怀。从每年二附中学生的高考语文成绩上，我们可以看出这种熏染对于语文素养的提升帮助极大。北京一零一中学也有语文组、历史组自编的教材，人文实验班还有教师专门书写的书法教材，将骈文学习与书法训练结合在一起，学生们反馈很好。

4. 北京开展传统文化教育的场地亦足令人称羡。六朝古都的历史积淀，明清定鼎的文化传承，都是不可复制的文化财富。故宫、北海、前门、鼓楼、什刹海、烟袋斜街、南锣鼓巷、颐和园、八大处、圆明园、城中多所王公府邸、散落故事的胡同小巷……走到哪里都有故事，俯拾即是文化。甚至很多学校就建在文物古迹里：北师大北校区建在民国十大建筑之一的辅仁旧址，一零一中学建在圆明园，北京十三中建在涛贝勒府，北京二中建在清左翼宗学，北京三中建在清右翼宗学……随处可遇的文化故地，给北京的传统文化教育提供了丰富的场地优势，旧地新声，也增添了古都的文化魅力。北京十三中经常组织学生到郭守敬纪念馆、宋庆龄故居、梅兰芳故居等地进行志愿讲解，学生们对于能用所学服务社会热情度非常高，集体备课，认真准备，个性讲解，既收获了社会肯定，也丰富了自身所学。北京四中的学生社团自发组织到故宫做志愿讲解已成惯例，学生们的讲解不同于专业，但毫不逊于专业，他们有自己的视角，自己的风格，让人耳目一新。学生自己制作拍摄的文化遗产微电影《一城一诺》讲述北京中学生与故宫的故事，唯美自然，广受好评。

二、北京传统文化教育存在的问题

北京的传统文化教育虽然有得天独厚的优势，但整体上看，传统文化教育还远未真正系统化、高质量落实到位，一些问题依然存在。

1. 目前北京传统文化教育整体处于自发状态，缺乏系统规范的顶层设计。北京的高校、科研机构众多，各自都有自己的传统文化师资力量与课程设置，但正是由于满天繁星，整体上看力量分散，甚至不同学段、不同学校机构之间的课程设置彼此重叠、冲突者也屡见不鲜。有的学生小学时在学校老师带领下专门学习过《声律启蒙》、《古文观止》等内容，到了中学发现又要跟学校的课程重新学习，这是课程重叠造成的精力浪费。而不同教师水平不同，并未受到统一高质量的培训，导致中学教师推翻了小学教师的讲授，大学教师推翻了中学教师的内容，这都会使学生形成不信任感。面对当前传统文化的热潮，很多不具备教学水准的机构纷纷打着传统文化教育的旗号呐喊，传统文化教育在北京一时遍地开花，但表面上欣欣向荣的局面内里并不一定是百花齐放，也有可能是泥沙俱下，群魔乱舞。这种一窝蜂式的"传统文化教育"，与其说出自教育的良好愿望，不如说源自利益的无孔不入。十年树木，百年树人，教育本来就是慢功夫、长线作战，传统文化教育由于其特殊性，更需要耐心浸润、慢慢熏染，方能在学生的人生打上底色。中国传统文化的主流思想是儒家，儒家向来讲求义利之辨。《孟子》开篇便说："王何必曰利，亦有仁义而已矣。"功利化的教育不是教育，功利化的传统文化背离了传统文化，功利化的行为给学生的人生打上的不是传统文化深厚的底色，而是商业气息的繁乱浮杂。孔子所言"恶紫之夺朱也，恶郑声之乱雅乐也，恶乡愿之乱德也"，这在今天仍然适用。打着传统文化旗号的功利"教育"、一窝蜂涌上，也会迅速透支传统文化教育的阵地。所以，对于传统文化教育的整体规划、阶层式的设计、不同学段的合理搭配，显得尤为重要。

2. 目前北京传统文化教育一定程度上存在形式主义倾向。教育的形式是多样的、丰富多彩的，传统文化教育由于其"久""远"的特殊性，尤其要注意教育方式的运用。但教育的形式多样，并不意味着可以弱化内涵。现在的很多传统文化教育，课堂上热闹非凡，互动频繁，表演、展示、剧作、吟唱，七十二番变化样样俱全，但内容要么大量注水，要么错漏频出。孩子们一番尽力热闹之后，学得的不是含蕴隽永的传统菁华，而是没有营养、甚至是"负营养"的"传统文化"，这种形式主义的泛滥，给孩子们留下的负面记忆远远多于正面营养，需要警惕。还有一种形式主义就是"应付"、"展示"式的"传统文化教育"。由于教育部门的要求、学校宣传的需要、学生家长的压力，很多学校"被迫"开设了传统文化教育的课程。但是由于学校重视程度不够，教育资源倾斜不足，师资力量窘迫，教学质量难以保证，学生看似拥有了多样的选择，其实根本没法得到高质量的满足。这种课程一般都重视学生的展示、热闹的形式，方便学校的对外宣传、对上"交差"，是一种十足的形式主义的"传统文化教育"。

3. 目前北京传统文化教育内容缺乏批判继承，师资水平参差不齐。传统文化内容博大，但哪些内容真正符合时代的需要，哪些内容真正适合面对不同学龄的学生，尚需进行仔细甄别，卜筮之学、风水之学、厚黑之学、丹汞之学等，自不适合向尚未成年的学生们介绍。但现在有些打着传统文化教育旗号的机构，兜售披着"国学"外衣的成功学、厚黑学、心灵鸡汤，这些做法在短时间内会让人产生"进入"了传统文化的错觉，对人生观世界观的影响很大，犹如精神毒品，让人产生各种幻觉。这些都不是真正的"国学"，甚至并非真正的"学问"，但市场很大，流毒甚广，不明就里之人一旦进入，很难摆脱，这才是"江湖国学"最大的危害。所以在传统文化教育的内容上，一定要进行甄别，警惕这些打着"国学"幌子的"江湖国学"。

"江湖国学"的传播，很大程度上与传统文化教育的师资水平有关。目前对于传统文化教育的师资并无上岗资格标准，虽然多数学校的传统文化师资由科班出身、受过系统学术训练的教师担任，但由于各种原因，半路出家、自有心得的"江湖大师"也纷纷下水，这方面尤以社会机构为多。将传统文化动辄神秘化、宗教化，有着一种浓浓的"民科"范儿。不讲学问讲八卦，不讲源流讲猜想，不讲史实讲体系，不讲知识讲鸡汤，甚至不问苍生问鬼神，都是这种

"江湖大师"的基本套路。他们先完成了自我催眠，再来忽悠听者，前一段闹得沸沸扬扬的"女德大师"丁璇，就是典型的例子。"江湖大师"风行的原因，还是在于传统文化教育行业科班出身、训练有素的学院派师资较少，而为什么会如此，主要还是在于行业的职业吸引力尚不足以吸引大量优秀专业人才。提高传统文化教育师资待遇，让他们能够体面地教书育人，才能形成示范效应，使得更多优秀人才能够汇集到这个行业中来，进而改变传统文化的教育生态。

4. 不少教育工作者对"国学"的理解狭隘，仅停留在"蒙学"或者形而下的活动层面。持这种观点的人并不在少数，认为传播传统文化就是老师领着学生，穿着袍子，戴着帽子，在孔子像面前读读《三字经》《百家姓》《千字文》《弟子规》而已，且不加解析；不少教育工作者也认为传统文化不过是写大字、画水墨画、弹古筝、念古诗文。这样的活动并没有把握住传统文化的精髓，使得传统文化的普及工作停留在蜻蜓点水、浮光掠影乃至作秀的层面。须知，中国传统文化既有形而下的器用层面，也有形而上的哲理层面。古今社会背景差别极大，形而下的古代衣食住行，许多内容在今天已不适用，没有谁穿着古人的袍子帽子上班，也没有谁恪守古代弟子侍奉老师的职分，更没有人给父母守丧三年。而真正对当代带来启迪的，恰恰是传统文化中形而上的哲理因素，如何待人接物，如何看待世界人生，如何积极生活，这些内容对当代人尤其是青少年的长远发展意义重大。传统文化博大精深，而蒙学仅是一个缩影，一种浅显的普及方式，不能代表传统文化的全部，并且不少内容还有封建时代的烙印。如果没有对"国学"正确的理解，首善之区传承传统文化势必要受到消极的影响。

三、对策和建议

（一）利用北京文化优势，加强专家学者引导，完善教育的顶层设计

教育部颁布的《完善中华优秀传统文化教育指导纲要》指出：要"着力增强中华优秀传统文化教育的多元支撑"。"构建互为补充、相互协作的中华优秀传统文化教育格局。充分利用博物馆、纪念馆、文化馆（站）、图书馆、美术馆、音乐厅、剧院、故居旧址、名胜古迹、文化遗产、具有历史文化风貌的街区等，组织学生进行实地考察和现场教学，建立中小学生定期参观博物馆、纪念馆、遗址等公共文化机构的长效机制。"

而北京地区在文化历史悠久、文化底蕴深厚、文化资源多样方面恰恰具有巨大的优势。推动北京传统文化教育活动的开展，首先需要充分发挥它所具有的文化优势。统筹规划、综合利用，将北京所具有的文化优势最大程度地转化为教育资源。在充分发挥基层学校、教师教育主体作用的同时，加强顶层设计，引导专家学者参与到传统文化课程的开发与建设过程中来，实现北京地区的传统文化教育工作的高起点、正方向、快发展。

2014年，北京市启动高校、社会力量参与小学体育美育发展工作（简称"高参小"），当年就有140所小学与高校、艺术院团和艺术机构、体育俱乐部等结成"对子"。北京市东城区史家胡同小学与国家博物馆合作，共同开发了"博悟之旅"国家博物馆课程。

史家小学品德与社会、美术、科学、书法等多个学科的老师带着学生走进国家博物馆，与场馆内的社教人员一同为孩子上课。在这里，孩子们能够学习到课本中的知识，更能看到真实的历史文物，极大地扩充了国家课程的内容，提升了学生的传统文化素养，激发了学生对祖国文化的热爱。

国家博物馆利用其丰富的藏品、展览资源以及优秀的专家队伍服务区内学校，打造学校的"第二课堂"，发挥博物馆公共文化服务的重要举措。

在合作中，双师进课堂的教育愿望得以实现。史家小学与国家博物馆的老师们建立了跨领域合作体，一同备课，一同钻研教材。国博的老师为史家的老师介绍文物历史，以确定教学的深度和广度；史家的老师为国博的老师开放课堂，展示课堂常规教学中的教学教法。在合作中，双方教师在专业知识、教法技能等方面都有明显的提高。

2016年9月，中国国家博物馆与史家教育集团联合开发的《"写给孩子的传统文化"——博悟之旅》系列博物馆教育丛书正式出版发行。该丛书共有创造、尊重、责任、生命、规则五个系列，每个系列分上、中、下三本，分别对应小学教育阶段的低、中、高不同年级，属于博物馆文化资源进学校课堂的教材。史家小学以该教材为依托，不断推动课程实施，现已形成了较为完备的课程体系。

中小学校与高校、社会力量联手推动传统文化课程的建构，既发挥了文化机构的引领作用，又发挥了一线教师的教学经验，是一种值得推介的传统文化教育活动模式。

（二）加强马列主义指导，去粗取精，推进高水平传统文化读物问世

传承发展传统文化不是泥古、复古，传承与发展必须要建立在批判、扬弃的基础之上。中共中央办公厅、国务院办公厅《关于实施中华优秀传统文化传承发展工程的意见》提出了传承发展传统文化的基本原则：牢牢把握社会主义先进文化前进方向；坚持以人民为中心的工作导向；坚持创造性转化和创新性发展；坚持交流互鉴、开放包容；坚持统筹协调、形成合力。在开展具体教育活动的过程中，必须要坚持正确的指导方向，警惕已经被扫入历史垃圾堆的文化糟粕重新泛起。

许庆如在《论中小学传统文化教育内容筛选的原则》一文中提出，传统文化课程应注意内容的丰富性、基础性、灵活性，强调编排的序列化，提出在课程内容的选择上需要：1. 以儒家经典为基础，兼收各家学说精华；2. 以人文文化为主，兼及科技艺术文化；3. 融合多民族文化，汇通中西文化；4. 顺应时代发展变化，推动文化传承创新。

2015年，《中国传统文化教育全国中小学实验教材》（北京版）正式出版发行，供北京市内小学一至六年级教学使用。本套教材作为《中国传统文化教育全国中小学实验教材》（地区版）序列之一，是课题组专家委员根据北京的地方文化，为北京中小学开展传统文化教育而单独研发的。教材将北京的历史、文化、民俗与艺术并重的地域文化内容，系统地镶嵌于原有国学课程之中，形成一套具有浓郁北京地域风情的教材，让孩子们在学习传统文化的同时，可以更好地认识并热爱自己家乡的文化瑰宝。

教材明确提出以"青少年完美人格"为传统文化教育的目标，并且经专家组反复研讨、论证，制定了较为科学系统的课程结构，明确了不同年级应掌握的教学内容和学习深度。如小学低年级段以蒙学经典《三字经》《千字文》等为主；中年级段学习《声律启蒙》《中国古典诗词欣赏》等，为孩子们奠定诗词美学基础；高年级段开始涉及儒家经典如《论语》《孟子》《大学》《中庸》等；初中阶段安排了《孙子兵法》《古文观止》等经典，让孩子们能够接触到儒家经典以外的优秀典籍和思想；高中阶段则为传统文化通识教育，需更为深入地学习儒家、道家等经典文献。

此外，这套教材还将北京的历史、文化、民俗与艺术等文化内容作为教材的有机组成部分，帮助学生立体、直观地认识北京的地域文化。如，一年级教材《弟子规》中，附加有"北京的历史"模块，以图文并茂的形式介绍了自原始社会时期以来，北京的历史变迁、城市风貌等，让孩子们初步了解自己的家乡。北京版三年级教材《声律启蒙》中，附加了"北京的胡同文化"模块，用简短的文字和精选的老照片，把老北京历史悠久又极具韵味的胡同文化呈现给学生。

这样的教材编写模式打破了以经典文献作为唯一教学内容的传统样式,更加强调传统文化课程的儿童立场、时代立场,通过丰富的课程内容激发学生学习传统文化课程的兴趣,值得推介。

(三)鼓励文史哲专业优秀毕业生从事一线教学,保障高水平师资

师资,是传承发展传统文化的重中之重,也是当下制约传统文化继承与发展的瓶颈。教育部《完善中华优秀传统文化教育指导纲要》中,将"教师队伍整体素质有待提升,全社会共同参与的教育合力有待加强"作为必须面对的突出困难和挑战提出来,并提出要"打造一支中华优秀传统文化教育骨干队伍。在中小学教师资格考试内容中增加中华优秀传统文化的比重。在师范院校开设中华优秀传统文化课程。鼓励民间艺人、技艺大师、非物质文化遗产传承人参与职业教育教学。"

加强传统文化师资力量的培养,需要将长期的师资队伍的建设与短期教师传统文化素养的提升结合起来。所谓长期的师资队伍的建设,就是要鼓励大专院校文史哲专业优秀毕业生投身一线教学,承担起传统文化的教学工作,甚至可以在有条件的师范院校开设专门的传统文化教育专业,为他们的成长发展提供平台,增加助力,促使更多有志于此的青年从事传统文化教育工作。同时,也要注重一线教师传统文化素养的提升,力争在较短的时间内,从富有经验的一线教师中选拔相当数量的人才从事传统文化的教育教学工作,在短时间内提升整体水平。

2014年9月28日,海淀区委、区政府在海淀区北部的鹫峰南麓创建了海淀敬德书院,作为海淀区师资培训的重要基地。书院以"秉承中华文化精髓,兼容古今治学之道,肩负人文教育使命,培育立身行道之人"为办院宗旨,聘请楼宇烈先生担任院长。一年来,共开展各类活动100余批次,承接了2000余人、3500余人次的研修体验活动。

敬德书院作为一个面向中小学,重点培养有君子人格的师资培训基地,从一开始就着力构建研修、读经、会讲和学术等四种课程体系。四类课程共培养学员2000多名,对海淀区中小学教师国学素养的提高发挥了重要作用。

敬德书院极为重视与高校、书院及传统文化研究、推广机构的交流,努力构建多种形式的合作机制,着力推动中华忧秀传统文化在中小学的承续、推广与实践。2015年10月,书院与北京大学、清华大学等5家单位签署协议,成为北京大学儒学研究院研究基地,清华大学中国礼学研究中心实践基地,北京师

范大学国学经典教育研究中心研究基地，中国人民大学孔子研究院实践基地。通过教材研制、课程开发、学术项目研究等载体，探讨传统文化教育融入国民教育体系的方式与方法。

（四）鼓励发展喜闻乐见的传统文化教育新形式

继承与弘扬传统文化，重在以文化人，参与到时代发展的进程中去，真正做到影响人、感化人。这就需要专家学者与一线教育工作者共同挖掘提炼传统文化中具有现代价值的部分，有针对性地实现其现代性转化、创造性转换和创新性发展。

在转化过程中，我们必须坚持唯物史观的立场、观点和方法，坚持古为今用、推陈出新，在正确认识中华优秀传统文化本质属性并萃取其基本内容的基础上，用通俗易懂的当代表达，对其中适于协调现代社会关系和鼓励人们向上向善的价值理念、主要命题、思想精华、道德基因等作出新阐释，使中华优秀传统文化为弘扬社会主义核心价值观作出贡献。

在这方面，近几年来各中小学积累的丰富的实践案例，值得我们关注。

近年来，北京小学立足学生养成教育，不断探索创新课程的新途径，在实施国家课程的基础上，开发设计了一系列传承中华优秀传统文化的课程内容，力争在丰富的学习与实践中培养学生做人做事的优秀品德，在弘扬和传承祖国优秀传统文化的过程中，培养自豪的中国人。

第一，诵习经典，童蒙养正。

"童蒙养正"是指儿童幼年阶段要给予最重要的养正教育，而诵读中华经典是最好的养正手段。因此，学校在低年段开发设计了"经典诵习"校本课程，"诵"即诵读，"习"即实践。学校主要选择广为流传的中华经典《弟子规》《朱子家训》《孔子家语》中契合现代教育的内容，编写了校本文化经典读本，并利用每天的晨读和两周一次的课时指导学生诵读、理解与实践。并适时运用儿童喜爱的讲故事、歌舞及儿童剧表演等形式激发学生的学习兴趣，贴近学生的实际生活。比如，每学年末，学校一年级都会结合课程学习组织《弟子规》诵习展演活动，家长、学生、老师共同参与，让学生在充满童趣的创编表演中增进对经典的理解、体验和感悟，在升华情感的同时指导行为，将经典学习落实于行。

第二，四季节日，实践传承。

我国的传统节日蕴含着丰富、深邃的人文内涵，是民族文化中的精华。学校开发设计了"四季节日"课程。按照四季的划分，精选出10个中国传统节日,并挖掘每个节日的由来、经典故事和相关习俗,以此作为课程内容,力争通过形式多样、循序渐进的课堂学习和实践体验,让学生多角度、全方位地认识和参与节日活动,从而更好地品味和感悟传统节日的内涵,在学习与实践中传承中华传统文化和美德,在过中华节日中收获成长。

第三,国粹课堂,普及渗透。

国粹是传统文化中最具有代表性和最富有独特内涵的、深受人们欢迎的文化遗产。为了普及渗透这些文化精粹,学校结合国家课程内容的拓展推进,将其与学校体育、艺术、心理健康教育相融合,推出了武术实践周、京剧大讲堂、国医小学堂系列课程,并不断丰富课程形式以激发学生的学习兴趣与参与积极性。这种系列课程的开发与实施,成为了学校爱国主义教育和民族精神教育的重要途径,使全校师生进一步明确了"传承中华文化,做自豪中国人"的精神追求,社会主义核心价值观通过优秀中华传统文化的传播浸润了学生心灵。

第四,形成传统文化官方教育与民间教育的良性互补。

充分发挥民间教育的作用,逐步形成官方教育与民间教育的互补、互动,是继承发展传统文化的重要途径。北京地区拥有大量的传统文化教育的民间机构,近年来在推进传统伦理道德理念传播与和谐社会建设中进行了积极探索。其中,有很多经验、教训值得总结,运行模式和机制还有待进一步研究和探索。

民间传统文化教育传播具有专业性、公益性、慈善性特点,学习形式多样。由于民间教育的定位,往往能摆脱官方教育中功利主义、形式主义弊端,强调知行合一,能够将传统文化教育渗透到日常生活中去。借助现代媒介的广泛应用,民间传统文化传播更具现实性和针对性,一些民间传统文化教育组织一般把学习班设在社区礼堂、学校、宾馆,甚至深入到偏远地区,形成长期培训机制,吸引优秀学员加入义工行列,在宣传、实践传统文化方面起到了官方教育难以达到的效果。

2011年12月20日,成立了由汤一介先生为院长、社会贤达组成导师团、学术委员会和理事会的什刹海书院。书院以"海纳百川,志强智达,道立师存,知行并进"为院训,以人文关怀、课程特色和学研、学思、学行结合为特点,在传承传统文化、汇集学术英才、进行高端研究、开展师资培训、推进文化实践等方面充分发挥了重要作用。

如:2015年开办的北京市中小学中华优秀传统文化大讲堂活动,邀请楼宇烈先生、钱逊先生、林崇德先生、成中英先生等教授专家为北京市各区县教委人员及各中小学校长130余人授课，取得了良好的效果。

在此基础上，2017年，北京市教委委托北京什刹海书院继续开展中华优秀传统文化校园推广项目，开展中小学传统文化教育途径和方法研究，形成并完善中小学传统文化教育的实践模式和实践成果。有针对性地为学校推送包括经典、蒙学、书法、诗词、武术、古琴等优秀传统文化课程资源，指导实验学校开发中华优秀传统文化校本课程。形成了民间教育机构与官方教育机构的良好互动。

又如，2010年创办于北京的民间教育机构华鼎书院，与北京大学产业与文化研究所、北京师范大学和首都师范大学等学术机构合作，在弘扬传统文化、开发文化课程方面起到了重要作用。2016年年底，西城区少年宫养正国学书院与华鼎书院合作，举办了"北京市中小学生'九九消寒图'创意设计邀请赛"，两个书院的九位国学讲师走进了西城区30家中小学开展了冬至九九消寒图的创意设计国学讲座，一万多名学生现场聆听了冬至讲座，数万名学生通过学校转播系统参与了本次活动，传统节气文化和古人的生活智慧引起了同学们探索学习传统文化的浓厚兴趣。

民间教育机构的引入，往往能有效解决官方教育机构师资力量短缺，课程专业性差等突出问题，具有重要价值。但同时也要注意：目前部分民间传统文化教育机构没有抓住传统文化的精髓，反而在弘扬传统文化的旗号下宣传了一些封建糟粕。这也是教育界和社会科学理论界对民间传统文化教育质疑较多的地方，需要我们在实际工作中能有所鉴别、有所取舍。

习近平同志指出，"站立在960万平方公里的广袤土地上，吸吮着中华民族漫长奋斗积累的文化养分，拥有13亿中国人民聚合的磅礴之力，我们走自己的路，具有无比广阔的舞台，具有无比深厚的历史底蕴，具有无比强大的前进定力，中国人民应该有这个信心，每一个中国人都应该有这个信心。我们说要坚定中国特色社会主义道路自信、理论自信、制度自信，说到底是要坚定文化自信。文化自信是更基本、更深沉、更持久的力量。"（《全国哲学社会科学工作会议讲话》）优秀的传统文化，事关中华民族的血脉，是人民不可或缺的精神家园；中华文化独一无二的理念、智慧、气度、神韵，增添了中国人民和中华民族内心深处的自信和自豪。北京作为首善之区，传承发展中华传统文化不仅是时代需求使然，更是立足于千秋万代的责无旁贷的长远之计。

传承优秀传统文化，是一个漫长而复杂的过程，需要相当一个历史时期。

纵览世界史，一个民族的崛起或复兴，常常以民族文化的复兴和民族精神的崛起为先导。一个民族的衰落或覆灭，往往以民族文化的颓废和民族精神的萎靡为先兆。西方在14世纪开始了复苏希腊罗马文化的文艺复兴运动，16世纪出现了建立民族教会的宗教改革运动，17到18世纪展开以理性为核心的启蒙运动，之后才是资本主义政治制度在世界范围内确立以及给人类带来巨变的工业革命风起云涌。这一过程历经数百年之久。中国文化并没有出现断裂，数千年文化传承至今，故中国文化的复兴较西方而言自然顺畅的多，但这一历程也是长期性的。作为首善之区，北京势必要有长久的发展眼光，保证充足的人力物力资源，绝不能一时兴起、一窝蜂、三天热乎气，否则不可能完成这一历史任务。

传承优秀传统文化，是一个潜移默化的过程，需要渗透在社会的每一个角落。正如两办精神指出，围绕立德树人根本任务，遵循学生认知规律和教育教学规律，按照一体化、分学段、有序推进的原则，把中华优秀传统文化全方位融入思想道德教育、文化知识教育、艺术体育教育、社会实践教育各环节，贯穿于启蒙教育、基础教育、职业教育、高等教育、继续教育各领域。其中，青少年是传承优秀传统文化的中心环节，以幼儿、小学、中学教材为重点，构建中华文化课程和教材体系；推动高校开设中华优秀传统文化必修课，在哲学社会科学及相关学科专业和课程中增加中华优秀传统文化的内容。这样北京能够发挥优势资源，易于形成中国人应有的知识结构，在人生成长的各个环节中、生活中的方方面面渗透优秀的传统文化，树立国人应有的文化自信，奠定中华民族伟大复兴的深厚基础。

传承优秀传统文化，是一个去粗取精的过程，需要每个中国人批判继承、择善而取。传统文化体大思精，包罗万象，许多内容在古代显赫一时，但以后黯然失色；也有的内容古代不受重视，到后世焕发光彩，这是因为每个时代有各自不同的社会需求。我们势必要探寻经世致用的道理，生搬硬套古人的做法，无异于刻舟求剑、缘木求鱼，只有审时度势、批判继承才可能适应时代需求。"履不必同，期于适足；治不必同，期于利民。""制无美恶，期于适时；变无迟速，要在当可"，我们对传统文化同样是要采取拿来主义的态度，势必要以辩证唯物主义与历史唯物主义为指引，辨析形而上的"道"和形而下的"器"中哪些内容有现代价值，为时代所用。

传承优秀传统文化，是一个淡泊名利的过程，需要我们在闹市的喧嚣中和古人对话，传承过程中不断探索真理，总结规律。从事传统文化的传承工作，需要潜下心来,提高自己的人文修养,有甘心蹲书斋、坐冷板凳的精神。这样的工作不仅是从事者的良心,也是时代需求;社会重视它,我们要研究传承;反之我们同样要研究传承。这是事关民族良知的伟大职责,要多少年、多少代人平心静气、默默无闻,这样才能使优秀的祖国文化服务于中华民族伟大复兴的历史事业。

参考文献:

[1] 习近平:《习近平谈治国理政》,外文出版社2014年版。

[2] 顾友仁:《中国传统文化与思想政治教育的创新》,安徽大学出版社2011年版。

[3] 袁行霈等:《中华文明史》,北京大学出版社2006年版。

[4] 邓球柏:《中国传统文化与思想政治教育》,首都师范大学出版社1999年版。

[5] 孙兰英:《文化共存论》,吉林人民出版社2003年版。

[6] 欧阳康:《全球化时代的文化悖论与文化心态——21世纪中华文化的战略选择》,《学术月刊》,2009年9月。

(作者为北京师范大学历史学院讲师)

四、推进供给侧改革　满足人民美好生活需要

贾　澎

【摘　要】从供给侧改革入手,解决当前城市文化发展中的困境,可提高城市文化供给效能,提升城市文化的质量和层次,进而促进城市文化可持续发展,使整个城市政治、经济、文化、社会、生态"五位一体"全面协调发展。具体来说,要发展城市文化规划;完善文化体制改革,形成文化发展内生机制;促进文化与科技融合;提升文化产业区域集聚效应,形成城市文化经济增长极;建立更加完善的文化培育机制。

【关键词】城市文化；供给侧改革；可持续发展

在城市化进程高速推进的历史形势下,城市文化建设对整个政治、经济、文化、社会、生态"五位一体"全面协调发展的作用已不言而喻。当前我国经济发展进入新常态,一系列新的矛盾和问题应运而生,城市文化发展也不可避免地面临着结构性失衡,文化的供给与需求之间存在的错位现象成为城市文化发展中最突出的问题之一。供给侧改革的核心是通过供给结构的调整引导并推动需求结构的升级,强调城市文化发展从注重短期、局部发展向注重可持续发展、提升文化发展的质量与效益转变,并形成开放的城市文化空间,更好地激发人们创新、创业的潜能,为实现城市文化建设可持续发展提供新动力和有效路径。

一、城市文化发展中的供需困境

供给侧与需求侧相辅相成,是一枚硬币的两面、矛盾的共同体。城市化过程中不可避免地会遇到文化自身发展特性与经济社会发展是否协调的问题,以及文化自身发展是否适应市民文化意识的觉醒和文化需求的提高等需求错位现象,这其中所蕴含的矛盾关系,是城市文化建设中需要解决的文化自身所面临的典型问题,既是供给侧问题,也是需求侧问题,即供给侧供给不足,需求侧存在缺口,其背后隐含着深刻的结构性矛盾和城市治理的缺位。

(一)资源布局不均

虽然经过三十多年的改革开放,整个社会政治、经济、文化、社会和生态的发展取得了长足的进步,但是一个不争的事实是,当前文化的发展仍落后于经济的发展,呈现出一种深刻的结构性矛盾。因此在文化建设领域总会出现文化建设滞后于经济建设,文化发展的成果不能很好地满足人民群众日益增长的文化需要。城市的存在是为了让人们生活的更好,因此城市文化建设首先是为了满足人们的基本文化需要。这种最基础的文化需要,包括市民接受基础教育的需要、开展基本文化活动的需要、享受公共文化的需要。从政府的角度来说,体现为对市民基本文化权益的保障体系(如义务教育、知识产权保护等)和公共文化服务体系。随着经济发展水平的提高和对文化的重视程度不断加深,有更充足的人力、物力投入到满足人们基本文化需要的事业中,人们的基本文化需要得到越来越好的满足,除了保障市民基本的受教育权利,城市中公共文化服务设施和服务的条件也得到了明显的改善。但是,基本文化保障的提高与市民的文化需要相比还存在一定的滞后性,尚不能与市民的需要完全匹配,如文化投入和文化资源的布局不均衡、利用不充分,公共文化服务半径不能满足市民需要等等。

(二)资源供给不足

城市文化建设的目的是为市民提供丰富而优质的文化服务和文化产品,让市民充分享受文化的成果。但对于那些文化优势不明显的城市或区域,文化资源的充分整合显得尤为关键。此外,政府引导不等同于政府包办,当前存在的政府错位管理、行政管理过多、行政多头管理的现状,使有限的文化资源因为管理方式的局限性和管理权属的分散而产生浪费、闲置、短缺现象,弱化了文化资源的供给。因此,城市文化的供给受到约束,没有得到有效整合,合作效果不明显，城市文化资源未能实现最有效供给。

（三）政策供给不足

城市文化的发展必然离不开文化政策的支撑。随着城市化进程的发展，文化建设对整个社会进步的重要带动作用已成为社会共识，从国家层面整个社会进入新常态论断的提出、转变经济增长方式、重视生态保护和文化强国战略，到省、市等地方层面的政策落实，应该说城市文化建设已具有比较好的文化理念基础作为支撑。但在具体的实践中，还需进一步将这些政策细化，结合各城市的文化发展优势、劣势，因地制宜，形成更为完善的城市文化政策和理念。当前城市文化建设中，普遍存在着缺少科学合理文化规划的现象，文化政策供给不足。

（四）制度供给不足

自改革开放以来，我国文化体制改革一直滞后于经济体制改革。2003年之前，基本上中国的文化产业完全处在计划经济体制的管辖下，其运作模式主要依靠政府的经营管理和包办，这使得我国的文化产业发展严重滞后于我国的经济发展。之后，文化体制的改革经历了试点阶段（2003年-2005年）和推广阶段（2006年-2009年）和发展阶段（2010年-今）。文化体制改革不彻底、滞后，且存在短视现象，必然导致文化制度的不完善、供给不足，更造成文化发展活力不够。

（五）人才供给不足

在城市文化建设的人才体系中，无论是社区文化人才还是公共文化服务人才，都存在人员不充足的问题。文化建设离不开文化人才，尤其是体现中国特色社会主义优越性的文化建设旨在为最广大人民群众服务，因此更加注重文化建设的普惠性和基层文化建设。文化人才供给不充足，归根结底还是人才培养和输送渠道不够畅通，以及对这些基层文化人才缺少有吸引力的激励机制。

（六）需求侧缺位

从全国范围来看，大中型城市由于具有经济发达和人口众多的优势，可以吸引到更多的文化资源，市民可以比较便利地参与和欣赏到丰富的文化艺术活动，文化需求可以获得比较好的满足；而小城市市民获得文化需求满足和文化素养提升的机会就相对少很多。再者，无论大中小城市，当前都普遍存在炫耀性消费、去高雅性消费和负面导向的超前性消费，以及城市新移民群体中出现的快捷式消费现象，究其自身原因，在于市民文化品位不高、精神或情感空虚、缺少精神凝聚力和人文关怀，文化需求层次较低且不能得到很好的文化滋养。此外，城市中新兴的群体——新移民，以及城市弱势群体，相对来讲，或者缺乏情感上的归属感和精神上的凝聚力，或者文化程度偏低、文化品位不高，都造成文化需求的缺位。

二、城市文化建设供给侧改革的意义

以供给侧改革为契机，调整城市文化供给结构，优化城市文化供给的生态系统，以提高文化供给效能，提升城市文化的质量和层次，进而使整个城市政治、经济、社会、生态协同高度发展。可以说，供给侧改革对提升城市文化建设具有积极而深远的意义。

（一）推进城市文化建设可持续发展

供给侧改革从源头抓起，从城市文化制度变革、文化资源布局优化、文化产品、文化服务升级等根本性要素和可持续动力出发，以实现城市文化发展转型升级。随着我国城市化进程的飞速推进，城市文化建设已成为一项长期、紧迫的任务，供给侧改革能促使城市文化建设从注重局部建设、短期效益向注重可持续发展、提高发展的质量与效益转变，在对城市文化供给侧的优化中，以高效的文化制度供给、文化产品供给和文化服务供给，最大限度地开放文化空间，激发城市微观主体创新、创造的潜能，更好地构建城市文化长期健康发展的新动力，实现城市文化可持续发展。

（二）优化城市文化资源布局

当前城市中的文化资源存在着布局不合理的情况，究其根源，是没有在根本上把握好文化供给与文化需求之间的关系。而城市文化建设的供给侧改革，强调优化供给，这就必然涉及最大的城市文化供给方——政府与市场——的关系问题。最大限度地提高有效供给，就要处理好市场与政府的关系。既要发挥好政府的调控引导作用，又要简政放权；既要发挥好市场在资源配置中的决定性作用，又要抑制过度市场化在文化领域可能产生的弊端。在这种相互制约、相互促进的机制之下，城市文化建设的供给侧改革立足于市场需求，同时发挥政府的调控作用，必将促进城市文化资源布局的优化，更好地扩大文化产品和文化服务的有效供给。

（三）解决城市文化供需错位，更好地满足市民文化需求

当前城市文化供需错位体现为城市文化不能完全适应和满足市民的文化需求。由于城市化进程的高速推进、新移民的大量涌入，市民的文化需求呈现出

多层次、多样化的特点，精英文化与大众文化、土著文化与外来文化并存。城市文化建设通过供给侧改革，立足于市民丰富的文化需求，优化并提高城市文化有效供给，必然促进文化需求与文化供给紧密对接，解决文化的供需错位，更好地满足市民文化需求。与此同时，通过有效的文化供给，引领市民的文化风尚，提升市民文化需求的品位，更好地维护并践行社会主义核心价值观。

三、城市文化建设供给侧改革的路径

我国的城市文化建设供给侧改革应在政治、经济、文化、社会、生态"五位一体"全面协调发展的整体布局下，坚持双效统一、创新驱动、优化供给、需求升级的基本原则。具体改革路径可体现为：

（一）发展城市文化规划

由文化行政向文化规划转变，实现城市文化政策有效供给。事实证明，曾经那种倚重经济指标的城市发展战略忽视了文化对城市发展的潜在作用，已不能满足新形势下城市可持续发展的要求。而与此相对应的文化行政，本质上是以城市经济发展为终极目标，将文化活动看做促进城市发展的手段；换言之，城市文化行政以经济指标衡量城市文化建设，以经济发展为重心干预文化发展。文化规划是伴随城市可持续发展对文化的依赖性增强应运而生，着眼于经济社会整体发展，系统地整合地区文化资源和文化活动，以跨部门合作的方式协调政府各相关部门对城市文化资源和文化活动进行统一评估和规划，形成以文化为中心，统筹经济社会可持续发展的政策和行动计划。具体来说，文化规划可实现城市在物质与观念两种形态上的协调与塑造，促进文化硬环境与软环境的建设，并以此促进城市社区的良性发展[1]，同时可通过城市文化提升城市居民的生活质量、形成城市归属感与凝聚力[2]。美国的一份《宜居社区合作伙伴组织报告》中更将文化规划具体细化为四个方面，即人文发展（如通过教育提高城市居民解决问题的能力等）、经济发展（如利用城市文化资源创造就业机会等）、环境发展（如利用文化提高居民生活质量等）、社会发展（如将文化

---

[1] 黄鹤：《西方国家文化规划简介：运用文化资源的城市发展途径》，《国外城市规划》2005年第1期。

[2] 单霁翔：《从"功能城市"走向"文化城市"》，天津大学出版社2007年版，第9页。

视为社区建设的资源等）①。总之，在文化规划的指导下，城市的文化竞争力和文化创造力增强，使某所城市不可被完全复制的文化特质（即那些诸如城市历史习俗、归属感、社会活动方式、主体文化感受等无形的文化因素）为城市发展注入活力、形成该城市独一无二的文化标签、营造出能够满足城市居民"文化宜居"要求的城市氛围。制定合理的城市文化规划应注意三个方面：一是文化消费与文化生产的平衡。完全偏重文化消费将不能使城市健康均衡地发展，应支持经济附加值高的文化创意产业、文化生产的发展，同时注重深挖文化消费的内涵、提高文化消费的水平。二是文化发展的普惠性、提高市民参与度。有研究表明，提高市民的文化参与度在提升城市和谐发展方面成效显著，不仅可以提高市民归属感、社区认同感，更能改善城市生活环境、提高就业、增进健康。② 三是机会的均等性，优化文化资源的空间布局，提高文化资源利用效能，让文化资源最大程度实现合理分配与共享、让文化真正服务于民生。

（二）完善文化体制改革，形成文化发展内生机制

文化体制改革，从宏观上来说，是全面深化改革、建立经济社会发展新常态的需要和应对全球化竞争的需要；从微观上来说，是解决当前我国文化发展所面临的一系列重大问题的需要。改革开放以来，我国在文化建设上取得了巨大成就，但与飞速发展的经济建设相比，文化建设的水平与人民群众的需求和期待相比还存在一定的差距，束缚文化建设的深层次问题和矛盾没有得到根本性解决，只有进一步加快推进和完善文化体制改革，切实解决束缚文化发展的突出矛盾，才能扭转当前文化发展水平与经济社会发展水平和人民的文化需求不相称的状况。首先，要提高文化产业技术效率，形成文化生产的内生机制，积极探索文化产业发展的创新模式。有研究表明，深化文化体制改革的着力点在于提高文化产业技术效率。③ 提高文化产业的技术效率，是使文化生产保持活力的动力源泉，长此以往将可以形成文化生产的内生机制，进而成为文化发展的内部保障。其次，要进一步加强和完善公共文化服务体系建设，提高公共文化服务效能。要从公共文化服务和公共文化设施建设两方面入手，将公共文

---

① Partners for Livable Communities, Culture Builds Communities (Washington).

② Franco Bianchini, Cultural Planning: an innovative approach to urban development, (Verwijnen and Lehtovuori, 1996), 25.

③ 郑世林，葛君沂：《文化体制改革与文化产业全要素生产率增长》，《中国软科学》2012年第10期。

化服务的内容进行精细化研究，结合实际与群众需求进行有效对接，在公共文化设施的布局和建设上进行科学规划，使其分布更加合理、均衡。再次，将政府职能由管理向治理转变。当前的政府实际职能与文化建设本身发展所需的政府角色定位存在越位、缺位、错位的现象。随着改革开放进入深水区的历史阶段到来，我国的文化体制创新势在必行，其核心是遵从文化自身发展的规律和市场规律，实现政府简政放权。最后，坚持实施"文化走出去"战略，在文化领域争取更多的国际话语权。在文化的国际话语权方面，欧美发达国家，以及日本、韩国都成为文化输出大国。我国虽然是经济大国，却在文化输出和影响力方面与大国身份不相匹配，在文化的影响力上并未取得应有的国际地位。在国际文化交往中，往往越是民族的，越具有吸引力，也就越为世界认可。要充分利用现代传播工具、搭建传播平台，构建起通畅的"中华文化走出去"的传播体系，支持具有民族文化与精神内涵的文化成果走向世界、打造具有民族特色及国际竞争力的文化团队（演出团体、文化企业等）。

（三）促进文化与科技融合

在文化产业领域，有数据显示，2013年我国文化科技产业的总产值约达到8500亿元，占文化产业总产值约40%，增长速度超过三成，远高于整个文化产业的增长水平，成为推动文化产业发展的第一动力，对经济社会发展的推动作用亦十分凸显。在公共文化服务领域，文化与科技的加速融合，催生了科技研发能力向文化工具创新的转化，从而使公共文化服务的效能明显提升。[①]可以说，文化的发展与科技进步相辅相成，文化与科技融合发展是当前建设中国特色社会主义文化的重要途径，应积极促进文化与科技的融合发展。具体来说，一是加强顶层设计、出台配套政策，形成激励、保障机制。要将文化与科技融合及其对文化创新的推动作用提升到国家文化发展战略的高度给予顶层设计、中长期规划，出台并落实具有明确针对性的文化与科技融合配套政策，对文化科技企业的资质准入、税收政策、融资渠道和相关人才的生活保障给予政策倾斜。二是确立市场规则，维护公平，保护知识产权。文化与科技融合型

---

① "2011年挂牌成立的中科院常州研究中心，在文化科技融合实践数字与艺术融合技术研究中心，在文化科技融合实践中，已取得CG公共服务平台、3D特效自动生成、微型传感器人体运动捕获、人物表情捕捉和编辑关键技术等相关技术突破，这些突破为视觉工业以及进一步的文化原创技术的脱颖而出，开辟了超越传统观念的存在空间与价值形态。"见中华人民共和国文化部调研组：《"文化科技对文化创新驱动力"调研报告》，《艺术百家》2013年第5期。

企业处在文化产业发展的前沿,具有前瞻性和探索性,在相当大程度面临风险。因此,确立其市场规则意义重大,应建立并维护规范的、公平的市场准则,充分发挥市场的检验、调控和资源优化配置作用。[1]三是正确认识并利用发展迅猛的新媒体技术,促进文化与科技的融合。近年来,新媒体技术的高速发展与广泛运用,使文化与科技的融合成为必然,也使人类历史进入了新媒体时代,应充分把握和利用好这一历史契机,提高文化与科技融合发展的水平。四是提高融合与创新能力,搭建产、学、研、服务综合平台,打造产业链。要防止出现文化与科技脱钩的现象,为了促进成果转化、提高创新服务水平,还应加快建立文化科技中介服务体系。

(四)提升文化产业区域集聚效应,形成城市文化经济增长极

"集聚效应"原是经济学的概念,用来研究产业集聚、城市集聚和区域集聚问题。"集聚"(Agglomeration)实质上是一种相互依赖的集聚力与扩散力所形成的合力,这一概念因由城市集群和都市圈的逐渐发展而不断丰富其内涵。现在通常所认为的"集聚"是1990s以克鲁格曼(Krugman)为代表的新经济地理学家提出的"报酬递增、运输成本、要素流动等因素之间相互作用而产生的向心力导致两个或几个地区演变成'核心-外围'的集聚模式"[2]。随着城市化的发展,文化在城市经济社会发展中的影响力毋庸置疑,文化经济在城市经济总量中所占的比重约来越大、增长速度高于其他行业。因此,文化产业的区域集聚效应已逐渐成为城市经济的新增长极。如何提升城市文化产业集聚效应,培育高质量的文化产业园区,首先,要把握好人力资本素质,推动文化产业技术创新。人力资本的素质和技术创新的水平决定了区域集聚的程度。其次,要在区域内建立功能互补的竞合机制,避免产业同构化或同质化竞争、以及对资源的重复性浪费。一般来看,区域集聚的同时常会导致产业的同构化,以长三角和珠三角地区为例,2002年,上海和浙江的产业同构系数是0.7,江苏和浙江的产业同构系数是0.91;2007年,深圳、东莞、惠州的产业同构系数达到0.88,珠海、中山、江门的产业同构系数则为0.72。[3]可见,若没有足够的多样

---

[1] "2013年,业界自发开展的一系列网络维权行动已经取得初步成效,产生了一定影响,主管部门应该及时跟进,与民间维权组织相互配合。"见李凤亮、谢仁敏:《文化科技融合:现状·业态·路径》,《福建论坛·人文社会科学版》2014年第12期。

[2] Fujita, M., P. R. Krugman, and A. J. Venables, The Spatial Economy: Cites, Regions and International Trade (Cambridge: The MIT Press, 1999).

[3] 数据来源:广东省统计信息网、上海统计网和浙江统计局网站。

化技术进步支撑，很容易使区域内或区域间形成重复建设。最后，要明确招商引资的目标，充分发挥外商投资的外溢效应。在理论上，外商直接投资（FDI）作为推动区域集聚的外部干扰力，对该区域扩大物质资本积累和人才技术转移具有重要作用。但是，当外商投资的流入动因并未指向高水平人力资本与技术创新，而是指向廉价劳动力等低技术含量的因素时，FDI将无法成为推动区域集聚的正能量。因此，从外商直接投资这一维度来看，若要提高文化产业的区域集聚效应，在有条件的地区，如北京、上海等发达城市，应在引进外资时进行过滤，倾向于高知本、高技术含量动因流向的外商；在不具备人才聚集、产业高端等条件的地区，或外商直接投资仅趋向低廉的成本而对人才和技术的作用不突显的情况下，要突出区域互联（即区域内文化企业有效整合）的优势吸引大型跨国资本，通过并购等方式与之充分结合，利用其投资规模大、产业层次高的优势，促进区域内文化产业的升级和技术进步。

（五）建立更加完善的文化培育机制

虽然文化"化育"万物是"润物细无声"的方式，却可对城市文化状态和发展产生极深远的影响，良好的文化培育机制不仅可以提升城市文化的有效供给，还可以提升城市文化需求的层次。因此建立一个良好的、更加完善的文化培育方式尤为重要。在城市层面，城市的文化景观体现在城市的街道、建筑、基本设施等人工建造物中。作为城市文明实体的文化景观为人类文明的发展提供了必要的条件。形成城市层面的文化培育机制就是要从制度上确立好保护和塑造城市文化景观的原则。坚持传统文化习俗及遗产保护与城市文化绿色发展并举，将建设有"文化感"的城市纳入政府绩效考核内容，带动整个城市社会对文化的保护意识。在市民层面，形成思想教育和舆论宣传引导，提高市民的重视程度，将对文化的重视贯彻于幼儿教育、学校教育、社区及街道工作等，提高公共文化和文化产业的供给效能，让市民参与、享受文化发展的成果。在人才层面，多措并举创新城市文化人才队伍建设。改革选人聘用考试内容和方式，通过多重渠道为基层配备文化人才，对现有文化从业人员进行人力资源优化组合、岗位培训，建立工作规范和从业资格认证制度，鼓励和发展植根于生活、活跃于基层的各类民间文化力量。

（作者为北京市社会科学院助理研究员）

五、立足"首善"地位　发挥北京文化辐射功能

曹得宝

【摘　要】 当前北京正处于加强全国文化中心建设的关键时期，制定并实施相应对策以促使首都北京的文化辐射功能得以更好发挥就显得极为重要。在本文中，笔者论述了提升城市文化辐射功能的内涵，并结合伦敦和东京这两大世界主要文化城市的经验来谈一谈其政策对首都北京的启示。进而，笔者从坚定北京文化辐射功能发挥的制度保障，强化北京文化辐射功能发挥的辐射源，拓宽北京文化辐射功能发挥的辐射渠道，延伸北京文化辐射功能发挥的辐射腹地这四个方面论述了更好发挥首都文化辐射功能的具体对策。

【关键词】 北京；文化辐射功能；发挥；对策

在当今世界经济社会大发展的前提下，国家和城市之间的文化竞争日趋激烈，就当前城市文化竞争形成的格局而言，当今世界既有像伦敦这样历史悠久的传统文化城市持续发挥着其强有力的文化辐射力，也有像东京这样具有独特文化品牌的城市不断发挥着其别具一格的文化辐射力，这些城市的文化辐射力不仅涵盖了本国国界的范围，而且也对全球城市的文化格局形成了重要的影响。

就我国而言，十八大以来党中央多次就全面深化文化体制改革、推动文化大发展大繁荣、建设社会主义文化强国做出重要战略部署。作为全国的"首善之区"，中央对于首都北京的文化发展给予了特殊的重视，2014年2月，习近平总书记在视察北京时进一步强调了北京全国文化中心的定位。2016年6月3日，北京市人民政府正式颁布了《北京市"十三五"时期加强全国文化中心建

设规划》（以下简称《规划》），这是北京市首次将加强全国文化中心建设列为市级重点专项规划，加强首都全国文化中心建设，是落实首都城市战略定位、加快建设国际一流和谐宜居之都、推动社会主义文化大发展大繁荣的重大战略举措，《规划》的颁布对于积极推动首都文化改革发展，为北京建设国际一流的和谐之都提供了强有力的文化支撑。

在北京市建设全国文化中心的过程中，提升首都北京的文化辐射力占有重要的地位，城市文化辐射力内聚城市文化发展的水平和特性，外显城市文化战略和文化发展的规划措施，是城市文化软实力的重要组成部分。对于首都北京而言，提升其文化辐射功能就是进一步释放城市生产力、打造城市驱动力、扩大城市影响力、增强城市竞争力，在具体措施方面，则需要在借鉴世界主要文化城市成功经验的基础之上，不断坚定北京文化辐射功能发挥的制度保障、强化北京文化辐射功能发挥的辐射源、拓宽北京文化辐射功能发挥的辐射渠道以及延伸北京文化辐射功能发挥的辐射腹地。

一、提升城市文化辐射功能的内涵

讨论如何更好发挥首都文化辐射功能的问题，首先就要明确提升城市文化辐射功能的内涵，只有在内涵认知方面明确了提升文化辐射功能对一座城市的重要意义，才能有针对性地提出对策方法。

首先，提升城市文化辐射功能就是进一步解放城市生产力。文化虽然是无形的，但是无形的文化不仅是政府需要谋划的事业，也是需要大力发展的产业，文化的无形的影响力中蕴含着丰富的有形的生产力，文化是推动现代社会生产力大发展的重要力量。发展文化生产力的最终目的就是要不断满足人民群众日益增长的精神文化需求，不仅要让文化产业"落地生根"，更要让文化产业在人民群众中"开花结果"，而这一过程就需要不断提升文化辐射功能，将优秀的文化传播出去，并进一步推动社会生产力的发展。

其次，提升城市文化辐射功能就是进一步打造城市驱动力。文化代表着一个城市的生产力和凝聚力，同时也是促进一个城市在经济和社会发展方面的驱动力。文化就像是一个城市发展的发动机，文化越发繁荣，城市发展的动力也就更加强劲，在最近几年，很多城市的文化产业增长速度超过本地的国民经济增长速度，这一现象也体现了文化产业作为城市经济社会发展的朝阳产业已经崛起。在文化大发展大繁荣的前提下，文化辐射范围越广、效果越显著，城市发展的动力就越能够得到持续不断的保障。

再次，提升城市文化辐射功能就是进一步扩大城市影响力。文化辐射的重要性就在于能够在文化传播的过程中总结提炼城市的内涵和精神，塑造城市形象，对外提升城市知名度，扩大城市的影响力。因此，城市影响力是衡量城市文化辐射效果的重要因素，城市文化的辐射源是否有力、辐射渠道是否多元、辐射腹地是否宽广直接影响着城市辐射效果的发挥。以2008年北京奥运会和2010年上海世博会为例，这两大国际性盛会的召开向世界宣传了北京和上海的丰富多元的城市文化，更是让世界领会了中华文化的灿烂多彩，这两大国际盛会在全世界范围内极大地扩大了北京和上海的城市影响力，堪称我国城市文化对外辐射的里程碑。

最后，提升城市文化辐射功能就是进一步增强城市竞争力。衡量一座城市的综合实力需要考虑该城市的经济发展状况、管理水平、创新能力、生态环境和文化实力等等，在这其中，一座城市文化辐射功能直接体现着该城市的文化实力。只有抢占了促进城市文化辐射功能发挥的高地，才能在城市之间的激烈竞争中占据文化方面的先机。另外，时日今日，促进城市文化辐射功能的发挥有利于进一步做大文化产业，将文化产业打造成城市综合实力发展的新的增长点。以北京惠民文化消费季为例，北京惠民文化消费季自2013年至今已经举办了五届，在活动过程中，不仅培育了一批文化消费精品，打造了一批文化消费新地标，更以政府财政补贴的形式激发了民众参与文化活动、欣赏文化演出的热情，活动至今累计消费人次达1.91亿人次，累计消费金额达400多亿元[①]，不仅极大地提升了北京文化辐射功能，更是为北京城市综合实力的提升带来了显著的效果。

二、世界主要文化城市文化辐射功能的发挥及其对首都北京的启示

（一）伦敦文化辐射功能的发挥

伦敦是英国的首都，作为世界闻名的文化城市，伦敦在数百年来一直站在世界文化发展的潮头，早在1990年，英国政府就着手讨论和制定跨世纪的文化

---

① 张漫子：《第五届北京惠民文化消费季开幕》，北京：新华网北京频道2017年7月18日，http://www.bj.xinhuanet.com/bjyw/2017-07/18/c_1121335901.htm

产业发展战略，并在1993年发布了题为《创造性的未来》的文化政策文件，伦敦在发挥城市文化辐射功能上的具体机制主要体现在以下几个方面：

1. 伦敦具有前瞻性很强的城市文化发展战略

在2000年，伦敦市政府颁布《伦敦计划》，明确提出要把伦敦建设成为"文化多样性的世界创意都市"，在2003年，时任大伦敦市长利文斯通颁布了名为《伦敦：文化资本》的市长文化战略纲要，并从多样性、卓越性、创造性、参与性和价值性五个方面提出了具体的规划。2008年，伦敦颁布了《文化大都市——伦敦市长2009—2012年的文化重点》，从12个方面对未来伦敦的文化发展做了详尽的规划。2010年，大伦敦市颁布《文化大都市区——大伦敦市长的文化战略：2012年及以后》，在该战略文件中，伦敦市政府提出要实施"文化奥林匹克计划"，在提升区域文化机构建设、发展文化产业方面提出了具体的对策。

2. 伦敦具有发达的文化创意产业

伦敦是举世闻名的文化创意产业之都，据2010年的数据显示，伦敦文化创意产业提供了多达65万多个工作岗位，带来的经济效益近200亿英镑[①]。伦敦在传媒、艺术、广告等领域有着在全球享有盛誉的重要企业，众多世界级媒体机构如《泰晤士报》、《卫报》、英国广播公司等都坐落于伦敦，三分之二的国际广告公司的总部、英国三分之一的表演艺术公司和设计公司都设在伦敦，为伦敦文化辐射功能的发挥提供了源源不竭的动力。

3. 伦敦注重拓展文化国际交流与合作的空间

从2003年起，伦敦发展署发起的伦敦设计节就一直吸引着全球的目光，至今已连续举办了十三届，在2016年的第十三届伦敦设计节上，组委会共举办了240余场文化活动，现如今的伦敦设计节已经成为国际顶级的文化创意类活动，引领着国际设计潮流的发展。同时，伦敦从2002年开始举办的创意集群国际年会也成为彰显全球文化发展导向的国际性盛会。

（二）东京文化辐射功能的发挥

东京是日本的首都，也是日本的经济和文化中心，作为东方社会世界文化城市的重要代表，东京有着发达的文化产业、完善的公共文化服务体系和"动漫之都"的世界文化品牌。

1. 东京具有实力发达的文化产业

早在1994年东京政府颁布的《东京都国际化政策推进大纲》中，东京就提

[①] 刘瑾：《首都文化竞争力研究》，中国社会科学出版社2015年版，第39页。

出要利用文化产业提升东京的城市文化功能和文化魅力，在2006年颁布的《东京都文化振兴指针》中，东京政府提出要将东京建设成为"产生创造性文化的城市"。在这些城市发展战略的引领下，根据日本《数据内容白皮书2010》的统计，2010年全球文化创意产业总产值约为130兆日元，其中日本约为13兆日元，占全球总产值的十分之一，而作为日本文化中心的东京更是起着示范作用。东京国际电影节在全球范围内有着广泛的影响力；东京的《读卖新闻》、《朝日新闻》和《每日新闻》日销售量位居世界前列；东京的日本放送协会即NHK更是可与CNN和BBC相媲美的国际性传播机构，这些文化产业都对东京文化辐射功能的发挥起着重要的作用。

2. 东京具有完善的公共文化服务体系

东京有着高水平的文化设施、文化活动和文化服务，这些都彰显着东京作为国际大都市的文化实力。具体说来，东京有着近400家公立图书馆、3600多座公园和众多博物馆、艺术馆，东京的迪士尼乐园每年就能吸引1000多万人次的观光者；东京还聚集着全国最核心的教育资源，全日本超过三分之一以上的大学坐落于东京，如东京大学、早稻田大学等国际知名高等学府；另外，东京市政府对于城市文化活动的管理相当重视，先后成立了东京文化振兴会、东京都国际和平文化交流基金等机构来为东京的文化活动提供资助和引导。

3. 东京有着"动漫之都"的国际文化品牌

日本的动漫及衍生产品在国际上享有很高的知名度，日本政府也一直致力于通过发展动漫类产业来向世界传播其文化理念，据2007年的数据显示，当时日本的动漫产业就已经占据了全球动漫市场份额的六成以上。而根据东京都产业劳动局的资料显示，东京的动漫企业占日本动漫企业总数的五分之四，堪称名副其实的国际动漫之都。东京对于动漫产业的发展也给予了极大的扶持，2001年，东京发布的《东京观光产业振兴计划》中就把动漫卡通产业列为其重点发展的地方产业，从2002年起东京政府每年都举办的"东京国际卡通展览会"更是吸引着全球动漫爱好者的光顾。"哆啦A梦"和"Hello Kitty"等卡通形象深入人心，在全球广受欢迎，并被确定为日本政府的"旅游形象大使"。动漫产业的迅猛发展已经成为东京的一种独具特色的城市文化名片，对于东京城市文化辐射功能的发挥有着重要的促进作用。

三、坚定北京文化辐射功能发挥的制度保障

通过分析世界主要文化城市充分发挥文化辐射力的方法与经验可以看出，政府的政策制定与施行对于该地文化辐射力的发挥有着重要的影响。首都北京要想充分发挥文化辐射力，就应当进一步强化文化发展的政策保障力度，同时深化文化体制机制创新。

（一）强化文化发展的政策保障力度

1. 强化政府政策对文化辐射功能发挥的引导

北京市在近几年出台了诸多有关全国文化中心建设和文化产业规划方面的政策性文件，取得了卓越的成效，促进了北京文化产业的发展，并推动了北京文化辐射功能的发挥。但我们也不能否认北京在上述问题的某些方面仍存在着引导不够、配套政策不足等现象。比如北京的知识产权法律体系方面还存在着部分漏洞，不利于保护企业在文化创意方面的自主知识产权，又如和蓬勃发展的文化相关产业相比，北京市在专业的文化管理和文化经纪人才方面存在着一定的缺口，这些都制约着北京文化辐射功能的发挥。

这也就要求北京市各级政府充分发挥产业引导的职能，不断关注和研究北京文化产业和文化辐射功能发挥过程中出现的新问题，进一步完善相关政策和规划。同时要充分利用先进的信息技术等手段，针对文化创意成果转化等关键环节，通过不同区域和部门合作的方法联手打击侵犯文化类知识产权的行为，营造全社会尊重文化类知识产权的良好氛围。同时，要通过相关政策上的引导与鼓励，支持高校和科研院所培养文化产业管理和文化创意方面的专业人才，为北京市文化辐射功能的发挥提供人才支撑。

2. 通过金融等手段为文化辐射功能的发挥提供资金支持

文化辐射功能的发挥离不开文化产业的发展，而文化产业作为一种经济行业，其发展壮大就离不开资金的支持，同时，文化辐射渠道的深入，文化辐射腹地的拓宽也都离不开资金的支持。如北京应为处于初创期的中小型文化企业提供贷款和补贴等方面的资金支持，促使初创期的中小企业顺利成长壮大，减轻其融资压力。另外，北京市也应当积极运用财政、税收等手段，引导社会资本进入文化产业，同时积极为文化产业企业和金融机构之间搭建良好的沟通渠道，使得文化产业企业能够更加便利地与金融机构展开合作。

（二）深化文化体制机制创新

1. 创新文化宏观管理体制

近几年北京市在文化管理体制改革方面取得了可喜的成绩，不同区县和不同领导部门都在文化产业规划、政策扶持上有了长足的进步。然而北京市在文化管理体制方面仍有诸多滞后的环节，如政府内各部门在文化产业促进与文化辐射功能发挥方面的职能还不够明确，市级政府和各区县政府之间在文化管理的衔接上不够顺畅，影响了工作效率的进一步发挥。这也就要求北京市政府积极转变政府职能，改善原有的各部门分散作业、分头管理的体制，在理顺不同部门的具体职责的前提下集中管理和调配文化资源，提升工作效率。另外，北京应建立跨部门的文化管理信息交流平台，使得文化市场信息能够得到进一步共享。

2. 健全现代文化市场体系

北京市政府在进行文化管理时没有对市场这一主体引起足够的重视，对市属国有文化单位关注较多，对非公有制文化类企业则了解不够深入，没有使各种形式的文化单位实现良好的资源共享与融合。在这样的前提下，北京应进一步放宽文化产业市场的准入门槛，吸引更多的非公有制经济成分进入文化行业，促进文化行业主体多元化格局的形成。同时要健全文化类产品的评价体系，根据市场的发展不断调整和完善相关评奖制度，促进更多文化精品的涌现和发展。

四、强化北京文化辐射功能发挥的辐射源

若要充分发挥北京市的文化辐射功能，就必须不断强化北京文化辐射功能的辐射源，在这其中，北京市各级政府不但要完善面向大众和服务大众的公共文化服务体系，更要积极推动北京市文化产业的迅速发展，这些都是促进北京文化辐射功能发挥的源头性力量。同时，北京作为有着悠久历史的文化古城，其历史文化资源在全国乃至全世界都别具特色，因此如何合理利用和发挥北京市丰富的历史文化资源来提炼城市文化内核并将其转变为现代城市文化资本就有着重要的意义。

（一）完善公共文化服务体系

公共文化服务作为政府公共部门为满足人民不断增长的文化需求而提供的服务，具有鲜明的社会性和公益性的特征。发达的公共文化服务可以通过公共

博物馆服务、社区性文化活动、公共文化空间等体系来提升城市的文化气息，为城市文化辐射功能的发挥提供深厚的土壤。发达的公共文化服务还可以塑造和提升城市的整体文化形象，公共文化服务发达的城市以其不可或缺的城市文化景观和设施构成了城市鲜明的个性，彰显着城市富有活力的文化氛围，这些景观和设施就是城市文化辐射功能发挥的重要辐射源，在扩大城市文化影响力方面意义重大。以美国重要的文化城市华盛顿特区为例，华盛顿特区拥有一批高品质的博物馆和艺术馆，如美国国家历史博物馆、美国国家美术馆、美国国家自然与历史博物馆等等，是美国著名的"历史与博物馆之城"，这些博物馆和艺术馆以其丰富的藏品和精美的布展吸引着来自全世界各地的游客，并源源不断地向全世界的人们辐射和传播着美国的历史文化与价值观念。

1. 加快北京公共文化服务设施和网络体系建设

博物馆和图书馆等公共文化场馆在公共文化服务体系中占据着重要的位置，但北京在博物馆和图书馆等公共文化设施上的建设水平与其经济发展水平以及全国文化中心的地位并不相称，以2010年的数据来看，当时北京市公共藏书量为4000多万册，而上海已达6000多万册。[①]2011年，北京市各大博物馆的人均参观次数为134人次/千人，同时期的上海为178人次/千人，而江苏更是高达400人次/千人。这也就意味着北京在加快公共文化服务设施建设上要对自己提高要求，正视全国其他省份和世界知名文化城市所带来的挑战，进一步完全公共文化服务设施，强化设施建设中的薄弱领域。

2. 塑造北京公共文化服务的品牌特色

论及公共文化服务不仅仅是上述提到的普惠性的公共文化服务设施，还包括结合城市独特的文化和历史打造特色鲜明的公共文化资源，只有这样才能擦亮城市文化辐射的独特名片，更好地将城市文化推介出去。北京市虽然在公共文化设施建设上取得了一定的成绩，形成了一系列公共文化服务优势领域，但北京还应比照全国文化中心和具有世界影响力的文化城市的标准，将现有的一批公共文化服务场所升级打造成具有强大吸引力和丰富特色的都市文化区域，使其在提升城市文化服务和发挥城市文化竞争力方面发挥更大的作用。

（二）发挥北京历史文化资源的独特性

北京不仅是一座特大型的国际化先进大都市，更是一座有着3000多年历史

[①] 陈威：《完备的公共文化服务体系研究》，深圳报业集团出版社2010年版，第50页。

的文化古都，作为古老东方文化的代表性城市，北京有着丰富的历史文化遗存，北京不仅有着诸如宫殿园林、寺庙王府等代表着中国古代营造艺术高峰的静态文化遗存，也有着诸如庙会、曲艺、戏曲、民风民俗等代表着北京市民生活特色的动态文化遗存，这些都反映出北京文化的独特气质和鲜明个性。

1. 利用历史文化资源提炼城市文化内核

在进入城市发展的快车道后，北京在大规模的现代化城市建设中也融入了"钢筋水泥森林"的大潮，许多文化遗存的完整性受到了冲击或被遗忘在城市的角落，胡同和四合院被商业区所占据，传统建筑被风格混杂的新建筑所包围，北京的城市气质正在不断的模糊。这就要求北京在发挥城市文化辐射功能时要充分利用历史文化资源来做文章，北京只有在丰富的历史积淀中找寻出特色鲜明的城市文化精神内核，将民族特色与国际品格相融合，力争在展现古都历史文化风貌的同时又符合现代城市发展的总体需求。

2. 处理好历史文化资源保护与创新的关系

在文物保护的角度而言，合理对待历史文化资源首先要保护，只有保护好历史文化资源才能为城市保留下可贵的文化记忆。但仅对历史文化资源持有保护的态度是不够的，这不是最终目的，若要使历史文化资源永葆生机与活力就要用创新的眼光来看待历史文化资源，使历史文化资源在发展中得到保护，在创新中得以继承。以京剧为例，京剧为我国的国粹，是传播我国传统文化的重要媒介，但京剧也面临着如何在中青年观众中扩大影响力的问题。这就要求北京在处理历史文化资源时要深入挖掘其厚重的历史底蕴和文化价值，并积极地赋予其鲜明的时代内涵，让历史文化资源真正的"活起来"。同时，北京也应运用迅猛发展的科学技术来开发历史文化资源，使传统文化的表现力更加鲜活。

（三）推动文化产业迅速发展

1. 搭建文化产业发展平台，完善文化产业发展体系

按照联合国教科文组织的定义，文化产业指的是"按照工业标准生产、再生产、储存以及分配文化产品和服务的一系列活动。"一座城市文化产业的发展不仅是该城市文化软实力提升的重要因素，也是城市经济转型发展的现实性需要。早在2006年，北京市政府就曾发布了《北京市促进文化创意产业发展的若干政策》，并在2014年发布了《北京市文化创意产业功能区建设发展规划（2014-2020年）》和《北京市文化创意产业提升规划（2014-2020年）》，经过十余年的发展，北京市的文化创意产业已经形成了欣欣向荣的局面。在这种形

势下，北京市应继续充分发展和利用好北京国际文化创意产业博览会、北京市文化创意创新创业大赛等平台，为广大文化企业提供交流和展示的平台，将文化创意项目落到实处。

2. 创新文化产业发展模式，培育文化产业品牌企业

北京有着丰富的文化资源和浓厚的文化产业发展氛围，但是在国际意义上来看，北京仍缺乏文化产业的品牌企业，北京作为我国的首都，其文化产业发展现状代表着我国的国家形象，这就要求北京在发展文化产业时要做到本土化和国际化相结合，力争在国际性文化对话中掌握主动权。北京要支持有实力的文化企业做大做强，在以市场为导向的前提下构建在全国乃至全世界有影响力的文化产业集团，培育更多的"Made in Beijing"的文化品牌。

五、拓宽北京文化辐射功能发挥的辐射渠道

在提升北京文化辐射功能的问题上，我们不仅要通过完善公共文化服务体系，发挥历史文化资源的独特作用和大力发展文化产业来强化北京文化辐射功能发挥的辐射源，更要通过加强文化传播能力建设和建设高水平文化交流展示中心来拓宽北京文化辐射功能发挥的辐射渠道，使北京的文化软实力通过文化传播和文化展示中心的渠道更好的向全国乃至全世界拓展出去。

（一）加强文化传播能力建设

1. 促进媒介融合，加快文化信息传播转型

国际知名的文化城市大都有着发达的文化传播体系，现代文化传播体系的构建一直是北京在加强全国文化中心建设时所强调的领域，北京有着大量的书籍出版单位和广播媒体单位，这些领先全国的出版和传媒实力为北京构建现代文化传播体系提供了有力的保障。北京应在此基础之上充分利用和发挥各种不同媒介的优势，加大科技投入，促进不同媒介资源的融合，通过品牌连锁经营、电子商务等现代化流通方式来改造传统的文化生产传播方式。如现如今出版公司利用网络购物的便利性将图书销售的主战场放在网络上，广大群众足不出户就可以选到自己喜欢的书籍，同时网上图书销售的发展也促进了出版业的繁荣。

2. 进一步发挥北京的新媒体后发优势

现如今是新媒体发展突飞猛进的时代，新媒体的发展正在改变着城市传统的传播体系。北京应抓住新媒体发展的浪潮，在新媒体领域抢占高地。北京首

先应吸收新媒体的传播技术和内容形态，在北京市现有媒介产业的基础之上，加强北京市新媒体的拓展，在数字化出版、手机电视、移动广播等领域实现技术创新。另外，北京还应充分发挥拥有众多艺术类和传播类人才的优势，大力发展微电影、网络剧等的创作，并将其优秀成果与社会媒体和移动媒体进行融合，扩大北京文化新业态的影响力。

（二）建设文化交流展示中心

会展业在提升城市影响力，传播城市理念方面发挥着助推器的作用，主题丰富的会展活动不仅可以展现城市的形象，也可以丰富群众的精神文化生活，营造独特的城市文化氛围，起到文化凝聚的效果。北京市会展业的历史并不长，真正意义上的现代会展业是从改革开放之后开始的，时至近日，北京市会展业发展势头良好，根据国际大会及会议协会（简称ICCA）公布的《2014年度国际协会会议市场年度报告》中评比的城市排行榜可以看出，北京市在2014年度共举办了104场国际性会议，位居全世界第14位，在亚太地区排名第二，在中国位列第一。在北京市旅游发展委员会和北京市发展与改革委员会于2016年6月发布的《北京市"十三五"时期旅游和会展业发展规划》中，北京市政府将北京市"十三五"时期会展业发展总体定位为构建"国际会展中心城市、中国会展业的引领者、京津冀会展业的主导者"。如何进一步发挥会展业的优势，将会展业与文化产业相结合，建设文化交流展示中心是北京市在发挥文化辐射功能时需要研究的内容。

1. 完善会展场馆及配套设施，优化会展资源配置

北京市会展场馆的建设是伴随着北京市会展业的发展而兴起的，但目前北京市的展览场馆普遍单体规模较小，缺乏能够举办特大型展览的综合场馆。现有场馆部分存在着硬件设施老化的现象，跟不上现代会展业发展的潮流，综合配套和服务不完善，无法提供现代化的智能网络服务功能。这就要求北京积极开展现有会展场馆的提升改造工程，完善场馆的硬件设施和周边配套服务，还要加大对会展业的科技投入，为会展场馆引进先进的通信、信息服务和网络系统，满足大型展览的通讯和视听等方面的技术需求。同时应积极规划建设新的大型会展场馆，做好周边住宿、餐饮和交通设施的规划，解决北京在会展硬件设施上的短板。

2. 开展专业化、品牌化的高水平文化交流展览活动

从世界会展业发展的趋势来看，综合性展会不断减少，而主题明确的专业型展会则在规模、品种等方面不断增加。为了提升北京市的文化辐射功能，北京应着重发展文化会展业,这也就要求北京在明确自身文化资源特色的同时,积极融入国际会展大势,如已经连续举办12届的北京国际文化创意产业博览会就已在全国乃至全世界擦亮了北京文化产业的品牌,前11届北京文博会的相关数据为例,"前11届北京文博会共吸引一百多个国家和地区的565个代表团组,以及国内31个省区市及港澳台地区组团参加,参与的各界人士达到1093万人次,达成合作意向、协议及交易总金额7861.05亿元。"[①],"文化搭台,科技唱戏"已经成为北京文化会展业发展的鲜明特色。北京应进一步以品牌化的战略眼光,培育重点文化会展项目,充实文化会展活动的内容,提升文化会展活动的品质。

六、延伸北京文化辐射功能发挥的辐射腹地

在经济学上有着关于"经济腹地"的思想,经济腹地指的是经济中心的吸收和辐射能力能够达到并能促进其经济发展的地域范围,如果没有了经济腹地,那该经济中心也就失去了赖以生存和发展的基础,如上海市广义上的经济腹地就是长三角地区。而对于城市文化辐射功能的发挥来讲,文化辐射腹地指的就是文化中心的辐射能力能够到达并能够促进其文化辐射功能发挥的地域范围,对于北京来讲,发挥其文化辐射腹地作用就要主动融入国家京津冀协同发展战略,开创京津冀文化协同发展的新局面并在雄安新区的开发建设上有所作为。

(一)实施京津冀文化协同发展战略

2015年5月,中央正式出台了《京津冀协同发展规划纲要》,京津冀协同发展问题成为国家重要发展战略,而推进京津冀文化协同发展则是京津冀一体化过程中的重要环节,只有京津冀三地的文化认同感更强,才更加有利于三地的协同发展。京津冀地区有着一亿的人口数量,这对于开展文化活动,发展文化产业来讲有着巨大的市场潜力,北京应依托京津冀区域内的市场潜力主动开展文化产业对接和项目合作,开发天津和河北的文化市场。同时也要加强京津冀三地在金融扶持、技术推广和人才配置等要素上的合理流动,互相借鉴促进文化辐射功能发挥的成功经验,最大限度地发挥京津冀文化类要素资源的整体

---

① 牛春梅:《第12届北京国际文化创意产业博览会开幕》,《北京日报》2017年9月12日,第8版。

效能。

（二）主动融入雄安新区建设，拓展文化事业发展空间

2017年4月，中共中央和国务院印发通知，决定在河北省的雄县、容城县和安新县设立雄安新区，并将其定位为我国发展的"千年大计"。雄安新区作为疏解北京非首都功能的国家重点区域，其在文化发展上给大家带来了丰富的想象空间。河北省文化厅副厅长李建华在中国传媒大学雄安新区发展研究院揭牌仪式暨首届雄安新区发展研讨会上作了题为《雄安新区文化产业发展定位研究》的报告，在报告中，李建华指出："雄安新区的文化，应立足京津冀、面向全中国、呈现给全世界。"[①]虽然雄安新区的具体发展规划尚未出炉，但我们可以大胆设想雄安新区有可能会探索出一条新颖的文化发展机制，聚集众多重要的文化资源，在这过程中，北京就应积极融入雄安新区文化事业发展的大势，通过雄安新区这一广阔的平台实现文化辐射功能的进一步发挥。

参考文献：

[1] 张漫子：《第五届北京惠民文化消费季开幕》，北京：新华网北京频道，2017年7月18日。

[2] 刘瑾：《首都文化竞争力研究》，中国社会科学出版社，2015年，第39页。

[3] 陈威：《完备的公共文化服务体系研究》，深圳报业集团出版社，2010年，第50页。

[4] 牛春梅：《第12届北京国际文化创意产业博览会开幕》，《北京日报》，2017年9月12日，第8版。

[5] 李建华：《雄安新区文化产业发展定位研究》，石家庄，河北省文化厅网站，2017年5月5日。

---

① 李建华：《雄安新区文化产业发展定位研究》，石家庄，河北省文化厅网站2017年5月5日，http://www.hebwh.gov.cn/common/content.jsp?articleId=4028815d5b803529015bd7bce7cf00bc

六、释放创新创造活力　促进北京文化创新性发展

焦郑珊

【摘　要】北京文化历史悠久、资源丰富，文化相关工作既包括文化的保存与传承，也包括文化创新和文化产业的扶持与发展。在当前全力建设创新型国家的社会背景下，文化创新是其中重要的一部分，是推动科技创新的强大动力。通过分析北京文化的内涵及现状，总结出城市特色与国家战略高度相结合、历史性与现代性相结合、历史传承与文化创新相结合、世界城市与北京特色相结合是北京文化创新当前所面临的时代特点。在理论分析的基础上，将文化创新分为创造、传播和发展与利用三个阶段，分别从人才、机制体制、传播途径与对象等方面提出切实可行的提升北京文化创新创造活力的建议。

【关键词】北京文化；时代背景；创新；传播

北京是世界闻名的历史古都、文化名城，融合了厚重的历史与高度发展的现代城市文明。保存、传承、研究、发展北京文化，是保存、展示中华民族传统文化的立体博物馆，是展示新中国发展伟大成就的窗口。

文化建设及相关工作是北京明确、建立并巩固自身城市定位、提升城市竞争力、达到建设目标的重点工作之一。随着全球化进程的不断加深，文化价值观点的相互影响、交流乃至冲突愈发激烈，传统文化随着城市的现代化进程而逐渐消退，文化创新在城市乃至国家发展过程中的重要性日益凸显。如何顺应时代发展和社会需求，保留与传承传统文化的精髓，同时提升北京文化创新创造活力，是在新时期、新环境中，研究、传承和弘扬北京文化的基础之一，是推进北京文化与时俱进、古今结合的有效途径，也是北京"政治中心"的城市

定位必要的文化依托。

一、"北京文化"的内涵及现状

（一）"北京文化"的内涵

北京已有3000多年的建城史，是辽、金、元、明、清五朝古都，其文化内涵博大精深、源远流长。从历史上看，北京之所以能够被视为全国文化中心的一个重要原因在于其在关键历史时期能够起到引领国家文化发展方向的作用，如在五四运动、改革开放等时期，北京均扮演着引领者的角色，这既与北京是全国政治中心有关系，也与北京知识界的文化创造力有关。[①] 提升北京文化创新创造活力的一个重要前提，就是明确"北京文化"的内涵、历史及现状，以此作为创新的基础与依据。

北京文化是一个大话题，有北京大文化和小文化两种界定，前者几乎无所不包，小文化则特指北京市宣传系统所统领的文艺演出、文物保护、新闻出版等。[②] 我们通常所研究的北京文化是指大文化，包含北京地区的所有文化遗存和时代风貌。

北京市文化资源相对丰富，既有有形文化遗产，又有无形文化资源，总体来说，北京文化是地域文化，基于北京地区的自然地理条件和人文历史资源而衍生出独特的视角和文化。同时，北京文化也是城市文化，作为国际知名的特大型城市，又有着超过3000年的建城史，城市文化是北京文化的核心，既古老又年轻是北京的一大特色。第三，北京文化也是都城文化，作为辽、金、元、明、清五朝古都，北京有超过800年的首都史，北京文化的起源与发展与北京政治中心的地位密不可分，二者相互影响、共同发展。第四，北京文化也是首善文化，即同时期相对先进的文化，对全国具有引领示范作用。[③]

北京文化的具体内容纷繁而多元，从不同的角度有不同的区分。有学者主张，北京大体有六种可以利用的文化系统：一是明清皇家文化，文化存留为故

---

① 倪光南、王东宾：《开源开放引领北京文化创新》，《北京观察》，2015年第1期，第30—32页。
② 李建平：《北京文化的特点——兼论北京文化与北京学》，《北京联合大学学报（人文社会科学版）》，2013年第1期，第54—58页。
③ 同上。

宫、陵寝、皇家园林等；二是传统士人文化，是京城文化的代表，留存如宣南文化；三是传统市民文化，留存如庙会等；四是现代红色文化，留存如人民英雄纪念碑、卢沟桥等；五是当代群落文化，如798艺术区；六是国家窗口文化，如北京奥运会所带来的奥运精神、"爱国、创新、包容、厚德"的北京精神等。①北京市社会科学院的李建盛研究员则从文化定位、文化保护、精神文明、社会科学、教育、文学艺术、新闻出版、体育和公共文化等方面系统分析了北京文化的内涵及发展的成就。②北师大的于丹教授及其团队则从文化符号的角度，将北京文化划分为"京味文化符号"、"社会文化符号"、"政治文化符号"、"皇家文化符号"、"传统演艺文化符号"、"现代建筑文化符号"和"现当代文化符号"等七个类别。

（二）"北京文化"的现状

北京作为全国文化中心的城市定位，推动了北京对于自身文化传承、建设的重视。2012年，党的十八大报告明确提出将文化软实力作为到2020年实现全面建成小康社会的宏伟目标之一，提出"社会主义核心价值体系深入人心，公民文明素质和社会文明程度明显提高。文化产品更加丰富，公共文化服务体系基本建成，文化产业成为国民经济支柱性产业，中华文化走出去迈出更大步伐，社会主义文化强国建设基础更加坚实"的具体目标。③2015年8月出台的《京津冀协同发展规划纲要》将北京定位为"全国政治中心、文化中心、国际交往中心、科技创新中心"。《北京市"十三五"时期加强全国文化中心建设规划》则明确指出"文化是民族的血脉，是人民的精神家园，是城市发展进步的灵魂。加强首都全国文化中心建设，是落实首都城市战略定位、加快建设国际一流和谐宜居之都、推动社会主义文化大发展大繁荣的重大战略举措。"同时该文件还指出当前北京作为全国文化中心的定位与建设工作所面临的机遇与挑战，联系当前北京文化建设的优势与不足，提出"围绕更好发挥首都全国文化中心的凝聚荟萃、辐射带动、创新引领、展示交流和服务保障功能，到2020年，把北京建设成为社会主义物质文明与精神文明协调发展，传统文化和现代文明交相辉映，历史文脉与时尚创意相得益彰，具有高度包容性和亲和力，充

---

① 耿波：《北京建设世界城市的范式创新与文化使命》，《建设世界城市提高首都软实力：2010北京文化论坛文集》，2010年中国知网电子期刊杂志。
② 李建盛：《北京文化60年》，《北京社会科学》，2009年第5期，第108-112页。
③ 胡锦涛：《中共十八大报告》，2012年。

满人文关怀、人文风采和文化魅力的中国特色社会主义先进文化之都,推动北京朝着世界文化名城、世界文脉标志的宏伟目标迈进"的总体目标。与此同时,北京市还高度重视文化创意产业的发展,先后成立了文化创意产业领导小组、设立文化创意产业发展专项基金、认定了中关村创意产业先导基地等10个文化创意产业聚集区。总体来说,北京对于自身文化建设的重要性已有较为深刻的认识,并已经实行多样化的举措来明确文化定位、完善文化建设。

除了政策层面的重视以外,北京文化建设正面临着新的机遇:首都经济社会持续健康发展,经济发展质量不断优化提升,文化中心建设物质基础更加坚实;首都市民精神文化需求日益增长,文化中心建设发展空间更加广阔;文化改革发展向纵深推进,文化体制机制不断健全,科学技术特别是互联网技术飞速发展,文化中心建设创新动力更为强劲;对外文化交往日益广泛深入,文化中心建设国际舞台更加宽广;首都全国文化中心的影响力不断增强,全国各地和社会各界支持首都文化建设的热情不断高涨,文化中心建设的环境氛围更加优化。[①]可以说,北京文化建设的物质基础、社会需求、舆论氛围、体制机制基础、国际环境等均已齐备。

同时,北京文化建设也面临着挑战:服务国家和全市中心工作、凝聚思想共识、营造良好社会氛围的任务更加艰巨;社会思想多元多样多变趋势日益明显,社会主义核心价值观引领社会思潮的任务更加艰巨;特大型城市治理能力现代化进程不断加快,提高首都市民文明素质和城市文明程度的任务更加艰巨;信息网络技术迅猛发展和广泛应用,发展引导、科学管理新媒体的任务更加艰巨;世界范围文化交流交融交锋日益扩大,维护首都文化安全的任务更加艰巨。同时,文化建设自身也存在一些亟待解决的问题,全市文化发展质量和水平还有待进一步提高,具有强大影响力的旗舰媒体和骨干文化企业尚未形成,体现首都水准和北京特色的文化精品力作还不够多,公共文化服务的整体效能发挥还不充分,北京历史文化名城的国际影响力和辐射力还不够强,制约文化发展的体制机制障碍还未完全破除。[②]在时代背景下,北京文化建设也面临着不同的挑战与困境,亟待关注与解决。

---

① 北京市人民政府:《北京市"十三五"时期加强全国文化中心建设规划》。
② 同上。

二、提升北京文化创新创造活力的理论基础——理清北京文化定位

文化创新是北京建设全国文化中心、发挥文化示范引领作用的重要方面之一，结合当前北京文化建设现状与时代背景、社会需求，同时分析北京文化的独特性，是提出切实可行的提升北京文化创新创造活力的建议的基础。

（一）北京城市特色与国家战略高度相结合

北京既是世界闻名的古都和历史文化名城，也是现代中国的政治、文化、国际交往和科技创新中心，因此"北京文化"既有城市地域特色，又涉及到国家战略高度。

"京味儿"是北京文化的典型特征之一，体现着北京的文化态度、审美趣味和精神风貌。北京首先是作为一个特定的地理区域、一个城市存在，其文化固然受到其地理位置、气候条件、历史经历等因素的影响。同时，从整个中华民族的宏观视角来看，北京的城市定位与文化形成与北京政治中心的地位密不可分：北京的城市建构和文化生态围绕着政治权力、士族文化，其文化创造和文化消费群体是与众不同的。基于政治中心位置的影响，北京文化带有强烈的正统意识、国家意识、民族意识，这造就了北京文化中的独立、创新，也正是这种思想孕育了五四运动、新文化运动等一系列求新、改革的社会运动。从这个角度上讲，北京文化兼顾了城市特色与国家角色。

近年来，北京的城市定位逐渐调整，并最终确定为全国政治中心、文化中心、国际交往中心、科技创新中心"，北京文化除了自身的地域特色和文化传统以外，还肩负起引领全国文化发展的示范性作用。因而一味强调北京文化的地域特色、城市传统是不够的，如何将之与国家战略和国家赋予北京的定位完美结合是今天面临的问题之一。

（二）历史性与现代性相结合

北京是一座历史悠久的城市，有超过3000年的建城史、800余年的建都史。古都文化、传统地域色彩和文化习俗、北京市民的生活传统共同组成了北京文化，王官文化、士大夫文化和市民文化相互融合，共同发展。悠久的历史还造就了文化遗迹众多的北京：故宫、天坛、长城、颐和园……历史悠久的文化遗迹在向我们诉说着北京悠久的历史与辉煌的文化。

同时，北京又是一座国际知名的现代化大都市。《2004—2020年北京城市

总体规划》提出北京的城市发展目标为"国家首都、世界城市、文化名城、宜居城市"。北京的城市面貌、GDP增长水平等均已步入世界领先行列，尤其是随着2008年北京奥运会的召开，北京国际化大都市的形象进一步被全世界所接受。北京是一座既古老又年轻的城市，如何将其悠久的历史、厚重的文化积淀和年轻的活力有机结合起来，是今天所面临的又一个问题。

（三）历史传承与文化创新相结合

悠久的历史给北京留下了宝贵的文化遗产，北京历史人文资源积累深厚。保存、传承历史文化是今天北京文化工作的重点之一：京剧的传承与普及、老北京风俗的回归、永定河文化源流的探秘……传统文化越来越频繁地出现在现代人的视野中。

然而由于时代背景不同、观点不同，传统文化以何种面貌、通过何种方式呈现在现代人面前，是备受争议的问题。有些人主张保持传统文化的原貌，另一些人则主张要与时俱进。如何在保留文化精髓的基础上适当创新、维持传统文化的活力，是北京文化所面临的挑战。

（四）世界城市与北京特色

世界城市是具有世界级的影响力和控制力的城市，其影响涉及到政治权力、金融服务、商业贸易、信息生产与交换、艺术文化活动等等。随着全球化进程的发展，北京作为中国的政治中心、文化中心、科技创新中心和国际交往中心，在世界舞台上扮演着愈发重要的角色，北京特色、中国特色与世界潮流的汇通与融合，是北京文化所面临的又一个现实。

第一，在全球化的浪潮下，北京文化面临着自身特色与交流互通之间的张力与矛盾。随着时代的发展，北京的传统文化不断受到来自世界各地的工业化浪潮、资本主义思潮等外来文化的影响与冲击。在这样的环境中保留北京文化特色的同时又符合世界发展潮流，是北京文化工作的重点之一。

第二，作为国家文化中心，北京文化具有示范性、引领性，这种作用的发挥需要良好的社会舆论支持与价值引导。营造良好的社会舆论、引导文化发展方向，如何与文化多元化的发展趋势相结合，也是北京文化工作的重点。

理清北京文化的历史与当代定位，明确北京文化当前所面临的理论问题与实际挑战，是提出切实可行的提升北京文化创新创造活力的建议的基础。

三、提升北京文化创新创造活力的建议

文化创新不仅是北京建设国家文化中心的必要工作，也是带动经济社会发展的有力因素。按照文化发展的不同阶段，将北京文化分为萌芽与创造、传播、发展与利用三个阶段，并针对不同阶段提出下述提升北京文化创新创造活力的建议。

（一）提升北京文化创新创造活力：创造阶段

1. 完善、发展体制机制建设与改革，为北京文化创新提供坚实后盾

符合社会需求、顺应历史潮流的体制机制，是北京文化得以传承、发展和创新的必要条件。体制机制建设包括下属几个方面：

第一，梳理、整合首都文化资源，联系北京市各文化相关职能部门、首都高校、科研部门、相关企业与社会机构，建立健全统筹、协调、联动机制。北京文化资源丰富、形式多样。明确责任主体和管理机构，并按照不同文化资源的形式、区域分布、社会影响力、内容等不同因素，将文化资源分类、整合，梳理北京市不同地区的优势文化资源，重点扶持发展与普遍提升相结合，因地制宜地建构不同的文化项目。

第二，全面建设、提升文化市场机制。北京丰富的文化资源应不仅停留在保护、传承层面，也应该通过相应的文化产业而作用于社会经济、政治发展。新闻出版、文化艺术、广播影视等是文化产业的传统领域。除此以外，着力发展文化旅游、网络经济等文化产业的新领域，扩大文化市场、形成文化产业的市场氛围。

第三，建立健全知识产权意识和保护体系。文化创新涉及到创意，知识产权的评估和保护问题不可忽视。自主创新的知识产权的认定与保护，是文化创新繁荣发展、良性循环的有力保障。相关政策和法规的制定是促进文化繁荣的基础有力手段。

2. 培养和引进文化创新相关领域人才

文化创新是一个交叉概念，既涉及到文化的内涵与历史，又涉及到新媒体的运用、创意产业、技术、营销、管理等领域的知识。从文化创意到文化产业的经营，形成了一条完整的产业链。人才队伍的建设是一切创意的根本。

一是加强人才培养。文化创意、文化历史研究、相关技术支持、营销、管理等领域全面发展，通过高校与科研机构人才培养、国际人才交流等方式，培

养一批知识结构合理、具有国际视野的创新人才，服务于文化创新产业链的各个环节，推动各环节的高速运转。

二是创新人才引进机制。从世界知名高校、研究机构、企业、政府部门等多种渠道，引进各相关领域高层次人才，建成具有国际视野的复合型高端专业人才队伍。

三是加强人才管理。一方面通过政策、资金等方面的支持，吸引人才，加强北京对文化创新人才的吸引力和汇聚力。第二，建立创新人才信息库，统筹、分类、管理各有所长的专业人才，为文化事业提供人才储备。第三，建立健全人才竞争、评估、激励机制，以真正吸引有真才实学的人才为北京文化创新事业做出真正的贡献。

3. 优化产业结构和产业空间布局

优化产业结构是推动北京文化创新的一大根本动力。改变当前北京文化产业相对粗放、分散的现状，加快文化相关产业的规模化、专业化、品牌化建设，丰富文化产品的文化内涵，提升文化产品的市场价值，力图产生持久的文化效益和经济效益。

同时，根据北京市文化资源分布情况及资源特点，在借鉴中关村国家资助创新示范区、798艺术区等现有模式的基础上，建设不同主题的文化产业空间。

4. 建设文化创新体系，提高公民文化素养

人力资源和社会舆论，是文化创新的基础性要素。良好的社会舆论氛围和群众基础，是提升北京文化创新创造活力的助推力之一，即只有广大群众爱文化、意识到文化创新的重要性并且具有基本文化素养，才有可能进行文化创新。

首先要符合建设创新型国家的时代要求，着力推进文化创新体系的建设。2005年10月，胡锦涛同志在党的十六届五中全会上提出建设创新型国家的重大战略构想；2006年1月，胡锦涛同志在全国科学技术大会上提出到2020年建成创新型国家的伟大目标。"创新型国家"在不同领域有不同的体现，在文化领域即体现为文化创新能力的建设和国家文化软实力的建设。特别是在改革开放30余年来，我国经济、社会发展已取得长足进步，而精神文化产品的生产和供给能力已落后于人民群众日益增长的需求，文化产品出现"结构性短缺"的情况下，[①]文化创新体系的建设既是国家战略需要，也是实际社会需求。文化

---

① 张晓明等：《中国文化产业发展报告（总报告）（2006-2008）》，中国社会科学文献出版社2008年版。

创新体系建设，包括前面所提到的文化体制改革、文化人才队伍建设、法律保护、经济支持等方面，也包括提升公民文化素养这一重要方面。

"公民文化素养"是我从"公民科学素养"借鉴而来的概念。2016年6月，习近平同志在科技三会上提出"科技创新、科学普及是实现创新发展的两翼，要把科学普及放在与科技创新同等重要的位置。没有全民科学素质普遍提高，就难以建立起宏大的高素质创新大军，难以实现科技成果快速转化。"这个道理，放在文化创新上依然适用，没有全民文化素质普遍提高，同样难以建立起宏大的高素质创新大军，难以实现文化资源成果快速转化。群众基础是培育创新的沃土，无论是科技还是文化都是如此。

因此，为提高北京文化创新创造活力，需要通过多种手段进一步提升公民文化素养。首先，针对不同年龄段人群开展文化素养调查，以了解北京市民文化素养情况。第二，根据调查结果，开展多种形式的提升公民文化素养活动：梳理、分类北京文化资源；通过"文化进校园"、"文化进家庭"、"文化进社区"、"文化普及大讲堂"等方式，针对不同民众开展多种文化普及活动；将文化素养的提升和现行教育手段相结合等。

5. 促进文化与科技融合

文化产业已逐渐成为我国经济发展的重要力量，自主创新能力也逐步成为国家核心竞争力，科技创新与文化创新是促进文化产业发展的重要途径，是文化创新的双轮驱动。

科技创新为文化资源的保护、传承、文化融合等提供新路径，如数字出版引领了阅读方式的变革，从而大大提升了公民阅读人数；2008年奥运会开幕式上徐徐展开的画卷、2010年上海世博会的《清明上河图》等，都是通过高科技手段，将我国文化呈现在公众面前，留下了深刻的印象……

科技创新与文化创新的有效结合，也促进了二者的协同发展：如中关村国家示范园利用自身科技优势与高校文化资源，已经在文化创意产业领域发挥了科技创新的引领和支撑作用，通过产研学结合的方式开创了科技创新与文化创新相结合的有效途径。

通过战略支持、体制支撑、实践行动等方面，进一步推动科技创新与文化创新的融合。例如：建立完善的知识产权体系，保护创新知识产权；围绕文化需求，推动数字电视、数字出版、三网融合等关键技术的突破，推动科技成果在文化领域的运用；基于网络信息技术发展新兴文化产业，推广移动多媒体应用、数字出版等技术的应用；选择能够代表北京文化精髓的文化资源，通过数字化处理、线上参观等手段，扩大其辐射范围。

（二）提升北京文化创新创造活力：传播阶段

1. 平衡宣传与引进，启发创新思维

文化传播与交流是不同文化系统中的人了解世界、认识自己、提升战略高度、扩展眼界的好时机，因此北京文化创新的传播阶段要平衡宣传与引进两方面的工作，力争做到交流互动、互相促进、协同发展。

宣传与引进是传播工作的两个方面，涉及到国内公众和世界人民两个对象。面向国内公众的宣传要以决策层的指示精神为原则，选择有利于形成文化创新氛围、有利于形成全国文化引领作用的内容进行宣传推广；面向世界人民的宣传则要抓住北京文化的精髓与特点，通过传播扩大影响、提升创新的群众基础与受众规模。引进则涉及到国外文化的引进与中外文化交流，通过比较国外文化的先进之处与北京文化创新方面的不足，取长补短，提升北京文化创新创造活力。

2. 通过多种途径，实施北京文化的"精准传播"

文化创新与文化传播密不可分：对外传播需求促进文化创新的主动性；文化创新在传播过程中接受检验、不断完善；传播过程中的文化交流与碰撞又进一步促进了文化创新；文化传播是提升公民科学素养的有力手段，而公民科学素养的整体提升是文化创新活力提升的基础。基于此，文化传播是提升北京文化创新创造活力的重要手段之一。

"精准传播"即结合北京文化自身特色和传播对象的特点与需求，针对不同传播对象选取不同方式传播不同内容。相较于无差别的普通传播，"精准传播"更能有效区分不同传播对象的关注点与需求、筛选适合的内容、选择恰当的手段。如针对儿童及青少年，可以以生活作为切入点：通过年节习俗普及北京文化风俗；通过季节变换普及中国传统历法文化；通过集体参观等手段了解北京文化遗迹。针对青年人则可以从他们关注的社会热点出发，创客热潮、就业趋势、文化产业的发展等均可称为传播重点内容。针对国际环境的传播，则要抓住奥运会、冬奥会等大型国际活动平台，宣扬新时期的北京文化，展示国际化大城市的风采。

"精准传播"还需要扩宽传播途径，不仅仅是传统的电视、纸媒、广播等媒体，互联网技术的应用所催动的移动媒体的兴起、数字化资源的丰富、博物馆文化的形成等，都可以作为实施"精准传播"的手段与契机。

(三）提升北京文化创新创造活力：发展与利用阶段

1. 从文化聚集区到综合性文化空间的跃迁

"文化创新"一直以来都是我国所重视的问题之一，"建国以来，我国文化发展模式经历了文化事业战略——文化产业战略——公共文化服务战略——文化创新战略的演变过程，并共同构成了我国国家文化发展的战略演进路径。"[①]可见创新是当前文化发展的核心工作与战略。在长期的战略引导和布局下，北京文化发展较为繁荣，文化创意产业初见成效，形成了诸如中关村科技园区、798艺术园区等文化聚集区。

在现有文化聚集区的基础上，构建人才培养与吸收体制、文化创新扶持政策、资金投入、政策引导、市场开发等系统的文化产业链相关环节，引导文化聚集区向综合性的文化空间发展，使之成为集文化创意、保存、人才培养、传播、市场化运用等功能于一身的综合性文化空间，以扩大其辐射范围。

2. 遴选有代表性的北京文化资源，作为"北京名片"

梳理北京现有文化资源并形成资源库，从资源历史与现状、社会价值、经济价值、发展条件、资源传承能力等五个方面[②]对北京文化资源进行分析评价，筛选出知名度高、发展前景好、独特性强、社会价值及经济价值高的北京文化资源，将之作为北京的城市名片，着重进行保护、开发、宣传与利用。

北京文化资源众多，没有计划、没有重点地开发与利用很有可能造成公众印象混乱、北京城市形象模糊、文化特色不够鲜明等问题，选取有代表性的北京文化资源，是充分利用相关资源、使之从资源发展成为北京"文化资产"的最有效途径之一。

在全球化、信息化的社会背景下，文化软实力、文化创意愈发受到各个城市的重视，也已经成为城市发展的动力。文化创意必须要在现有文化资源的基础上，以人才为核心动力，承接历史文化、结合时代精神、在主流政策的引导下，以宣传为途径和突破口，依托文化创意产业发展。

---

① 傅才武、陈庚：《论文化创新战略的确立与文化管理体制的转型》，《华中师范大学学报（人文社会科学版）》，2010年第11期，第105-110页。

② 郭梅、吕拉昌等：《北京文化资源的评价及开发利用研究》，《现代城市研究》，2014年第4期，第109-115页。

参考文献：

[1] 倪光南，王东宾：《开源开放引领北京文化创新》，北京观察2015年第1期，第30-32页。

[2] 李建平：《北京文化的特点——兼论北京文化与北京学》，《北京联合大学学报（人文社会科学版）》，2013第1期，第54-58页。

[3] 耿波：《北京建设世界城市的范式创新与文化使命》，《建设世界城市提高首都软实力：2010北京文化论坛文集》，2010年中国知网电子期刊杂志。

[4] 李建盛：《北京文化60年》，《北京社会科学》，2009年第5期，第108-112页。

[5] 胡锦涛：《中共十八大报告》，2012年。

[6] 北京市人民政府：《北京市"十三五"时期加强全国文化中心建设规划》。

[7] 张晓明等：《中国文化产业发展报告（总报告）(2006-2008)》，北京：中国社会科学文献出版社，2008年。

[8] 傅才武，陈庚：《论文化创新战略的确立与文化管理体制的转型》，《华中师范大学学报（人文社会科学版）》，2010年第11期，第105-110页。

[9] 郭梅，吕拉昌等：《北京文化资源的评价及开发利用研究》，《现代城市研究》，2014年第4期，第109-115页。

（作者为中国科学院自然科学史研究所助理研究员）

七、实施"艺术北京"战略 进一步发挥首都基层群众文化作用

胡一峰

【摘　要】当前基层文化建设的研究可分为"福利论"和"教化论"两种学术取向。本文在对此进行评析的基础上,结合生活艺术化以及互联网对社会生活重塑的新情况,提出以"生活艺术化"作为城市基层文化建设的目标和原则,并建议实施"艺术北京"文化发展战略,进一步提升北京城市的文化品味和艺术气息。

【关键词】生活艺术化；城市文化；网络文化；基层文化建设

在2017年10月闭幕的中共十九大上,中共中央总书记习近平在所作报告中指出,中国已经进入了一个新时代。根据这一新的时代方位,他对中国社会的主要矛盾做出了新的判断,将其概括为人民日益增长的美好生活需要和不平衡不充分的发展之间的矛盾。报告还对文化建设做出了一系列新判断新论述,明确提出了"推动社会主义文化繁荣兴盛"的战略目标,体现出高度的文化自觉和文化自信,更加鲜明地勾勒了中华文化在中国特色社会主义新时代实现伟大复兴的前景和路径。进入新时代,要有新气象,基层文化建设也应根据这一时代方位和主要矛盾的转变,做出新的布局。而且,凡是美好生活,总是充满文化味儿和艺术气息。文化、艺术是扮美生活的重要手段。我以为,"人民群众日益增长的美好生活需要",当然包括物质需求并以之为基础,但在很大程度上,它也是一种与经济上的宽裕、物质上的富足相匹配、相适应、相促进的精神要求；或者说,是一种构筑当代中国人新的思想文化世界的诉求。而这种

新诉求,只有转化为基层文化建设的生动实践,才能真正转化为老百姓的文化获得感,实现全民共建共享。北京,作为首都和全国文化中心,理应在这方面先行一步,发挥表率示范作用,为全国基层文化建设贡献"北京智慧"和"北京经验"。

一、问题的提出

"基层文化建设"是指什么?在文化建设实践中,我们一般将其定位为文化产品、文化服务和文化活动。比如,有一本部委编撰的"干部教材"中写到:"基层文化建设的核心是为基层群众提供优秀的精神文化产品和优质的文化服务,开展丰富多彩、健康有益的文化活动。"[①]国家的文化发展规划中的相关部署,也与此类似,提及基层文化建设的部分,主要集中在公共文化产品、公共文化设施的提供,以及群众文化活动。可见,文化产品、文化服务、文化活动构成了当前我国基层文化建设体系的基本架构。三者之间,文化产品、文化服务更注重从外部向基层的"输入""给予",而组织群众开展文化活动则具有"内生性"。当然,文化活动本身也可视为文化产品和文化服务的一种供给方式,只是供给主体和方式从政府有关部门的"购买配送"转变为了组织基层群众的"自给自足"。而文化产品、文化服务和文化活动三者共同指向一个目标,即满足群众文化需求。

学界关于基层文化建设的理论研究,大体可分为"福利论"和"教化论"。有的研究者认为,目前通过加大投入满足文化需求的基层文化建设思路是"文化的福利论",而基层文化建设的核心应是"教化",即价值观教育。[②]也有学者明确提出要把"教化"作为首都文化的"主旨",认为针对民众文化心态、社会文化生态、城市文化形态、理论文化神态、产品服务业态的教化,分别是首都文化核心功能的前提、条件、基础、旗帜和支柱。[③]实际上,文化产品、文化服务或文化活动的特殊性就在于,它们具有不可剥离的价值属性。

[①] 中宣部干部局组织编写:《新时期宣传思想工作》,学习出版社2006年版,第108页。

[②] 熊万胜:《文化治理:要素协调思路下的政策衔接与基层建设》,《上海城市管理》2015年第2期,第9页。

[③] 沈望舒:《北京的发展要义——强化首都文化核心功能》,《北京联合大学学报(人文社会科学版)》2016年第4期,第23页。

价值与文化是无法截然分离的，无论是文化产品、文化服务还是文化活动，总要承载一定的价值内涵。而和物质需求相比，文化需求本身也具有不同层次，既有满足耳目之娱的感官需求，也有满足心灵净化的精神需求。基层文化建设在满足群众文化需求的同时，也不可能不起到价值传导的作用。在这个意义上说，"福利论"和"教化论"是完全可以统一的。真正值得探讨的问题在于，与"福利论"相比，"教化论"虽然更强调了文化建设对于基层民众精神世界的塑造作用，但依然是把文化建设作为手段，把基层民众及其精神世界作为对象，对民众在文化建设中的主体作用及其文化生活本身的意义重视不够。

正因为如此，笔者认为，引入"生活艺术化"这一概念，或许能为加强改进城市基层文化建设提供有益的理论资源和新的视角。生活艺术化本是一种社会现象，也是一股理论思潮。按照张世英先生的解释，"生活艺术化就是生活是现实的东西，但是我们不要老是盯住这点现实的东西，要提高我们的精神境界到艺术水平，也就是我们的生活要超越现实。"①在另一篇文章中，他把"生活艺术化"分为不同层次，低层次与物质、功用、消费密切相关，指生活用品的艺术化，生活环境的装修，人体的化妆等；高层次则是超越日常生活的、具有内在的心灵之美的"艺术化生活"。他还认为，对于低层次的生活艺术化，不必简单否定，但更重要的是提高日常生活的精神境界，让商品的艺术化、生活环境的装修、人体的化妆等都渗透着人生高远的精神境界。②用这一理论来关照基层文化建设，可以发现，"福利论"把基层文化建设作为提高民众文化生活品质的渠道，比较接近于张世英先生所说的"低层次"的生活艺术化；而"教化论"则更接近于"高层次"的内容。但是，"艺术化生活"更根本的在于，强调人们通过在文化生活中享受艺术带来的美感，自主地提升自我的精神境界，提高自身的审美能力，追求高远的价值理想，而不仅仅是对某一种价值观念或道德理想的单向服从。因此，把"生活艺术化"的主张引入基层文化建设，可以为文化产品、文化服务和文化活动提供一种更具终极意义的价值指引，同时，也可以为淬炼民众的文化需求提供理论工具。"生活艺术化"理念关照下的基层文化建设，不能被"指标化"为一套可量化、可考核的数据，而更应考虑作为文化建设主体的民众在文化生活中的获得感、愉悦度。从个体角度看，倡导"生活艺术化"的理论，有助于引导民众把基层文化建设作为融入

---

① 张世英：《艺术生活化、生活艺术化》，《中国文艺评论》2015年第2期，第8页。
② 张世英：《生活的艺术化与艺术的神圣性》，《文艺研究》2010年第11期，第5页。

自己日常生活的主动选择；而从国家角度而言，通过审美的感性形式将文化精神内化为人们的文化心理结构，则有利于提升审美在文化治理中的意义，为实现审美治理奠定了可能。①

二、作为客观趋势的生活艺术化

从人类社会发展的共性看，生活艺术化表现为一种社会发展的客观趋势。日本平面设计大师原研哉指出，当日本经济进入成熟期后，日本民众的审美观念也发生变化，认识到"人类的幸福并不是只能在持续增长的经济中找到"。②社会学家丹尼尔·贝尔在《后工业社会的来临》中提出了"后工业社会"的概念。所谓后工业社会，是以服务性经济为主要的经济形态，以第三产业增加值占GDP的比重超过70%为典型特征。政治学家罗纳德·英格尔哈特对四十余个西方国家工业化、现代化进程长达几十年的研究则表明，后工业社会的到来会带来大众文化和社会价值观的深刻变革，在后工业社会，"后物质主义"将取代"物质主义"，也就是说人们在衡量生活时，不像工业社会那样把经济成就奉为圭臬，而更看重自我表达、自我实现以及心灵归属等精神因素。③

这一研究对于本文的论题颇有借鉴之处。经过三十多年的市场化改革，现在的中国不但积累了大量物质财富，文化生活方式和精神气质也发生了深刻改变。进入新世纪以来，中国社会继解决温饱之后，基本实现了小康，民众生活水平的提高，使精神文化、个人幸福、自我实现等带有"后物质主义"意味的问题摆上人们心头。当然，我国幅员辽阔，地区之间经济发展水平很不平衡，从整体上看尚未进入后工业社会，但在一些经济发达地区，服务性经济正在成为主要经济形态。比如，2015年北京第三产业对北京经济增长的贡献率达到89.9%，比2014年提高11.6个百分点。④而这些地区，又往往是文学艺术比较发达的区域。当一个区域内的人们不再以物质主义为首选的价值目标时，他们会

---

① 参见李艳丰《审美治理：当代审美文化研究的实践转向》，《中国社会科学报》2017年4月18日，第8版。
② 参见［日］原研哉《设计中的设计》，朱锷译，山东人民出版社2015年版。
③ 参见［美］罗纳德·英格尔哈特《发达工业社会的文化转型》，张秀琴译，社会科学文献出版社2013年版。
④《去年北京经济增长第三产业贡献九成》，《北京青年报》2016年2月17日，第A10版。

更加靠拢文艺，会从文艺中寻求自我的心灵安宁和精神满足。"仓廪实"不仅为"知礼节"奠定了基础，而且增强了国人对美的生活的渴望。八十多年前，朱光潜先生曾说过这么一段话："人可以分为两种，一种是情趣丰富的，对于许多事物都觉得有趣味，而且到处追求这种趣味；一种是情趣枯竭的，对于许多事物都觉得没有趣味，也不去寻求趣味，只终日拼命和蝇蛆在一块争温饱。"[①]对于少数人而言，一瓢饮、一箪食或许就足以乐在其中，但对于绝大多数普通百姓来说，有情趣的生活，不是仅用美好愿望就能垒起来的空中楼阁，而需要建立在一定物质条件基础之上。当年，对大多数中国人而言，安全、温饱的生活尚属不易，追求生活的趣味更是奢谈。而今天，美的生活所需的物质条件正在不断坚实。不论"艺术"对于"生活"，还是"生活"对于"艺术"，其重要性都将前所未有地凸显，艺术与生活更加紧密地交融互渗，一股生活艺术化的浪潮正磅礴涌来。[②]

这一趋势，首先表现为个体自主自觉的文艺消费越来越"升温"。据中国人民大学2015年发布的数据显示，北京人的文化消费中，个人消费首次超过了团体。[③]这说明买票看剧、赏戏，正从一种"单位福利"变为个体选择，自掏腰包让生活更有文艺味，正在成为一种日常习惯。其次，往日局限在"圈内"的艺术，正在向社会公共空间和人们日常生活渗透。一些艺术家、艺术机构正在舍弃画廊、美术展馆，走向购物中心。据报道，目前国内一线城市中，拥有艺术主题业态的购物中心已占总数约5%。在上海、北京等地，艺术品进驻商厦已非个例。北京金融街购物中心的"融艺空间"就定位于为艺术爱好者提供经典艺术展。而往日属于"土豪"游戏的艺术品买卖，也正一改"高冷"的面容，借助电商、微拍等方式"飞入寻常百姓家"。2013年，被业界称为艺术微拍元年。据不完全统计，截至2014年底，国内大大小小的艺术品微拍平台就已接近100家。艺术微拍的交易标的主要集中在低价艺术品，微拍出售的艺术品中74%的成交价低于1万元。当更多的普通民众卷入到艺术品的收藏中来，生活也就更容易向"艺术化"迈进。再次，进入公共空间的艺术，又把艺术话题

[①] 朱光潜：《慢慢走，欣赏啊》，收入朱光潜《谈美》，中华书局2010年版。
[②] 胡一峰（李邨南）：《文艺走进生活，评论怎么办》，《中国艺术报》2015年1月26日，第3版。
[③] 北京文化发展研究院：《2014-2015北京文化发展报告》，文化艺术出版社2015年版，第6页。

带入公共视野，使人们在享受"艺术"的生活的同时，也对生活中的"艺术"产生了更多思考。多年前，北大光华管理学院门前曾立过一尊裸露性器官的"猛男"塑像，一时引起不小的争议。如果说，当年此类争论还局限在"象牙塔"内，是专业人士讨论的问题，那么，今天，类似问题似乎已溢出"学术"或"艺术"的范围，迈入公众视野了。试举近年见诸报端的两个例子。其一，《北京青年报》2016年6月30日报道，北京的王府井、常营等商圈曾摆放大尺度雕塑，有些人认为将衣着暴露的雕塑放在公共场合不妥当，也有些人认为"这是艺术无所谓"，还有人认为此类雕塑放在798艺术区无妨，在商圈则不合适。其二，《北京青年报》2017年2月14日报道，西安地铁大雁塔站出现过一幅玄奘与泰姬陵同框壁画。玄奘取经的故事发生在公元600多年，泰姬陵则建于公元1600多年，两事跨越千年却同框，被不少网友指责有损西安历史文化名城形象，地铁公司的解释是该壁画是为强调时空观的交错视觉表现。这些争论孰是孰非姑且不论，但争议本身反映出了民众审美意识的觉醒，也正因如此，类似的争论无法通过科学实验求得真相，也不能靠法院裁决断个是非，甚至单纯的道德评判也显得有些苍白，最妥帖的方式，是从审美治理的角度给予处理。凡此种种，都要求人们必须对这股趋势予以重视。

三、被互联网重塑的艺术生活

时至今日，我们谈任何事情都已经无法离开互联网。互联网的发展，在重塑民众文化生活的同时，也为生活艺术化的浪潮推波助澜。

一方面，作为文化传播媒介，互联网使文化交流更加广泛，更加频繁，互动性进一步增强。在前互联网时代，因为空间阻隔、时间限制等多种因素，人们无法"随心所欲"地使用博物馆、图书馆、美术馆等文化设施。且不论普通人，即便是卓有成就的作家艺术家，在成长的过程中，纵然对艺术满怀热情，但也颇受限制。而今天，借助于互联网提供的便利，人们的文化消费成本进一步降低，艺术经验积累进一步便捷。2013年，数字音乐用户数量已达4.53亿人以上，规模以上提供音乐产品或音乐服务内容的企业数量达到695家。QQ音乐、腾讯音乐、百度音乐、音悦台等网站为人们的爱乐生活提供了方便，而迅速崛起的音乐APP又在使之变得更加触手可得。截至2013年底，仅苹果移动应用商店供大陆地区的音乐类产品就有约3.1万个。新浪微博上的"音乐"相关用户超过6700万。①到了2015年，数字音乐用户更是达到5.01亿，其中移动互联网音乐用户4.16亿。②美术展览和艺术品交易的互联网化也在飞速发展，数字美术馆、3D虚拟在线美术馆、艺术品交易网站、微拍卖等十分火爆。2013年2月，一名叫胡湖的艺术市场从业者创建了一个拍卖群"阿特姐夫日夜场"，群内大部分成员为艺术圈的媒体人及收藏者，短短一周之内，就卖掉了近50件作品，成交均价在3000元上下。③文创产业也空前发展，且不说前几年就十分火爆的故宫文创。据报道，颐和园文创产品总量也已达到400余件。④这充分说明，互联网对艺术的介入，把更多的普通民众卷入到艺术中来，而他们的生活也相应地在发生着艺术化的变化。应该说，这是一种全国乃至全球的趋势，而在北京等中心城市，更加明显。据统计，2015年上半年，北京文化消费的40%来自互联网。⑤互联网对人们艺术生活的影响，还可以从一些个体的日常经验中得到佐证。比如，《微信赏艺录》一文的作者已届古稀之年，但借助微信和"群"，进入到了一个艺术世界。"朋友不断传来中外各种经典名画大全，齐白石、张大千、列宾、梵高等诸多名家的绘画集锦，看了《雨果：他的画比文学动人》，我才知道法国大作家雨果的画作竟然也如此超群。许多大全、集锦都被我列入'收藏'，随便点出一帧就是琳琅满目，够自己慢慢欣赏多时。在此基础上，朋友间又开始因时因事选发一些名画，并附上几句精要赠言或评说。……微信赏艺，使我们不仅在名人名作里获得精神滋养，更难能可贵的在于朋友群中还涌现出了一些各自的原创作品"。⑥这个例子说明，微信平台不仅"拉近"了人们与艺术的距离，而且把人"拉进"了艺术，从欣赏而评论，从评论进而创作了。

另一方面，作为人群组织工具，互联网构建了创造文化和享受文化的新的组织形态，让人们得以更加自主地以文化追求的纽带"组织起来"。与物质消

---

① 贾岩：《音乐与互联网深度融合正激发产业转型》，《中国艺术报》2015年8月31日，第4版。
② 张悦：《中国音乐产业总产值首次突破3000亿元大关》，《中国艺术报》2016年11月14日，第4版。
③ 周娜：《美术的互联网传播生态扫描》，《中国艺术报》2015年8月31日，第8版。
④ 《颐和园古画"走进"百姓家》，《北京日报》2017年4月29日，第5版。
⑤ 北京文化发展研究院：《2014-2015北京文化发展报告》，文化艺术出版社2015年版，第6页。
⑥ 李树琦：《微信赏艺录》，《中国社会科学报》2017年4月7日，第8版。

费不同，文化消费具有体验性特征。它至少具有三个特点，第一，天然地带有交流的需要；第二，这种需求不但不会因为消费而减弱，反而会不断增强；第三，这种增强主要表现为要求获得质量更优而非数量更多的消费对象。也就是说，即便是独自阅读一部文学作品、欣赏一部影视剧或听一场音乐会，也会产生与人交流欣赏体会的内在要求，而与人交流的经验反过来又会增强新的需求，而此种新的需求主要不是重复欣赏某一部作品，而是欣赏更加精良的作品。这三个特点，使文化需求满足的程度与方式与社会的组织形态与发达状况密不可分。新中国成立以来，我国社会组织发展经历了一个曲折的过程。根据民政部2016年7月11日发布的社会服务发展统计公报，截至2015年底，全国共有社会组织66.2万个。而1988年民政部登记在册的社会组织仅有4400多个。30多年间，增长了100多倍。[①]这反映出改革开放以来，随着我国经济社会发展、人口大规模流动，社会组织方式的转型，虽然旧有的"单位制"下的人群组织方式逐步解体，但以一种新的方式"组织起来"的愿望正在民众中滋长。而二十多年来，互联网特别是社交媒体在中国的迅猛崛起，在进一步激发群众"组织起来"愿望的同时，又大大降低了群众"自我组织"的成本。据《2015年中国社交媒体发展报告》，2014年，社交媒体用户在城市居民中的百分比已上升到34%；而且，这种增长在不同年龄阶段、地域分布的人群中均有体现，换言之，社交媒体已全面渗透到群众生活世界之中。而中国互联网络信息中心发布《2015年中国社交应用用户行为研究报告》则进一步揭示，40.4%的社交用户使用社交应用的目的是认识更多新朋友，45.2%的社交用户联系人中有网上认识的朋友。[②]而2016年的数据显示，微信用户的受众面进一步扩大。2016年9月微信平均日登录用户7.68亿，比2015年增长35%，微信日接受消息次数较2015年上升了155%，音视频通话时长上升了180%。于是，依托于互联网和社交媒体的各种"群"如雨后春笋般涌现，活跃在群众生活的方方面面，虽然它们忽起忽灭、方生方死，但已构成了人们日常世界所不可或缺的部分。而在这新崛起的自组织世界里，相当一部分是以文化、艺术为主旨的。比如，活跃在网上的观影团、读书会、戏迷群等等。相当多民众的文艺生活是在这样

---

① 潘修华：《我国社会组织的演进历程、现状与发展路径》，《党政研究》2017年第2期，第112页。
② 胡一峰：《做好"互联网+"条件下的群团工作》，《学习时报》2016年9月1日，第5版。

的"自组织"中实现的。有的研究者已经对戏曲网络社群的建构作了分析和展望，并认为戏曲网络社群更贴近用户的真实戏曲文化需求，并将生活中对戏曲的需求扩大化，而且将有助于把戏曲活动的触角延伸到普通大众和青少年。①

四、"艺术北京"战略：一项基层文化建设的对策思考

艺术地生活，本就是近代以来北京最为重要的城市特征之一。

上个世纪30年代，李长之先生在一篇文章中写到，"北平不愧是一个文化城，不只那样从容不迫的人生态度代表一种文化，而且大家也重视文化。……普通朋友们见了面，如果问一声：'你在看什么书，写什么文章'，并不觉得矫揉而不自然。可是，除开北平以外，便大半是不肯这样了。'今天天气哈哈哈'已成通例。……在北平，我看见老太婆去听昆曲是带了曲本去，戴上花镜，随着咿唔的多得很。店员伏在柜台上写稿子的，也不是没有。"②可以说，近代北京成为一座中外闻名的文化之城，很大程度上就由于这座城市的居民过着一种艺术的生活。这也为今天建设艺术北京提供了历史渊源与借鉴。

在当下，丰富多彩的文艺生活，同样是北京的一大城市特色。前文提及的生活艺术化的现象，在北京表现尤为充分。而《北京市"十三五"时期加强全国文化中心建设规划》中关于基层文化建设做出的部署——要增强文化产品供给和服务能力，为群众提供更好更多的精神食粮等，并提出兴建中国美术馆新馆、北京国际戏剧中心、北京文化艺术中心、北方昆曲国际文化艺术中心、北京市歌舞剧院、中杂剧场、北京国际儿童文化艺术中心等——显然又将进一步提升城市的文化品味和艺术气息。

更值得注意的是，艺术氛围也是北京对青年产生吸引力的重要原因。据北京团市委2015年发布的一项大型调查显示，70.0%的艺术青年将北京作为首选定居城市，接近七成希望在北京择业。③即便是外籍青年，也不例外。同一项调查表明，61.7%的外籍青年比较喜欢或非常喜欢北京，在北京吸引力方面，

---

① 参见侯文辉、万江《"互联网+"时代戏曲网络社群建构的策略与方法》，《艺术百家》2017年第1期，第100页。
② 李长之：《近代中国的文艺复兴》，商务印书馆2016年版，第147页。
③ 孙震、柳青：《北漂文艺青年：此地，有文化可立足》，《北京青年工作研究》2015年第4期，第32页。

排在第一位的是文化氛围好（34%）。很多外籍青年来中国就是为了学习中国的文化，79.7%的人员对中国文化非常感兴趣，而戏曲文艺是他们兴趣聚焦点之一。[①]相较于统计数据，个体的感受可能更具直观性。前不久，一篇名为《离开北京3年后，我后悔了》的文章曾在微信朋友圈广泛流传，作者写到，他离开北京一年多后，又回来了。"因为，我想念北京的朋友，想念北京随时可以看话剧、电影，想念每周六小西天中国电影资料馆的电影讲座，想念簋街的龙虾以及和朋友们深更半夜吃着龙虾撸着串聊着电影小说剧本的无话不谈"。[②]类似的感受，在讨论对于北上广，青年应离开还是坚守时，并不鲜见。一个城市的活力和可持续发展，与青年在城市人口中的比重密切相关。从这个意义上说，进一步丰富北京的文艺活动，并使之更加有效地抵达居民的日常生活，继续提升北京生活的艺术性，让这座城市的居民能够更艺术地生活，不仅具有产业的意义，而且关系城市的活力和可持续发展。

正因为如此，笔者认为，北京的基层文化建设的对策，应在"艺术北京"的战略下加以考量。

其一，应转变"基层"观念，从供给侧入手推动基层文化建设。基层文化之"基层"，是指文化产生及发挥作用的空间，而非衡量文化产品、服务或活动水平高低、品质优劣的标准。换言之，基层文化建设不能降格以求。相反，艺术精品以及孕育精品的机制，很有可能诞生于基层。尤其是在网络空间飞速发展、体制外文化从业人员蓬勃兴起的今天，更是如此。互联网和市场化这两股浪潮，不但改变了人的存在方式，也改变了传统意义上的"基层"概念。如果基层文化建设仍将"基层"局限地定义为行政系统意义上的"下级"或"末端"，那么无疑会把虚拟世界中的、体制外的那些人群存在样态排除在外，也就丧失一大片与基层民众生活息息相关的领域。真要如此，基层文化建设所失去的，又何止半壁江山？举例而言，北京的皮村工人之家的"打工春晚"已经举办多年，影响很大。类似的自组织的文化建设，是否属于"基层文化建设"范畴似乎尚未在政策体系与话语中找到答案。因此，应在转变"基层"观念的基础上，实行基层文化建设的"供给侧"改革，一方面把真正的文化精品送到基层去，另一方面，也是更重要的，则是优化文化资源的分配方式，引导和帮

[①] 刘星：《外国在京青年：喜欢"骨子里"的中国首都》，《北京青年工作研究》2015年第5期，第37页。

[②] 孟婆：《离开北京3年后，我后悔了》，"思想聚焦"微信公众平台。

助基层自主地开展文化建设，打造文化精品，提升基层民众生活的艺术化程度。相应地，就要发挥政府在文化建设中的调控作用，挤压一些制造虚假红火场面的文化建设"泡沫"，比如花巨资拍出的"雷剧""烂片"，耗费大量文艺资源，自娱自乐的"老调重弹""西调中弹"，在"政绩"或"利益"指挥棒下制造出的应"奖"之作、应"展"之作，以及所谓"文艺搭台、经济唱戏"等现象。这些泡沫看似五彩斑斓，内里却包裹着浮躁的心灵、趋利的念头。泡沫堆得越高，与艺术本真离得越远。与民众的生活这一文艺的源头活水及反哺对象，也会离得更远。只有去除这些泡沫，才能把优质的文艺资源向基层倾斜，并建构起优质资源与活跃在基层的、富有创新活力的文化建设人才相匹配的科学机制，使优质资源流向优秀人才的管道更加畅通，优秀作品搭载优质渠道的方式更加便捷。当下，尤应关注民营文化工作室、民营文化经纪机构、网络文艺社群等新的文艺组织，以及网络作家、签约作家、自由撰稿人、独立制片人、独立演员歌手、自由美术工作者等新的文艺群体，为他们提供组织纽带、政策保障、技能培训和创作扶持，从而为文艺队伍补充新鲜血液，为文艺"供给侧"增添新的力量。

其二，发挥文化专业组织和人才的作用，提升基层审美治理能力。正如有的学者指出的，审美治理将审美视为文化治理的一种途径和策略，强调审美对建设伦理道德、人文精神和社会主义和谐社会的重要作用。国家以审美治理来促进社会的物质与精神的良性发展，个人则以审美化的修身伦理实现主体的完善。[1]应抓住群团改革的契机，加强对文化类行业协会、基金会、民办非企业单位等社会组织的引导、扶持和管理。积极发挥文化类行业组织在行业自律、行业管理、行业交流等方面的重要作用。加大政府向文化类社会组织购买服务力度，将适合由社会组织提供的公共文化服务事项交由社会组织承担。发挥专业组织和专业人才在艺术之美的传递中的纽带作用，让更多通晓文化、艺术的专业人士参与到基层文化建设中去，引导他们承担起跑完基层文化建设"最后一公里"的职责，为民众搭建走近美、欣赏美、创造美的思想台阶，进而丰富民众的文化体验，提高民众开展文化建设、扮美日常生活的意识和能力，共同推动中国文化的发展。

---

[1] 李艳丰：《审美治理——当代审美文化研究的实践转向》，《中国社会科学报》2017年4月18日。

参考文献：

[1] 中宣部干部局组织编写：《新时期宣传思想工作》，学习出版社2006年版。

[2] 北京文化发展研究院：《2014-2015北京文化发展报告》，文化艺术出版社2015年版。

[3] 李长之：《近代中国的文艺复兴》，商务印书馆2016年版。

[4] [美] 罗纳德·英格尔哈特：《发达工业社会的文化转型》，张秀琴译，社会科学文献出版社2013年版。

[5] 熊万胜：《文化治理：要素协调思路下的政策衔接与基层建设》，《上海城市管理》2015年第2期。

[6] 沈望舒：《北京的发展要义——强化首都文化核心功能》，《北京联合大学学报（人文社会科学版）》2016年第4期。

[7] 张世英：《艺术生活化、生活艺术化》，《中国文艺评论》2015年第2期，第8页。

[8] 潘修华：《我国社会组织的演进历程、现状与发展路径》，《党政研究》2017年第2期。

[9] 侯文辉、万江：《"互联网+"时代戏曲网络社群建构的策略与方法》，《艺术百家》2017年第1期。

[10] 李艳丰：《审美治理——当代审美文化研究的实践转向》，《中国社会科学报》2017年4月18日。

八、文化"三都"与国家文化中心建设

李智豪

【摘 要】建设文化"三都",不仅是新时代中国特色社会主义文化发展的内在要求,更是国家文化中心建设的现实需要。北京要积极整合文化资源,接续中华民族的历史文脉,传承红色基因,同时坚持先进文化的前进方向,坚持勇担政治责任、深化文化体制改革、推进"四个中心"建设、以人民为中心,发展文化"三都",推动国家文化中心建设。

【关键词】北京;文化"三都";文化体制改革

党的十八大以来,按照中央全面深化改革的总体部署,宣传文化战线坚定文化自信,增强文化自觉,紧紧围绕文化小康目标,推动文化改革发展各项任务落地见效,文化创新创造活力极大激发,社会主义文化强国建设迈出坚实步伐。北京市委按照中央决策部署,团结带领全市人民在文化建设领域取得了丰硕成果,开创了首都文化建设的新局面。

2017年是不平凡的一年。6月,中国共产党北京市第十二次代表大会召开,这是在全市深入学习贯彻习近平总书记系列重要讲话精神和治国理政新理念新思想新战略、以优异成绩迎接党的十九大之际召开的一次重要会议。10月,中国共产党第十九次全国代表大会召开,这是在全面建成小康社会决胜阶段、中国特色社会主义进入新时代的关键时期召开的一次十分重要的大会。

党的十九大精辟概括、科学标定了我国发展新的历史方位,作出中国特色社会主义进入了新时代的重大政治论断,具有划时代的里程碑意义。新时代新变化新特征,对党和国家工作提出了新要求,对北京加强全国文化中心建设提出了新要求。贯彻落实党的十九大精神和北京市第十二次党代会精神,坚持以习近平新时代中国特色社会主义思想为指导,助力建设国际一流的和谐宜居之都的发展目标,坚持和强化首都全国文化中心的核心功能,全面深化文化体制改革,整合各类文化资源,增强首都文化软实力,把北京建设成为传统文化之都、革命文化之都、社会主义先进文化之都的文化"三都",成为北京建设全国文化中心的战略要求。

一、建设文化"三都"的理论依据与现实要求

(一)建设文化"三都",是坚定文化自信,发展中国特色社会主义文化的要求

文化是一个国家、一个民族的灵魂。文化自信,是一个民族、一个国家对自身文化价值的充分肯定和积极践行,并对其文化的生命力持有的坚定信心。习近平同志在中国共产党第十九次全国代表大会上所作的报告《决胜全面建成小康社会 夺取新时代中国特色社会主义伟大胜利》(以下简称十九大报告)指出:"文化自信是一个国家、一个民族发展中更基本、更深沉、更持久的力量"。没有高度的文化自信,没有文化的繁荣兴盛,就没有中华民族伟大复兴。

我们的文化自信有其深厚的渊源与基础,那就是中国特色社会主义文化。2016年,在庆祝中国共产党成立95周年大会上,习近平同志指出:"文化自信,是更基础、更广泛、更深厚的自信。在5000多年文明发展中孕育的中华优秀传统文化,在党和人民伟大斗争中孕育的革命文化和社会主义先进文化,积淀着中华民族最深层的精神追求,代表着中华民族独特的精神标识。"习近平同志在十九大报告中进一步指出:"中国特色社会主义文化是激励全党全国各族人民奋勇前进的强大精神力量,它源自于中华民族五千多年文明历史所孕育的中华优秀传统文化,熔铸于党领导人民在革命、建设、改革中创造的革命文化和社会主义先进文化,植根于中国特色社会主义伟大实践。"

因此,我们必须坚定文化自信,弘扬优秀传统文化、革命文化和社会主义先进文化,从这三个维度挖掘、整合文化资源,开展文化工作,把北京建设成为文化"三都"。

(二)建设文化"三都"是建设全国文化中心,建设国际一流和谐宜居之都的要求

北京作为全国首都,具有重要的示范作用。建设和管理好首都,是国家治

理体系和治理能力现代化的重要内容。党的十八大以来，习近平同志多次对北京工作作出重要指示，特别是2014年、2017年两次在北京考察工作并发表重要讲话，系统阐述了关系首都发展的方向性、根本性问题，深刻回答了"建设一个什么样的首都，怎样建设首都"这一重大问题，为首都当前和今后长期发展提供了根本遵循。

2014年，习近平同志在北京考察工作时强调，要明确城市战略定位，坚持和强化首都全国文化中心的核心功能，努力把北京建设成为国际一流的和谐宜居之都。首都文化建设是落实首都城市战略定位、建设国际一流和谐宜居之都的重要内容。建设文化"三都"，从北京的实际出发，为发展中国特色社会主义文化和弘扬首都文化，建设全国文化中心提供了具体方案。

二、建设文化"三都"的途径

（一）接续中华民族的历史文脉

中华民族在几千年历史中创造和延续的中华优秀传统文化，是中华民族的根和魂。中华文化独一无二的理念、智慧、气度、神韵，具有鲜明的民族性，增添了中华民族内心深处的自信和自豪。作为一座拥有悠久历史的古城，北京具有丰富的历史文化遗产。无论是从自身的文化发展，还是从服务于国家战略的角度来看，北京都应该带头接续中华民族的历史文脉，弘扬中华优秀传统文化，推动中华优秀传统文化创造性转化、创新性发展。

中华优秀传统文化的主要物质载体，就是历史文化遗产。所谓历史文化遗产，就是人类已往的活动过程中所创造的，并以各种方式遗留下来的种种财富的总和。[1]历史文化遗产包括物质文化遗产和非物质文化遗产。物质文化遗产是具有历史、艺术和科学价值的文物；非物质文化遗产是指各种以非物质形态存在的与群众生活密切相关、世代相承的传统文化表现形式，以及与这些形式相关的文化空间。[2]

北京拥有3000多年的建城史和800多年的建都史，在这漫长的历史发展过程中，各族人民共同创造了光辉灿烂的历史文化，留下了丰富而又独特的历史

---

[1] 蒋大椿、陈启能主编：《史学理论大辞典》，安徽教育出版社2000年版，第113-114页。

[2] 见国发〔2005〕42号《国务院关于加强文化遗产保护的通知》。

文化遗产，使北京成为一座闪耀着中华文明的独特魅力，拥有厚重积淀的历史文化名城。习近平同志在北京考察工作时指出，历史文化是城市的灵魂，要像爱惜自己的生命一样保护好城市历史文化遗产。北京是世界著名古都，丰富的历史文化遗产是一张金名片，传承保护好这份宝贵的历史文化遗产是首都的职责，要本着对历史负责、对人民负责的精神，传承历史文脉，处理好城市改造开发和历史文化遗产保护利用的关系，切实做到在保护中发展、在发展中保护。

北京位于大运河文化带、长城文化带、西山永定河文化带之上，具有重要的历史文化及景观价值。北京城的城市规划独具匠心，号称"八臂哪吒城"，尤其是以宫城为中心的向心式格局和城市中轴线，是世界城市建设历史上最杰出的城市设计范例之一。历史悠久、美轮美奂的古建筑、园林向我们展示了先人的勤劳与智慧，如气势恢宏的故宫，环境优美的"三山五园"，以及历史文化街区和特色地区、名镇名村和传统村落、风景名胜区、历史河湖水系和水文化遗产、山水格局和城址遗存、古树名木等等。

北京的非物质文化遗产也非常丰富，各种传统曲艺、传统技艺、民俗绚丽多彩。京剧、相声、京韵大鼓等曲艺经久不衰；北京烤鸭、酱烧牛羊肉、驴打滚、豆汁等美食小吃独居特色……这些富有"京味"的非物质文化遗产，吸引了一批又一批国内外旅客来到北京参观游览。

中华优秀传统文化是中华民族最独特的精神标识，是中华文明历经磨难却从未断绝的最重要的精神支柱；富有北京特色的古都文化与京味文化，是中华优秀传统文化的重要组成部分，也是北京人独特的文化标识。一个民族、一个城市如果丢掉了传统，就会忘记自己来时的路，就会丧失自己的灵魂，就会在发展的进程中迷失自我。为了保住北京人的乡愁，维护北京人的精神家园，我们应该弘扬具有北京特色的古都文化和京味文化，进一步完善历史文化名城保护体系，保护、传承、利用好北京丰富的历史文化遗产，使北京成为传统文化和现代文明交相辉映、弘扬中华文明与引领时代潮流的文化名城，把北京建设成真正的传统文化之都，巩固和夯实全国文化中心的根脉。

（二）传承革命前辈的红色基因

革命文化是中国共产党领导中国人民在进行革命、建设和改革的伟大实践中所创造的文化。革命文化既脱胎于中华优秀传统文化，又引领和发展了社会主义先进文化，并且在新时代不断进行着再生再造、凝聚升华，成为激励着亿万中华儿女为实现中华民族伟大复兴而不懈奋斗的重要精神动力。

党的十八大以来，以习近平同志为核心的党中央高度重视革命文化与革命精神，引导全国人民铭记革命历史，弘扬革命文化，传承革命精神。习近平同志指出，历史是最好的教科书。学习党史、国史，是坚持和发展中国特色社会主义、把党和国家各项事业继续推向前进的必修课。革命文化归根结底产生并发展于党领导人民为实现中华民族伟大复兴而不懈奋斗的历史进程当中，因此，只有学好党史、国史，才能了解党和国家事业的来龙去脉，才能深入理解坚持和发展中国特色社会主义的历史必然性，才能真正理解革命文化与革命精神，从而激励人们自觉地弘扬革命文化，发扬革命传统，传承革命精神，坚定文化自信，以饱满的精神姿态夺取新时代中国特色社会主义伟大胜利。

北京历经革命的洗礼，具有优良的革命传统：新民主主义革命开始的标志，就是爆发于北京的五四爱国运动；北京是马克思主义在中国传播的重镇，其中北大红楼是中国近代史上最早传播马克思主义的重要场所；卢沟桥事变爆发后，北平守军顽强抵抗，涌现出一大批民族英雄和爱国将领；解放战争时期，北平和平解放，古都迎来新生……党领导人民进行革命斗争的伟大实践，孕育了北京的丰富厚重的红色文化，孕育了中华民族伟大的革命文化。

中华人民共和国成立之后，北京作为首都，集中了丰富的红色文化资源，成为全国弘扬革命文化的中心。革命文化以一定的物质载体呈现出来：第一，具有象征意义的、著名的地标性建筑，这些建筑是中国作为社会主义国家的标志，同时也是北京作为全国政治中心的标志，如天安门、人民英雄纪念碑、人民大会堂、毛主席纪念堂等。第二，在近代以来的历史上具有纪念意义的历史遗存，这些历史遗存提醒人们铭记历史，具有非常重要的教育意义，如全面抗战爆发纪念地卢沟桥和宛平城等。第三，博物馆与纪念馆，它们通过收藏、展出大量珍贵文物，使人们能够直观地感受到先烈们的革命精神，并且为人们了解、研究党史、国史提供了详实的材料，如中国国家博物馆、中国人民革命军事博物馆、中国人民抗日战争纪念馆以及李大钊故居、宋庆龄故居等。

习近平同志强调，要把红色资源利用好、把红色传统发扬好、把红色基因传承好。在北京市考察工作时，习近平同志特别强调，搞历史博物展览，为的是见证历史、以史鉴今、启迪后人。要在展览的同时高度重视修史修志，让文物说话、把历史智慧告诉人们，激发我们的民族自豪感和自信心，坚定全体人民振兴中华、实现中国梦的信心和决心。革命文化依托于革命历史，挖掘红色资源必须记录好、研究好红色历史。首先，我们要搞好革命历史博物展览，让文物传播革命文化，用革命文化的力量感染人；其次，我们要重视修史修志，抢救红色记忆，为革命历史的研究、革命文化与革命精神的传承打好基础；最后，我们要创新传播形式，通过人民群众喜闻乐见的方式弘扬革命文化，如开发红色旅游项目等。

"没有革命的理论，就不会有革命的行动；没有革命的精神，就不会有革命事业的成功。"[①]革命文化重塑了中华民族精神，赋予了民族文化以崭新的时代性与革命性，激励一代又一代的中国共产党人不忘初心，牢记使命，为中国人民谋幸福，为中华民族谋复兴的强大精神动力。今天，我们站在新的历史起点上，更要肩负起新时代赋予的历史责任，建设革命文化之都，弘扬革命文化，传承革命精神，凝聚起助力实现中华民族伟大复兴的磅礴力量。

（三）坚持先进文化的前进方向

社会主义先进文化是对中华优秀传统文化和革命文化的继承和发展，是以马克思主义为指导所进行的文化创造，是坚守中华文化立场，立足当代中国现实，结合当今时代条件，以培育有理想、有道德、有文化、有纪律的公民为目标的，面向现代化、面向世界、面向未来的，民族的科学的大众的社会主义文化，体现了以爱国主义为核心的民族精神和以改革创新为核心的时代精神。在当代中国，走中国特色社会主义文化发展道路，建设社会主义文化强国，增强国家文化软实力，必须坚持社会主义先进文化前进方向，坚持社会主义核心价值体系。

社会主义先进文化的先进性，体现在它吸收了人类文明的一切优秀成果，不忘本来、吸收外来、面向未来。首先，先进文化坚持马克思主义。马克思主义是发展开放、与时俱进的理论体系，具有科学性、时代性、先进性，是先进文化的根本属性，也是先进文化之所以名副其实的根本原因。其次，先进文化扬弃了传统文化。先进文化批判继承了传统文化，取其精华，去其糟粕，并且推动优秀传统文化创造性转化、创新性发展，使优秀传统文化焕发生机；再次，先进文化继承了革命文化。先进文化继承了党领导人民改造旧世界、建设新世界伟大创举的精神结晶，使革命文化在新时代也能发挥价值；最后，先进文化吸收了外来文化。先进文化扬弃了外来文化特别是西方文化，以包容、开放的态度吸收了其积极的一面，克服了其消极的一面。

建设社会主义先进文化之都，是北京建设全国文化中心、弘扬首都文化的

---

① 沈湘平：《从使命高度理解和坚定文化自信 推动社会主义文化繁荣兴盛》，《中国高校社会科学》2017年第6期，第25页。

重要目标。2016年6月,北京市委宣传部、北京市发改委印发《北京市"十三五"时期加强全国文化中心建设规划》,提出"到2020年,把北京建设成为社会主义物质文明与精神文明协调发展,传统文化和现代文明交相辉映,历史文脉与时尚创意相得益彰,具有高度包容性和亲和力,充满人文关怀、人文风采和文化魅力的中国特色社会主义先进文化之都"。2017年8月18日上午,北京市召开推进全国文化中心建设领导小组第一次会议,小组组长蔡奇在会上强调,要把北京建设成为中国特色社会主义先进文化之都。

北京作为首善之区,汇集了来自全国乃至全世界的优秀文化资源,是集人才高地、学术高地、道德高地于一体的文化高地。首都文化是大国文化,社会主义先进文化,在国家文化建设中具有指向性、引领性,有着不可替代的重要作用。要以社会主义核心价值观为引领,坚持正确的政治方向和社会主义先进文化导向,在中华民族伟大复兴进程中发挥应有的软实力作用。

社会主义先进文化是文化建设的目的,是文化发展的目标,引领着文化前进的方向。习近平同志在文艺工作座谈会上指出:"一个民族的复兴需要强大的物质力量,也需要强大的精神力量。没有先进文化的积极引领,没有人民精神世界的极大丰富,没有民族精神力量的不断增强,一个国家、一个民族不可能屹立于世界民族之林。"实现中华民族的伟大复兴,必须以先进文化为引领,毫不动摇地坚持马克思主义的指导,坚持社会主义核心价值体系,发展中国特色社会主义文化,把北京建设成为始终走在时代前列,引领时代潮流的社会主义先进文化之都。

三、建设文化"三都"的突破口

(一)着力增强"四个意识",坚决承担首都文化建设的政治责任

十九大报告指出:"党政军民学,东西南北中,党是领导一切的。必须增强政治意识、大局意识、核心意识、看齐意识,自觉维护党中央权威和集中统一领导,自觉在思想上政治上行动上同党中央保持高度一致。"

首都文化是大国文化,社会主义先进文化。首都文化建设具有重要的战略地位,这是首都本身的地位所决定的。因此,必须全面贯彻落实党的十九大精神,服从党中央的重大决策部署,坚持以习近平新时代中国特色社会主义思想为指导,承担起建设全国文化中心的政治责任和历史重任,在建设国际一流的和谐宜居之都进程中,在实现中华民族伟大复兴的进程中发挥首都文化应有的

软实力作用，要把首都文化优势转化为首都发展优势。北京市委于2017年8月设立了推进全国文化中心建设领导小组，其目的就是要加强组织领导，统筹协调各方资源力量，共同推动文化中心建设取得实质性进展，特别是领导小组组长蔡奇强调要重点抓好"一核一城三带两区"，指明了建设全国文化中心的重点。

第一，以建设文化"三都"疏解非首都功能。历史文化遗产是城市的"金名片"，必须把城市文脉延续好保护好利用好。因此，必须从首都城市战略定位出发，把握"舍"与"得"辩证关系，疏解非首都功能，为城市恢复古都风貌，保留"京味"元素，维护历史遗存创造条件。南锣鼓巷是北京的街区之一，是我国唯一完整保存着元代胡同院落肌理、规模最大、品级最高、资源最丰富的棋盘式传统民居区，具有重要的历史文化价值。近年来，该地区商业兴起，人流剧增，传统的胡同居民区发生了很大变化，公共设施破损、业态形式良莠不齐、建筑风貌蚕食破坏成为主要问题，尤其是南锣鼓巷里充斥着炸榴莲、炒酸奶、盐酥鸡、臭豆腐等小吃门脸，使得这一具有悠久历史的古老街区沦为所谓的"小吃街"。从2016年开始，有关部门着手对南锣鼓巷进行整治，重点恢复其居住和文化功能。首先，南锣鼓巷主动取消了3A景区称号，将旅游团拒之门外；其次，对南锣鼓巷的业态也进行更加规范的治理，关闭无证无照商铺、清理"一照多店"、转型低端小吃业态，并且鼓励兴办具有老北京特色的、展示民俗文化与传统技艺的店铺；第三，对老院落进行升级改造，统一规划设计，引进高科技的智能生活设施。经过整治，南锣鼓巷恢复了古朴的风貌，重新成为一条具有老北京特色的历史文化街区，焕发出生机与活力。

第二，以建设文化"三都"推动京津冀协同发展。京津冀三地之间地理位置相邻，历史上交流密切，文化传统相近，具有共同开发文化资源的潜力。以开发革命文化资源为例，近年来，三地旅游部门积极推动京津冀旅游一体化，特别是携手打造大红色旅游圈，整合京津冀地区丰富的红色旅游资源，努力将红色旅游发展成为京津冀地区培育和践行社会主义核心价值观的重要阵地，近年来举办了2015年纪念抗战胜利70周年"京津冀红色旅游联展"、2016年纪念建党95周年"京津冀红色旅游巡游"等多项红色旅游推广活动。2017年夏，为纪念中国人民解放军建军90周年，三地旅游部门共同举办了京津冀红色旅游宣传推广活动，其中特别推出十条红色旅游线路。推广红色旅游，不仅是北京弘扬红色文化的新亮点，更是推动京津冀协同发展的新途径。

(二) 深化文化体制改革，激发北京丰富文化资源的活力

全国文化中心建设要靠改革引路，靠改革破题，靠改革激发文化资源的活力和文化建设的创造力。党的十九大报告指出，要深化文化体制改革，完善文化管理体制，加快构建把社会效益放在首位、社会效益和经济效益相统一的体制机制。

第一，文化建设领域重视经济效益、轻视社会效益的问题依然存在，必须把社会效益放在首位，促进社会效益和经济效益相统一。文化给人带来的影响是潜移默化、深远持久的。倘若文化建设一味追求经济效益，迎合低级趣味和猎奇心理，就会扰乱公共秩序，败坏社会风气，导致人们思想混乱，给党和国家的事业带来危害。特别是近些年某些电影宣扬个人主义、拜金主义、享乐主义，尽管票房不菲，但是给青少年带来了不良的影响，招致主流媒体的批评。因此，文化建设必须把社会效益放在首位，必须坚持正确的方向，坚持马克思主义，坚持为人民服务。作为首善之区，北京更要坚持首善标准，传递正能量，加强思想道德建设，提高人民的思想觉悟、道德水准、文明素养，使社会主义核心价值观深入人心，从而提高全社会文明程度，努力营造良好的社会风气。同时，文化建设也要兼顾经济效益，发挥市场"无形之手"的作用，提高文化建设的效率，让社会主义先进文化以新颖的形式呈现出来，激发文化创新的活力。

第二，文化产品和服务供需矛盾问题亟待解决，特别是要深化文化领域的供给侧结构性改革。北京市委、市政府为了丰富市民的文化生活，立足于具有北京特色的传统曲艺，推行了多项文化惠民政策，如邀请著名曲艺表演艺术家走进社区、学校登台表演等。然而，尽管这些演出价格低廉甚至免费，但是观众寥寥。此外，部分传统曲艺机构生存艰难，一些曲艺表演艺术家面临着"国外广受欢迎，国内无人问津"的窘况。总体来看，"有戏没人看"的矛盾仍需进一步解决。有关部门应该深化改革，加强宣传和引导，给予曲艺从业人员扶持，鼓励他们在曲艺的表现与传播形式上进行创新，吸引广大青年了解曲艺、关心曲艺、热爱曲艺、传承曲艺。

（三）更好发挥首都功能，以"三都"建设推进"四个中心"建设

北京作为全国文化中心，对外展示国家文明形象，对内增强文化自信，对全国文化建设起着引领示范作用。文化中心建设不仅是"四个中心"功能建设重要部分，作为软实力，也贯穿于其他三个中心之中。因此，为了更好地履行首都职责，更好地以首都文化建设带动全国文化建设，更好地推动中华文化走

向世界，北京必须发挥好凝聚荟萃、辐射带动、创新引领、展示交流和服务保障的功能，即对内面向全国，对外面向世界，汇集优质文化资源，推动引领文化创新，搭建国际交流平台，完善公共文化服务体系。

文化是城市的灵魂和软实力，文化中心建设将为其他三个中心建设提供精神指引，凝聚强大力量。因此，必须协调四个中心建设，并且在四个中心建设的过程中积极发挥文化中心的功能，以文化中心建设助力政治中心、国际交往中心、科技创新中心建设。

第一，以革命文化之都建设，助力政治中心建设。体现国家意志，反映国家话语，带有政治色彩的重大活动大都是在北京举办的。礼仪是宣示价值观，凝心聚力的有效方式，特别是上升到国家层面的重大礼仪活动，具有传播主流价值，增强全国人民的认同感和归属感，引导人们树立正确价值观的重要作用。北京作为首都，是开展重大礼仪活动的首选之处。党的十八大以来，习近平同志不断强调继承和发扬革命优良传统，高度重视革命纪念日的现实意义。2014年以来，在每年的中国人民抗日战争纪念日、烈士纪念日上，北京都开展了隆重的纪念活动，特别是2015年9月3日纪念中国人民抗日战争暨世界反法西斯战争胜利70周年阅兵式，展示了我国深化国防和军队改革的巨大成果，生动地传播了伟大的爱国主义精神，振奋了中华民族的自信心和自豪感；这次阅兵还向全世界宣告了中国牢固树立人类命运共同体意识、始终坚持走和平发展道路、坚定不移维护世界和平的决心。

第二，以传统文化之都建设，助力国际交往中心建设。北京是世界各国了解中华文化的重要窗口，博大精深、源远流长、绚丽多彩、古老神秘的中华文化吸引了来自世界各国的人们前来参观，彰显大国风范。2017年11月8日，国家主席习近平和夫人彭丽媛陪同来华进行国事访问的美国总统特朗普和夫人梅拉尼娅参观故宫博物院。两国元首夫妇在故宫宝蕴楼茶叙，共同参观故宫前三殿，观看文物修复技艺展示和珍品文物展，并欣赏京剧表演。参观欣赏过后，特朗普赞不绝口："表演太精彩了！我体会到中国传统文化的深厚底蕴，领略到了中国古代建筑的魅力和其中蕴藏的智慧。我在这里度过了愉快而难忘的时光。"[①]正是中华传统文化的独特魅力，使得各国人民都为之折服。

第三，以社会主义先进文化建设，助力科技创新中心建设。北京是中国高

---

① 李忠发、谭晶晶、潘洁：《穿越时空的握手——习近平主席夫妇同特朗普总统夫妇参观故宫侧记》，《新华每日电讯》，第2版。

等院校最密集的城市之一；在北京的高等院校当中，以北京大学、清华大学为代表的一批一流大学享誉国内外，不少一流学科位于世界前列。这使得北京聚集了大量优秀青年人才，这些青年思想活跃，敢为人先，勇于创新，为北京的发展做出了突出贡献，孕育了北京蓬勃兴起的创新文化。同时，这种创新文化也激励着一批又一批青年投身于创新创业，在实现中华民族伟大复兴中国梦的生动实践中放飞青春理想。今天，我们要加快一流大学和一流学科建设，更要加强全国文化中心建设与科技创新中心建设，以开放包容的先进文化助推中国的科技创新事业，把北京建成拥有国际视野，走在时代前列，引领时代潮流的国际名城。

（四）坚持以人民为中心，牢牢把握人民对美好生活的需要

中国特色社会主义进入新时代，我国社会主要矛盾已经转化为人民日益增长的美好生活需要和不平衡不充分的发展之间的矛盾，这是党的十九大作出的重大政治判断。新时代、新矛盾意味着新任务、新要求，我们必须以强烈的时代责任感，努力承担起新的文化使命。

人民对美好生活的向往，就是我们党的奋斗目标。文化是增进民生福祉的关键因素。如果没有精神文化生活的充实，就不可能有真正幸福的人生和美好的生活。改革开放以来，我国人民生活水平显著改善。随着生活水平不断迈上新台阶，人民对美好生活的向往越来越强烈，对精神文化生活需求也越来越突出。建设文化"三都"，必须努力让人民精神文化生活更丰富，文化获得感、幸福感更充实。

第一，推动北京文化事业和文化产业发展。满足人民过上美好生活的新期待，必须提供丰富的精神食粮。必须推动社会主义文艺繁荣发展，积极引导文艺工作者创作出一批深入生活、扎根人民，为人民群众喜闻乐见的优秀作品；必须坚持基础设施建设、产品服务供给和运营机制创新并重，优化公共文化资源配置，完善公共文化服务体系，深入实施文化惠民工程，倡导全民阅读，推动文化艺术普及，高质量地满足人民群众的文化需求；必须注重维护北京人的精神家园，保护好城市的"京味儿"，展现出开放包容的姿态，以良好的文化氛围感染每一个生活在北京的居民，使人们充满对北京的认同感和归属感。

第二，加强思想道德建设，推进社会主义核心价值观建设。文化，说到底是实践的产物。人民群众是实践的主体，是文化的创造者。因此，开展文化建设，要把服务群众和教育引导群众结合起来，把满足需求和提高素养结合起来，促进人的全面发展，使每一个人都受到社会主义先进文化的鼓舞，都投身于社会主义先进文化的建设。因此，必须加强思想道德建设，培育和践行社会主义核心价值观，使每一个人都能将核心价值观内化于心，外化于行，落实到具体行动上。北京市深入开展群众性精神文明创建活动，丰富学雷锋志愿活动，坚持做好首都志愿者、"礼让斑马线"、"空调调高一度"等活动，使每一名市民都能从身边的小事开始做起，不断提升自己的思想道德修养，从而营造了良好的社会风气和道德风尚，使人民群众成为社会主义先进文化的创造者和享受者。

参考文献：

[1] 徐伟新：《社会主义核心价值观研究》，中共中央党校出版社2016年版。

[2] 《党的十九大报告辅导读本》，人民出版社2017年10月版。

[3] 赵银平：《文化自信——习近平提出的时代课题》，《理论导报》，2016年8月。

[4] 沈湘平：《从使命高度理解和坚定文化自信推动社会主义文化繁荣兴盛》，《中国高校社会科学》，2017年6月。

[5] 赵朝峰、高超、杨宗儒：《习近平的历史思维观》，《党的文献》，2017年6月。

九、北京作为国家文化中心的社会接受度调查报告

郑以然

【摘　要】 本文基于北京作为全国政治中心、文化中心、国际交往中心、科技创新中心的首都城市战略定位，对四个中心在北京市民心中影响力进行了问卷调查。共走访16个区县，兼顾各年龄段、各种职业、农村与城市、不同教育程度以及不同收入人群，尤其包括超过一百名少数民族人士，以及超过一百名外国人。调查显示，北京的文化建设成就在少数民族、外国人群和外地来京人员中基本得到了肯定。尤其是年轻人与收入较高、教育程度较高的人群，对北京的文化中心角色最为认可。同时建议，对北京旧有本地文化民俗要继续着力保护推广；文化政策与文化福利应该酌情对老年人、收入较低者、教育程度较低者和退休无业人员倾斜，以让他们也能共享北京的文化成果。

【关键词】 北京；四个中心；文化中心

中共北京市委十一届七次全会强调，建设和管理好首都，是国家治理体系和治理能力现代化的重要内容。要紧紧围绕全国政治中心、文化中心、国际交往中心、科技创新中心的首都城市战略定位，把建设国际一流的和谐宜居之都贯穿其中，全面深化改革，建立健全与首都城市战略定位相适应的治理体制机制。在11月24日至25日召开的十一届八次全会中，提出要深入贯彻落实习近平总书记视察北京重要讲话精神和《京津冀协同发展规划纲要》，也体现了建设好"四个中心"的决心。

北京四个中心各自的社会影响力和在市民心中的认可度并不相同。2015年-2016年，首师大文化研究院联合美国圣地亚哥梅萨学院，就四个中心在北

京市民心中影响力进行了问卷调查,调查为一对一形式进行,得到有效样本503份。为使调查具有普遍性,课题组走遍北京16个区县,兼顾各年龄段、各种职业、农村与城市、不同教育程度以及不同收入人群,尤其走访了超过一百名少数民族人士,以及超过一百名来自不同国家的外国人。

调查题为单选题,题目为"您觉得用下面哪一个词语描述北京最贴切?"选项分别为A国际交往中心,B科技创新中心,C政治中心,D文化中心。根据调查报告显示,认为北京首先是国际交往中心的最多,达到41.95%,认为是政治中心的其次,达到34.99%,认为是文化中心的有12.72%,认为是科技创新中心的最少,只有10.34%。

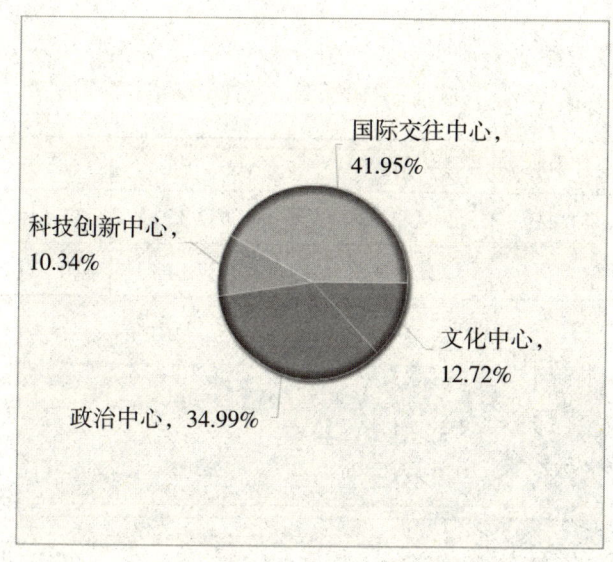

"四个中心在市民心中影响力"问卷调查结果显示,有12.72%的市民首先认为北京是文化中心。尤其是年轻人与收入较高,教育程度较高的人群,对北京的文化中心角色最为认可,北京的文化建设成就在少数民族人士、外国人群、外地来京人员中基本得到了肯定。其中:

1) 男性比例略高于女性。
2) 25岁以下年轻人群认可度更高,而中老年人比例相对较低。
3) 北京本地人认为北京首先是文化中心的比例很低,尤其调研中发现很多老北京人认为北京的本地文化被破坏。农村移民对北京的文化中心角色比较认可。受访的外国人中较为看重北京的文化氛围,对北京频繁的文娱演出体育赛事表示肯定和欢迎。

4）少数民族相对于汉族更认可北京是文化中心。

5）收入越高的人，越肯定北京作为文化中心的角色，且随收入增加趋势非常明显。

6）高中学历者认为北京是文化中心的比例最高，初中以下受教育程度者比例很低。而大学以上学历者比例也较低，因他们认为北京首先是国际交往中心。

7）从事文化相关行业如自由职业者（撰稿人、演员、画家、歌手……）等职业从业者认可度最高，其次是学生，再次是公务员或事业单位职工，企业职员，老板，服务行业打工者，体力劳动者，在退休者和无业者两类比例极低。

从分组情况具体来看：

1. 按性别分组统计

X\Y	国际交往中心	科技创新中心	政治中心	文化中心	小计
男	106（41.09%）	30（11.63%）	85（32.95%）	37（14.34%）	258
女	105（42.86%）	22（8.98%）	91（37.14%）	27（11.02%）	245

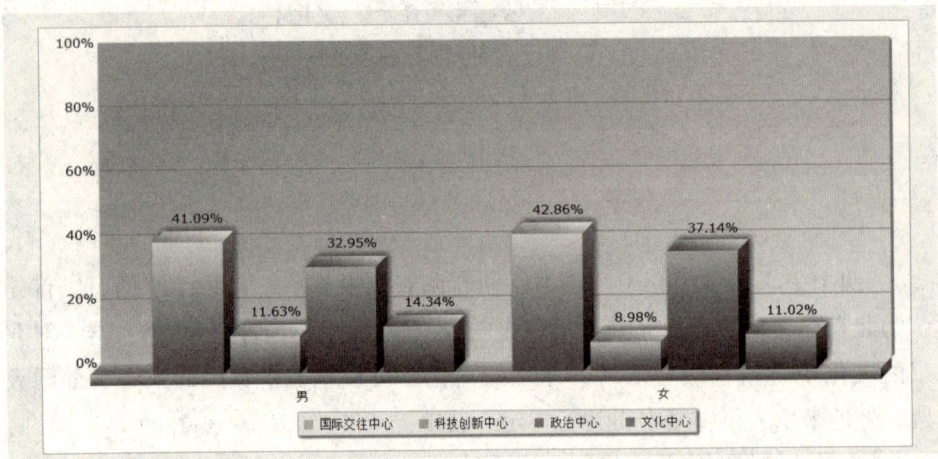

可见，对于四个中心的认可度排序，并不存在显著性别差异。无论在男性和女性中，均有最大比例的人认为北京首先是国际交往中心，包括41.09%的男性和42.86%的女性。占比例第二大的均为政治中心（男性32.95%，女性37.14%）。第三位为文化中心（男性14.34%，女性11.02%）。第四位为科技创新中心（男性11.63%，女性8.98%）。

2. 按年龄分组统计

X\Y	国际交往中心	科技创新中心	政治中心	文化中心	小计
18岁以下	9（40.91%）	7（31.82%）	1（4.55%）	5（22.73%）	22
18-25岁	62（51.24%）	11（9.09%）	33（27.27%）	15（12.40%）	121
25岁-35岁	56（54.90%）	13（12.75%）	24（23.53%）	9（8.82%）	102
35岁-45岁	22（28.95%）	4（5.26%）	31（40.79%）	19（25.00%）	76
45岁-60岁	38（35.85%）	7（6.60%）	49（46.23%）	12（11.32%）	106
60岁以上	24（31.58%）	10（13.16%）	38（50.00%）	4（5.26%）	76

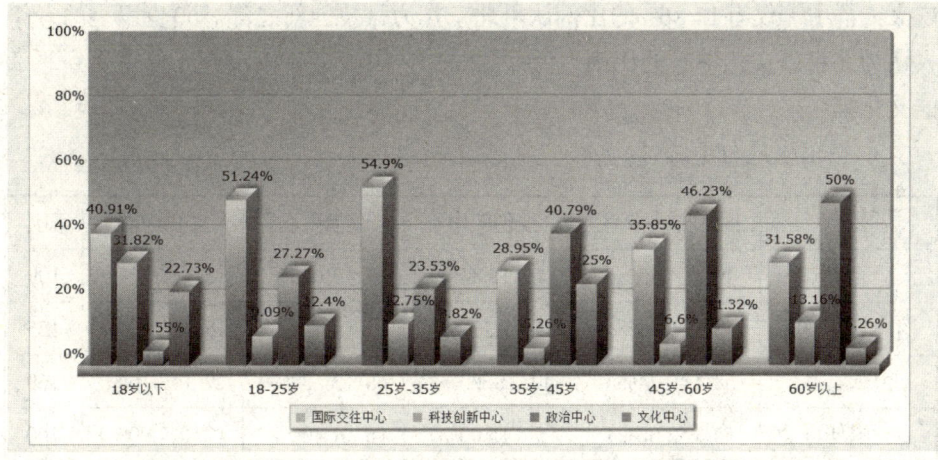

18岁以下少年最多人认为北京首先是国际交往中心，其次是科技创新中心，再次是文化中心，最后是政治中心（4.55%）。符合少年政治敏感度较低的特征。

18-25岁青少年中，最多人认为北京首先是国际交往中心，其次是政治中心，再次是文化中心，最后是科技创新中心。值得注意的是，这一年龄段本该是科技创新的主力军和未来的希望，但仅有9.09%的低比例认为北京是科技创新中心。

25岁到35岁青年中，最多人认为北京首先是国际交往中心，其次是政治中心，再次是科技创新中心，最后是文化中心。这一年龄段，已经摆脱了学业压力，尚无上有老下有小家庭负担，精力旺盛，人际交往活跃，应该处于文化生产与消费的旺盛期。但却仅有8.82%的人认为北京是文化中心，值得深思。

在35-45岁的中青年中，最多人认为北京是政治中心，其次是国际交往中心，再次是文化中心，最后是科技创新中心。

在45-60岁中年组，最多人认为北京是政治中心，其次是国际交往中心，再次是文化中心，最后是科技创新中心。

在60岁以上老年组，最多人认为北京是政治中心（50.00%），其次是国际交往中心，再次是科技创新中心，最后是文化中心（5.26%）。

总的来看，各年龄段都有较多人认为北京是国际交往中心，35岁以下各组均将其排在第一位，35岁以上各组均将其排在第二位。认为北京是政治中心的比例随年龄显著上升，从年龄最小组的仅4.55%上升到年龄最大组的50.00%。18岁以下青少年对北京的科技创新能力最为认可（31.82%），而在35-60岁的广大人群中，仅有11.86%的比例认可北京作为科技创新之都。60岁以上的老年人认为北京是文化中心的比例过低（5.26%），可见老年人没有充分享受到北京的文化福利。

3. 按出生地分组统计。

X\Y	国际交往中心	科技创新中心	政治中心	文化中心	小计
北京	49（44.95%）	14（12.84%）	43（39.45%）	3（2.75%）	109
国内其他城市	42（33.60%）	9（7.20%）	59（47.20%）	15（12.00%）	125
国内农村	68（40.24%）	14（8.28%）	58（34.32%）	29（17.16%）	169
国外	52（52.00%）	15（15.00%）	16（16.00%）	17（17.00%）	100

按出生地统计，出生于北京的人有44.95%认为北京首先是国际交往中心。有39.45%的人认为北京是政治中心，二者相加高达约85%。而仅有2.75%的人认为北京首先是文化之都。

出生于国内其他城市的人中有近半数（47.20%）认为北京首先是政治中心，其次是国际交往中心（33.60%），然后是文化中心和科技创新中心。

出生于国内农村的受访者中，有40.24%的人认为北京首先是国际交往中心。然后依次是政治中心，文化中心，科技创新中心。

外国人中，超过半数（52.00%）认为北京是国际交往中心，而另外三个的比例非常接近，分别为15%，16%，17%。

在与受访者谈话中发现，北京文化中心建设对本地人没有产生显著影响，甚至相当多老北京人认为北京的本地文化被破坏。而北京的都市文化、国际化的环境对农村移民产生了巨大心理影响。受访的外国人中较为看重北京的文化氛围，对北京频繁的文娱演出体育赛事表示肯定和欢迎。中国人无论北京本地还是外地人，都极为看重首都的政治地位，而外国人对政治中心这一概念感受较弱。而政治色彩的淡化，其实对于吸引外国人来北京投资和交流或许利大于弊。

4. 按民族与国籍分组统计

X\Y	国际交往中心	科技创新中心	政治中心	文化中心	小计
汉族人士	114（41.01%）	23（8.27%）	118（42.45%）	23（8.27%）	278
少数民族人士	43（36.75%）	11（9.40%）	40（34.19%）	23（19.66%）	117
外国人	54（50.00%）	18（16.67%）	18（16.67%）	18（16.67%）	108

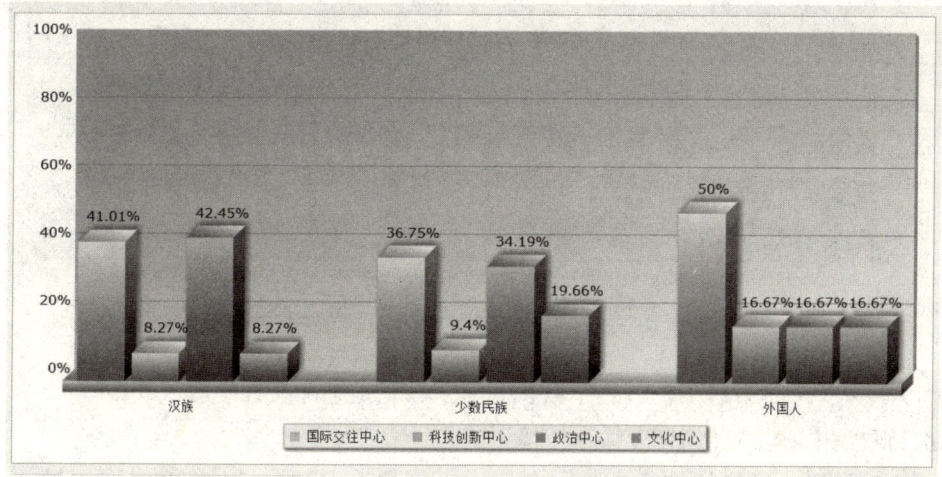

按民族分组统计，汉族人士中认为北京首先是政治中心的比例有42.45%，略高于国际交往中心的比例41.01%。认为北京是文化中心和科技创新中心的比例同为8.27%。

而少数民族人士的情况有较大区别，尽管列前两位的也是国际交往中心和政治中心，但占比较低。而文化中心比例有了较大比例上升，达到19.66%，科技创新中心也有9.40%。访谈中也发现，少数民族群体对自己民族文化有强烈自我意识，对于宣传自我民族文化如饮食、艺术、风俗有强烈愿望。他们在北京生活中也能感受到本民族文化与汉族文化的冲突与融合，总体认为北京对不同民族文化包容度很强，因此认同北京是文化中心。

此项外国人的统计结果与上题类似,这也验证了本调查结果的有效性。

5. 按个人年收入分组。

X\Y	国际交往中心	科技创新中心	政治中心	文化中心	小计
3万以下	76（45.24%）	20（11.90%）	50（29.76%）	22（13.10%）	168
3万-10万	75（43.35%）	16（9.25%）	70（40.46%）	12（6.94%）	173
10万-20万	33（34.74%）	9（9.47%）	38（40.00%）	15（15.79%）	95
20万以上	27（40.30%）	7（10.45%）	18（26.87%）	15（22.39%）	67

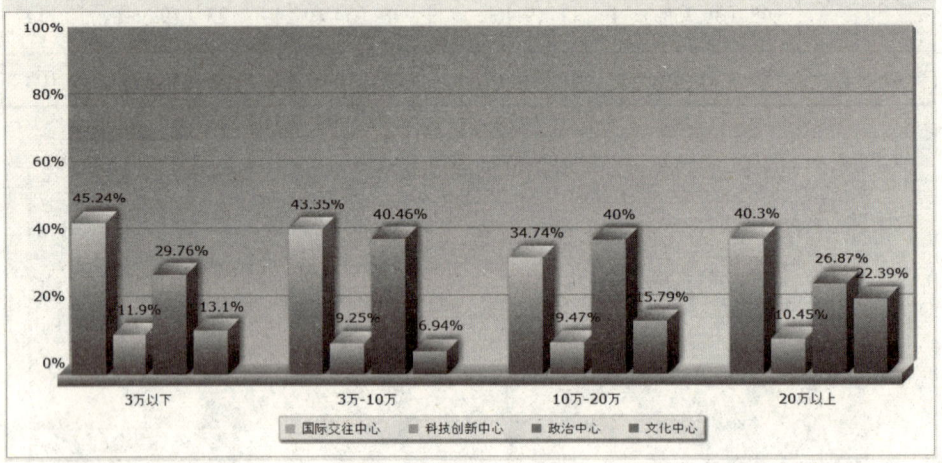

年收入在3万以下的,近半数认为北京首先是国际交往中心（45.24%）,其次是政治中心,文化中心,科技创新中心。

3万到10万组的排序为国际交往中心,政治中心,科技创新中心,文化中心。

10万到20万组的排序为政治中心,国际交往中心,文化中心,科技创新中心。

20万以上组为国际交往中心,政治中心,文化中心,科技创新中心。

在这组可以看出,3万以下组,有13.1%认为北京是文化之都。3万-10万的,只有6.94%。收入在10万-20万的,有15.79%,20万以上的,有22.39%。考虑到3万以下收入的有一部分为未成年学生。所以可以看出,**收入越高的人,越肯定北京作为文化中心的角色,且随收入增加趋势非常明显。**

6. 按教育程度分组统计

X\Y	国际交往中心	科技创新中心	政治中心	文化中心	小计
文盲	1（50.00%）	0（0.00%）	1（50.00%）	0（0.00%）	2
小学	5（33.33%）	3（20.00%）	6（40.00%）	1（6.67%）	15
初中	35（47.30%）	14（18.92%）	18（24.32%）	7（9.46%）	74
高中	28（37.84%）	7（9.46%）	23（31.08%）	16（21.62%）	74
大学	98（41.00%）	18（7.53%）	95（39.75%）	28（11.72%）	239
研究生及以上	44（44.44%）	10（10.10%）	33（33.33%）	12（12.12%）	99

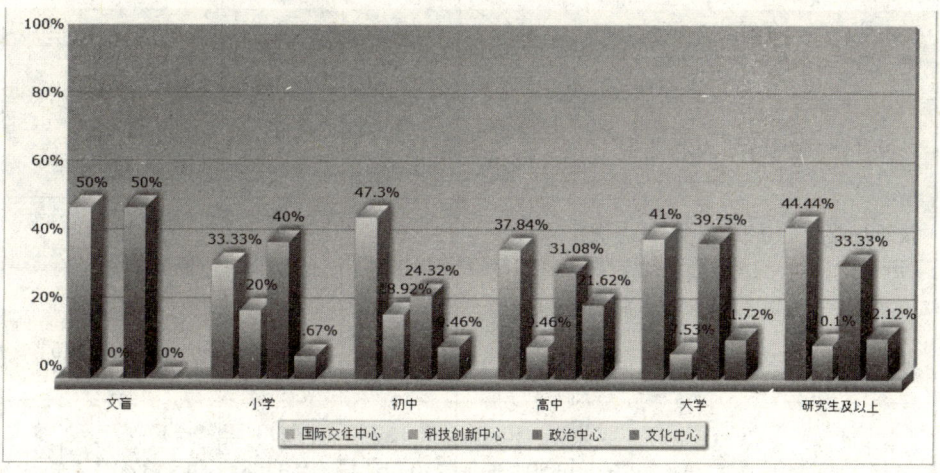

按受教育程度分组，国际交往中心除在小学组以一票位居第二，在其余各组均排第一。

政治中心除在小学组排第一外，在其他组均排第二。

文盲认为北京首先是文化中心的为0人，小学文化程度仅有1人，初中文化程度的有9.46%的人认为北京首先是文化中心，高中教育程度比例最高，有21.62%，大学11.72%，研究生及以上12.12%。从总体数据分析原因，**初中以下受教育程度较低者，较少有兴趣和机会参与到文化生活中，故而比例较低。而更多的大学以上学历者，由于在学习和工作中有了更多国际交往机会，因而均有最多人选择了北京首先是国际交往中心。而高中学历者有一定文化程度，又不具备国际交往能力，因此有最高比例认为北京是文化之都。**

同理，科技创新中心在初中教育程度组被认可度最高，有18.92%。也是因为高中教育程度以上者，对于文化生活有了更强参与能力，也具备更多国际交流机会，因此分散了票数。

7. 按职业分组统计

X\Y	国际交往中心	科技创新中心	政治中心	文化中心	小计
公务员、事业单位人员	30（36.59%）	3（3.66%）	40（48.78%）	9（10.98%）	82
企业职员、办公室白领	21（41.18%）	4（7.84%）	22（43.14%）	4（7.84%）	51
自由职业者（撰稿人、演员、画家、歌手……）	14（29.17%）	7（14.58%）	8（16.67%）	19（39.58%）	48
老板（公司所有者、私营业主）	11（37.93%）	4（13.79%）	11（37.93%）	3（10.34%）	29
服务行业员工（家政、餐饮、酒店……）	14（45.16%）	5（16.13%）	9（29.03%）	3（9.68%）	31
体力劳动者（保安、保洁、装修、建筑工人……）	30（55.56%）	7（12.96%）	12（22.22%）	5（9.26%）	54
学生	56（50.00%）	12（10.71%）	27（24.11%）	17（15.18%）	112
退休人员	28（37.33%）	9（12.00%）	35（46.67%）	3（4.00%）	75
无业人员	3（37.50%）	0（0.00%）	5（62.50%）	0（0.00%）	8
其他	4（30.77%）	1（7.69%）	7（53.85%）	1（7.69%）	13

对策篇

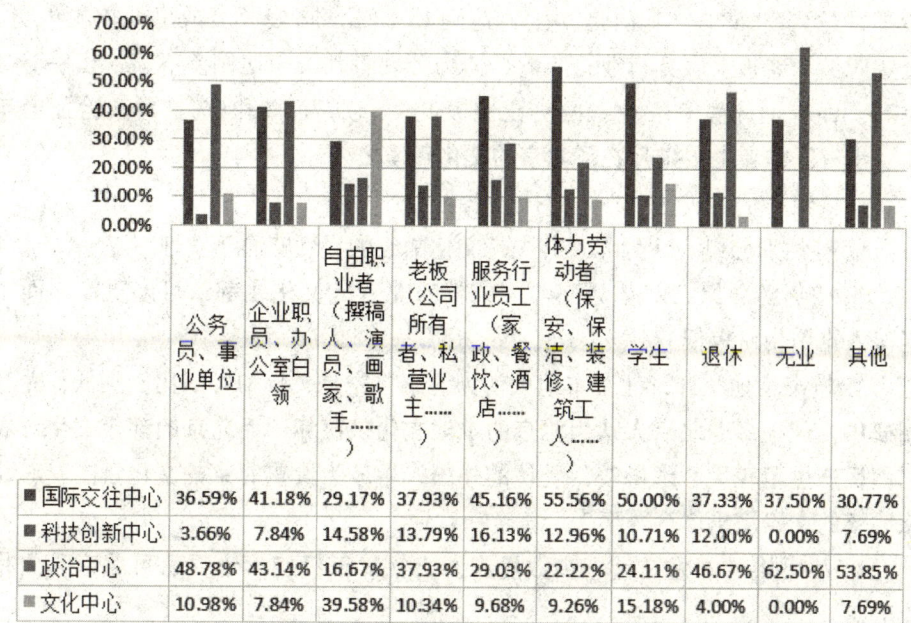

	公务员、事业单位	企业职员、办公室白领	自由职业者（撰稿人员、演画家、歌手……）	老板（公司所有者、私营业主……）	服务行业员工（家政、餐饮、酒店……）	体力劳动者（保安、保洁、装修、建筑工人……）	学生	退休	无业	其他
国际交往中心	36.59%	41.18%	29.17%	37.93%	45.16%	55.56%	50.00%	37.33%	37.50%	30.77%
科技创新中心	3.66%	7.84%	14.58%	13.79%	16.13%	12.96%	10.71%	12.00%	0.00%	7.69%
政治中心	48.78%	43.14%	16.67%	37.93%	29.03%	22.22%	24.11%	46.67%	62.50%	53.85%
文化中心	10.98%	7.84%	39.58%	10.34%	9.68%	9.26%	15.18%	4.00%	0.00%	7.69%

　　按职业分组。公务员和事业单位人员中对北京政治中心角色认可度最高。企业职员和办公室白领也对政治中心角色认可度最高。

　　自由职业者（撰稿人、演员、画家、歌手……）对文化中心认可度最高。

　　老板（公司所有者，私营业主）对国际交往中心和政治中心认可度最高，其事业与国际环境。国内政策紧密相关。

　　服务行业员工（家政、餐饮、酒店……）最多人认为北京是国际交往中心。

　　体力劳动者（保安、保洁、装修、建筑工人……）中也有最多人认为北京是国际交往中心。

　　学生中，50.00%的人认为北京首先是国际交往中心，24.11%的人认为北京首先是政治中心，15.18%的人认为北京首先是文化中心，10.71%的人认为北京首先是科技创新中心。

　　退休人员中，46.67%的人认为北京首先是政治中心，国际交流中心占37.33%，科技创新中心占12%，文化中心仅占4%。

　　无业人员中，没人认为北京首先是文化中心与科技创新中心。

　　文化相关行业如自由职业者（撰稿人、演员、画家、歌手……）等认可度最高，达到39.58%。其次是学生，达到15.18%，在公务员或事业单位人员、企业职员、老板、服务行业打工者、体力劳动者几类中比例差不多，在8-10%左右。而在退休者和无业者两类比例极低，分别为4%和0%。**再次验证老年人、没有工作者也被排斥在了北京的文化环境之外。**

如果聚焦于"文化中心"的社会影响力，可以看出：

1. 按性别分组。认为北京首先是文化中心的男性略高于女性。

2. 按年龄分组，25岁以下年轻人群对北京是文化之都认可度更高，而中老年人比例相对较低。

3. 按出生地统计，北京本地人认为北京首先是文化中心的比例很低，尤其调研中发现很多老北京人认为北京的本地文化被破坏。而北京的都市文化对农村移民产生了较大心理影响，受访的外国人中较为看重北京的文化氛围，对北京频繁的文娱演出体育赛事表示肯定和欢迎。

4. 按民族与国籍统计，少数民族人士相对于汉族人士更认可北京是文化中心。

5. 按个人年收入分组统计，收入越高的人，越肯定北京作为文化中心的角色，且随收入增加趋势非常明显。

6. 按受教育程度分组。初中以下受教育程度较低者，较少有兴趣和机会参与到文化生活中，故而认为北京首先是文化中心的比例较低。而更多的大学以上学历者，由于在学习和工作中有了更多国际交往机会，因而均有最多人选择了北京首先是国际交往中心。而高中学历者有一定文化程度，又不具备国际交往能力，因此有最高比例认为北京是文化之都。

7. 按职业分组。认可度最高的是文化相关行业如自由职业者（撰稿人、演员、画家、歌手……）等职业从业者，其次是学生，再次是公务员或事业单位职工、企业职员、老板、服务行业打工者、体力劳动者，在退休者和无业者两类比例极低，**再次验证老年人、没有工作者被排斥在了北京的文化环境之外。**

可以看出，北京的文化建设成就在少数民族人士、外国人群、外地来京人员中基本得到了肯定。尤其是年轻人与收入较高、教育程度较高的人群，对北京的文化中心角色最为认可。同时建议，对北京旧有本地文化民俗要继续着力保护推广；文化政策与文化福利应该酌情对老年人、收入较低者、教育程度较低者、退休无业人员倾斜，以让他们也能共享北京的文化成果。

一、老年人、退休人员、无业人员参与文化活动的根本矛盾，是充足的时间与有限的金钱之间的矛盾。因此可以采取演出分时制、票价分轨制。例如可以把某些文化活动安排在上班时间，对65岁以上老人采取低廉票价，还可以通过社区居委会适当赠票。鼓励更多经济拮据的市民参与。如北京惠民文化消费季推出的低票价文艺演出，就是很好的尝试。

二、建设文化民生工程要以人为本，因人而异。北京文化活动众多，但宣传渠道有限，尤其网络渠道对多数老年人没有宣传效果。而如果这些活动最终没人观看、参与，之前的努力就成了浪费。建议宣传渠道上走好"最后一公里"，采取更适合老年人的方式宣传到位，如在公园宣传栏、小区内活动场所、超市等老年人日常活动区域张贴宣传海报，利用广播、晚报、居委会等渠道。

三、对受教育程度较低市民，增加一些公益性质的免费培训机会，如在社区内部寻找志愿者（如退休人员），对某些有需要的人员进行文化或艺术修养入门讲座或外语能力培训。对志愿者给予一定奖励，既充分利用了退休人员的才干使他们发挥余热，也提高了整体人员素质。

四、对北京旧有本地文化民俗要继续着力保护推广，加强有地方特色的文化建设。现在很多老北京拆迁搬到远离市中心的郊区，在现在的居住环境内完全感受不到老北京的地方文化氛围。而在一些外国人聚集社区，洋节气氛浓郁，而传统中国节日则较为平淡，其实居住在北京的老外对过中国节、体验北京民俗很感兴趣。建议利用年节，在社区的装饰布置中体现北京特色民俗，宣传推广北京小吃、传统表演、地方手工艺等。

（作者为首都师范大学文化研究院副研究员）